불온한
철학사전

볼테르
사이에 옮김

생각
0
3

불온한
철학사전

민음사

차례

예술과 기술에 대해서라면
독자를 가르쳐야 하지만,
도덕에 대해서라면
독자가 스스로 생각하도록
놔두어야 한다. 볼테르

간통 —— Adultère

간통을 뜻하는 프랑스어 아뒬테르(adultère)는 그리스어에서 온 것이 아니다. 그리스어로 간통은 '모이케이아'이며, 거기서 나온 라틴어 '모에쿠스' 역시 프랑스어와는 관련이 없다. 그렇다고 고대 시리아어에서 온 것도, 시리아어에서 파생된 히브리어에서 온 것도 아니다. 히브리어로 간통은 '나아프'다. 아뒬테르에 해당하는 라틴어 아둘테라티오(adulteratio)는 변조, 위조, 다른 것의 자리를 대신하는 것, 문서 위조, 모조 열쇠, 위조 계약, 위조 수결(手決) 등을 뜻했다. 그리고 남의 침대에 몰래 올라가는 사람을 다른 사람의 자물쇠에 모조 열쇠를 밀어 넣는 사람이라는 뜻으로 아둘테르(adulter)라고 부르게 된 것이다.

로마인들은 자기 둥지에 남이 와서 알을 낳는 일을 당한 불쌍한 남편들을 반어적 표현으로 콕식스 즉 뻐꾸기라고 불렀다. 플리니우스[1]의 말을 그대로 옮기자면 "뻐꾸기는 다른 새의 둥지에 알을 낳는다. 많은 로마인들이 그런 식으로 친구의 아내를 아기 엄마로 만든다." 물론 전적으로 정확한 비유는 아니다. 오쟁이 진 남자를 뜻하는 프랑스어 코퀴(cocu)가 바로 뻐꾸기를 가리키는 콕식스에서 나왔기 때문이다. 우리가 로마인들에게 실로 많은 단어들을 빚진 것은 사실이지만, 우리는 또한 그렇게 빌려 온 단어들을 원래 뜻과 다르게 바꾸어 버렸다! 원뜻대로 하자면 코퀴는 다른 사람의 둥지를 차지해 버린 남자 즉 아내의 연인을 지칭해야 한다. 그런데 프랑스어에서 그것은 둥지를 빼앗긴 남편을 말한다.

우리가 오쟁이 진 남자를 흔히 머리에 뿔 달린 사람에 비유하는 것은 그리스인들에게서 비롯되었다는 주장이 있다. 그리스인들이 음탕한 아내를 암염소로, 남편을 숫염소로 불렀기 때문이다. 실제로 프랑스 하층민들이 '창녀의 아들'이라고 표현하는 사생아를 그리스인들은 '암염소의 아들'이라고 불렀다. 하지만 보다 철저히 알고 싶은 사람들을 위해 말해 두자면, 우리가 말하는 오쟁이 진 남편의 뿔은 여자들이 쓰는 코르네트 모자[2]에서 나왔다. 서민들 사이에서는 아내에게 배반당한 남자, 아내에게 휘둘리는 남자는 머리에 뿔이 달려 있다는 뜻으로 코르뉘(cornu), 코르나르(cornard)라고 불린다.

물론 상류사회에서는 그런 천박한 용어가 사용되지 않는다. 간통이라는 단어 역시 절대 입 밖으로 나오지 않는다. "공작 부인이 기사와 간통 중이다."라든가 "후작 부인께서 신부님과 부적절한 관계를 맺고 있다."라는 말 대신에 "이번 주에는 신부님

---

1   고대 로마의 대(大)플리니우스. 천문, 지리, 동물, 식물 등 다양한 분야를 포괄한 『박물지』를 썼다.
2   수녀들이 쓰던 흰색 천 모자. 양옆이 뿔(corne)처럼 솟아 있어 이런 이름이 붙었다.

이 후작 부인의 연인이다."라고 말한다. 귀부인들이 모인 자리에서 남편이 아닌 애인의 존재를 털어놓을 때는 "그분이 내 맘에 든다는 사실을 고백할게요."라고 말한다. 이전에는 누군가에게 존경심을 품었다고 고백했다. 하지만 언젠가 한 서민 여인이 고해성사를 하면서 어느 의원 나리에게 존경심을 품었다며 죄를 고백했을 때 신부가 "몇 번이나 존경심을 품었습니까?"라고 물은 이후, 훌륭한 부인들은 더 이상 그 누구에게도 존경심을 품지 않게 되었으며 고해성사도 하러 가지 않았다.

전하는 바에 따르면 라케다이몬[3] 여자들은 간통을 고백할 필요도, 아예 저지를 필요도 없었다. 사실 메넬라오스[4]는 헬레네가 어떤 여자인지 미리 짐작하고 있었다. 그런데 리쿠르고스[5]가 정립한 사회규범에 따르면 라케다이몬에서 남편들은 아내의 동의 아래 자기 아내를 다른 남자에게 빌려줄 수 있었다. 여자들을 공동 소유할 수 있었던 셈이다. 또한 남녀 구별 없이 재산을 소유할 수 있었기에 남편들은 다른 남자의 아이를 자기 집에서 키우게 될까 봐 두려워할 필요가 없었다. 더구나 아이들은 각 가정이 아니라 국가에 속했다. 그러니 그 누구도 비난받을 일이 없었다. 간통은 다른 사람의 아내를 훔친다는 점에서 절도에 해당하는 악이지만, 그냥 얻을 수 있는 것을 굳이 훔칠 필요가 없었던 것이다. 심지어 남편들은 젊고 잘생기고 건장하며 원기 왕

---

3   고대 그리스의 도시국가. 건국왕의 이름을 따 라케다이몬이라고 부르기도 하고, 그 아내의 이름을 따 스파르타 또는 스파르테라고도 한다.
4   그리스 신화에서 아가멤논의 동생으로, 스파르타의 공주이자 훗날 트로이 전쟁의 원인이 되는 헬레네와 혼인하여 스파르타의 왕위를 잇는다.
5   고대 그리스 스파르타의 정치가이자 입법가.

성한 청년들을 상대로 자기 아내에게 아이를 만들어 달라고 부탁하기도 했다. 플루타르코스[6]가 쓴 책에는 친구의 아내와 자러 가는 아크로타투스[7]를 위해 사람들이 부른 노래가 나온다.

> 가라, 친절한 아크로타투스여, 켈리도니데를 품으라.
> 스파르타를 위해 용감한 시민들을 만들어 달라.[8]

이런 상황이니 라케다이몬 사람들은 자신들에게는 간통이 불가능하다고 말할 수 있었다. 이것은 내 것과 네 것의 구별을 기반으로 법률이 세워진 나라에서는 불가능한 일이다.

우리에게 간통이 불편한 가장 큰 이유는 부인이 애인과 한편이 되어 남편에게 몹쓸 짓을 할 수 있다는 것이다. 결국 남편에게도 알려질 테고, 조롱거리가 되는 걸 좋아할 사람은 없다. 평민들 중에는 아내가 남편의 재산을 훔쳐 애인에게 가져다주는 일도 꽤 있었다. 그런 경우 부부간 싸움이 격해지면서 잔혹한 결과를 낳기도 했다. 다행히도 점잖은 사람들 사이에서는 그런 일이 거의 일어나지 않는다.

가장 큰 과오, 가장 큰 악은 불쌍한 남자에게 자기 핏줄이 아닌 아이를 자식으로 줌으로써 질 필요가 없는 짐을 떠안기는 것이다. 이미 영웅의 혈통이 퇴화되어 버린 예들을 볼 수 있지 않은가. 아스톨프 가문이나 조콩드 가문 여자들이 방종한 삶을 즐기거나 일시적으로 악에 빠져들면서 기형 난쟁이나 열정도

---

6   고대 로마의 그리스인 철학자이자 저술가. 『영웅전』을 비롯한 다방면의 저작을 남겼다.
7   스파르타의 왕자.
8   「피로스의 생애」, 38장.

재치도 없는 하인과의 사이에서 아이를 낳았다. 그로 인해 몸과 영혼 모두가 영향을 받았다. 그런 식으로 유럽 몇몇 나라에서 기형아로 태어난 추한 아이들이 가장 고결한 가문의 상속자가 되었다. 그들의 저택에 들어서면 첫 번째 방에 소위 '선조'들의 초상화가 걸려 있다. 그 조상들은 모두 키가 180센티미터고 잘생겼고 건장하며 요즘 사람들은 들지도 못할 무거운 장검을 들고 있다. 그런데 그 중요한 자리를 아무 권리도 없는 자들, 심장과 머리와 팔로 그 무게를 감당해 낼 능력이 없는 자들이 차지해 버린 것이다.

유럽의 일부 지역에서는 여자들이 처녀 때 마음껏 육체관계를 즐기다가 결혼을 하고 나면 좋은 아내가 되는 경우가 있다. 프랑스에서는 완전히 거꾸로다. 우리는 처녀들을 수도원에 가두어 놓았고, 심지어 오늘날까지도 그런 우스꽝스러운 교육을 받게 한다. 어머니들은 딸들을 달래기 위해 결혼하고 나면 자유롭게 살 수 있다는 희망을 불어넣는다. 그 결과 젊은 아내들은 결혼 생활이 채 일 년도 넘기 전에 자신들이 지닌 성적 매력의 비밀을 모두 알고 싶어 안달이 난다. 같이 식사하고 산책하고 공연장에 가는 다른 여자들은 이미 이런 문제를 해결한 상태니 만일 혼자만 애인이 없다면 흔히 하는 말로 '짝 없는 여자'가 되고 만다. 그것은 여자들이 모이는 자리에 나갈 수 없을 만한 수치스러운 일이다.

동방에서는 우리와 반대로 한다. 시르카시아[9]에서는 신붓감을 소개할 때 명예를 걸고 처녀성을 보증해야 한다. 결혼한 이

---

9   유럽의 동쪽, 아시아의 서쪽에 위치한 코카시아의 한 지방.

후에도 조심스럽게, 우리가 처녀들을 가두어 두듯, 아내를 가두어 둔다. 그런 지역에서는 아내나 남편에 대한 농담 같은 것은 존재할 수 없다. 노래도 없다. 우리처럼 머리에 뿔이 달렸다든가 오쟁이 졌다든가 하는 냉정한 조롱 따위 찾아볼 수 없는 것이다. 투르크, 페르시아, 인도의 귀부인들이 불쌍하다는 생각이 드는가? 하지만 하렘에서 살아가는 그 여인들이 수녀원에 갇힌 우리나라 처녀들에 비하면 훨씬 행복하다.

프랑스에서는 아내가 간통을 저질렀을 때 형사소송을 제기하는 대신(야만적이라는 비난을 받을 수 있기 때문이다.) 법정 별거[10]에 만족하는 경우가 있다. 이쯤에서 그와 같은 상황에 처한 어느 점잖은 남자의 탄원문을 소개하는 게 좋겠다. 그의 호소를 들어 보기 바란다. 과연 그의 말은 옳은가?

한 법관이 1764년경 작성한 탄원문

프랑스 어느 도시에 결혼 전 사제와 방탕에 빠졌던 아내의 추문이 퍼지는 치욕스러운 상황에 놓인 불행한 고위 법관이 있었다. 그는 자제심을 발휘하여 사태를 키우지 않고 법정 별거를 택했다. 그런데 외모가 준수하고 건장한 그 마흔 살 남자는 다시 아내를 얻고 싶었다. 워낙 양심적인 사람이라 다른 사람의 아내를 유혹할 수 없었고, 돈을 주고 사는 창녀나 같이 살아 줄 과부를 찾기도 겁이 났다. 이 탄원문은 그렇게 불안하고 고통스러운 상황에서 남편이 교회에 제출한 것이다. 다음이 그 개요다.

---

10 동거의 의무가 없고 재산 분할권과 상속권이 소멸된 채 법적인 혼인 관계만 유지되는 상태. 종교상의 이유로 이혼을 불허하는 가톨릭 국가들에서 사용되었다.

죄를 지은 쪽은 저의 배우자인데 벌은 제가 받고 있습니다. 저는 제 삶에 위로를 주고 저의 미덕을 지켜 내게 해 줄 아내가 필요합니다. 그런데 제가 속한 교단에서는 이를 허락하지 않습니다. 제가 정숙한 아가씨와 결혼하는 것은 교리에 금지된 일이라는 겁니다. 불행하게도 오늘날의 민법은 교회법에 근거해 있고, 따라서 제가 인간으로서 당연히 누려야 하는 권리를 빼앗고 있습니다. 심지어 교회는 저로 하여금 교회 스스로 비난하는 쾌락을 구하거나, 교회가 금하는 수치스러운 보상을 찾아 나서라고 강요합니다. 교회가 저로 하여금 죄를 짓지 않을 수 없게 하는 셈입니다.

로마 가톨릭 세계를 제외하고는 지구상 모든 민족이 이혼과 재혼을 인간의 자연적인 권리로 인정합니다.

간통 탓에 미덕이 고통받아야 하고, 아내 때문에 불명예스럽게 모욕당한 남자가 새 아내를 얻지 못하는 것이 의무라니, 가톨릭교도들의 질서는 어째서 이렇게 뒤집어진 겁니까?

민법이 '이어진 모든 것은 갈라질 수 있다.'라는 위대한 규칙을 채택했는데, 저는 왜 이미 썩어 버린 끈을 끊어 낼 수 없는 겁니까? 저에게는 법정 별거가 주어졌을 뿐 이혼은 허락되지 않습니다. 아내는 데려가면서 혼배성사가 준 남편이라는 이름을 그대로 남겨 두는 법이 어디 있단 말입니까! 더 이상 결혼 생활을 누리지 못하는데 그럼에도 결혼한 상태라니요! 이런 모순이 어디 있습니까! 지나친 구속이 아닌지요! 도대체 우리가 태어난 이 나라는 어떤 법이 지배하는 곳입니까?

더 이상한 것은 제 앞길을 막는 교회의 법이 정작 교회가 예수 그리스도의 말이라고 믿고 있는 "누구든지 음행(淫行)한 연고 외에 아내를 내버리고 다른 데 장가드는 자는 간음함이라."라는 가르침에 어긋난다는 사실입니다.

　로마의 고위 성직자들에게 자기들이 주인으로 삼은 분의 법을 멋대로 어길 권리가 있는지 따지지는 않겠습니다. 한 나라에 왕위 계승이 필요할 때 그 상속자를 낳지 못하는 여자를 쫓아낼 수 있는지도 따지지 않겠습니다. 미쳤든지 사람을 죽였든지 독을 넣었든지 하는 정신 나간 여인이라면 간통한 여인과 마찬가지로 쫓아내지 않는지 역시 따지지 않겠습니다. 저는 오로지 통탄스러운 저의 상태에 대해서만 말하겠습니다. 어째서 신께서 허락하시는 저의 재혼을 로마 주교가 허락하지 않는단 말입니까!

　원래 가톨릭 세계에서도 어느 황제 통치 아래에서나 이혼이 가능했습니다. 로마 제국의 속국들도 마찬가지였습니다. 최초의 왕가 혈통이라 불리는 프랑스의 왕들은 하나같이 아내를 쫓아내고 새 아내를 들이지 않았습니까. 그런데 황제와 왕들의 적이던 교황 그레고리우스 9세가 칙령을 발표하여 결혼을 불가침의 속박으로 만들어 버렸고, 그 교황령이 유럽의 법이 되고 말았습니다. 왕들이 예수그리스도의 법에 따라 간통한 아내를 쫓아내고 싶어도 마음대로 못 하고 우스꽝스러운 핑곗거리를 찾아내야 했습니다. 루이 7세는 아키텐의 알리에노르[11]와 이혼하려고 존재하지도 않는 혈연관계를 내세웠고, 앙리 4세[12]는 마그리트 드 발루아를

11　12세기 아키텐 공국과 푸아티에 백작령의 상속녀로 프랑스 카페 왕조 루이 7세의 왕비가 되었다. 처음에는 그녀가 결혼을 무효화하려 하였으나 교황청의 허가를 받지 못했고, 이후 아들을 얻기 위해 알리에노르와 헤어지고 싶었던 루이 7세가 근친이라는 구실을 대어 이혼 허가를 받아 냈다. 이후 알리에노르는 결혼 전 영지를 되찾아 앙주 백작이자 노르망디 공작으로 훗날 영국의 헨리 2세가 되는 앙리 플랜태저넷과 결혼했다.

12　나바르의 왕 앙리는 종교전쟁의 소용돌이 속에서 프랑스 공주 마그리트 드 발루아(왕비마르고)와 결혼하여 왕위에 올라 앙리 4세가 되었다. 혼인 서약을 거부하려는 공주에게

쫓아내고자 혼인 서약이 이루어지지 않았다는 더 말도 안 되는 주장을 했습니다. 합법적으로 이혼하기 위해서는 거짓말을 해야 했던 것입니다. 스스로 원한다면 왕관을 버리는 것도 마음대로 할 수 있는 군주가 정작 교황이 허락하지 않으면 아내도 버릴 수 없다니요! 어떻게 양식 있는 사람들조차 이토록 오랫동안 어처구니없는 구속에 매여 있단 말입니까!

우리의 사제들, 우리의 수도사들이 여자를 포기해야 한다는 것은 저도 동의합니다. 시민으로서의 권리가 침해되고 사제나 수도사들에게는 불행한 일이겠지만, 스스로 선택한 일이니 그런 불행을 감내해야 할 겁니다. 교황이 조국도 가족도 없이 오로지 교회를 위해서 살아가는 노예들을 원하니 그 제물이 되는 겁니다. 하지만 온종일 국가를 위해 일하는 저 같은 사법관은 저녁에 아내가 필요합니다. 신이 저에게 허락하신 일을 교회가 앗아 갈 권리는 없습니다. 사도들도 결혼을 했고 성 요셉도 결혼을 했으니 저도 결혼하고 싶습니다. 알자스에 사는 제가 로마에 사는 사제에 종속되어 있고, 그 사제가 저에게 아내를 얻지 못하게 할 힘이 있는 거라면, 차라리 저를 거세해 그의 성당에서 「미제레레」[13]를 노래하게 하시길!

여자들을 위한 탄원문

남편들을 위해 앞의 탄원문을 실었으니, 이제는 공평하게 아내들을 위한 변론을 알려야 할 때다. 다음은 알시라 공작 부

서 억지로 서약을 받아 냈다고 전해진다.

13 "신이여, 저를 불쌍히 여기소서."로 시작하는 시편 구절을 가사로 하는 성가의 통칭.

나바르 왕 앙리와 결혼할 때 마그리트는 혼인 서약을 묻는 주교의 질문에 고개를 끄덕이지 않아 그녀의 오빠가 억지로 머리를 숙이게 했다고 한다. 하지만 나중에 아이를 낳지 못하고 자유분방한 생활을 즐기던 왕비와 이혼하기 위해 앙리 4세는 애초에 혼인 서약이 이루어지지 않았다고 주장했다.

인이 포르투갈 평의회에 제출한 탄원문이다.

복음서는 저뿐 아니라 남편에게도 간통을 금했습니다. 제가 벌을 받는다면 남편도 벌을 받아야 한다는 것이 더없이 자명합니다. 남편은 이미 스무 번이나 저를 배반했고, 제 목걸이를 가져가 여자에게 주었고, 또 다른 여자에게는 제 귀걸이도 가져다주었습니다. 그럴 때 남편의 머리를 밀어 버리고 수도원에 가두어 달라거나 남편 재산을 전부 저에게 달라고 소송하지 않았습니다. 그런데 남편이 했던 일을 단 한 번 똑같이 했다고 해서, 남편이 궁정 안팎에서 정말 못생기고 어리석은 여자들과 매일 아무 탈 없이 저지르는 일을 리스본에서 가장 아름답고 젊은 남자와 한 번 했다고 해서, 어떻게 제가 피고인석에서, 만일 제 방에 단둘이 있게 된다면 모두 제 발밑에 꿇어 엎드릴 법관들 앞에 심문을 받아야 한단 말입니까. 세상에서 가장 아름다운 제 머리카락을 정리(廷吏)가 자르고, 상식을 지니지 못한 수녀들이 사는 곳에 절 가두고, 제 지참금과 부부간 재산 합의권을 빼앗아 모든 것을 남편에게 줌으로써 그가 장차 거들먹거리면서 다른 여자들을 유혹하고 또다시 간통을 저지르는 데 쓰게 하다니요.

이게 진정으로 정당한 일인지 묻겠습니다. 이 나라의 법은 분명 오쟁이 진 남자들이 만들어 놓은 게 아닌지요.

제 탄원에 돌아온 답은 성당 참사원들과 교구의 보좌 사제들, 주민들이 함께 던지는 돌을 맞으며 성문 밖으로 쫓겨나는 벌을 당하지 않는 것을 다행으로 여기라는 것이었습니다. 지구상에서 가장 훌륭한 나라, 선택받은 나라, 고귀한 나라, 다른 나라들이 전부 잘못된 길을 가도 홀로 옳았을 이 나라에서 어떻게 이런 일이 일어날 수 있단 말입니까.

저는 그 야만적인 자들에게 이렇게 대답하겠습니다. 간통죄를 저지른 가련한 여자가 옛 법과 새 법[14]의 주인 앞에 선다면, 그분은 절대 돌로 치는 벌을 내리지 않으실 겁니다. 오히려 그들이 옳지 못함을 꾸짖으며 비웃으실 것이고, 히브리 민족의 옛 경구를 바닥 흙 위에 손가락으로 쓰실 겁니다. "너희 가운데 죄 없는 자가 먼저 저 여인에게 돌을 던져라." 그 순간 모두들 그 자리를 뜰 것입니다. 나이 많은 자들이 더 많이 간통을 저질렀을 테니 제일 먼저 모습을 감추겠지요.

저는 남편에게 이렇게 말합니다. 당신이 죄가 없다면 나의 머리를 밀고 나를 가두고 내 재산을 가져가되, 당신이 나보다 더 많은 죄를 지었으면 내가 당신의 머리를 밀고 당신을 가두고 당신 재산을 모두 가져와야 한다고. 법이 있다면 공평해야 하니까요.

남편은 자기가 저보다 높다고, 저의 주인이라고 말합니다. 저보다 엄지손가락만큼 더 크고 몸에 곰 같은 털이 나 있다고 해서 저의 모든 것이 자기 소유고, 자기는 저에게 아무것도 줄 게 없다고 말합니다.

하지만 영국의 앤 여왕[15]은 남편의 주군이 아닌지요. 앤 여왕의 남편인 덴마크의 왕자는 여왕을 섬기는 대제독으로 여왕의 말에 무조건 복종해야 하지 않는지요. 만일 자기 신하가 아내를 배신하는 죄를 저질렀다면 여왕은 궁정 재판을 열어 그에게 형을 내리지 않을는지요. 결국 여자들이 참는 것은 오로지 힘이 약하기 때문이 아닌지요.

---

14 교회 법에서 옛 법은 모세가 받은 구약의 계명, 새 법은 예수가 전한 신약의 복음을 말한다.
15 18세기 초 영국 여왕. 스튜어트 왕조의 마지막 군주다.

여전사들 ──── Amazones

전쟁터에서 남자들처럼 싸운 대담하고 기운찬 여자들이 있었다. 역사에도 등장한다. 세미라미스,[16] 토미리스,[17] 펜테실레이아[18]는 전설 속 인물일 테지만, 초기 칼리프[19]들의 군대에는 분명 여자들이 많이 포함되어 있었다. 특히 히미아르 부족[20]에게는 남편이나 자녀가 위험에 처했을 때 아내와 어머니가 달려가야 하고 죽음은 복수로 갚아야 한다는, 사랑과 용기에서 나온 일종의 법률이 있었다.

---

16 고대 도시 바빌론을 건설한 아시리아의 전설적인 여왕.
17 스키타이족의 일파인 마사게타이족의 여왕. 페르시아와 전쟁을 벌여 승리를 거두고 페르시아 왕 키루스의 목을 잘라 피 속에 담갔다고 전해진다.
18 그리스 신화에 등장하는 전설의 여전사 부족인 아마조네스의 여왕. 아마조네스들은 일정한 계절에 다른 부족의 남자와 만나 후손을 얻었고, 남자아이가 태어나면 이웃 나라로 보내거나 죽였다. 활을 쏘기 편하도록 한쪽 유방을 없애 버렸다.
19 마호메트(무하마드)의 '후계자'라는 뜻으로 이슬람 공동체의 통치자를 말한다.
20 기원전 1세기경 아라비아 남서부의 패권을 쥐었던 부족.

마호메트의 뒤를 이은 아부 바크르[21]가 통치하던 시절, 데라르라는 유명한 장수가 동로마제국의 헤라클리우스 황제가 보낸 장군들의 부대와 시리아 땅에서 맞서 싸울 때였다. 다마스쿠스의 그리스 지휘관 페투르스는 오는 길에 약탈물과 함께 이슬람 여인 몇 명을 포로로 잡았다. 그가 다마스쿠스로 데려온 포로들 중에 바로 데라르의 누이가 있었다. 아랍 역사가 알바크디의 기록에 따르면 너무도 아름다운 데라르의 누이를 보고 페투르스는 마음을 빼앗겼다. 그는 다마스쿠스로 가는 행군 길에 그녀가 힘들지 않도록 해 주었고, 포로들이 무리한 여정을 감내하지 않도록 배려해 주었다. 포로가 된 여인들은 넓은 들판에 친 천막에서 야영했고 조금 떨어진 곳에서 군사들이 지켰다. 카울라(데라르 누이의 이름이다.)는 오세라라는 다른 포로에게 탈출을 제안했고, 그리스도교인들의 음란한 쾌락을 위한 제물이 되느니 차라리 죽는 편이 낫다고 설득했다. 다른 여인들 역시 타오르는 무슬림의 열정에 휩싸였다. 그녀들은 천막의 쇠 말뚝을 뽑아 들고 허리에 찼던 단도를 빼어, 마치 뿔을 세우고 둥글게 모여 늑대의 공격을 기다리는 암소들처럼 서로 바짝 붙어 원을 그리고 섰다. 그 모습을 본 페투르스는 가소로워하면서 다가갔다. 그러자 쇠 말뚝이 날아왔다. 그는 무력을 사용할지를 한참 동안 망설였다. 마침내 페투르스가 결심하고 군사들에게 칼을 뽑게 했을 때, 드디어 데라르가 나타났다. 그리스군은 도망쳤고, 데라르는 누이와 다른 포로들을 구해 냈다.

아랍 역사에는 이런 이야기가 굉장히 많이 나온다. 하지만

---

21 마호메트의 조언자로 그의 뒤를 이은 초대 칼리프.

여전사들이 활을 잘 쏘기 위해서 오른쪽 유방을 잘라 냈다거나 남자들 없이 자기들끼리만 살았다는 말은 없다. 오히려 그 여인들은 남편이나 연인을 위해 싸움터로 달려갔다. 아리오스토[22]나 타소[23]가 연인을 구하러 싸움터에 뛰어든 여인들을 시로 노래한 것은 비난할 일이 아니다. 오히려 흥미로운 진짜 풍습을 묘사해 냈다고 칭송받아야 한다.

사실 십자군의 열기가 타오르던 시절에는 그리스도교 세계의 여인들 역시 남편이 처한 위험과 피로를 함께 나누었다. 제노바 여인들은 직접 십자군에 나서려 하기도 했다. 그녀들은 팔레스타인으로 가서 치마를 입고 코르네트 모자를 쓴 여자들의 부대를 세울 작정이었다. 그러나 그 여인들보다 더 지혜로웠던 교황이 그녀들을 서약의 속박에서 풀어 주었다.

불운한 영국 왕 헨리 6세의 아내였던 마그리트 당주[24]는 영웅적인 용기를 발휘하여 전쟁을 수행했다. 그녀는 남편을 구하기 위해 열 번이나 전투에 뛰어들었다. 여자로서 그만큼 대단한 용기를 지속적으로 보여 준 예는 찾기 힘들 것이다.

그녀보다 앞서 브르타뉴의 몽포르 공작 부인[25]도 있었다. "그녀는 여자라고 보기 어려울 만큼 용감했다. 그 어떤 남자보

---

22 르네상스를 대표하는 이탈리아 시인. 십자군 전쟁을 노래한 서사시 『광란의 오를란도』를 썼다.

23 르네상스 최후의 이탈리아 시인. 십자군 전쟁을 배경으로 한 서사시 『해방된 예루살렘』을 썼다.

24 발루아 왕가의 방계인 앙주 가의 공주로 영국의 헨리 6세와 혼인했다. 이후 신경쇠약 증세로 직무를 이행하지 못하는 남편 대신 국정을 운영했고, 장미 전쟁 때는 랭커스터 가의 수장으로 요크 가에 맞서 싸웠다.

25 14세기 브르타뉴의 장 3세가 사망한 후 계승 전쟁을 거쳐 장 4세가 된 몽포르 공작 장의 아내 잔 드 플랑드르를 말한다.

다 대담했다. 말을 타고 달렸고, 마부들보다 말을 더 잘 다뤘다. 그녀는 맨손으로 싸웠다. 달려가서 무기를 든 남자들 무리 속에서 더없이 용맹한 장수처럼 지휘했다. 바다에서나 땅에서나 똑같이 자신감이 넘쳤다."

몽포르 공작 부인은 공국의 패권을 다투던 샤를 드 블루아[26]와의 싸움에서 직접 검을 들고 전장을 누볐다. 엔봉[27]의 전선에서 머리부터 발끝까지 완전무장한 채로 두 차례 공격을 물리쳤을 뿐 아니라, 500명 군사를 이끌고 적진을 유린하며 불을 질러 잿더미로 만들어 버리기도 했다.

'오를레앙의 동정녀'로 널리 알려진 잔 다르크의 공적도 마그리트 당주와 몽포르 공작 부인에 비하면 대단하다고 말할 수 없다. 잔 다르크는 시골에서 거친 일을 하며 자란 여인이지만 마그리트 당주와 몽포르 공작 부인은 궁정의 온화한 분위기 속에서 살아가던 여인들이기 때문이다. 전쟁터로 갈 때 초가집보다는 궁정을 떠나는 편이 더 특별하고 더 아름답지 않은가.

어느 나라나 이러한 여전사 영웅들을 자랑스러워하며 기린다. 물론 그 수가 많지는 않다. 자연이 여인들에게는 다른 길을 주었기 때문일 것이다. 드문 일이지만 병사로 자원하는 여자들도 있었다. 한마디로 어느 민족에게나 여전사들이 있었다. 하지만 테르모돈 강[28] 유역에 있었다는 아마조네스 왕국은, 고대의 거의 모든 이야기가 그렇듯이, 지어낸 이야기일 뿐이다.

---

26 브르타뉴 장 3세의 질녀와 결혼한 후 계승 전쟁에서 장 드 몽포르 공작과 왕위를 다퉜다.
27 브르타뉴 지방의 도시로, 옛 브르타뉴 공국의 중심지였다.
28 현재의 터키 북부인 옛 아나톨리아의 카파도키아 지역을 흐르는 강.

영혼 ── Âme

'영혼'은 막연하고 불명확한 용어이다. 그것은 어떤 미지의 원리를 말하며, 우리는 오직 우리 안에서 느껴지는 그 결과를 알 뿐이다. 영혼을 뜻하는 암므(âme)는 라틴어의 '아니마', 그리스어의 '프네마'에 해당한다. 어느 나라에나 영혼이라는 말이 있지만 그것이 무엇을 가리키는지는 그 누구도 제대로 알지 못한다.

라틴어, 그리고 라틴어에서 파생된 언어들에서 영혼(암므)의 어원에 포함된 자구적 의미는 생기(生氣)를 불어넣는다는 것이다. '사람의 영혼', '동물의 영혼'이라 하고, 때로는 식물의 생장과 생명의 원리라는 뜻으로 '식물의 영혼'이라는 말도 사용한다. 사실 영혼이라는 말에서 우리가 떠올리는 심상은 「창세기」에 나오는 "하느님이 사람을 지으시고 그 얼굴에 생명의 기운을 불어넣으시니 사람이 살아 있는 영혼이 되었다."라든가 "동물들의 혼은 핏속에 있다.", "영혼을 죽이지 말라." 같은 모호한 것들뿐이다.

　일반적으로 영혼은 생명의 시원이자 원인이며 생명 그 자체로 여겨졌다. 우리가 아는 어느 나라에서나 오래전부터 육체가 죽으면 영혼이 함께 죽는다고 생각해 온 것은 그 때문이다. 여전히 모호한 옛 역사 중에서 그나마 우리가 확인할 수 있는 부분이 있다면, 그것은 바로 이집트인들이 처음으로 지적 능력과 영혼을 구별했다는 것이다. 그것을 그대로 받아들인 그리스인들도 각기 '누우스'와 '프네마'라 부르며 지적 능력과 영혼을 구별했다. 로마인들 역시 그 두 가지를 '아니무스'와 '아니마'로 구별했다. 우리도 마찬가지로 영혼과 지적 능력을 구별한다. 하지만 우리가 생명의 원리라고 하는 것과 생각의 원리라고 하는 것은 과연 서로 다른가? 아니면 같은가? 또한 우리로 하여금 먹은 것을 소화하게 하고 감각으로 느끼게 하고 기억하게 하는 것은 동물들에게 먹은 것을 소화하게 하고 감각과 기억을 갖게 하는 것과 비슷한가?

　이런 질문들은 영원한 논쟁을 촉발한다. 논쟁이 영원하다고 말하는 것은 그것을 검증하는 기반이 되어 줄 개념이 없으니 의혹과 희미한 추측으로 채워진 미로를 영원히 벗어날 수 없기 때문이다.

　우리로 하여금 살아 있게 하는 것과 생각하게 하는 것에 대해 미미한 지식만이라도 얻고자 할 때, 우리는 어디에 발을 디뎌야 할까? 짐작조차 할 수 없다. 어떻게 해야 가능할까? 우선 생명과 생각이 우리 몸속으로 들어오는 것을 보았어야 한다. 아버지들은 자신들이 어떻게 아들을 만들었는지 아는가? 어머니들은 어떻게 아들을 수태했는지 아는가? 자신이 어떻게 행동하는지, 깨어 있는지, 잠드는지 말할 수 있는 사람이 있는가? 자기 팔다리가 어떻게 의지대로 움직이는지 아는 사람이 있는가? 어떻게 해서 생각들이 뇌 속에 자리를 잡고, 또 명령을 받으면 어떻게 뇌 밖으로 나오는지 아는 사람이 있는가? 세상이라는 무대 위에서 보이지 않는 손의 명령에 맡겨진 미약한 꼭두각시일 뿐인 우리 중에서 우리를 움직이는 실을 본 사람이 있는가?

지적 능력을 갖춘 영혼은 정신일까, 물질일까? 그리고 우리보다 앞서 창조되었을까, 아니면 무(無) 속에 있다가 우리가 태어날 때 같이 나올까? 이 땅에서 우리에게 생명을 불어넣은 영혼은 우리가 사라진 이후에도 영원히 살아갈까? 전부 훌륭해 보이는 질문들이다. 하지만 이 질문들은 모두 맹인이 다른 맹인에게 빛이 어디 있느냐고 묻는 것과 다르지 않다.

금속 덩어리의 정체를 대충이나마 알고 싶으면 도가니의 불 속에 넣으면 된다. 하지만 영혼을 넣을 수 있는 도가니가 있는가? 영혼은 정신이라고 말하는 사람들이 있다. 그렇다면 정신은 무엇인가? 아무도 알지 못한다. 정신이 무엇을 의미하는지 분명하지 않으니 우리는 정신이 무엇인지 말할 수 없고, 결국 무엇이 정신이 아닌지 말할 수밖에 없다. 반대로 영혼이 물질이라고 말하는 사람들도 있다. 그렇다면 물질이란 무엇인가? 우리가 알 수 있는 것은 외관과 속성의 일부에 지나지 않으며, 그나마 그 외관과 속성 중 어느 것도 생각과는 관련이 없어 보인다.

그렇다면 영혼에 대해 무언가를 단언한다는 것은 무리한 시도가 아닐까? 우리는 물론 우리 자신이 존재하고, 느끼고, 생각한다는 것을 확실하게 안다. 거기서 한 걸음 더 나가 보고 싶은가? 하지만 이내 어두운 심연에 빠지고 만다. 그런데 그 심연 속에서마저, 그 완전한 무지 상태에서도 인간들은 영혼이 우리보다 먼저 창조되었는지 아니면 우리와 함께 창조되었는지, 영혼이 소멸하는지 아니면 불멸의 존재인지 주장을 내세우며 다툰다. 실로 정신 나간 무모함이 아닌가.

그리스인들은 세 가지 영혼을 구별했다. 우선 '프시케'는 감각 능력으로서의 영혼, 감각의 영혼이다. 아프로디테의 자식인 아모르[29]가 프시케를 열정적으로 사랑하고 프시케 역시 아모르를 깊이 사랑한 것은 바로 이것 때문이다. 이어 프네마는 모든 기관에 생명을 불어넣고 움직이게 하는 것이고, 우리는 그것을 스피리투스(spritius), 정신(esprit)이라는 여러 상이한 의미가 부여된 모호한 말로 번역한다. 그리고 마지막으로 누우스, 즉 지적 능력이 있다.

그 각각이 무엇인지에 대해서는 별로 아는 게 없지만, 아무튼 인간에게 세 가지 영혼이 있다는 믿음은 널리 받아들여졌다. 아리스토텔레스를 이어받은 토마스 아퀴나스 역시 이 세 가지 영혼을 받아들였고, 각각이 우리 몸의 서로 다른 부위에 관련된다고 생각했다. 감각 능력으로서의 영혼인 프시케는 가슴 속에 있고, 생명을 불어넣는 영혼인 프네마는 온몸에 있고, 지적 능력으로서의 영혼인 누우스는 머릿속에 있다는 것이다. 이후 지금까지 그 어떤 철학도 다른 말을 하지 못했고, 세 가지 영혼은 혼동해서는 안 되는 개념이 되었다.

모호하지만 이런 생각들 속에는 나름의 근거가 있다. 사람

29　그리스 신화에서 사랑의 여신 아프로디테는 남편 헤파이토스가 아닌 전쟁의 신 아레스와의 사이에서 아들 에로스를 낳았는데, 에로스는 로마 신화에서 큐피드 또는 사랑을 뜻하는 '아모르'로 불렸다.

들은 사랑의 정념에 빠졌을 때, 분노가 치밀어오를 때, 걱정으로 안절부절못할 때 무언가 뱃속에서 움직이는 것을 느낀다. 간과 심장이 바로 정념이 자리 잡은 장소인 것이다. 또한 골똘히 생각하다 보면 머릿속 기관들이 긴장하는 것이 느껴진다. 따라서 지능으로서의 영혼은 머릿속에 있다. 그리고 숨을 쉬지 않으면 그 어떤 것도 자라거나 살아 있을 수 없다. 그래서 생명을 주는 영혼은 공기의 숨결을 받아들이는 가슴 속에 있다.

여기서 세상을 떠난 부모님이나 친구를 꿈속에서 만나는 경우를 생각해 보자. 그때 나타난 것은 무엇인가. 이미 장작더미 위에서 불에 타 버렸거나 바닷물에 삼켜져 물고기 밥이 된 육신이 다시 있을 리는 없다. 하지만 그들은 무엇인가가 있었다고 우긴다. 분명히 두 눈으로 보았으니 말이다. 죽은 사람이 말도 했고, 꿈을 꾼 사람이 그에게 묻기도 했다. 그렇다면 꿈속에서 그와 대화한 것은 감각의 영혼인가, 생명을 불어넣는 영혼인가, 지적 능력으로서의 영혼인가. 그것은 유령이고 귀신이다. 다시 말해 불과 공기로 이루어져 어디인지 알 수 없는 곳을 떠돌아다니는 망령이다.

백치와 괴물의 영혼에 관하여

기형 상태의 백치로 태어난 아이는 아무것도 생각하지 못하고, 생각 없이 살아간다. 실제 그런 일들이 일어난다. 짐승이나 진배없는 그런 존재를 어떻게 정의할 것인가. 의사들에 따르면 그런 경우는 인간과 짐승의 중간에 위치한다. 감각의 영혼은 있지만 지적 능력으로서의 영혼이 없다고 말하는 사람도 있다. 그

그리스인들은 세 가지 영혼을 구별했다. 우선 프시케는 감각
능력으로서의 영혼, 감각의 영혼이다. 아프로디테의 자식인 아
모르(큐피드)가 프시케를 열정적으로 사랑하고 프시케 역시 아
모르를 깊이 사랑한 것은 바로 이것 때문이다.

아이는 분명 먹고 마시고 잠자고 깨어 있고 감각이 있다. 하지만 생각은 하지 않기 때문이다.

그런 경우에 다른 삶이 가능할까? 전혀 불가능할까? 이것은 아직까지 완전한 답을 얻지 못한 질문이다.

그러한 피조물이라도 영혼을 가지고 있다고 말하는 사람도 있다. 그 부모가 영혼을 가졌다는 것이 그 근거다. 하지만 그러한 추론대로라면 코 없이 태어난 아이를 두고 그 부모에게 코가 있으니 아이도 코가 있다고 말해야 한다.

턱이 없고 이마는 납작하고 거무죽죽하며 코는 호리호리하고 뾰족하고 눈이 둥근, 한마디로 얼굴이 제비를 닮은 아이를 낳은 여인이 있었다. 하지만 그 아이의 나머지 부분은 우리와 똑같이 생겼다. 부모는 다수결 판정으로 아이가 사람이며 불멸의 영혼을 지닌 존재라는 판결을 받아 냈고 결국 아이는 세례를 받을 수 있었다. 하지만 우스꽝스러운 그 형상에 뾰족한 손톱과 부리처럼 생긴 입이 더해졌더라면 아이는 괴물로 선언되고, 영혼이 없으니 세례를 받지 못했을 것이다.

괴물들을 두고 로크는 불멸성은 몸의 외면에 있지 않다는 훌륭한 지적을 했다. 어떻게 생겼느냐는 중요하지 않다는 것이다. 영혼의 불멸성은 얼굴이나 가슴의 생김새와 관계없고, 수염이 어떤지 입은 옷이 어떤 모양인지와도 관계없는 것이다.

그는 아이에게 영혼이 있는지의 여부를 판단할 근거가 될 수 있는 기형의 기준이 무엇인지, 기형이 정확히 어느 정도일 때 영혼을 지니지 못한 괴물로 선언되어야 하는지 묻는다.

허무맹랑한 생각밖에 못 하는 사람들의 영혼은 어떻게 보아야 할지도 궁금하다. 실제로 그런 사람들이 더러 있다. 그들의 영혼도 가치가 있는가? 아무런 가치가 없는가? 그들에게도 순수한 정신이라고 하는 게 있을까?

또한 다른 곳은 다 멀쩡한데 머리가 둘 달린 아이는 어떤가? 송과체,[30] 뇌량,[31] 감각중추가 두 개니 영혼이 두 개라고 주장하는 사람들도 있고, 가슴과 배꼽이 하나인데 영혼이 두 개일수는 없다고 주장하는 사람들도 있다.

영혼 불멸론의 옛 역사에 관하여

영혼의 불멸성에 대한 믿음은 인간에게 더없이 큰 위로를 주지만, 동시에 인간 정신에 대해 가장 억압적인 생각이기도 하다. 영혼이 영원히 산다는 아름다운 철학은 이집트인들에게는 피라미드만큼이나 오래된 믿음이었다. 그리고 이집트 이전 페르시아인들 역시 그렇게 믿었다. 내가 다른 책[32]에서 이미 언급했듯이 「사데르」[33]에 나오는 자라투스트라 이야기에 신을 따라 영벌(永罰)의 장소를 구경하는 일화가 있다. 그곳은 이집트인들이 다르다로트나 케론이라고 부르고 그리스인들이 하데스, 타르타로스라고 불렀으며, 현대의 언어들이 지옥, 지하 세계라는 불완전한 단어로 옮긴 곳이다. 신은 자라투스트라에게 벌 받고 있는 악한 왕들을 하나씩 보여 준다. 제일 처음에 다리 하나가

---

30 척추동물의 뇌에서 간뇌(肝腦)에 들어 있는 내분비선.
31 좌우의 대뇌 반구 사이를 연결하는 신경섬유 다발.
32 「각국의 풍습과 정신에 관한 시론(Essai sur les moeurs et l'esprit des nations)」을 말한다.
33 자라투스트라교의 제사장인 마기들이 대중 포교를 위해 쓴 글.

없는 왕이 있었다. 자라투스트라가 이유를 묻자 신은 그 왕이 살아 있는 동안 행한 좋은 일이 딱 한 가지, 그러니까 여물통을 발로 차서 굶주림에 지친 가엾은 나귀가 있는 쪽으로 보낸 것밖에 없기 때문이라고 대답한다. 신은 악한 인간의 다리 하나를 하늘에 가져다 놓고 나머지 몸을 지옥에 있게 한 것이다.

다시 옮기고 싶지 않은 이 이야기는 죽음 이후의 삶이 있다는 믿음이 얼마나 오래된 것인지를 말해 준다. 인도인들은 사람이 죽은 후에 다시 산다고 굳게 믿었다. 윤회설이 그 증거다. 중국인들은 조상의 영혼을 기렸다. 모두 이집트인보다 앞서 강력한 제국을 건설한 민족들이다. 내가 다른 책에서 이미 증명한 대로, 그것은 이집트 토양의 특성 때문이다. 경작하기 쉬운 땅이 당연히 먼저 경작되는 것이다. 일 년 중 네 달 동안 물에 잠겨 있는 이집트의 땅은 경작하기 가장 힘든 땅이었다. 엄청난 관개공사가 있은 후, 따라서 엄청나게 긴 시간이 흐른 후에야 비로소 나일 강에 잠기지 않는 도시들이 세워질 수 있었다.

이집트가 아무리 오래된 제국이라 해도 아시아의 제국들은 더 오랜 역사를 지녔고, 이집트에서도 아시아에서도 영혼이 죽음 이후에 살아남는다는 믿음이 있었다. 하나같이 영혼은 몸의 형상을 한 가볍고 에테르 같은 형태라고 생각했다. 그리고 한참 후에야 숨결을 뜻하는 그리스어가 생겨났다. 어쨌든 우리의 일부분이 불멸의 존재라는 것은 아무도 의심하지 않았다. 죽음 이후 다른 생에서 상이나 벌을 받는다는 생각은 고대 신학의 중요한 기반을 이루게 된다.

페레키데스[34]는 그리스인 중 처음으로 영혼이 영원히 산다고 믿은 사람이다. 아니, 알려진 것과 달리 사실 육신이 사라진

후 영혼이 남아 있다고 처음으로 말한 것은 그가 아니다. 페레키데스보다 훨씬 전에 오뒤세우스는 지옥에서 영웅들의 영혼을 만났다. 단지 영혼이 이 세상이 생길 때부터 있어 온 것이라는 생각은 동방의 사고 체계이고, 페레키데스가 그것을 그리스 세계로 도입한 것이다. 우리가 지금 생각하고 있는 것 중 이미 옛날부터 있었던 것이 아닌 예는 찾아보기 힘들다. 오늘날 우리가 이룩한 것들은 모두 먼 옛날이 남긴 흔적 위에서 가능했다.

자기 영혼을 볼 수 있다면 정말 좋을 것이다. "너 자신을 알라."라는 훌륭한 가르침이 있지만, 그것을 실천에 옮길 수 있는 것은 신뿐이다. 신이 아니고서야 누가 자기 존재의 본질을 알 수 있겠는가.

우리는 생명의 기운을 불어넣는 것을 영혼이라고 부른다. 그 이상은 아는 것이 거의 없다는 것이 우리의 지적 능력에 주어진 한계다. 인류의 사분의 삼은 그 너머로 가려 하지 않고, 그래도 생각하는 존재라는 것에 불편을 느끼지 않으며 살아간다. 나머지 사람들, 즉 인류의 사분의 일은 계속 찾는다. 하지만 아직 찾은 사람은 없고 앞으로도 그럴 것이다.

당신이 아는 것, 당신이 확신하는 것들부터 보자. 그러니까 당신은 발로 걷고 위(胃)로 소화하며 온몸으로 느끼고 머리로 생각한다. 그렇다면 당신에게 영혼이 있다는 것은 어떤가. 초자연적인 도움 없이 이성만으로 분명히 그런 결론에 이를 수 있는가?

칼데아[35]나 이집트의 초기 철학자들은 이렇게 말했다. "우리

34 　고대 그리스의 철학자로, 피타고라스의 외삼촌이자 스승이었다.
35 　오늘날의 남이라크에 해당하는 메소포타미아 남부의 지역명. 기원전 7세기에 칼데아인

생각을 만들어 내는 무언가가 분명 우리 안에 있다. 그 무언가는 지극히 섬세한 것이다. 숨결이거나 불이거나 공기거나 정수(精髓)거나 가벼운 모상(模像)이거나 엔텔레키[36]거나, 숫자거나 조화다." 마침내 위대한 플라톤은 그것이 '같은 것'과 '다른 것'의 복합물이라고 했다. 데모크리토스를 이어받은 에피쿠로스는 "우리 안에서 원자들이 생각을 한다."라고 주장했다. 세상에, 원자들이 생각을 한다니. 차라리 아는 게 없다고 털어놓는 게 낫지 않은가.

여기서 중요한 것은 영혼이 비물질적 존재라는 생각이다. 하지만 비물질적 존재가 무엇인지는 여전히 알 수 없다. 학자들은 이렇게 대답한다. "맞는 말이다. 하지만 우리는 그 비물질적 존재의 본질이 생각하기라는 것을 안다." 어떻게 그것을 아는가? "바로 그 비물질적 존재가 생각을 하기 때문에 우리는 그것을 안다." 오! 학자들이여, 당신들 모두 에피쿠로스 못지않게 무지한 것 같다. 돌멩이가 떨어진다고 해서 돌멩이의 본질이 떨어지는 것이라고 말할 수 있단 말인가. 누가 떨어뜨렸는가를 알아야 하지 않는가.

"우리는 돌멩이에게 영혼이 없음을 안다." 좋다. 나도 그렇게 생각한다. "우리는 부정이나 긍정은 나눠지는 것이 아님을, 물질을 이루는 부분들이 아님을 안다." 나도 같은 생각이다. 그런데 물질에는(사실 우리는 물질이 무엇인지도 알지 못한다.) 물질적이지 않은, 나눠지지 않는 특성이 있다. 물질은 중심으로 향하는 중력을 신에게서 부여받았다. 그 중력은 부분들로 이루어진 것

들이 신(新)바빌로니아 왕국을 세운 뒤로 옛 바빌로니아 권역을 통칭한다.
36 아리스토텔레스 철학에서 질료에 형상과 영혼을 부여하는 힘을 가리킨다.

이 아니고 나뉘지도 않는다. 물체를 움직이는 힘은 부분들로 구성된 존재가 아니다. 유기체의 생장, 생명, 본능 역시 따로 존재하는, 나뉠 수 있는 존재가 아니다. 감각, 부정, 긍정을 나눌 수 없는 것처럼 장미의 생장, 말의 생명, 개의 본능은 나뉘지 않는다. 결국 나뉘지 않는다는 생각의 특성으로부터 끌어낸 당신의 멋진 논거는 아무것도 증명해 내지 못한다.

그렇다면 당신이 영혼이라고 부르는 것은 무엇인가? 당신은 영혼이 뭐라고 생각하는가? 초자연적인 계시의 도움 없이 당신 혼자서 인정할 수 있는 것이라곤, 당신 안에 당신이 알지 못하는 능력이 있어서 느끼고 생각할 수 있다는 것뿐이다.

이제 진심으로 말해 보라. 당신이 느끼고 생각할 수 있는 능력이 먹은 것을 소화시키고 걸을 수 있는 능력과 같은가? 그렇지 않음을 당신도 알 것이다. 당신의 지적 능력이 당신의 위(胃)에 대고 아무리 소화시키라고 말한들 소용없기 때문이다. 당신 안의 비물질적인 존재가 아무리 당신의 다리에게 걸으라고 명령한다 해도 이미 통풍에 걸린 당신의 다리는 움직이지 않을 터이기 때문이다.

그리스인들은 우리 몸의 기관들이 생각과 관계없이 작동하는 때가 많다는 것을 알고 있었다. 그래서 그런 기관들에는 동물적 영혼이 있고, 생각 속에는 좀 더 정련되고 좀 더 섬세한 영혼으로서의 지적 능력이 있다고 생각했다.

물론 생각하는 영혼은 동물적 영혼을 다스릴 때가 많다. 생각하는 영혼이 손에게 무언가를 잡으라고 명령하면 손은 그것을 잡는다. 하지만 심장이 뛰고 피가 흐르고 림프액이 형성되는 것은 생각하는 영혼이 명령할 수 없다. 그런 것들은 모두 생각하는 영혼과 관련 없이 이루어진다. 두 영혼은 난처한 처지로 서로를 장악하지 못한다.

　그런데 원초적인 동물적 영혼이라는 것은 사실상 존재하지 않는다. 그것은 우리 몸의 기관들의 운동에 지나지 않는다. 오, 조심하길! 그대의 미약한 이성만으로는 또 다른 영혼이 존재한다는 것 역시 증명할 수 없을 것이다. 태어났고 살아가고 행동하고 생각하고 깨어 있고 잠자는 이 모든 것을 당신은 어떻게 하는지 모르는 채로 그냥 하는 것이다. 신이 우리에게 생각하는 능력을 주셨고, 나머지도 모두 마찬가지다. 신이 그 섭리를 통해 우리에게 비물질적인 영원한 영혼이 있음을 알게 하신다면 모를까, 우리 스스로 그 증거를 찾아내지는 못할 것이다.

우정 —— Amitié

사랑이나 존경심이 그렇듯이 우정은 마음먹은 대로 되지 않는다. 네 이웃을 사랑하라는 말은 이웃을 도와주라는 말이지, 이웃과 나누는 대화가 지겹더라도 기쁘게 즐기라는 뜻은 아니다. 마찬가지로 수다쟁이에게 비밀을 털어놓으라는 뜻이 아니며, 낭비벽이 있는 사람에게 돈을 빌려주라는 뜻도 아니다.

우정은 함께 노를 젓는 부부 사이와 같아서 이혼을 하듯 갈라설 수 있는 결합이다. 우정은 남의 마음을 헤아릴 줄 알고 덕스러운 사람들 사이에 맺어지는 암묵적인 계약이다. 마음을 헤아릴 줄 안다고 한 것은, 예를 들어 수도사처럼 홀로 지내는 사람들은 나쁜 사람이 아니지만 우정 없이 살아갈 수 있기 때문이다. 덕스러움을 이야기한 것은, 나쁜 사람들 옆에는 공모자밖에 없고 관능의 쾌락에 빠진 사람에게는 방탕의 동반자가 있을 뿐이며 이해관계에 매인 사람에게는 파트너가, 정치가 옆에는 선동꾼들이 모이기 때문이다. 마찬가지로, 놀고먹는 사람들이 염문을 뿌리는 법이고 왕족들 주위에는 아첨꾼이 모여든다. 오로지 덕스러운 사람만이 친구를 갖는다. 케테쿠스[37]는 카틸리나의 공모자였고 마이케나스[38]는 옥타비아누스의 추종자였지만 키케로[39]는 아티쿠스의 친구였다.

다정하고 정직한 두 영혼 사이에 이루어지는 이러한 계약에는 어떤 것이 포함되는가? 상대의 마음을 얼마만큼 배려하느냐, 상대를 위해 얼마나 많은 것을 해 주느냐에 따라 계약의 의무 조항이 얼마나 강력한지가 정해진다.

그리스인과 아랍인들은 우정에 대해 우리보다 강렬한 열정을 지니고 있었다. 그들의 민담에는 훌륭한 우정에 관한 얘기가 많다. 프랑스는 그렇지 않다. 그 점에서 우리는 조금 메마른 편이다. 우리의 소설, 이야기, 연극 중에 우정의 소중함을 다룬 것이 있는가? 생각나는 것이 없다.

그리스인들에게 우정은 종교와 법으로 정해진 것이었다. 테베에는 연인들로 구성된 군대도 있었다. 실로 아름답지 않은가! 그 군대가 타락한 동성애자들로 이루어졌다고 주장한 사람들도 있지만, 그것은 주변적인 것을 핵심적인 것으로 파악한 오류이다. 그리스인들에게 우정이 법과 종교로 정해진 것이었다면, 동성애는 불행하게도 관습으로 용인된 것이었다. 동성애라는 악

---

37 로마 공화정 말기의 정치가, 집정관 선거에서 실패한 후 불만 세력을 규합하여 반란을 꾀하다 키케로에게 발각되었다. 케테쿠스는 카틸리나의 반란에 가담한 원로원 의원이다.

38 로마의 정치가. 옥타비아누스가 2차 삼두정치를 거쳐 초대 로마 황제가 되기까지 충실한 조언자로 아우구스투스 체제가 정립되는 데 기여했다.

39 로마의 정치가이자 학자. 철학과 정치, 수사법에 관한 저서 외에도 아티쿠스와 오랜 우정을 나누며 주고받은 편지를 남겼다.

습은 법과 무관하다. 그리스의 동성애에 관해서는 별도로 다시
이야기할 것이다.

사랑 —— Amour

사랑은 종류가 너무 많다. 그래서 사랑을 정의하려면 누구에게 물어야 하는지 분명하지 않다. 경솔한 사람들은 흔히 며칠 동안의 변덕, 애정 없는 육체적 관계, 존중심 없는 감정, 환심을 사기 위해 꾸며 낸 태도, 감정이 개입되지 않은 습관, 소설적인 환상, 처음엔 좋지만 곧 환멸이 뒤따르는 애정 등 수많은 망상들을 사랑이라고 부른다.

철학적 소재라고 말하기는 어렵지만 사랑에 관해 깊이 알아보고 싶은 철학자라면 플라톤의 『향연』에서 알키비아데스[40]와 아가톤[41]이 그들의 고결한 연인 소크라테스와 함께 사랑의 형이상학에 관해 대화하는 대목을 읽어 봐야 한다.

루크레티우스[42]는 철학자라기보다는 자연학자로서 사랑에

40　아테네의 정치가이자 군인. 소크라테스의 제자였으며 외모가 준수했다.
41　기원전 5세기 그리스의 비극 시인. 『향연』은 그의 시 경연 우승 축하연을 무대로 한다.
42　고대 로마의 시인이자 철학자. 철학 서사시인 『사물의 본성에 관하여』를 썼다.

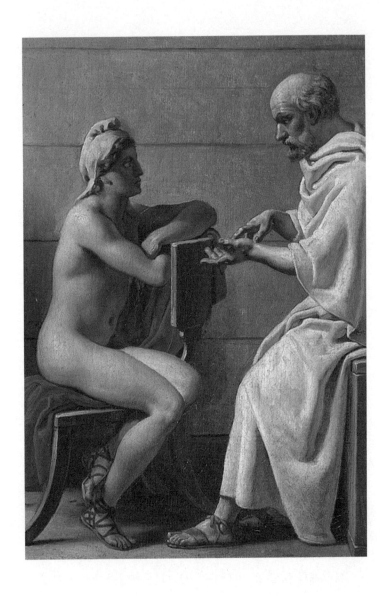

사랑에 관해 깊이 알아보고 싶은 철학자라면 플라톤의 『향연』
에서 알키비아데스와 아가톤이 그들의 고결한 연인 소크라테
스와 함께 사랑의 형이상학에 관해 대화하는 대목을 읽어 봐
야 한다.

대해 말한 바 있고, 베르길리우스[43] 역시 그 길을 이어갔다. 사랑은 누구에게나 똑같다.(Amor omnibus idem.)[44]

사랑은 자연이라는 옷감을 상상력의 자수(刺繡)로 장식한 것이다. 사랑이 무엇인지 알고 싶은가? 그대의 정원으로 가서 참새들을 보라. 비둘기들을 보라. 사람들이 암송아지에게 데려가고 있는 황소를 보라. 그대의 시종 둘이 몰고 가는 당당한 수말을, 그 수말을 맞이하기 위해 꼬리를 들어 올리고 기다리는 암말을 보라. 그 반짝이는 눈을 보고 울음소리를 들어 보라. 펄쩍 뛰어올라 앞다리를 들고, 귀를 바짝 세우고 가벼운 경련과 함께 입을 벌리며 부풀어 오른 콧구멍에서 뜨거운 열기를 내뿜고 곤두선 갈기를 허공에 휘날리며 자연이 마련해 준 짝을 향해 격렬하게 돌진하는 모습을 보라. 하지만 질투는 삼가길. 그보다는 인간만이 누리는 것들을 생각해 보길. 인간은 자연이 동물들에게 준 것들, 힘, 아름다움, 가벼움, 빠름, 이 모든 것에 대한 보상을 바로 사랑 속에서 누린다.

동물 중에는 심지어 사랑의 감미로운 쾌락을 아예 느끼지 못하는 것도 있다. 몸이 비늘에 싸인 물고기들이 그렇다. 암컷이 물속 우묵한 곳에 수백만 개 알을 낳고, 수컷은 어떤 암컷이 낳은 알인지 상관없이 그 위에 정액을 뿌려 수정시킨다.

짝짓기를 할 때 동물은 대부분 오로지 한 가지 감각으로만 쾌락을 맛본다. 그리고 욕구가 충족되는 순간 모든 것이 사그라진다. 인간을 제외하면 그 어떤 동물도 포옹을 하지 않는다. 인

---

43   로마의 시인. 서사시 『아에네이스』 외에도 전통적 농촌 생활을 노래한 『전원시』, 『농경시』를 썼다.

44   『농경시』, 3권 244행.

간만이 온몸으로 느끼고, 특히 입술은 관능을 만끽한다. 그것은 인간만이 누리는 쾌락이다. 또 인간은 언제나 사랑을 할 수 있지만 동물은 정해진 때에만 교미가 가능하다. 인간에게 주어진 이런 우월한 특성을 생각한다면, 로체스터 백작[45]이 말한 "무신론자들의 나라에서는 사랑을 통해서 신성을 숭배하게 되리라."라는 말에 동의하게 될 것이다.

인간은 자연이 허락한 것을 누리며 스스로 완성해 나갈 수 있는 재능을 부여받았다. 바로 그런 재능으로 인간은 사랑을 완성했다. 청결한 환경 속에서 스스로를 가꾸어 나가면서 피부가 점점 더 섬세해졌고, 그렇게 촉각을 통한 쾌락이 증대되었다. 또한 자기 건강에 주의를 쏟으면서 관능을 느끼는 신체 기관들이 점점 더 민감해졌다. 그리고 금속들이 금과 혼합되듯이, 다른 모든 감정들이 사랑이라는 감정 속으로 들어왔다. 사랑은 그렇게 우정과 존경의 지원을 받았다. 몸과 마음의 능력이 합쳐져 한층 새로운 사랑의 사슬이 만들어진 것이다.

> 아름답지 않은 여인이라도 오랫동안 사랑을 받을 수 있다.
> 관심, 안목, 배려, 깨끗함.
> 자연스러운 기지, 늘 부드러운 자태,
> 이런 것만 있으면 추한 것도 아름다워진다.[46]

특히 자존심은 다른 모든 것들을 긴밀하게 연결하는 역할을 한다. 스스로의 선택을 지지하며 박수갈채를 보내는 것이다. 그

---

45 17세기 영국의 시인이자 극작가. 볼테르는 그의 풍자시들을 자주 인용했다.
46 루크레티우스, 「사물의 본성에 관하여」, 4권, 1274~1276행.

렇게 자연이 작품의 기반을 쌓아 놓으면 수많은 환상이 아름답게 꾸민다.

이것이 바로 동물들과 달리 인간만이 누리는 사랑이다. 하지만 인간은 동물들이 알지 못하는 많은 쾌락을 누리는 대가로 동물들이 생각조차 못할 비애를 맛본다! 인간에게 한 가지 끔찍한 일이 일어났으니, 그것은 바로 자연이 지구 사분의 삼에 해당하는 지역에서 사랑의 쾌락과 생명의 근원을 가증스러운 질병으로 오염시켜 놓은 것이다. 인간만이 걸리는 병, 오로지 생식기관에만 번지는 질병 말이다.

무절제한 생활에서 비롯된 전염병들이 많이 있지만, 이 병은 그렇지 않다. 절대로 방탕에서 생겨난 병이 아니다. 정작 프리네[47]나 메살리나[48] 같은 여자들은 걸리지 않았다. 오히려 순수한 사람들이 모여 살던 어느 섬들에서 처음 생겨나서 고대 세계 전체로 퍼져 나갔다.

이 땅을 혐오와 비열로 더럽힌 그 증오스러운 재앙을 보면 자연이 스스로 만든 작품을 경멸하고, 스스로의 계획을 부정하며, 스스로의 의도에 반대되는 일을 하지 않느냐고 비난하게 된다. 이것이 정말 가능한 최상의 세상일까? 어떤가? 만일 카이사르와 안토니우스와 옥타비아누스가 그 병에 걸리지 않았다면 프랑수아 I세[49]는 같은 병으로 죽지 않을 수 있었을까? 흔히 그게 아니라고, 세상은 최상의 상태로 자리 잡혀 있다고 말한다.

---

47 아테네의 고급 창녀로, 뛰어난 아름다움으로 많은 재산을 모았으며 법정에서 나신을 노출하여 무죄 판결을 이끌어 낸 일화가 유명하다.
48 로마 황제 클라우디우스의 황후. 허영과 물욕, 성적 타락의 대명사적 인물이다.
49 프랑스 르네상스의 부흥을 이끌었으나 매독에 걸려 사망했다.

"아름답지 않은 여인이라도 오랫동안 사랑을 받을 수 있다. 관심, 안목, 배려, 깨끗함. 자연스러운 기지, 늘 부드러운 자태, 이런 것만 있으면 추한 것도 아름다워진다." 루크레티우스

나도 그렇게 생각하고 싶다. 하지만 라블레가 자기 책을 헌정한 사람들[50]에게는 진정 서글픈 일이 아닐 수 없다.

에로티시즘에 관심이 있는 철학자들은 엘로이즈가 수도사이자 거세된 아벨라르[51]를 정말로 사랑할 수 있었을지 묻는다. 두 번째 특성이 엘로이즈에게 큰 장애물이기 때문이다.

하지만 아벨라르여, 그대는 사랑을 받았으니 슬퍼하지 마시길. 나무뿌리는 잘린 이후에도 수액을 간직한다. 상상력이 마음을 도와주는 것이다. 더 이상 먹지 않으면서도 식탁에 앉아 있는 것이 즐거울 수 있지 않은가? 그것이 사랑일까? 그저 추억일까? 우정일까? 아마도 모든 것이 합쳐진 상태일 것이다. 그 모호한 감정은 죽어 엘리시움[52]에 간 자들이 간직하는 경이로운 열정과 유사한 것이다. 살아 있는 동안 마차 경기에서 눈부신 솜씨를 빛냈던 영웅들은 그곳에서 상상의 마차를 몰았고, 오르페우스는 자신이 여전히 노래를 부르고 있다고 믿었다. 엘로이즈는 아벨라르를 대신하는 상상의 존재와 함께, 환상을 통해 아벨라르와 함께 살았을 것이다. 이따금 엘로이즈가 부드러운 손길로 아벨라르를 만질 때 더 이상 그를 사랑하지 않겠다고 성령에게 맹세했기 때문에 더 큰 기쁨을 누렸을 것이다. 그 손짓

---

50 라블레는 16세기 프랑스의 인문주의자로, 소설 『팡타그뤼엘』과 『가르강튀아』를 통해 먹고 마시고 놀이하고 사랑하는 인간의 자유로운 해방을 추구했다. 『가르강튀아』의 서문에 "고명한 술꾼, 그리고 고귀한 매독 환자 여러분, 내 글은 다른 사람들이 아니라 바로 당신들에게 바치는 것이다."라는 말이 나온다.

51 12세기 초 프랑스에서 일어난 유명한 연애 사건. 유력자의 딸인 엘로이즈와 신학자이자 철학자로 그녀의 개인 교습을 하던 아벨라르가 정을 통하자 분노한 엘로이즈의 가문에서 아벨라르를 거세한다.

52 그리스 신화에 그려진 사후세계 중 하데스와 달리 신들에게서 영원한 생명을 부여받은 영웅들이 가는 낙원.

이 죄가 될수록 더욱더 소중했으리라. 여자들이 거세된 남자에게 애정을 품는다는 것은 불가능하지만, 그 연인이 여전히 사랑스럽기만 하다면, 그 이전에 품은 애정을 그가 거세된 이후에도 간직할 수는 있을 것이다.

자존심 ── Amour-propre

니콜[53]은 『도덕론』에서 이렇게 말한다. "차륜형(車輪刑) 바퀴나 교수대를 공동으로 세움으로써 각 개인의 자존심에서 비롯된 생각들이나 포악한 계획들을 억누를 수 있다."

교수대를 정말로 들판, 숲, 혹은 공동 자금처럼 공동으로 소유할 수 있는지, 차륜형 바퀴에 매다는 형벌로 생각을 억누를 수 있는지는 따지지 않겠다. 하지만 노상강도나 살인 행위가 자존심의 문제라는 것은 납득하기 어렵다. 조금 다르게 말해 보자. 네로가 자기 어머니를 죽인 것이 자존심 때문이었다고,[54] 카르투슈[55]는 자존심이 강한 인간이었다고 말할 수 있는가. 자존

---

53   피에르 니콜. 17세기 프랑스의 신학자, 얀센주의 사상가.

54   칼리굴라 황제의 누이이자 클라우디우스 황제의 질녀로 그의 네 번째 아내가 된 율리아 아그리피나는 아들 네로를 황제로 만들기 위해 남편을 독살하지만 네로는 훗날 간섭하는 어머니와 대립하다 암살자를 보내기에 이른다.

55   17세기 프랑스의 범법자로, 노상강도 죄로 파리에서 차륜형에 처해졌다.

심은 절대로 악함과 같지 않다. 자존심은 누구에게나 있는 자연스러운 감정이고, 범죄보다는 허영에 가깝다.

마드리드 근방에서 어느 걸인이 위엄 있는 태도로 구걸을 하고 있었다. 지나가던 행인이 물었다. "일할 수 있는 사람이 이렇게 염치없이 먹고사는 게 수치스럽지 않소?" 그 말에 걸인은 "난 당신한테 충고를 달라는 게 아니고 돈을 달라는 거요."라고 대답하고는 카스티야[56]인의 품위를 간직한 채 그냥 돌아섰다. 귀족 나리처럼 도도하고 스스로를 자랑스럽게 생각하던 걸인이 사소한 일에 자만심이 상처 입은 것이다. 그는 자기에 대한 사랑 때문에 구걸한 것이고, 자기에 대한 또 다른 사랑 때문에 남의 질책을 받아들일 수 없었던 것이다.

인도를 여행하던 어느 선교사가, 원숭이처럼 아무것도 걸치지 않은 몸에 쇠사슬을 감은 채로 엎드린 탁발승이 죄 지은 다른 인도인을 대신해 채찍질 당하는 모습을 보았다. 사람들이 동전을 던져 주었다. 한 사람이 탄식했다. "어떻게 저렇게까지 자기 자신을 버릴 수 있단 말인가!" 그러자 탁발승이 말했다. "나 자신을 버리다니! 잘 알아 두시오, 지금 이 세상에서는 내가 채찍을 맞지만 다음 세상에서는 되돌려 줄 거요. 그때 당신들은 말이 될 거고, 난 그 말을 타고 다닐 거요."

인도나 에스파냐, 사람이 살 수 있는 지구상 어디에서든 우리 자신에 대한 사랑이 우리 감정과 행동의 기반을 이룬다고 말한 사람들은 옳았다. 사람이면 누구에게나 얼굴이 있다는 것을 굳이 증명해 낼 필요가 없는 것처럼, 사람이면 누구에게나 자존

---

56 에스파냐의 주 이름. 마드리드가 중심 도시이다.

심이 있다는 것을 증명할 필요는 없다. 자존심은 우리가 스스로를 지탱하게 해 주는 수단이다. 인류의 영속성을 지탱하는 수단과 비슷한 것이다. 자존심은 우리에게 꼭 필요하고 소중하며 우리를 기쁘게 하지만, 한편으로는 숨겨야 하는 것이다.

그리스의 동성애 —— Amour socratique

　소크라테스적 혹은 플라톤적이라고 불리는 사랑이 정직한 감정 상태에 머문다면 칭송의 대상이 될 것이다. 하지만 그것이 방종으로 이어진다면 그리스의 수치가 될 수밖에 없다.

　만일 모두가 그런 악덕에 빠져든다면 인간 세상이 무너지고 말 텐데, 자연 원리에 맞서는 파렴치한 시도가 어떻게 그토록 자연스럽게 받아들여졌을까? 말하자면 알면서도 빠져드는 타락의 극단적 형태가 미처 타락할 시간을 얻지 못한 젊은이들 사이에 흔하게 행해진 것이다. 야망도, 속임수도, 부(富)를 향한 갈망도 맛보지 않은, 더럽혀지지 않은 마음에 그것이 들어오면 유년기를 막 벗어난 맹목적인 젊음은 아직 제대로 정돈되지 않은 본능에 힘입어 마치 수음에 탐닉하듯 무질서로 치닫게 된다.

　남자나 여자가 자신과 다른 성(性)에 관심을 갖는 성향은 일찌감치 나타난다. 아프리카 여자들이나 아시아 남쪽 지역 여자들과 관련된 이야기가 있기는 하지만, 어쨌든 여자들보다는 남자들한테서 더 강하게 나타난다. 이는 모든 동물에게 공통된 자연의 법칙이기도 하다. 언제나 수컷이 암컷에게 달려들기 마련이다.

그런데 인간의 경우에 남자아이들을 모아 놓고 교육하고, 자연이 그 아이들의 몸속에 펼쳐놓기 시작하는 힘이 본능적이고 자연적인 대상을 찾지 못할 때 자신과 닮은 대상을 향하게 된다. 실제 성장 과정 중 이삼 년 동안 소년들의 상큼한 혈색, 눈부신 피부색, 부드러운 눈길 등이 여자아이와 비슷할 때가 있다. 결국 자연의 착각 때문에 소년들이 사랑의 대상을 잘못 고르는 것이다. 처음에는 동성의 아름다움에 애착을 느끼며 찬사를 바치지만, 나이 들면서 여자를 닮은 특성들이 사라지게 되면 착각도 사라진다.

인생의 짧은 봄날을,
젊음을 알리는 첫 꽃들을 따 보길.[57]

이러한 자연의 착각이 추운 북쪽보다는 따뜻한 곳에서 더 흔하다는 것은 잘 알려진 일이다. 날씨가 따뜻하면 피가 끓어오르고, 그래서 그런 일이 더 자주 일어나는 것이다. 젊은 알키비아데스에게는 그저 약점에 지나지 않던 것이 네덜란드 선원이나 모스크바 종군 상인에게는 역겹고 혐오스러운 일이 되는 것은 그 때문이다.

그리스 사회가 그러한 방종을 허용했다는 주장은 받아들일

---

57   오비디우스, 「변신 이야기」, 10권.

수 없다. 그렇게 말하는 사람들은 흔히 입법가 솔론[58]의 해로운 시구를 인용한다.

> 아직 턱수염이 나지 않은
> 아름다운 소년을 사랑하라.

하지만 물어보자. 이 우스꽝스러운 시를 쓴 시점에 솔론이 진정 정치가였는가? 이 시는 그가 젊었을 때 쓴 것이다. 방탕하던 젊은이가 현명한 어른이 되어 아테네를 위한 법전을 만들 때는 그런 파렴치한 이야기를 집어넣지 않았다. 테오도르 드 베즈[59]가 젊었을 때 캉디드에게 바치는 시를 썼다고 해서 교회 안에서 동성애를 권장했다고 비난할 것인가?

> 나는 그를 껴안고, 나는 그녀를 껴안는다.[60]

그보다는 젊은 시절에는 수치스러운 사랑을 노래했던 그가 나이가 들고 나서는 지도자가 되어 개혁을 이끌고 명성을 날릴 야망을 품게 되었다고 봐야 할 것이다.

고대에 관해 알려 할수록 소크라테스적인 사랑이 절대 불명예스러운 것이 아니었음이 분명하게 드러난다. 사람들이 쉽

---

58 아테네의 시인이자 정치가. 경제적 정치적 개혁을 단행하고 법전을 만들었다.
59 프랑스의 작가, 신학자로 칼뱅이 이끄는 종교 개혁에 큰 역할을 했다.
60 알랭 퐁스의 주해에 따르면 테오도르 드 베즈가 젊을 때 쓴 시들이 방종으로 비난을 받은 것은 사실이지만 이 시는 베즈가 자신의 친구와 그 친구가 사랑하던 여인 캉디드에게 헌정한 것을 볼테르가 잘못 인용한 것이다.

그리스적 동성애의 모습

게 오해하는 것은 사랑이라는 말 때문이다. 누군가가 어떤 젊은
청년의 '연인'이었다고 하면 그것은 귀족 자제와 그를 보필하는
시종의 관계 같은 것이었다. 높은 신분의 자제들을 가르칠 때
같이 공부하고 군대도 같이 가도록 붙여 놓은 어린 하인을 생
각하면 된다. 결국 전쟁을 위한 성스러운 제도를 밤에 벌어지는
방탕한 축제를 위한 제도로 잘못 이해한 것이다.

테베의 라이오스 왕[61]은 연인들로 이루어진 부대를 만들었

---

61   오이디푸스의 아버지. 젊은 시절 정난을 피해 피사의 펠롭스 왕에게 의탁했다가 귀국할
      때 그의 아들 크리시포스를 동성 연인으로 함께 데려온 일이 있다.

다. 그것은 서로를 위해 목숨을 바치기로 맹세한 젊은 전사들이 모인 무적의 부대였다. 고대 그리스 규범 중 가장 아름다운 예라고 할 수 있다.

섹스투스 엠피리쿠스[62]를 비롯하여 여러 사람들이 페르시아의 법이 이러한 악덕을 권장한다고 말한 것도 헛일이다. 설사 법전을 그대로 인용한다 해도, 페르시아 법전을 직접 보여 준다 해도, 정말로 그 혐오스러운 말이 법전에 씌어 있다 해도 나는 믿지 않을 것이다. 사실이 아니라고 말할 것이다. 있을 수 없는 일이기 때문이다. 그렇다, 자연의 본성을 거부하고 모욕하는 법을, 문자 그대로 지켰다가는 인류가 사라지고 말 그런 법을 만드는 것은 인간 본성과 맞지 않는다. 너무도 많은 사람들이 사실은 수치스러운 줄 알면서 빠져들거나 묵인했던 것을 그 나라의 법이라고 착각해서는 안 된다. 세상 모든 일을 의심하던 섹스투스 엠피리쿠스라면 당연히 그 법에 대해서도 의심했어야 하지 않을까. 오늘날 그가 살아서 만일 예수회 수도사 한두 명이 학생들을 추행하는 장면을 봤다고 해서 그것이 성(聖) 이그나시오[63]가 정한 계율에 허용된 일이라고 말할 수 있단 말인가.

---

62   고대 그리스의 회의주의 철학자.
63   이그나시오 데 로욜라. 16세기 에스파냐 성직자로 예수회 창립자.

식인종 —— Anthropophages

앞에서 우리는 사랑에 관해 이야기했다. 서로 키스하는 사람들 얘기를 하다가 서로 잡아먹는 사람들 얘기로 옮겨 가는 것이 쉬운 일은 아니다. 하지만 식인종은 정말로 존재했다. 아메리카 대륙에는 실제 그런 사람들이 있었고, 어쩌면 아직까지 남아 있을지도 모른다. 고대에도 이따금 인간의 살을 먹었다는 외눈박이 키클롭스 얘기가 있고, 유베날리스[64]의 시를 보면 그토록 지혜로운 이집트에도, 그러니까 훌륭한 법률이 있고 악어와 양파를 숭배할 정도로 경건하던 민족이 사는 땅에서도 틴티리라는 지역에서 포로를 먹기도 했다는 말이 나온다.(『풍자시집』, 15편 83행.) 유베날리스는 풍문을 듣고 말한 것이 아니라 자기 눈앞에서 벌어지는 광경을 직접 보고 쓴 것이다.

1725년에 미시시피 강 유역에 사는 야만인 네 명을 퐁텐블

---

64 고대 로마의 시인. 사회상을 풍자한 시들을 남겼다.

로[65]로 데려왔을 때 난 그들과 이야기해 볼 기회를 얻었다. 그중 나이 든 여자에게 사람을 먹어 본 적이 있느냐고 묻자 그녀는 거리낌 없이 그렇다고 대답했다. 내가 충격을 받은 것처럼 보이자 그녀는 적의 시신을 버려 뒤서 짐승의 밥이 되게 하느니 차라리 먹는 편이 낫다고, 승자에게는 그럴 권리가 있다고 변명했다. 어떤 형태로 싸우든 우리는 다른 인간을 죽이고, 그렇게 까마귀 밥과 벌레들의 먹을거리를 만든다. 끔찍하기 이를 데 없는, 참으로 큰 죄악이다. 하지만 어차피 죽고 난 뒤라면 적군의 병사한테 먹히든 까마귀, 개한테 먹히든 차이가 있을까?

우리는 산 사람보다 죽은 사람을 더 존중하지만, 사실 산 사람과 죽은 사람 모두를 존중해야 한다. 문명국이라 불리는 나라들에서는 싸움에서 패한 적의 시신을 꼬챙이에 꿰거나 하는 일은 사라졌다. 만일 다른 나라 사람들을 먹는 것이 허용된다면 머지않아 같은 나라 사람들도 먹게 될 테고, 결국 사회의 미덕이 크게 위협받게 될 것이기 때문이다. 사실 우리가 문명국이라고 부르는 나라들도 먼 옛날에는 지금과 달랐다. 인간은 원래가 사냥꾼이었고 짐승을 잡아먹는 습관을 지니고 있었기에, 싸워 이긴 적이 사슴이나 멧돼지와 다르지 않았던 것이다. 인간은 미신을 위해 인간을 제물로 바쳤고, 먹을 게 부족하면 인간을 먹었다.

신의 제물로 바치기 위해 머리를 끈으로 장식한 소녀의 심장에 경건하게 칼을 꽂는 것과 공격해 오는 상대를 자신이 살아남기 위해 어쩔 수 없이 죽인 뒤 그 몸을 먹는 것 중에 어느 것

---

65 사냥터인 숲과 화려한 궁전이 있는 파리 근교 지역.

이 더 큰 죄일까?

식인 풍습에 대해 한마디만 더 하자. 교양 있는 사람들 사이에서 제법 성공을 거둔 어느 책에 나오는 내용이다.

크롬웰[66]이 지배하던 시대 더블린[67]에 영국인의 몸에서 짜낸 기름으로 질 좋은 양초를 만들어 파는 여자가 있었다. 얼마 후 단골손님 하나가 요즘은 양초가 좀 나빠진 것 같다고 말하자 그녀는 "요즘 영국놈들이 부족해서 그래요."라고 대답했다. 여기서 영국인을 살해하는 사람들과 그렇게 죽은 영국인의 몸에서 짜낸 기름으로 양초를 만드는 여자 중에 누가 더 나쁜가? 한 걸음 더 나아가서, 저녁 식사로 영국인의 살을 먹는 것과 저녁 식사 자리를 밝히기 위해 그 몸에서 얻은 기름으로 양초를 만드는 것 중 어느 것이 더 큰 죄인가? 내가 보기에 가장 큰 악(惡)은 인간이 서로를 죽이는 것이다. 우리가 죽은 이후에 살을 구워 먹든 양초를 만들든 그것은 큰 차이가 없다. 어차피 선량한 인간은 자기가 죽은 이후에 무언가에 유용하게 쓰인다는 사실에 화를 낼 리 없기 때문이다.

---

66 영국의 정치가이자 군인. 청교도 혁명을 주도했다.
67 17세기 크롬웰이 이끄는 잉글랜드와 전쟁해 패한 아일랜드는 큰 피해를 겪었다. 수많은 아일랜드인이 학살당하고 토지와 재산을 모두 강탈당했다.

먼 옛날 —— Antiquité

어느 마을에서 동네 사람들의 예배 행렬 중에 피에르 아우드리라는 남자와 그의 아내 페로넬이 자꾸 앞으로 나서려는 모습을 보았는가? 그 부부는 이렇게 말한다. "지금은 우리를 밀쳐내지만, 저들은 옛날 우리 조상들이 제일 앞에서 종을 울리며 걸을 때 겨우 외양간 하나 가지고 있던 사람들이다."

피에르 아우드리와 그의 아내 그리고 이웃들이 조상을 들먹이며 잘난 척을 해 봤자 어차피 더 이상 아는 것은 없다. 모두 흥분하면서 논쟁이 달아오른다. 명예가 달린 논쟁이다. 증거가 필요하다. 아는 게 많은 성가대원이 A라는 글자가 씌어 있는 녹슨 쇠 단지를 찾아낸다. 주물공이 단지를 만든 후에 자기 이름 첫자를 표시해 놓은 것이다. 피에르 아우드리는 그것이 자기 조상들이 쓰던 투구라고 믿어 버린다.

카이사르가 베누스 여신과 어느 영웅 사이에서 태어난 후손이 되는 것도 같은 이치다. 나라의 역사도 마찬가지다. 멀고 먼 옛날 일들에 대한 우리의 지식 역시 차이는 약간 있지만 거의 이런 식이다.

아르메니아 학자들은 자기들 나라가 지상낙원이었다고 '증명'한다. 심오한 스웨덴 사상가들은 지상낙원이 베네른 호수 근처에 있었다고 '증명'한다. 사실 그 호수는 지상낙원의 흔적으로 보일 만큼 아름답다. 에스파냐인들은 그들대로 지상낙원이 카스티야에 있었다고 '증명'한다. 반면 일본인, 중국인, 타타르인, 인도인, 아프리카인, 아메리카인이 조용한 것은 먼 옛날 지상낙원이 비손 강,[68] 기혼 강, 티그리스 강, 유프라테스 강 발원지에 있었다는 것을 모르기 때문이다. 그 강들은 과달키비르 강,[69] 과디아나 강, 두에로 강, 에브로 강이 될 수 있다. 기혼 강은 똑같이 G로 시작하는 과디아나 강이고, 카탈루냐 지방을 흐르는 에브로 강은 똑같이 E로 시작하는 유프라테스 강이 된다.

그때 스코틀랜드인이 끼어든다. 그는 에덴동산이 에든버러였다고, 에든버러라는 이름이 에덴에서 왔다고 '증명'한다. 그리고 몇 세기 후에는 모두 이 의견에 동조하게 되리라고 주장한다.

그때 과거와 현재의 역사를 줄줄 꿰는 한 사람이 나서서 먼 옛날 지구 전체가 불탄 적이 있다고 말한다. 자기가 읽은 기사에 따르면 독일 어딘가 숲이 우거진 산들 사이 지하 30미터 깊

---

68 「창세기」에 따르면 에덴에서 발원한 강이 넷으로 갈라져 뻗어 나가는데 비손 강, 기혼 강, 힛데겔 강, 유브라데 강이다. 힛데겔은 티그리스 강, 유브라데는 유프라테스 강을 말하나 앞의 두 강은 미상이다.

69 과달키비르를 비롯하여 뒤이어 나오는 강은 모두 에스파냐에 있다. 과달키비르 강은 남부 안달루시아 지방을 지나 대서양으로 흘러들고, 과디아니 강은 포르투갈을 거쳐 지중해로 흘러든다. 두에로 강은 포르투갈을 거쳐 대서양으로, 에브로 강은 에스파냐 내륙에서 발원하여 카탈루냐 지방을 지나 지중해로 흘러든다.

이에서 새카만 탄(炭)이 발견되어 그곳에서 숯을 구웠을 것으로 추측된다는 것이다.

파에톤[70]의 모험 이야기에 따르면 지구는 바닷속 밑바닥까지 끓어올랐다. 베수비오 산[71]에서 유황이 나왔다는 것은 라인 강, 다뉴브 강, 갠지스 강, 나일 강, 황하 강 유역 땅속이 온통 유황, 질산칼륨, 유창목 기름투성이이며 그것들이 폭발하는 날 지구는 이전처럼 재로 돌아갈 거라는 증거다. 우리 발아래 펼쳐진 모래는 우주가 유리로 되어 있다는 명백한 증거이며, 우리 관념이 그렇듯이 지구 역시 유리공에 지나지 않음을 보여 준다.

불 탓에 지구가 변화를 겪었다지만, 사실 물은 더 큰 변화를 가져왔다. 지금 기후에서 2.5미터에 달하는 간만의 차이를 보이는 바다가 바로 높이 4000~5000미터짜리 산들을 만들어 낸 것이다. 이전에 스위스에 가 본 적 없는 학자들이 생고타르 산[72]에서 선구(船具)를 갖춘 배 한 척이 석회화된 것을 찾아낸 사실로 미루어 볼 때 그것은 진실이 분명하다. 정확한 지점이 낭떠러지 아래였는지 혹은 다른 어디였는지는 모르겠지만, 아무튼 그 산에서 배를 찾은 것은 확실하다. 결국 인간은 모두 물고기에서 온 셈이다. 그것은 증명된 바다.(Quod erat demonstrandum.)

좀 더 가까운 옛날로 와서, 많은 야만족 백성들이 자기네 땅보다 그다지 나을 것 없는 다른 땅을 찾아서 떠나던 때의 얘기를 해 보자. 그 시절 일로 역사에 전해진 것 중에 그나마 확인 가

---

70 그리스 신화에서 태양신 헬로스의 아들인 파에톤이 아버지의 전차를 타고 하늘의 궤도를 벗어나 낮게 달리는 바람에 온 세상이 불탄다.
71 이탈리아 나폴리 근처의 활화산.
72 스위스 알프스 지역의 산.

능한 것은 카밀루스[73]가 상대한 골족[74] 강도들이 로마를 약탈하러 갔다는 것이다. 또 다른 골족 무리는 사람들을 죽이기 위한 용병으로 고용되어 일리리아[75]를 거쳐 트라키아[76]로 갔다. 그 골족은 누구인가? 베리[77]의 골족인가? 앙제의 골족인가? 그들은 아마도 로마인들이 '알프스 이편에 사는 자들'이라 부르던 자들, 알프스 산맥과 아펜니노 산맥 가까운 산악 지대에서 굶주리며 살아가던 골족일 것이다. 센 강과 마른 강[78] 유역에 살던 골족은 로마가 존재한다는 것조차 알지 못했다. 그러니 로마 원로원 의원들의 옷장을 털기 위해 몽스니[79] 고개를 넘은 한니발 같은 생각을 꿈에도 할 수 없었다. 물론 당시 로마의 상원의원들이 가진 재산이라고 해 봐야 보잘것없는 회색 천에 소의 피 색깔 띠가 장식된 헐렁한 예복, 목재 의자 팔걸이에 장식된 상아혹은 개 뼈 장식 두 개, 그리고 부엌에 있는 상한 돼지기름이 전부였다.

굶주림으로 죽어 가던 골족은 로마에서 먹을 것을 찾지 못하자 더 먼 곳까지 나아갔다. 훗날 로마인들이 수없이 많은 나라를 하나씩 점령해 나간 것과 마찬가지다. 그리고 더 훗날 북방인들 역시 그렇게 로마제국을 멸망시켰다.

---

73 로마의 정치가, 군인. 일찍이 정쟁으로 은퇴했다가 기원전 387년 켈트족이 로마를 점령했을 때 소환되어 독재관이 되어 로마를 수복했다.
74 로마인이 켈트족을 부른 이름. 지금의 프랑스를 포함한 골족의 영역을 갈리아라 불렀다.
75 아드리아 해 동쪽 해안, 발칸 반도 서쪽에 있던 고대 왕국.
76 흑해와 에게 해에 접한 발칸 반도 남동쪽 지역.
77 베리와 앙제는 프랑스 중부 루아르 강 유역의 옛 도시로 켈트족의 주요 거주지였다.
78 파리 남동쪽을 흐르는 센 강의 지류.
79 프랑스와 이탈리아 국경에 걸친 북알프스 산악 지대의 관문.

우리가 고대의 종족 이동에 관해 희미하게나마 알게 된 것은 누구의 덕인가? 바로 로마인들이 우연히 써 놓은 글 몇 줄 덕이다. 켈트족 사람들, 그리고 켈트족 음유시인들은 수다스럽다는 일반적인 평가에도 불구하고 글을 읽을 줄도 쓸 줄도 몰랐다.

그렇다고 해서 골족 혹은 켈트족이 카이사르가 이끄는 군단에 이어 고트족 무리에게, 또 이어 부르군트족[80] 무리에게, 마침내 클로디빅이 이끄는 시캄브리족[81] 무리에 정복당하기 전에는 세계를 지배했다고, 아시아 지역에 이름과 법률을 전해 주었다고 추론하는 것은 너무 지나친 일이다. 그것은 수학적으로 불가능하다. 만일 누군가 증명해 낸다면 그대로 받아들이겠다. 그런 후에까지 골족이 타타르족과 같은 일을 했음을 받아들이지 않는 것은 몰상식한 일이 아니겠는가.

---

80 프랑스 부르고뉴 일대에 살던 게르만족의 일파.
81 라인 강 동쪽 연안에 거주하던 게르만족.

겉모습 —— Apparence

겉모습은 언제나 실제의 모습과 다른가? 감각은 우리에게 지속적인 환상을 제공할 뿐인가? 모든 것이 착각인가? 우리는 환영의 그림자로 둘러싸여서 꿈속에서 살아가는가?

우리 눈에 해가 지평선으로 내려앉는 것처럼 보일 때 그 해는 이미 지평선 아래 있다. 우리 눈에 해가 뜨고 있는 것처럼 보일 때 그 해는 여전히 지평선 아래 있다. 정육면체의 탑이 우리 눈에는 둥글게 보인다. 물속에 막대기를 담그면 구부러져 보인다.

당신이 거울 앞에 서면 거울 뒤쪽으로 당신의 상(像)이 나타난다. 하지만 당신 모습은 거울 뒤에 있는 것도 앞에 있는 것도 아니다. 만지거나 눈으로 볼 때 거울은 매끈한 표면 같지만 사실은 고르지 않고 빈 공간도 있는 울퉁불퉁한 덩어리다. 더없이 매끈하고 하얀 표면이 사실은 비죽비죽하게 튀어나온 조직으로, 옷감과는 비교할 수 없을 정도로 구멍이 많고 또 작은 털처럼 생긴 것이 수없이 튀어나와 있다. 거울 위에 술을 부으면 그 조직 속으로 액체가 흘러들고 거울 표면에는 계속 냄새가 날 것이다. 또한 당신이 굉장히 크다고 부르는 것이 코끼리한테는 더없이 작은 것일 수 있고, 당신이 작다고 부르는 것이 벌레들한테는 온 세상만큼 큰 것일 수 있다.

거북이가 보기에는 빠른 움직임이 독수리의 눈에는 너무 느린 것일 수 있다. 당신이 쇠 연장으로 내리쳐도 꿈쩍하지 않는 저 바위에는 암석이 채운 것보다 더 많은 빈 공간이 있고, 믿기 힘들 정도로 넓은 길들이 이리저리 나 있다. 거기서 살아가는 수많은 생명체들은 자신들이 우주의 주인이라고 생각한다.

그 어떤 것도 겉으로 보이는 모습 그대로가 아니며, 그 어떤 것도 당신이 생각하는 자리에 있지 않다.

몸으로 느끼는 감각에 속는 데 지친 철학자들은 육체는 존재하지 않는다고 개탄했고, 우리의 정신만이 실재하며 모든 외관은 가짜라는 결론에 이르렀다. 혹은 영혼의 본질이 어떤 물질인지 알 수 없으므로 결국 정신도 육체도 존재하지 않는다고 주장하기도 했다.

중국의 어떤 철학자들이 무(無)를 세상 만물의 원리이자 궁극으로 본 것 역시 아무것도 알 수 없다는 절망감 때문이었을 것이다.

몰리에르[82]의 시대에는 그러한 파괴적 철학이 널리 퍼져 있었다. 스가나렐[83]에게 "'내가 왔다.'가 아니라 '내가 온 것 같다.'

---

82 17세기 프랑스의 희극 작가로, 인간 본성을 파헤치는 희극들을 썼다.
83 몰리에르의 발레 희극 「강제 결혼」의 주인공으로, 오십 대의 나이에 어린 처녀와 결혼을 앞두고 두 철학자에게 의견을 묻는다. 그 하나는 아리스토텔레스를 추종하는 팡크라스

라고 말해야 하고, 진짜가 아니라도 진짜처럼 보일 수 있다."라고 가르친 마르퓌리우스 박사가 바로 그러한 학파를 대변한다.

하지만 연극의 한 장면이, 물론 때로는 훌륭한 가치를 지닐 수 있지만, 그것만으로 보이는 모든 것이 가짜라고 말할 이유가 될 수는 없다. 진실을 추구하는 것도 철학을 무시하고 조롱하는 것만큼 즐거운 일일 때가 많다.

당신이 우상처럼 숭배하는 하얗고 고운 피부 안에는 겉으로 보이지 않는 층, 공동, 줄, 울퉁불퉁한 조직들이 있다. 진드기보다 천배나 작은 생명체가 당신이 알지 못하는 것들을 구별해 낼 수 있고, 당신의 피부 속에 들어가 거기서 먹이를 얻고, 광활한 지역을 쏘다니는 사람처럼 그 안을 돌아다닌다. 그렇게 해서 당신 오른팔에 사는 생명체는 자기들과 같은 종의 생명체가 왼팔에 산다는 것을 알지 못한다. 그들 눈에 보이는 광경을 당신이 직접 볼 수 있게 되는 불행이 닥친다면 매혹적인 피부는 역겨운 공포의 대상이 될 것이다.

당신이 감미롭게 듣는 음악회의 화음이 어떤 작은 생명체에게는 무시무시한, 어쩌면 목숨을 앗아갈 만한 천둥소리가 될 수 있다. 사물을 만지고 듣고 느낄 때 당신은 그저 당신의 감각이 전달하는 대로 받아들일 뿐이다.

모든 것은 균형을 이루고 있다. 물속에 잠긴 물체가 우리 눈에는 실제 있는 지점이 아닌 다른 곳에 있는 것으로 보이고, 또 직선이 중간에 꺾인 것처럼 보인다. 그것은 지구보다 백만 배 더 큰 태양이 우리 눈에 지름이 60센티미터 정도 되어 보이는

이고, 또 하나가 회의주의 철학자 피론을 추종하는 마르퓌리우스이다.

것과 같은 시각 법칙이다. 태양의 크기 그대로 보려면 우리의 눈이 태양 크기의 각 안에 빛을 모을 수 있어야만 한다. 그것은 절대 불가능하다. 그러니까 우리 감각이 우리를 속인다기보다는 우리를 도와준다고 말해야 한다.

움직임, 시간, 지속, 단단함, 물렁함, 크기, 거리, 추정, 힘, 약함, 겉모습, 이 모든 것은 관계로부터 얻어지는 상대적인 것이다. 그렇다면 그 관계는 누가 만든 걸까?

돈 ——— Argent

우리는 매일 묻는다. 유럽에서 어느 나라가 은(銀)을 가장 많이 가지고 있는가? 이 말은 어느 나라 사람이 상거래 물품을 대신하는 금속, 즉 돈을 가장 많이 소유하고 있느냐는 뜻이다.[84] 그리고 똑같은 이유로 그것을 가장 적게 가진 가난한 곳이 어디인지도 묻는다. 이 질문부터 대답하자면 서른 곳 사이에서 망설이게 된다. 베스트팔렌,[85] 리무쟁,[86] 바스크, 티롤,[87] 발레,[88] 그리종,[89] 이스트라[90]가 있고 스코틀랜드나 북부 아일랜드 주민, 스

---

84 프랑스어로 돈을 가리키는 단어 아르장(argent)은 원래 은(銀)을 뜻한다.

85 독일 중서부 지역으로, 19세기 초 프로이센에 편입될 때까지 공작령이었다.

86 프랑스 중부 지역으로, 몇 개의 자작령으로 나뉘어 있다가 17세기에 프랑스 왕가에 통합되었다.

87 유럽 중부의 알프스 산악 지대로, 14세기 이후 오스트리아의 지배를 받았다.

88 19세기 초에 스위스의 주로 편입된 알프스 북부 지역.

89 라인 강 상류 지역으로 19세기 초 스위스 동남부 끝에 위치한 한 주로 편입되었다. 독일명 그라우뷘덴.

90 슬로베니아와 크로아티아 등에 걸친 지역으로 베네치아 공국의 지배를 받던 곳이다.

위스 작은 주에 사는 사람, 특히 교황청의 백성이 가난하다.

반대로 돈이 가장 많은 나라는 어디일까? 프랑스, 에스파냐, 그리고 1600년대만 해도 가진 것이 전혀 없던 네덜란드 중에서 망설이게 된다.

이전에, 그러니까 13~15세기에 현금이 가장 많던 곳은 두말할 것도 없이 교황청 비서실이었다. 당연히 물품 거래도 가장 활발했다. 교황청과 거래하는 상인들에게 "그걸 얼마에 팝니까?" 하고 물어보면 "그 멍청한 사람들은 달라는 대로 줍니다." 라는 답이 돌아왔다.

그때는 유럽 전역에서 교황청으로 돈을 보냈다. 그 대가로 로마는 곡식과 어린 양 메달을 축성해서 보냈고, 전면 혹은 부분 면죄, 교회법 적용 면제, 추인, 면속[91] 등을 허락했으며, 축복을 내렸고, 심지어 교황청 안에서 서툰 처세로 회계관의 눈 밖에 난 사람들을 파문하기도 했다.

베네치아인들은 교황청과 거래하지 않는 대신 이집트의 알렉산드리아를 거쳐 동방 나라들과의 교역에 전념했다. 당시 후추와 계피는 오로지 베네치아를 통해서만 거래가 이루어졌다. 교황청으로 가지 않는 돈은 그렇게 베네치아 공국으로 갔고, 일부는 토스카나 공국과 제노바 공국으로 흘러들었다. 그 밖에 다른 왕국들에는 현금이 거의 없었다. 나폴리 정벌을 위해 군사를

---

91 가톨릭에서 수도원의 수도사가 교구 주교의 관할권을 벗어나 교황 직속 신분이 되는 것을 말한다. 면속이 되면 자유로운 수도와 선교 활동을 할 수 있었다.

92 15세기 프랑스 발루아 왕가의 왕으로 앙주 왕가 혈통을 내세워 나폴리 왕국 계승권을 주장하며 나폴리를 정복했지만 밀라노, 베네치아, 교황청이 주축이 된 반 프랑스 동맹군에 격퇴당했다.

소포니스바 안귀슬라, 「펠리페 2세」 (1565) 포르투갈이 인도의 정복자가 되어 교역을 시작하고 에스파냐가 멕시코와 페루를 굴복시키면서 모든 것이 달라졌다. 에스파냐, 포르투갈의 주인이자 네덜란드, 밀라노의 주인이며 아메리카 광산과 은의 주인인 펠리페 2세가 세계 유일의 부자가 되고, 따라서 유럽에서 유일한 강자로 군림했다.

모으던 샤를 8세[92]는 사보이아 공국[93]의 공작 부인에게 빌린 보석들을 저당 잡혀 경비를 마련했다. 하지만 샤를 8세는 다시 퇴각할 수밖에 없었다. 베네치아인들이 샤를 8세의 군대보다 더 강한 군대를 용병으로 고용해서 맞섰기 때문이다. 당시 베네치아 귀족들의 금고 안에 들어 있던 돈, 식탁 위에 놓인 은기(銀器)들은 세력이 막강하던 막시밀리안 황제[94]보다도 많았다. 정작 막시밀리안 황제에게는 포키 다나리(pochi danari) 즉 무일푼이라는 별명이 있었다.

그런데 포르투갈이 인도의 정복자가 되어 교역을 시작하고 에스파냐가 600~700명 군사로 멕시코와 페루를 굴복시키면서 모든 것이 달라졌다. 베네치아를 비롯한 이탈리아 도시들의 교역량은 곤두박질쳤다. 에스파냐, 포르투갈의 주인이자 네덜란드, 양(兩)시칠리아 왕국,[95] 밀라노의 주인이며 아시아 지역 약 6000킬로미터에 달하는 해안의 주인이고 아메리카 광산과 은의 주인인 펠리페 2세가 세계 유일의 부자가 되고, 따라서 유럽에서 유일한 강자로 군림했다. 펠리페 2세에게 매수된 프랑스 내 첩자들은 무릎을 꿇고 도블론[96]에 입을 맞췄다. 앙즐로와 카롤뤼스[97]는 프랑스 땅에서조차 별로 통용되지 않았다. 아무도 프랑스 돈

---

93 현재 프랑스와 이탈리아의 국경 지역인 사부아에 있던 공국.
94 신성로마제국의 황제로, 합스부르크 왕가의 번영을 위한 기초를 쌓았다.
95 시칠리아 섬의 백작령을 기반으로 12세기에 이탈리아 반도 남부를 포함하는 시칠리아 왕국이 수립된다. 13세기 말 시칠리아 섬에서 반란이 일어나며 나폴리를 중심으로 한 본토의 왕국과 분리되었는데, 나폴리 왕국이 시칠리아 왕국이라는 칭호를 고수하면서 '양(兩)시칠리아'라는 이름이 사용되었다(19세기 초 두 왕국이 다시 양시칠리아 왕국으로 합병된다).
96 에스파냐의 옛 금화.
97 15세기 프랑스의 금화와 은화 이름.

을 신뢰하지 않았다. 이 시기에 펠리페 2세는 아메리카와 아시아에서 거의 1000만 두카토[98]에 달하는 수입을 얻었다. 만일 앙리 4세[99]의 칼과 엘리자베스 여왕의 함대만 없었더라면 유럽 전체를 사들일 수도 있을 돈을 펠리페 2세는 가지고 있었다.

이쯤 되면, 멕시코와 페루로부터 에스파냐로 쉼 없이 흘러들어온 금과 은이 이후에 어떻게 되는지 궁금해질 것이다. 그 돈은 카디스[100]에서 에스파냐 사람 이름으로 물건을 사들이고 또 상품을 만들어 아메리카로 보냈던 프랑스인, 영국인, 네덜란드인의 주머니로 들어갔다. 그 돈 중에 많은 양이 동인도[101]에서 향료, 면(綿), 초석(礎石), 정제 설탕, 차, 옷감, 다이아몬드, 붉은 털원숭이를 사 오는 데 쓰였다.

인도 보물들이 어디로 갔는지도 궁금할 것이다. 타마스 쿨리 칸이라고도 불리는 나디르 샤[102]가 몽골 다이아몬드[103]를 비롯한 인도의 보물들을 전부 가져갔다. 그렇다면 그가 페르시아로 가져간 보석들과 금과 은은 지금 어디에 있는가? 일부는 내전(內

---

98 13세기 베네치아에서 주조되어 유럽 전역에 걸쳐 사용된 금화.

99 16세기 프랑스 부르봉 왕가를 연 왕으로 종교전쟁으로 인한 갈등을 봉합하고 경제를 발전시켰다. 캐나다 식민지를 건설했고 네덜란드와 연합하여 에스파냐의 세력 확장을 막아내려 했다.

100 안달루시아 지방의 고도(古都)로, 콜롬부스의 항해 이후 아메리카 지역에서 들어오는 에스파냐 배들의 모항(母港)이 되면서 유럽 전역에서 가장 부유한 도시가 되었다.

101 18~19세기 유럽인들이 인도를 포함하여 인도차이나 반도, 말레이 반도, 인도네시아로 이어지는 동남아시아 지역을 이르던 말이다.

102 18세기 이란 아프샤르 왕조의 창시자로, 인도 북부와 중앙아시아의 부하라 등의 칸 국들을 점령하여 영토를 확장했다. 특히 인도 북부 지역을 정복하면서 델리에서 3만 명을 학살하고 엄청난 양의 재물을 약탈했다.

103 17세기에 인도 골콘다 지방의 광산에서 채굴된 280캐럿짜리 다이아몬드로, 델리에 있던 것이 1739년 나디르 샤의 침공 이후 사라졌다.

戰) 동안에 땅속에 묻혔고, 나머지는 불한당들이 작당하는 데 필요한 자금으로 쓰였다. 카이사르가 이미 말한 대로 "돈이 있어야 병사를 얻고, 병사가 있어야 돈을 훔친다."

아직 궁금증이 다 해소된 것은 아니다. 세소스트리스,[104] 크로이소스,[105] 키루스 대제,[106] 네부카드네자르 대왕[107]의 보물들, 무엇보다도 왕실 소유 재산 중 왕 개인의 것만 해도 우리가 쓰는 리브르로 하면 200억 이상이었다고 알려진 솔로몬 왕의 재산은 모두 어디에 있는가?

아마도 전 세계로 흩어졌을 것이다. 키루스 대제가 지배하던 시절에 갈리아, 게르마니아, 덴마크, 폴란드, 러시아에는 단한 푼도 없었다. 시간이 흐르면서 금도금을 하느라 사라진 것, 노트르담 드 로레트[108]를 비롯하여 여러 군데 묻혀 있는 것, 그리고 탐욕스러운 바다가 삼켜 버린 것을 제외하고, 나머지 돈들은 여러 나라로 골고루 흘러 들어갔다.

위대한 마르스 신과 제녀(祭女) 사이에서 태어난 로물루스의 시대, 경건한 누마 폼필리우스[109]의 시대에 로마인들은 어떻게 살았을까? 그들에게 있던 유피테르 상(像)은 떡갈나무를 조잡하게 깎아 만든 것이었고, 신전은 초라한 오두막이었으며, 깃

---

104 누비아 지역까지 영토를 확대한 고대 이집트 왕.
105 고대 리디아의 마지막 왕으로 엄청난 부(富)를 누린 것으로 유명하다.
106 페르시아 제국을 건설한 왕. 크로이소스가 지배하던 리디아를 정복하는 등 영토를 확장했다.
107 신바빌로니아 칼데아 왕조의 왕으로 유명한 바빌론의 공중 정원을 짓는 등 대규모 건축사업을 벌였다.
108 17세기 초에 세워진 프라하의 로레타 성당을 부르는 프랑스 이름이다. 6000개가 넘는 다이아몬드로 장식된 성체 현시대를 비롯하여 많은 성물들이 보관되어 있다.
109 로마를 건국한 로물루스의 계승자로 지혜와 경건함으로 칭송받았다.

기원전 300년경 아테나 여신과 사자의 얼굴이 조각된 로마 동전

발은 막대기 끝에 건초를 한 움큼 매단 것이었다. 그들 주머니에는 동전 한 닢 들어 있지 않았다. 요즈음 마부들이 쓰는 금시계는 로마 왕정의 일곱 왕도, 로마의 군인 혹은 정치가인 카밀루스나 만리우스나 파비우스 같은 사람들도 절대 살 수 없었다. 재치 있는 누군가가 총징세관의 아내에게 이 글을 보여 줬다고 치자. 총징세관의 아내는 건국 이후 첫 세 세기 동안의 로마인들에게 야릇한 경멸을 느끼게 될 것이다. 그녀는 만리우스, 쿠리우스, 파비우스처럼 마차도 못 타고 걸어와서 돈이 없어 카드놀이도 못 하는 사람들은 아예 응접실에 들여놓으려 하지도 않을 것이다.

초기 로마인들의 돈은 구리로 만든 것이었다. 구리는 그들에게 무기로 쓰인 동시에 화폐로 쓰였다. I운시아짜리 I2개, 즉 I리브라[110]의 구리가 서너 개 있으면 소 한 마리를 살 수 있

110 로마 시대 무게 단위. 1리브라는 12운시아이며 324그램에 해당한다.

었다. 그때도 오늘날과 마찬가지로 시장에서 필요한 물품을 샀고, 언제나 그렇듯이 사람들은 식량, 의복, 식기 들을 소유했다. 로마인들은 인근 다른 나라 사람들에 비해서 가난했지만, 결국 그들을 정복했다. 그리고 500여 년 동안 영토를 넓혀 간 이후에야 비로소 은화를 주조했다.

구스타브 아돌프[111] 왕의 병사들 역시 스웨덴 밖 영토를 정복하기 전까지는 구리 동전으로 봉급을 받았다.

생필품의 교환이 보증되기만 한다면 언제나 사람들 사이에 거래가 이루어진다. 그 보증을 조개껍질로 하느냐 종이로 하느냐가 다를 뿐이다. 금과 은이 가장 중요한 역할을 하게 된 것은 그 두 금속이 가장 희귀했기 때문이다.

금과 은을 사용한 금속 화폐가 처음 주조된 것은 아시아에서였다. 사실 아시아는 모든 기술이 태동한 요람이다.

주조된 돈이 인간들의 사랑을 받으며 곳곳을 돌아다니는 동안 어떤 모험을 겪는지 말하지는 않겠다. 돈에 대한 우리의 애착은 너무도 강하기 때문에, 심지어 그리스도교 왕가가 지배하는 나라들에는 하나같이 금과 은을 왕국 밖으로 반출하지 못한다는 오래된 법이 아직까지 남아 있다. 그 법은 다음 두 가지 경우 중 하나를 전제한다. 즉 그 왕가가 다스리는 백성들이 재미 삼아 외국에 나가서 돈을 처분해 버릴 정도로 정신 나간 사람들이든지, 아니면 외국 사람한테 진 빚은 갚으면 안 된다는 것이다. 그렇지만 그 누구도 이유 없이 자기 돈을 남에게 주지는 않으며, 다른 나라 사람에게 진 빚이 있으면 어음이나 상품이나

<hr>

111 경제 발전과 영토 확장을 통해 17세기 스웨덴을 강국으로 만든 왕.

현금으로 갚아야 하지 않는가. 결국 사람들이 이 문제에 눈을 뜨게 된 이후로 법은 더 이상 적용되지 않는다. 그렇게 눈을 뜬 것이 그다지 오래된 일은 아니다.

아리스토텔레스 —— Aristote

논리학

아리스토텔레스의 논리학, 논증의 기술은 그리스인들이 늘
사용하던 궤변의 논법을 다룬다는 점에서 특히 높이 살 만하다.
아리스토텔레스의 스승이던 플라톤 역시 궤변의 오류를 벗어나
지 못했다.

예를 들어 플라톤이 「파이돈」에서 영혼의 불멸성을 증명하
는 대목을 보자.

> "자네는 삶이 죽음과 반대라고 생각하지 않는가?"
> "그렇습니다."
> "삶과 죽음이 서로로부터 유래한다고 생각하고?"
> "그렇습니다."
> "그렇다면 살아 있는 자로부터 유래하는 것이 무엇인가?"
> "죽은 자입니다."

"죽은 자로부터 유래하는 것은 무엇인가?"

"살아 있는 자입니다."

"그러니까 살아 있는 모든 것은 죽은 것으로부터 유래하는 군. 결국 우리 영혼은 죽음 이후 저승에 남는 걸세."

많은 사람들이 플라톤의 명성에 매료되게 한 엉터리 논리를 밝혀내기 위해서는 분명한 규칙들이 필요하다.

우선 플라톤이 사용한 모든 말이 그 의미가 모호하다는 것을 증명해야 한다.

죽은 자는 살아 있는 자로부터 유래하지 않는다. 살아 있는 자가 살기를 그만둔 것이다.

살아 있는 자는 죽은 자로부터 유래하지 않는다. 살아 있는 자는 살아 있는 자로부터 유래했고, 이후에 그 원래 살아 있던 자가 죽은 것이다.

결국 살아 있는 모든 것은 죽은 것으로부터 유래된다는 플라톤의 결론은 우스꽝스럽다. 심지어 그 결론으로부터 끌어낸 또 다른 결론, 즉 '결국 우리 영혼은 죽음 이후 저승에 남는다.' 라는 말은 출발점이 된 전제와 아무 관련이 없다.

그러한 결론에 이르기 위해서는 죽은 자의 육체가 저승에 있고 영혼이 그 육체를 따라간다는 것부터 증명했어야 한다.

플라톤의 논증에는 한 마디도 옳은 것이 없다. 차라리 이렇게 말했어야 한다. 우리 안에서 생각하는 것은 부분들로 나뉘지 않으며, 부분으로 나뉘지 않는 것은 없어질 수 없다. 결국 생각하는 것은 부분으로 나뉘지 않기 때문에 없어질 수 없다.

아니면 적어도 육체는 나뉘기 때문에 죽고, 영혼은 나뉘지 않기 때문에 죽지 않는다고 말했더라면 우리가 그 말을 귀 기울여 들어 주기는 했을 것이다.

영원한 세계

아리스토텔레스는 「하늘에 관하여」 II 장에서 세계가 영원하다고 단호하게 말한다. 사실 에피쿠로스 학파를 제외한 모든 고대 사상가들이 그렇게 생각했다. 아리스토텔레스는 제I동인으로서 신(神)의 존재를 인정한다. 그리고 신을 영원하고 움직이지 않으며 나뉘지 않고 속성을 부여할 수 없는 유일자로 정의한다.

따라서 그는 태양에서 나오는 빛이 영원하듯 신이 빚어낸 세계도 영원하다고 간주할 수밖에 없었다.

그는 천체에 대해서 다른 철학자들과 마찬가지로 아는 것이 없었다. 코페르니쿠스가 아직 나타나지 않았던 것이다.

윤리학

아리스토텔레스의 윤리학은 다른 모든 윤리학과 마찬가지로 훌륭하다. 사실 모든 윤리학은 다 똑같다. 공자의 윤리학, 자라투스트라의 윤리학, 피타고라스의 윤리학, 아리스토텔레스의 윤리학, 에픽테토스[112]의 윤리학, 마르쿠스 아우렐리우스[113]

---

112 스토아 학파를 대표하는 철학자로, 사물의 본성을 배워 자신의 삶의 주인이 되어야 한다
   고 주장했다.
113 스토아 학파 철학자로 로마제국 5현제 중 한 사람.

의 윤리학 모두 전적으로 동일하다. 즉 신이 모든 인간의 마음이 악(惡)을 향한 성향을 약간 지닌 채로 선(善)을 알게끔 해 놓았다는 것이다.

아리스토텔레스에 따르면 덕스러운 인간이 되기 위해서는 세 가지가 필요하다. 본성, 이성, 습관이 그것이다. 정확히 맞는 말이다. 일단 선한 본성이 있으면 덕을 얻기 쉬워진다. 이성은 그것을 단단하게 만들어 주고, 습관은 매일 하는 운동처럼 올바른 행동에 친숙해지게 해 준다.

아리스토텔레스는 모든 선을 나열하면서 우정을 포함시키는 것을 잊지 않았다. 이어 동등한 입장의 우정 외에도 부모와 자식 사이, 주인과 손님 사이, 연인들 사이의 우정까지 언급했다. 사실 요즈음에는 손님을 맞아들이고 또 손님으로 대접받을 권리와 관련된 우정은 찾아보기 힘들어졌다. 옛날 사람들에게는 함께하는 사회 공동체의 성스러운 유대였던 것이 이제는 숙박업자들에게 한정된 문제가 된 셈이다. 연인들의 경우 역시 오늘날에는 사랑 속에 미덕을 담는 것이 드문 일이 되었다. 수없이 모든 것을 약속한 여인에게는 더 이상 해 줘야 할 게 없다고 생각하는 것이다.

우리의 초기 학자들이 미덕에 관해 말하면서 우정을 언급하지 않은 것은 애석한 일이다. 우정을 권장한 일은 거의 없고, 오히려 반감을 불어넣는 것처럼 보일 때가 많았다. 마치 폭군이 자기 주변 사람들이 서로 이어질까 봐 두려워하기라도 한 것처럼.

아리스토텔레스가 모든 미덕을 서로 대립되는 양극단 사이에 펼쳐 놓은 것 역시 중요하다. 미덕들을 그런 식으로 배열한 것은 아마도 그가 처음일 것이다.

지혜의 여신이 아리스토텔레스에게 이성의 집의 열쇠를 건넨
다. "아리스토텔레스에 따르면 덕스러운 인간이 되기 위해서
는 세 가지가 필요하다. 본성, 이성, 습관이 그것이다. 일단 선
한 본성이 있으면 덕을 얻기 쉬워진다. 이성은 그것을 단단하
게 만들어 주고, 습관은 매일 하는 운동처럼 올바른 행동에 친
숙해지게 해 준다."

그런 식으로, 아리스토텔레스는 신앙심이 무신론과 미신 가운데 있다고 말한다.

시학

우리가 살아가는 근대국가에서라면 물리학자이면서 기하학자이고 또 철학자이면서 윤리학자인 사람이 동시에 시에 관해 이야기하는 일이 있을까? 오늘날의 물리학자, 기하학자, 철학자, 윤리학자는 호메로스, 베르길리우스, 소포클레스,[114] 아리스토텔레스, 타소를 비롯하여 천재적인 재능이 낳은 아름다운 작품들로 이 세상을 매혹시킨 사람들 이름을 들으면 불편해서 어쩔 줄 모른다. 그러한 작품의 아름다움을 느끼지 못하며, 설사 느낀다 해도 무시하려 한다.

파스칼은 다음과 같이 우습기 그지없는 말을 했다.

시적 아름다움에 대해 말하듯이 기하학적 아름다움, 의학적 아름다움에 대해서도 말해야 한다. 그런데 사람들은 절대 그렇게 하지 않는다. 그 이유는 기하학과 의학의 경우 대상이 무엇인지 알지만, 시적 대상의 매력이 어디에 있는지 알 수 없기 때문이다. 모방해야 하는 자연의 본보기가 무엇인지 알지 못하는 것이다. 그리고 그것을 알지 못하기 때문에 '황금시대', '우리 시대의 경이', '운명의 월계수', '아름다운 천체' 같은 이상한 말을 만들어 내는 것이다. 그래 놓고는 그 말들을 시적 아름다움이라고 부른다.[115]

---

114 고대 그리스 3대 비극 시인. 『안티고네』, 『오이디푸스 왕』 등 7편의 비극이 현존한다.
115 『팡세』, 1부 5편.

파스칼의 말이 얼마나 형편없는지는 어렵지 않게 느낄 수 있을 것이다. 우리가 잘 알다시피, 의학이나 삼각형의 속성에는 아름다움이 존재하지 않는다. 또한 우리 영혼과 우리 감각에 쾌락과 경탄을 촉발하는 것만이 아름다움이라 불린다. 이것이 바로 아리스토텔레스의 생각이다. 파스칼의 생각은 엉터리다. '운명의 월계수', '아름다운 천체' 같은 말은 시적 아름다움의 예가 될 수 없다.

변증법에 대해, 윤리학에 대해, 정치학에 대해 글을 써낸 손, 자연을 가리고 있던 거대한 베일을 벗겨 낸 바로 그 손으로 비극의 규칙들을 밝혀 나가다니, 아리스토텔레스는 진정 놀라운 인간이다!

부알로[116]의 아름다운 시는 아리스토텔레스의 「시학」 4장에서 영감을 받은 것이다.

> 뱀이든 흉측한 괴물이든
> 잘 모방해 낸 형상은 눈을 즐겁게 한다.
> 훌륭한 기교를 통해 섬세한 붓질을 하면
> 끔찍한 대상이 사랑스러운 대상으로 변한다.
> 그렇게 오이디푸스의 슬픈 비극은
> 고통의 노래로 우리를 매혹한다.[117]

이와 관련된 아리스토텔레스의 말을 보자. "모방과 조화가

---

116 17세기 프랑스의 시인이자 문학 이론가. 운문으로 쓴 「작시법(Art poétique)」에서 고전주의 원리에 따른 시작 규칙을 제시했다.
117 「작시법」, 세 번째 노래 1~6연.

시를 낳았다. …… 더할 나위 없이 추한 짐승이나 시체, 혹은 죽어 가는 사람의 형체가 실물로는 보기만 해도 고통스럽다. 하지만 그것을 잘 모방하여 그린 그림을 볼 때는 쾌감을 느낀다.”

아리스토텔레스의 「시학」 4장은 호라티우스[118]의 글과 부알로의 글에 거의 그대로 나타난다. 뒷장들에 제시된 여러 법칙은, 합창대와 음악에 관한 것만 제외하면, 오늘날 좋은 작가들이 따르고 있는 법칙들이다. 물론 비극이 정념을 순화하기 위해 만들어졌다는 아리스토텔레스의 생각은 심한 반발을 불러일으키기도 했다. 하지만 내가 생각하기에 그가 말하고자 했던 것은 페드라[119]의 불행을 보면서 근친상간적인 사랑을 다스릴 수 있고, 아이아스[120]의 불행을 보면서 분노를 억제할 수 있다는 것이다. 그러니 전혀 문제될 게 없다.

---

118 아우구스투스 황제 시대 로마에서 활동한 시인, 풍자 작가. 그의 「시론」은 아리스토텔레스의 「시학」과 함께 후세에 큰 영향을 주었다.

119 크레타 왕 미노스의 딸인 페드라는 테세우스의 아내가 된 후 양아들 히폴리투스를 향한 사랑에 빠진다. 에우리피데스의 「히폴리투스」를 비롯해 17세기 프랑스 극작가 라신의 「페드르」도 이 이야기를 다루었다.

120 그리스 용사 아이아스는 트로이 전쟁에서 아킬레우스의 갑옷을 얻기 위해 오뒤세우스와 결투했으나 패한 뒤 화를 이기지 못해 미치광이가 되었고, 날이 밝은 후 자신이 저지른 일을 알고 자살한다. 소포클레스의 비극 「아이아스」가 있다.

무기, 군대 —— Armes, Armées

지구상에 군대 없는 사회가 존재했고 지금도 존재하고 있다는 사실은 우리가 깊이 생각해 볼 만한 일이다. 오랫동안 인도를 지배했던 브라만[121]들, 펜실베이니아를 다스려 온 퀘이커[122]라 불리는 사람들이 그렇고, 아메리카 대륙과 중앙아프리카 일부 부족이 그렇다. 시베리아의 유목민 사모예드인, 스칸디나비아 북부 토착민 사미인, 캄차카인들 역시 다른 부족을 파괴하기 위해 깃발을 휘날리며 행진한 적이 한 번도 없었다.

평화를 사랑하는 이 사람들 중에도 가장 의미가 큰 것은 브라만이다. 아주 오래전에, 그 어떤 제도보다도 먼저 생겨났으면서 지금까지 존속하는 그들의 카스트 제도는 입을 다물 수 없을 만큼 놀랍다. 그들의 통치 조직과 종교는 무슨 일이 있어도 피

---

121 인도 카스트 제도에서 가장 높은 성직자로, 제사, 학문, 교육을 담당하는 지식 계층이다.
122 17세기 영국에서 명상 운동으로 창시된 퀘이커 교파는 영국 정부의 탄압을 피해 북아메리카 식민지 영토를 불하받아 도시(펜실베이니아)를 세우면서 종교의 자유를 얻었다.

가 흐르지 않도록, 제아무리 작은 짐승의 피라도 흐르지 않도록 해야 한다. 그런 체제를 지닌 나라는 쉽게 정복당할 수밖에 없다. 실제 그들은 과거에 여러 번 정복당했다. 그래도 달라지지 않았다.

펜실베이니아에 사는 퀘이커들은 지금까지 군대를 가진 적이 없고, 전쟁을 증오한다.

아메리카 대륙의 일부 부족들은 에스파냐인들에게 말살당하기 전까지 군대가 무엇인지 알지도 못했다. 극지방 바닷가에 사는 사람들 역시 무기, 군대의 신, 전투부대, 기병 중대, 이런 것들을 전혀 모르고 살았다.

이들 외에도 어느 나라에서나 성직자와 수도사는 자신들의 제도를 충실히 따르는 한 무기를 들지 않는다.

오로지 그리스도교 세계에서만 전쟁을 위해 결성된 교단을 볼 수 있다. 템플 기사단,[123] 성 요한 기사단,[124] 튜턴 기사단,[125] 도검 기사단[126] 같은 것이다. 모두 옛 유대에서 다른 부족들과 싸웠던 레위족[127]을 모방한 것이다.

고대에는 군대도 무기도 지금과 달랐다. 이집트에는 기병이

---

123 11세기 말 1차 십자군 전쟁 이후 예루살렘 성지 순례자들을 보호하기 위해 설립된 성전 (聖殿) 기사단.
124 성지 순례자들을 위해 세워진 예루살렘의 아말피 병원에서 시작된 기사단으로 예루살렘이 함락된 후 로도스 섬, 몰타 섬으로 옮겨갔기 때문에 로도스 기사단, 몰타 기사단이라고도 불린다.
125 12세기 말에 결성되어 십자군의 중요 항구 거점인 아크레 방위를 담당했다. 주로 독일인 기사들로 구성되었기 때문에 독일 기사단이라고도 불린다.
126 13세기 초 리보니아(라트비아)에서 독일 수도사들을 중심으로 결성되었고, 이후 독일 기사단에 흡수되었다. 리보니아 기사단, 검의 형제 기사단이라고도 불린다.
127 야곱의 열두 아들 중 레위의 자손으로, 유대의 제사장은 모두 레위 족이었다.

거의 없었다. 곳곳에 운하가 파여 육지가 끊어지고 또 홍수로 일 년에 다섯 달은 물에 잠기고 또 다섯 달은 진흙투성이인 나라에 서 기병은 쓸모가 없었던 것이다. 아시아에서는 사두 이륜 전차 가 널리 사용되었다. 중국 문헌에도 나온다. 공자가 지방 현령들 이 각자 황제에게 사두 전차를 천 대씩 바쳐야 한다고 말한 적이 있다. 트로이인들과 그리스인들은 이두 전차를 타고 싸웠다.

그리스군은 기병대를 거의 쓰지 않았다. 알렉산드로스는 창검으로 무장한 마케도니아의 보병을 이끌고 페르시아를 정복 했다.

로마는 보병으로 세계 대부분을 점령했다. 파르살루스 전투[128] 를 치른 카이사르의 부대도 기병은 천 명이 넘지 않았다.

인도인과 아프리카인들이 언제 처음으로 코끼리를 앞세워 행군했는지는 분명하지 않다. 어쨌든 오늘날보다 훨씬 넘기 어 려웠을 알프스를 한니발의 코끼리들이 넘어갔다는 사실은 실로 놀랍다.

어느 군대에서나 승리를 결정짓는 것, 다시 말해 국가의 운 명을 결정짓는 것은 육체의 힘, 민첩성, 피 끓는 용기, 적과 맞붙 어서 이기고 말겠다는 집념 같은 것들이다. 용맹한 군사들은 사 다리를 타고 올라가 도시를 함락했다. 로마제국이 쇠락해 가던 시절에 먹잇감에 달려들던 북쪽 민족들의 군대에 규율 같은 것 은 찾아볼 수 없었다.

오늘날 같으면 아틸라[129]나 칭기즈칸의 부대가 쳐들어온다

---

128 로마 공화정 말기에 파르살루스 평원에서 벌어진 카이사르파와 폼페이우스파의 내전.
129 5세기 훈족의 왕으로 정복 사업을 벌여 중부 유럽에서 발트 해에 이르는 지역을 지배했다. 당시 유럽 사람들은 그의 이름만 들어도 겁에 질려 떨었다고 한다.

해도 국경의 한 요충지에 대포를 설치하고 막아서면 너끈히 저지할 수 있을 것이다.

승승장구하던 러시아 군대가 늪지대의 작은 요새에 지나지 않던 퀴스트린[130]에서 수많은 군사를 잃고 패한 것 역시 그리 오래전 일이 아니다.

전투에서 포병대를 잘 지휘하기만 한다면 가장 약한 부대가 가장 강한 부대를 격퇴할 수도 있다. 퐁트누아 전투[131]에서 이미 영국군이 전장을 장악한 상태였는데도 프랑스군이 대포 몇 대로 그들을 물리쳤다.

이제는 옛날처럼 전장에서 병사들이 서로에게 접근하지 않는다. 칼을 들고 마주서서 열기가 달아오르고 흥분해서 싸우는 일은 더 이상 볼 수 없게 된 것이다. 힘, 실력, 좋은 칼, 이런 것은 더 이상 필요하지 않다. 무기 중에 가장 끔찍한 무기라고 할 수 있는, 소총 끝에 단 총검을 전쟁 중에 사용하는 일은 아주 드물어졌다.

큰 대포로 무장한 포대로 둘러싸인 들판에서 양쪽 군대가 조용히 전진한다. 양쪽 모두 이동 가능한 야포를 갖추고 있다. I열이 서로를 향해 대포를 쏘고, 그렇게 한 열씩 공격해 나간다. 포탄이 날아올 때마다 희생자가 생긴다. 특히 부대의 양 측면은 쉼 없이 날아드는 포탄에 노출된 채로 장군의 명령을 기다린다. 맹렬한 용기와 아무 상관없는 이러한 작전에서는 먼저 지친 쪽

---

130 프러시아의 도시(현재 폴란드의 코슈친)로, 오데르 강을 낀 요새가 있다.
131 1745년 오늘날의 벨기에에 해당하는 오스트리아령 네덜란드의 퐁트누아 근교에서 오스트리아 왕위 계승 전쟁의 일환으로 벌어진 전투. 프랑스군이 영국, 네덜란드, 하노버 연합군에게 승리를 거두었다.

대열이 흩어지고 병사들이 물러선다. 그리고 몇 킬로미터 후퇴한 지점에서 전열을 재정비하게 된다. 이긴 쪽은 도시를 포위한다. 때로 그렇게 도시 하나를 차지하기 위해서 전투 몇 번 치르는 것보다 더 많은 시간과 인명, 비용을 바치기도 한다. 전투는 대부분 느리게 진행된다. 오륙 년이 지나면 이기는 쪽이나 지는 쪽이나 모두 기운이 다해서 평화를 선택할 수밖에 없게 된다.

이 모든 것을 고려한다면 포병이 생겨나고 새로운 전법이 사용되면서 강대국들은 어느 정도 동등한 입장에 서게 되었고, 결국 인류는 옛날처럼 황폐하게 서로를 유린하는 전쟁을 피할 수 있게 되었다고 할 수 있다. 여전히 전쟁이 수많은 사람들을 죽음으로 내몰고 있기는 하지만 이전보다는 덜해진 셈이다.

점성술 ── Astrologie

점성술은 마법에 비하면 근거가 튼튼한 편이다. 이 세상에 요정, 악령, 마귀, 악마, 악귀를 본 사람은 없지만, 점성가의 예언이 들어맞는 것은 자주 목격할 수 있기 때문이다. 누군가 아이 인생이 어떨지, 날씨가 어떨지 궁금해서 점성가 두 명에게 찾아갔다고 치자. 한 점성가가 아이가 무사히 성년에 이르리라고 예언했고 다른 점성가는 그럴 수 없다고 했다면, 또 한 점성가는 날씨가 맑을 거라 예언했고 다른 점성가는 비가 내릴 거라 했다면, 적어도 둘 중 한 사람은 예언자가 될 수 있다.

그런데 점성가들에게 힘겨운 불행이 닥쳤다. 별자리를 읽는 법은 그대로인데 천체의 모습이 바뀌어 버린 것이다. 아르고 호(號)의 영웅들[132]이 살던 시절에는 춘분 때면 태양이 염소자리에 있었다. 하지만 오늘날에는 황소자리에 있다. 오늘날의 점성가

---

132 그리스 신화에서 잃어버린 왕위를 되찾기 위해 아르고 호를 타고 황금 양모피를 구하러 간 이아손과 그 일행을 말한다.

들은 분명 다른 궁에 속하는 것들을 불행하게도 태양궁에 속한 것으로 간주한다. 물론 그것이 점성술을 부정하는 설득력 있는 이유가 되지는 못한다. 점성가들이 잘못 알고 말한다고 해서 점성술이 성립하지 않는다는 것을 증명하지는 못하기 때문이다.

이렇게 말해 보자. "천둥 번개가 치는 계절에 초승달과 이러이러한 별이 떴을 때 한 아이가 태어난다. 별자리 운세가 좋지 않은 때고, 그 아이는 불행하게 살다가 일찍 죽는다. 나쁜 기운을 받은 경우 원래 그렇다. 반대로 달도 만월이고 해도 쨍쨍한 청명한 날씨에 이러이러한 별이 떴을 때 한 아이가 태어난다. 좋은 별자리 운세이고, 그 아이는 행복하게 오래 산다." 얼마든지 가능한 일이다. 이런 예가 되풀이 관찰되어 수천 년 동안 축적되면 하늘의 기운을 읽어 내는 믿을 만한 기술이 형성된다. 그리고 사람도 나무나 채소와 마찬가지라고, 계절을 잘 맞춰서 심고 파종해야 한다고 생각하게 된다. 자기 아들은 좋을 때 태어났는데도 갓난아기 때 죽었다며 점성가에게 반박해 봐야 소용없다. 제때 심은 나무도 죽을 수 있다는 대답이 돌아올 것이다. 내가 예언한 건 천체의 움직임이고, 당신 아들이 기형을 물려받은 것은 내가 어떻게 할 수 있는 일이 아니라고 할 것이다. 점성술의 예언은 천체가 해 놓은 것을 변화시키는 다른 원인이 없을 때에만 가능하다.

같은 때 태어난 두 아이가 왜 하나는 왕이 되고 하나는 교구 재산 관리인밖에 못 되느냐는 질문 역시 점성술을 반박하는 데 별 도움이 되지 않는다. 농부의 자식이 교구 재산 관리인이 된 것은 왕자가 왕이 된 것처럼 운이 좋은 것이라는 대답이 돌아올 테니 말이다.

돼지를 치다가 교황이 된 식스투스 5세와 그가 교수형에 처한 강도, 이 두 사람이 같은 때 태어난 것은 어떻게 된 일이냐고 반박하면 점성가들은 그렇지 않다고, 사실은 몇 초의 차이가 있었을 거라고 대답할 것이다. 점성술 규칙에 따르면 같은 별이 왕위와 교수대를 동시에 주지는 않는다. 사람들은 점성가들의 예언이 빗나가는 일을 수없이 많이 겪고 나서야 점성술이 환상임을 깨우쳤다. 그렇게 되기까지 실로 오랫동안 하나같이 점성술을 굳게 믿어 왔다.

15~16세기에 이름을 날리던 학자이며 유럽에서 가장 유명한 수학자로 꼽히는 스퇴플러[133]는 콘스탄츠 공의회의 결정에 따라 책력을 개정하는 일에 매달렸다. 그리고 1524년이 오면 전 세계적으로 대홍수가 일어날 것이라고 예언했다. 모두들 그의 말을 믿을 수밖에 없었다. 물고기자리에 토성, 목성, 화성이 나란히 놓이는 때였기 때문이다. 스퇴플러의 예언은 유럽, 아시아, 아프리카 할 것 없이 사방으로 퍼져 나갔고, 사람들은 전전긍긍했다. 하늘에 무지개가 떠 있어도 홍수를 의심하지 않았다. 당시의 글들을 보면 독일 어느 바닷가에 살던 사람들은 그들처럼 철석같이 홍수를 믿지는 않았던 부자들에게 땅을 헐값에 넘기고 노아의 방주 같은 배를 준비했다는 말이 나온다. 툴루즈에 살던 오리올이라는 학자도 가족과 친구들을 모두 데리고 탈 수 있는 커다란 방주를 준비했다. 이탈리아 전역에서도 마찬가지였다. 드디어 2월이 왔다. 비는 한 방울도 내리지 않았다. 오히려 전례를 찾기 힘든 가뭄이 이어졌다. 점성가들에게 더없이 난감한 상

---

133 독일의 성직자, 수학자, 점성가.

황이 된 것이다. 하지만 그런 후에도 점성가들은 전혀 기죽지 않았고, 사람들은 여전히 그들을 찾아간다. 특히 왕족들은 거의 대부분 점성가를 찾아서 예언을 듣는다.

나는 왕족의 영예를 누리지 못하는 사람이다. 그런데도 파리에서 이름을 떨치던 불랭빌리에 공작,[134] 그리고 콜론이라는 이탈리아인으로부터 서른두 살까지밖에 살지 못한다는 예언을 들었다. 하지만 나는 이미 그보다 30년 가까이 더 살아 넘음으로써 그들의 기대를 저버렸고, 이에 황송한 마음으로 용서를 비는 바다.

134 프랑스의 역사가, 점성가.

알렉산드로스 대왕에 관한
점성술 지도(18세기, 영국)

무신론 —— Athéisme

자주 시도된 무신론과 우상숭배의 비교에 관하여

나는 『백과전서』[135]가 무신론자와 우상숭배자에 대한 리쇼[136]의 생각을 좀 더 강력하게 반박했어야 한다고 생각한다. 사실 리쇼의 생각은 옛날 성(聖)토마(도마),[137] 나지안조스의 그레고리우스,[138] 성 시프리엔,[139] 테르툴리아누스[140]가 이미 주장한 것이기도 하다. 아르노비우스[141]는 좀 더 강하게 이교도들에게 말했다. "우리가 그대들의 신을 멸시한다고 비난하다니 부끄럽지 않은가?

---

135 18세기에 디드로, 달랑베르를 주축으로 볼테르, 루소 등 계몽주의 사상가들이 참여하여 편찬했다. 이성을 주장하고 권위에 도전한 당시의 정신을 총 28권의 책에 담아냈다.

136 17세기 초에 활동한 프랑스의 예수회 수사, 학자.

137 예수의 열두 제자 중 하나로, 복음을 전하기 위해 인도로 갔다.

138 4세기 아나톨리아 나지안조스의 주교.

139 3세기 아프리카 카르타고의 주교.

140 카르타고 출신 초대교회 교부로 이단을 배척하는 신학을 정립했다. 「호교서」, 「영혼의 증명에 대하여」 등의 저술이 전해진다.

141 3세기 아프리카 북부 누미디아의 신학자, 작가.

추악한 행동을 저지르고는 이를 자신들이 믿는 신의 탓으로 돌리느니 차라리 그 어떤 신도 믿지 않는 편이 옳지 않은가?" 이미 오래전에 플루타르코스가 "플루타르코스는 변심을 잘하고 화를 잘 내고 쉽게 앙심을 품는 사람이라는 말을 듣느니 차라리 플루타르코스라는 사람이 존재하지 않는다는 말이 낫겠다."고 말한 것도 마찬가지다. 피에르 벨[142] 역시 온갖 논리를 동원해서 같은 생각을 옹호했다.

한 집에 문을 지키는 문지기가 두 명 있다. "주인을 뵐 수 있겠소?" 하고 그들에게 묻는다. 문지기 하나는 "주인이 안 계십니다"라고 대답한다. 다른 하나는 "주인이 계시지만, 그동안 도와준 사람들을 해칠 목적으로 지금 돈을 위조하고 가짜 계약서를 쓰며 칼을 갈고 독(毒)을 준비하느라 바쁘십니다."라고 대답한다. 첫 번째 문지기는 무신론자, 두 번째 문지기는 이교도와 비슷하다. 이교도가 무신론자보다 신의 존재를 더 심하게 모욕하는 셈이다.

리숍은 물론이고 피에르 벨에게까지 받아들여진 이러한 생각은 사실상 헛다리를 짚은 것이다. 첫 번째 문지기가 무신론자가 되려면 "주인이 안 계십니다."가 아니라 "저에게는 주인이 없습니다. 지금 손님께서 제 주인이라고 말하는 사람은 없는 사람입니다."라고 대답해야 한다. 그리고 이렇게 말할 것이다. "저

---

142 17세기 프랑스 철학자이자 프로테스탄트 사상가. 낙관론이나 이신론을 공격하고 이교도나 무신론자라도 진리를 통찰할 수 있다고 주장했다. 저서 『역사적 비평적 사전(Dictionnaire historique et critique)』은 『백과전서』의 선구적 저작이라 할 수 있으며 다양한 신앙에 대한 관용을 중시했다는 점에서 볼테르의 앞길을 닦았다는 평을 듣는다.

옆에서, 우리의 주인이 자기 뜻에 따라 일하던 사람들을 해치려고 독을 준비하고 칼을 갈고 있다고 말하는 동료는 멍청한 자입니다. 그가 말하는 사람은 이 세상에 있지도 않습니다."

리숍의 논리는 형편없고, 벨은 좀 더 산만하게 리숍의 말을 잘못 설명하는 친절까지 범했다.

이 둘의 말에 비하면, 자기가 다른 사람과 잘 지낼 수 없을 정도로 성격이 나쁘다는 주장보다는 차라리 없는 사람이라는 게 낫다는 플루타르코스의 말이 훨씬 타당하다. 사실 사람들이 자기가 이 세상에 없는 사람이라고 주장한들 무슨 대수겠는가. 반대로 자기 명성에 흠집이 나는 것은 상당히 큰 문제이지 않은가. 하지만 이것은 모두 플루타르코스 얘기이고, 신(神)의 경우는 다르다.

사실 플루타르코스도 논쟁의 대상을 정확히 다루고 있지 않다. 중요한 것은 신을 부정하는 자와 신을 왜곡하는 자 중에 누가 더 신을 모욕하는 것인가 하는 문제가 아니다. 갑자기 계시를 받는다면 모를까, 인간들이 제아무리 신에 대해 공허한 말들을 떠들어 봐야 그 때문에 신이 정말로 모욕을 받는지 알 길이 없다.

철학자들은 신이 항상 자기 영광에 집착하며 노여워하고 복수를 좋아한다고 가정함으로써, 또한 실재적 관념을 수사학적 비유로 설명함으로써 의도치 않게 늘 범속한 사람들과 똑같은 생각에 빠진다. 세상 모든 사람들이 관심을 갖는 것은 그 어떤 신도 인정하지 않는 것보다는 상을 주고 복수하는 신, 남몰래 행한 착한 일을 보상하고 숨겨진 죄를 벌주는 신을 인정하는 것이 모두에게 더 나은 일이 아닐까 하는 것이다.

벨은 고대 신화에 등장하는 신들이 저지른 나쁜 행동들을 나열한다. 그에 반박하는 사람들 역시 의미 없고 진부한 논거로 응수한다. 거의 대부분 서로 만나지도 않은 채로 싸우기만 한 벨의 지지자들과 반대자들은 결국 같은 생각인 셈이다. 모두에게 유피테르는 바람둥이였고, 베누스는 정숙하지 못했으며, 메르쿠리우스[143]는 사기꾼이었다. 하지만 내가 보기에 그것은 전혀 중요한 문제가 아니다. 오비디우스의 「변신 이야기」와 고대 로마인들이 믿던 종교는 별개이기 때문이다. 로마인들이 사기꾼 메르쿠리우스, 정숙하지 못한 베누스, 난봉꾼 유피테르에 바칠 신전을 지은 것은 아님을 굳이 말할 필요가 없다. 그리스인들 역시 마찬가지다.

로마인들이 데우스 옵티무스 막시무스 즉 '가장 선하고 가장 위대한 신'이라 부른 신이 클로디우스[144]에게 카이사르의 아내와 잠자리를 가지라고 권한 것은 아니며, 마찬가지로 카이사르에게 니코메네스 왕[145]의 연인이 되라고 권하지도 않았다.

메르쿠리우스가 아폴론의 암소들을 훔치는 이야기가 신화에 나온다 해도, 키케로가 메르쿠리우스 때문에 베레스[146]가 시칠리아를 훔쳤다고 말한 적이 있는가? 가장 선하고 가장 정의로

---

143 그리스 신화의 헤르메스에 해당하는 로마 신화의 신. 신들의 전령이며 상업의 신으로 도둑과 나그네의 수호신이다.

144 로마 공화정 말기의 정치가로, 젊을 때 카이사르의 아내 폼페이아를 흠모해 카이사르의 집에서 열린 여자들만의 축제에 여장을 하고 하프 연주자로 들어갔다가 발각되었다.

145 소아시아 북부에 있던 비티니아 왕국의 니코메네스 4세를 말한다. 젊은 카이사르가 군선을 모집하러 비티니아에 머물 때 두 사람이 동성애 관계라는 소문이 돌았고, 그 일로 카이사르는 '비티니아의 왕비'라는 별명을 얻었다.

146 로마의 행정관으로 시칠리아에 섬에 총독으로 파견되어 뇌물을 받고 수탈했다. 로마로 돌아온 뒤 시칠리아인들의 요청을 받은 키케로에 의해 기소당했다.

운 신 유피테르와 그 아래 있는 신들이 나서서 서약을 어긴 자들을 지옥에서 벌 받게 하는 것, 이것이 바로 고대 로마인들의 진짜 종교였다. 로마인들이 오랫동안 그 누구보다도 철저하게 서약을 지킨 것은 그 때문이었다. 따라서 종교는 로마인들에게 무척 유용한 것이었다. 정말로 레다가 알 두 개를 낳았고,[147] 이나코스의 딸이 암소로 변했고,[148] 아폴론이 히아킨토스를 사랑했다고[149] 믿는 것은 어리석은 일이다.

그러므로 누마의 종교가 신의 이름을 더럽혔다고 말하는 것은 옳지 않다. 다시 말하면 사람들은 망상이나 다를 바 없는 생각 때문에 오랫동안 논쟁한 것이다. 사실 아주 흔히 일어나는 일이기도 하다.

다음 문제는 인간들이 무신론자로 살아갈 수 있을까 하는 것이다. 내가 생각하기에 말 그대로 보통 사람들과 그 위에 있는 철학자들의 사회를 구별해야 한다. 사실 어느 나라나 하층민들에게는 강력한 규제가 필요하다. 피에르 벨이 만일 500~600명 되는 농부를 다스리는 상황이었다면 분명 착한 일을 하는 자에게 신이 상을 주고 나쁜 일을 하면 벌을 준다고 말했을 것이다. 하지만 에피쿠로스 학파 사람들처럼 부유하고 휴식을 사랑

---

147 스파르타의 왕비 레다에게 반한 유피테르는 백조로 변신해서 접근하여 사랑을 이루고, 레다는 두 개의 알을 낳게 된다. 그중 하나에서 트로이 전쟁의 불씨가 된 헬레네가 태어난다.

148 이나코스 강은 딸 이오가 사라진 것을 슬퍼하느라 바다로 흘러들지 않고 동굴 속에서 울었다. 구름으로 변신해 사랑을 이룬 유피테르가 아내인 유노의 의심을 피하기 위해 이오를 암소로 변하게 했기 때문이다.

149 아폴론은 미소년 히아킨토스를 아꼈는데, 둘 사이를 시기한 바람의 신 제피로스가 아폴론이 던진 원반의 진로를 바꾸어 히아킨토스는 머리를 맞고 죽는다.

하며 온갖 사회적 미덕 특히 우정을 즐길 줄 알고 번거롭고 위험한 공무에 끼어들려 하지 않는, 한마디로 안락하고 단순한 삶을 살아가는 사람들에게는 그런 말을 하지 않았을 것이다. 결국 사회, 정치가 있는 경우는 더 이상 논쟁거리가 없다.

그런데 완전한 야만 상태의 사람들이라면 이미 얘기된 것처럼 무신론자로 간주하기도, 반대로 유신론자로 간주하기도 힘들다. 그들에게 당신들의 신앙은 무엇이냐고 묻는 것은 아리스토텔레스와 데모크리토스 중에 누구를 지지하느냐고 묻는 것과 같다. 그들은 아무것도 모른다. 그들을 무신론자라고 부르는 것은 소요학파를 무신론자라고 부르는 것만큼 말이 안 된다.

하지만 그들도 사회를 이루고 있다고, 그런데 신이 없으니 결국 종교 없이 사는 것이 가능하지 않느냐고 말할지 모른다.

그에 대해서는 이렇게 대답하겠다. 늑대도 그렇게 살지 않는가. 야만적인 식인종 무리를 생각해 보라. 그것을 사회라 부를 수는 없지 않은가. 그리고 또 이렇게 묻겠다. 당신이 같은 사회에 사는 누군가에게 돈을 빌려줬다고 해 보자. 당신의 채무자, 소송 대리인, 공증인, 그리고 판사가 신을 믿지 않는 사람이었으면 좋겠는가?

현대의 무신론자들에 관하여

신을 경배하는 이유

우리는 지혜로운 존재들이다. 지혜로운 존재들이 아무것도 보지 못하고 느끼지 못하는 원시적인 존재에 의해 만들어졌을 리 없다. 뉴턴이 떠올린 생각과 노새가 배설한 똥은 분명 다르지 않은가. 그러므로 뉴턴의 지적 능력은 또 다른 어떤 지적 능력에 의해 만들어졌다.

우리는 훌륭한 기계를 보면 훌륭한 기술자가 만든 거라고, 뛰어난 지적 능력을 지닌 기술자라고 말한다. 이 세계는 감탄스러울 정도로 훌륭한 기계가 분명하고, 따라서 이 세계 안에는 그곳이 어디든 분명 훌륭한 지적 능력이 존재한다. 이것은 오래된, 하지만 여전히 쓸 만한 논리다.

살아 있는 모든 몸은 역학 법칙에 따라 움직이는 지렛대와 도르래, 그리고 정수역학(靜水力學)의 법칙에 따라 쉼 없이 순환하는 액체로 구성되어 있다. 그런데 모든 존재에게 감정 즉 그 몸을 이룬 기관들과 무관한 것이 있다는 사실에 우리는 놀라지 않을 수 없다.

태양 주위 별들의 움직임, 우리가 사는 작은 지구의 움직임은 더없이 심오한 역학 법칙에 따라 작동한다. 플라톤은 그 법칙들 중 단 하나도 알지 못하면서도 땅은 정삼각형 위에 세워졌고 물은 직삼각형 위에 만들어졌다고 말했고, 심지어 다섯 가지 정다면체만이 가능하기 때문에 다섯 가지 세계만이 가능하다고까지 말했다. 공상에 가까운 말을 설득력 있게 해 낸 플라톤은 진정 신기한 인물이라 할 수 있다. 구면(球面) 삼각법조차 알지 못했던 그가 어떻게 신을 영원한 기하학자라고 불렀는지, 어떻게 이 세계를 만들어 낸 지적 능력이 존재한다는 것을 느꼈는지 그 놀라운 천재성과 기가 막힌 본능 앞에 우리는 경탄할 수밖에 없다. 스피노자 역시 같은 고백을 했다. 사방에서 우리를 둘러싸고 압박해 오는 이 진실에 맞서 발버둥 친다 한들 소용없는 일이다.

무신론자들의 이유

그럼에도 끝끝내 버티며 세상을 창조한 지적 능력 같은 것은 없다고, 우리가 보는 모든 것과 우리 모든 존재는 우주의 운동에 의해 저절로 생겨난 것이라고 주장하는 사람들이 있다. 그들은 대담하게도 우주가 존재하는 사실은 분명하니까 우주가 만들어진 조합이 있었으리라고, 다시 말해서 우주를 지금처럼 배열한 운동이 있었으리라고 말한다. 그들의 주장은 이렇다.

우선 화성, 금성, 수성, 지구, 이렇게 네 개 행성만 생각해 보자. 다른 문제는 논외로 하고 오직 그 별들이 위치한 자리만 고려하면서 단 하나의 운동이 네 행성을 각각의 자리에 가져다 놓았을 확률이 얼마나 될지 생각해 보자. 조합을 해 보면 스물네 가지 경우뿐이다. 다시 말해 네 개 별이 다른 곳이 아닌 지금 그 자리에 있게 될 확률은 24분의 1이다. 그런 다음 네 개 행성에 목성을 더해 보자. 목성, 화성, 금성, 수성, 지구가 다른 곳이 아니라 지금 있는 자리에 있을 확률은 120분의 1로 줄어든다.

마지막으로 토성을 더해 보자. 거대한 여섯 개 행성이 주어진 거리를 유지하면서 지금 자리로 배열될 확률은 720분의 1이다. 그러니까 전부 720번을 움직였을 때 그중 단 한 번의 운동이 여섯 개의 주요 행성을 지금의 차례대로 배열할 수 있었다.

그런 식으로 모든 작은 행성들까지 더해서 모든 조합과 모든 운동을, 그 안에 사는 모든 동물과 식물을, 모든 행성에서 살아 있고 생각하고 행동하는 존재들까지 고려해 보자. 경우의 수는 엄청나게 늘어난다. 나아가 영원히, 그러니까 인간의 능력으로 더 이상 셀 수 없어서 '무한대'라 부르는 곳까지 계속 곱해 가 보자. 여전히 어떤 한 가지가 한 번의 운동으로 지금 모습대로 세계가 형성되게끔 했을 가능성이 있다. 따라서 물질의 운동만으로 지금 존재하는 그대로의 우주가 만들어질 수 있다. 심지어 그러한 조합은 필연적이기까지 하다. 무신론자들이 말하길, 그러므로 이 세상이 단 한 번의 운동으로 지금의 모습으로 존재하는 것이 가능할 뿐 아니라, 무한한 조합이 아닌 다른 방식으로 세상이 형성되는 것은 불가능했다.

답

내가 보기에 이 모든 가정은 경이로운 공상에 지나지 않는다. 이유는 두 가지다. 첫째, 이 세상에는 지적 능력을 지닌 존재들이 있다. 하지만 당신들은 그런 지적 능력이 단 한 번의 운동으로 만들어졌음을 증명할 수 없다. 둘째, 당신들이 직접 고백했듯이 단 하나의 지혜로운 원인이 이 우주를 형성했을 가능성은 무한대 분의 일이다. 무한에 맞서 혼자라니, 너무 초라하지 않은가.

다시 한 번 말하지만 스피노자 역시 그런 지적 능력을 인정했고, 바로 그것이 스피노자 사상 체계의 기반을 이룬다. 아직 읽지 못했다면 그의 글을 꼭 읽어 보기 바란다. 당신들은 무엇 때문에 스피노자보다 멀리 나아가려 하는가. 어째서 당신들의 미약한 이성을 심연 속에, 스피노자조차도 내려갈 엄두를 못 낸 구렁텅이로 밀어 넣으려는 어리석은 오만을 부리는가. 미치지 않고서야 어떻게 진정한 한 행성의 공전주기의 제곱이 다른 행성들 공전주기의 제곱에 비례하며, 행성 간 거리의 세제곱이 다른 행성들과 태양 사이의 거리의 세제곱에 비례하는 것이 우연의 결과라고 주장할 수 있단 말인가. 행성들 자체가 위대한 기하학자이거나 아니면 영원한 기하학자가 행성들을 배열했거나,

둘 중 하나다.

그렇다면 영원한 기하학자는 어디에 있는가? 어느 한곳에 있는가? 공간을 차지하지 않고 어디에나 있는가? 나로서는 알 길이 없다. 모든 것을 자기 실체로부터 만들어 낸 것일까? 알 길이 없다. 양(量)도 질(質)도 없는 무한히 큰 존재인가? 알 길이 없다. 나는 그 존재를 경배해야 하고 그것이 옳다는 것을 알 뿐이다.

오늘날 한 무신론자의 새로운 반론

정말로 동물의 몸을 이루는 부분들은 모두 필요가 있어 존재하는 걸까? 그 필요라는 게 무엇일까? 종을 보존하고 번식시키는 것이다. 그렇다면 우연하게 이루어지는 수많은 조합을 거치는 동안 영양 공급과 종족 보존에 적합한 기관들만이 남았어야 하지 않을까? 다른 모든 기관들은 사라졌어야 하지 않는가?

답

루크레티우스 이후 몇 번이나 되풀이된 이 주장은 동물에게 감각이 주어졌고 인간에게 지적 능력이 주어졌다는 사실로 충분히 반박할 수 있다. (조금 전 앞의 문단에서 본 것 같이) 우연이 만들어 낸 조합이 어떻게 동물의 감각과 인간의 지적 능력을 만들어 낼 수 있단 말인가? 그렇다. 동물들의 몸을 이루는 부분들은 각각 그 필요에 따라서, 우리의 이해력을 벗어나는 어떤 손길에 의해서 만들어졌다. 당신들도 감히 그것을 부정하지는 못할 것이다. 그렇다면 더 이상 말하지 말라. 당신 생각에 맞서 자연이 제시하는 이 위대한 논증 앞에 당신은 할 말이 없을 것이다. 파리 날개의 생김새, 달팽이 몸의 기관만 봐도 당신은 놀라 나자빠질 것이다.

모페르튀[150]의 반박

현대의 자연학자들은 바로 그러한 논리를 이어갔을 뿐이다. 대부분 지극히 세밀하게, 무례할 정도로 밀고 나갔다. 코뿔소의 피부 주름에서 신의 뜻을 발견했으니, 그와 똑같이 거북이의 등딱지 때문에 신의 존재를 부인했다.

답

말도 안 되는 생각이다! 거북이와 코뿔소뿐 아니라 다른 모든 종류의 동물들도 무한한 다양성을 통해 동일한 원인, 동일한 의도, 즉 종의 보존과 생식, 그리고 죽음이라는 동일한 목적을 증명한다. 무한한 다양성 속에 단일성이 존재하는 셈이다. 등딱지와 피부는 똑같이 증거가 된다. 참으로 어처구니없다! 등딱지가 가죽과 다르게 생겼다고 해서 신을 부정하겠다니! 그런 생각을 하는 이들을 향해 기자들은 이미 찬사를 쏟아 낸 바 있다. 모든 것을 아는 합당한 존재인 신을 경배하는 뉴턴과 로크에 대해서는 입을 다물면서 말이다.

모페르튀의 반박

뱀의 몸에서 아름다움과 조화가 무엇을 위한 것인가? 우리

---

150 18세기 프랑스의 철학자, 수학자, 천문학자, 생물학자. 뉴턴의 만유인력 법칙을 프랑스에 최초로 소개했고 '최소 작용의 원리'를 발견했다. 종의 발생과 멸종을 연구하여 진화론의 선구자로도 여겨진다.

가 알지 못하는 어떤 용도가 있을 거라고들 말한다. 어쨌든 최소한 그 문제에 관해 떠들지는 말자. 우리가 아는 거라고는 사람에게 해를 끼친다는 사실뿐인 그런 동물을 보며 경탄할 필요는 없지 않은가.

답

뱀의 몸에서 아름다움과 조화가 무엇을 위한 것인지 당신 역시 나만큼이나 알지 못하니, 당신도 더 이상 말하지 말라. 아니면 파충류들에서도 모든 부분이 완벽한 비율을 이룬다는 점을 인정하라.

물론 독이 있는 뱀도 있다. 하지만 당신 역시 독이 있지 않은가. 지금 우리가 말해야 할 것은 뱀, 네발짐승, 조류, 어류, 두발짐승을 만들어 낸 놀라운 솜씨일 뿐이다. 그 솜씨는 누가 봐도 자명하다. 뱀이 왜 인간에게 해를 끼치는지 알고 싶은가? 그러는 당신은 왜 그토록 여러 번 사람들에게 해를 끼쳤는가? 왜 다른 사람들을 박해했는가? 철학자에게 그보다 더 큰 죄가 있는가? 도덕적인 악과 신체적인 악은 별개의 문제다. 어째서 세상에는 뱀이 이토록 많은지, 그리고 뱀보다 더 나쁜 사악한 인간들이 이토록 많은지 모두들 오래전부터 궁금해했다. 만일 파리가 생각할 줄 안다면 신에게 어쩌자고 거미를 만드셨느냐고 하소연할 것이다. 그러면 거미들은 미네르바가 아라크네[151]에 대해 무

---

[151] 베 짜기로 유명했던 아라크네는 감히 미네르바 여신과 시합을 한다. 미네르바는 아라크네의 뛰어난 솜씨에 감탄했지만 신들을 웃음거리로 만드는 자수 내용에 분노했고, "신이 인간에게 패배했다."라고 공식적으로 인정한 뒤 약초 즙을 아라크네의 몸에 뿌려 거미로 만들어 버렸다.

슨 말을 하면서 베 짜는 솜씨를 인정했는지 털어놓을 것이다.

결국 우리는 말로 옮겨 낼 수 없는 지적 능력, 스피노자도 받아들인 그 능력이 존재한다는 사실을 받아들여야만 한다. 그리고 행성들뿐 아니라 미물인 벌레들을 만들 때도 그 능력이 발휘되었음을 인정해야 한다. 도덕적이고 육체적인 악에 대해서는 무슨 말을 할 수 있을까? 또 무엇을 해야 할까? 육체적이고 도덕적인 선이 주는 기쁨으로 위로를 얻으면 된다. 선을 만들고 악을 허용한 영원한 신을 경배하면 된다.

무신론에 관해 한마디만 더 하자. 무신론은 똑똑한 일부 사람들이 저지르는 악덕이고, 미신은 어리석은 사람들이 저지르는 악덕이다. 그렇다면 사기꾼들, 그들은 어떤 존재인가? 그냥 사기꾼이다.

권위 —— Autorité

녹색 가운을 걸쳤든, 터번을 둘렀든, 검은 사제복이나 흰 제의복을 입었든, 가슴 장식을 단 법관복을 입었든, 가련한 인간들이여, 이성으로 답을 얻을 수 있는 일에 권위를 휘두르지 말라. 그러지 못하겠거든 시대를 막론하고 가장 무례한 자들이라는 조롱을 받아들이든가 가장 부당한 인간으로 대중의 증오의 대상이 되는 것을 받아들이라.

그대들이 갈릴레이를 두고 행한 재판이 얼마나 말도 안 되는 짓이었는지 이미 백 번이나 들었으리라. 이제 내가 백한 번째로 말하겠다. 그날을 영원히 그대들의 기념일로 삼고 그대들의 재판소 문에 다음과 같은 글귀를 새겨 두라.

이곳에서 추기경 일곱 명이 프란체스코회 수도사들의 보좌를 받으며 일흔 살 된 뛰어난 이탈리아 사상가를 감옥으로 밀어 넣었다. 그리고 먹을 거라곤 빵과 물밖에 주지 않았다. 무지한 다

지동설을 주장하여 종교재판을 받고 있는 갈릴레이

른 인간들을 가르쳤다는 죄목이었다.

그곳은 또한 아리스토텔레스의 범주론을 받아들이는 판결이 나온 장소고, 그래서 아리스토텔레스와 다르게 생각하는 이들을(정작 이전의 두 공의회에서는 그의 책을 불태우라는 판결을 내렸으면서[152]) 어떻게든 옭아매서 예외 없이 갤리선 노역에 처한 장소이기도 하다.

더 나아가면, 한 무능력한 대학에서 처음에는 본유관념[153]에 반대하는 결의를 했다가, 이어서 받아들이는 결의를 했다. 그 과정에서 관념이 무엇인지 제대로 알아보지도 않았다.

그 옆 대학에서는 혈액의 순환을 부정하는 판결이 내려졌다.

감염 이론을 반박하기 위한 재판을 신청하는 바람에 양측이 정식으로 법정에 소환되기도 했다.

사상의 검열대에서 고약하고 우려할 만한 말들이 기록된 위험한 책이 스물한 권 적발되었다. "삼각형은 각이 세 개다.", "아버지는 아들보다 나이가 많다.", "레아 실비아[154]는 아이를 낳기 전에 처녀성을 잃었다.", "밀가루는 떡갈나무 잎으로 만들지 않았다." 같은 것들이다.

또 한 해는 "허공에서 윙윙대는 키마이라[155]가 이차적 의도

---

152 중세의 교부철학은 아리스토텔레스의 자연철학을 부정하여 그의 책은 공의회의 결정으로 금서가 되었다. 이후 스콜라 철학과 함께 아리스토텔레스의 사상이 받아들여지고, 16세기에는 갈릴레이의 오류를 증명하는 논거로 사용되기에 이르렀다.

153 인간이 생득적으로 지니는 것으로 다른 모든 기초가 되는 관념. 아리스토텔레스는 본유관념을 부정했다.

154 로마 건국 신화에 나오는 로물루스와 레무스 쌍둥이의 어머니.

155 키마이라는 사자의 머리, 양의 몸, 용의 꼬리를 가진 그리스 신화의 괴물이다. 프랑스어로

를 집어삼킬 수 있는가?"[156]라는 질문에 답을 내리기 위해 재판을 하기도 했다. 답은 "그렇다."였다.

결과적으로 모두들 자기가 아르키메데스, 키케로, 플리니우스보다 훨씬 훌륭하다고 믿었고, 대학가 안에서 제멋대로 으스댔다.

키마이라를 뜻하는 Chimére는 헛된 생각, 터무니 없는 공상을 뜻한다.
156 라블레가 『팡타그뤼엘』 2권 7장에서 이차적 의도, 우연한 속성이 공상에 빠져 사라질 수 있는가라는 세부적 주제 하나를 10주간 논의한 콘스탄츠 공의회를 조롱하기 위해 이 문장을 인용하면서 유명해졌다.

인색 —— Avarice

엄밀하게 말하자면 수전노의 인색함은 곡식이든 가구든 돈이든 진기한 물건이든 가리지 않고 그러모으려는 욕망이다. 수전노는 돈이 발명되기 전에도 존재했다.

호화로운 마차를 끌 수 있는 말을 스물네 필이나 가지고 있으면서도 그중 두 필을 친구에게 빌려주지 않는 사람, 혹은 식탁에 올릴 부르고뉴 포도주를 2000병이나 가지고 있으면서 포도주가 떨어진 친구에게 여섯 병쯤 보내 주지 않는 사람, 그런 사람들은 우리가 수전노라고 부르지 않는다. 우리는 10만 에퀴[157] 어치 다이아몬드를 보여 주는 사람한테 50루이짜리 다이아몬드 하나 꺼내 보라고 요구하지 못한다. 아무도 그를 수전노로 여기지 않고 오히려 더없이 강한 자라고 생각한다.

금융업을 하거나 군수물자를 조달해서, 혹은 대규모 사업을

---

157 에퀴, 루이, 리브르는 모두 프랑스의 옛 화폐로 1루이는 8에퀴, 1에퀴는 3리브르에 해당했다.

벌여서 어쨌든 한 해에 200만 프랑씩 벌어들인 사람이 있고 그가 파리에 있는 집들과 가구를 제외하고도 4300만 프랑 되는 재산을 모았다고 치자. 그가 식비로 한 해에 5만 에퀴를 쓰고 이따금 귀족들에게 5퍼센트 이자로 돈을 빌려주었다 해도 사람들의 머릿속에서 그는 절대 수전노가 아니다. 평생 동안 재산을 더 모으길 갈망한 사람이고, 탐욕에서 오는 고통에서 벗어나지 못한 채 숨을 거두는 날까지 재산을 그러모은 사람인데도 말이다. 결국 무언가를 탐할 때마다 그것이 충족되는 사람의 욕심은 인색하다는 말을 듣지 않는다. 오히려 자기 수입 십분의 일도 쓰지 않았는데도 너그럽게 베풀며 호사스럽게 사는 사람이라는 평판을 얻는다.

반면 2만 리브르를 버는 어떤 가장이 그중에 5000이나 6000리브르밖에 쓰지 않고 자식들을 키우기 위해 나머지를 모두 모아 둔다면 이웃들은 그에게 수전노, 구두쇠, 노랭이, 비열한 자, 고리대금업자, 인색한 인간, 탐욕스러운 인간, 어리석은 인간 등 머리에 떠오르는 경멸적인 이름들을 다 가져다 붙일 것이다.

하지만 이 시민은 앞에서 말한 크로이소스보다 훨씬 더 명예로운 사람이다. 비율로 보자면 크로이소스보다 돈을 세 배는 더 쓴 셈이다. 하지만 두 사람의 평판은 너무도 큰 차이가 난다.

사람들은 돈을 아끼는 누군가가 자기에게 득이 될 게 없을 때 수전노라 부르며 미워한다. 정작 크로이소스에게는 의사, 약제사, 포도주 상인, 잡화상 주인, 마구(馬具) 상인, 양갓집 규수 할 것 없이 덕 볼 일이 많다. 진짜 수전노는 크로이소스다. 검소하고 궁핍하게 살아가는 우리의 시민에게서는 얻어 낼 게 없기

사람들은 돈을 아끼는 누군가가 자기에게 득이 될 게 없을 때
수전노라 부르며 미워한다. 궁핍하게 살아가는 수전노들이 몰
리에르의 제물이 되는 것은 그 때문이다. 몰리에르의 희극 『수
전노』는 인색한 고리대금업자 아르파공이 땅에 묻어 둔 1만 프
랑을 잃어버리면서 해프닝이 벌어지는 이야기다.

때문에 마음놓고 비난하는 것이다.

궁핍하게 살아가는 수전노들이 플라우투스[158]나 몰리에르[159]의 제물이 되는 것은 그 때문이다.

이웃에 살던 어느 수전노도 얼마 전 나에게 이렇게 말했다. "사람들은 진짜 부자는 그냥 두고 늘 우리 같은 가난한 부자들한테만 뭐라고 한답니다." 저기 몰리에르가 온다! 어서 피하라!

158 고대 로마의 희극 작가. 다양한 성격 묘사와 해학으로 서구 희극에 큰 영향을 끼쳤다.
159 몰리에르의 대표작 중 하나인 『수전노』의 주인공은 인색한 고리대금업자 아르파공이다.

입맞춤 ——— Baiser

이에 대해 젊은 청년들, 그리고 아가씨들에게 용서를 구한다. 그들은 이 글에서 자신들이 찾는 것을 전혀 발견하지 못할지도 모른다. 이 항목은 이 주제와 거의 어울리지 않을 학자들과 진지한 사람들만을 위해 작성된다.

몰리에르 시대의 희극을 보면 입맞춤이 지나치게 문제가 된다. 키노[160]의 희극「애교 떠는 어머니」 I막 I장을 보면 하인 상파뉴가 하녀 로레트에게 입맞춤을 요구한다. 그녀가 그에게 말한다.

"그러니까 아직도 만족이 안 된다고? 정말이지 그건 창피한 일이야. 두 번이나 입맞춰 줬잖아."

---

160 17세기 프랑스의 극작가. 「애교 떠는 어머니」는 그가 프랑스 국립 극단을 위해 쓴 작품 가운데 최고로 꼽힌다.

그러자 샹파뉴가 그녀에게 대꾸한다.

"저런. 당신은 셈해 가며 입 맞추는군?"

하인들은 늘 하녀들에게 입맞춤을 요구했고, 무대 위에서 입맞춤이 오고갔다. 이는 보통 아주 역겹고 참아 주기 힘든데, 배우들이 속이 메슥거릴 정도로 못생겼을 경우 특히 그렇다.

독자가 입맞춤을 원한다면 「충실한 양치기」[161]에서 찾아보도록. 그 작품에 나오는 합창을 보면 처음부터 끝까지 입맞춤에 대한 이야기만 계속된다.[162] 이 전원극은 오로지 어느 날 술래의 눈을 가리고 잡기 놀이를 하다가 양치기 미르틸로가 아름다운 아마릴리에게 입맞춤을 한 사건에만 의지한다.

우리는 베네벤토의 대주교 조반니 델라 카사[163]가 입맞춤에 관한 장에서 머리부터 발끝까지 전부 다 입맞춤의 부위가 될 수 있다고 말한 것을 알고 있다. 그는 코가 크면 서로 얼굴을 갖다

---

161 이탈리아 시인 과리니가 1584년경에 발표한 5막짜리 희비극적 목가극으로, 합창 등 고대 그리스 비극의 여러 가지 요소를 찾아볼 수 있다.

162 아름다운 여인의 가슴에, 이마에, 손에/ 입맞출 수 있지만/ 입술만이 당신에게 되돌릴 수 있어요/ 바로 그래서 심장이 물러서서/ 다정한 입맞춤이 지펴놓은 그 열정을 오롯이 느끼고/ 그런 입맞춤을 주고 되주는 입술에 생기를 넣어 주는 거랍니다.(2막)
작자 미상의 프랑스어 시에도 유사한 것이 있다.
수없는 입맞춤을, 활활 타오르는 열정에 휩싸여/ 아름다운 가슴과 아름다운 두 팔에 퍼부을 수 있지만/ 정말이지 가슴과 두 팔이 입맞춤을 되돌려주지는 않지요/ 입술에 입맞추세요. 입술은 영혼에 답하죠/ 영혼은 루비 색깔 입술에, 상아빛 이에/ 사랑스러운 혀에 들러붙어 있어요/ 그러니 영혼과 영혼을 맞대면 아주 행복하지요/ 둘이 오로지 하나를 이루니, 바로 천국이랍니다.

163 이탈리아의 주교로 시인이자 번역가이며 유럽 전역에서 널리 읽힌 예의범절에 관한 저서 「갈라테오」를 집필하기도 했다.

대기가 아주 어렵다고 투덜거리며, 코가 긴 부인들에게는 들창코를 애인으로 삼으라는 충고를 하기도 한다.

고대에서는 입맞춤이란 아주 일상적인 인사 방식이었다. 플루타르코스는 모반자들이 카이사르를 죽이기 전에 그의 얼굴과 손, 그리고 가슴에 입맞춤을 했다고 말한다. 타키투스[164]는 자신의 장인 아그리콜라가 로마에서 돌아왔을 때 도미티누스 황제는 차가운 입맞춤으로 맞아들이고 한마디도 건네지 않은 채 그를 군중 속에 내버려 뒀다고 말한다.[165] 아랫사람이 윗사람에게 직접 입맞춤을 할 수 없는 경우, 자기 손에 입맞춤을 한 뒤 그 입맞춤을 보냈고, 윗사람은 마음이 동하면 아랫사람에게 똑같은 방식으로 입맞춤을 되돌려 줬다.

신에 대한 경배에도 이러한 방식이 사용되었다. 욥의 우화는 아마 우리에게 알려진 책들 가운데 가장 오래된 책일 텐데, 거기에서 욥은 자신은 다른 아랍 사람들처럼 해와 달을 숭배한 일이 전혀 없고 해와 달을 쳐다보며 자기 손에 입술을 갖다 대는 일도 결코 하지 않았다고 했다.[166]

우리 서양에서는 위처럼 오래된 관습은 그저 '아이들의 소박한' 예법에만 남아 있어서, 어떤 소도시들에서는 아직도 아이들에게 사탕을 내주면서 자기 오른손에 입을 맞추라고 가르친다.

입을 맞추는 동시에 배신을 저지르는 것은 끔찍스러운 일이었다. 바로 이 점이 카이사르의 암살자를 더욱더 가증스럽게 만

---

164 로마 제정 시대의 역사가. 호민관, 재무관, 법무관을 거쳐 콘술을 지냈으며 제정을 비판한 사서 『역사』, 『게르마니아』 등을 집필했다.
165 『아그리콜라의 생애』, 11장.
166 『욥기』31장.

들었다. 우리는 유다의 입맞춤을 잘 안다. 이 말은 그 뒤 격언이
되었다.

다윗의 장수들 가운데 한 명인 요압은 또 다른 장수인 아마
사를 몹시 질투하여 "안녕하신가, 나의 형제여."라고 말하고 입
을 맞추려는 듯이 그의 턱을 손으로 잡은 채 다른 한 손으로 긴
칼을 휘둘렀는데, 아마사는 내장이 다 쏟아져 나올 정도로 끔찍
스러운 그 일격에 목숨을 잃었다.(「열왕기2」,[167] 20장 9~10절)

유대인들 사이에 종종 자행된 또 다른 암살 행위들에서 입
맞춤은 전혀 나타나지 않는다. 단지 적장인 아시리아의 장수 홀
로페르네스를 자기 침대에 잠들게 한 유디트가 그의 머리통을
베기 전 그에게 했을 법한 입맞춤들이 아니라면 말이다. 하지만
「유디트기」에 입맞춤에 대한 언급은 없으니 개연성만이 있을
뿐이다.

셰익스피어의 비극 「오셀로」를 보면, 검둥이인 오셀로가 아
내의 목을 조르기 전 아내에게 두 번 입맞춤하는 장면이 나온
다. 신사의 눈에는 아주 가증스럽게 보이나 셰익스피어의 지지
자들은 그건 아주 아름다운 천성이라고, 특히 검둥이에게는 그
렇다고 말한다.

성 스테파노 축일에 밀라노의 성당에서 지안 갈레아조 스포
르자[168]가 살해당했을 때, 파치와 살비에티 가문이 레파라타 성
당에서 메디치 가문의 두 형제 로렌조와 기울리아노를 암살하

---

167 오늘날 「사무엘기」 하권에 해당한다. 구약 성서 가운데 처음 헬라어로 번역될 당시 「열국
      서」라는 이름의 4권의 책에 해당하던 문서는 불가타 성서에서 총4권의 「열왕기」로 바뀌
      었다가 17세기 킹제임스 성서 이후부터 「사무엘기」, 「열왕기」 각각 상하권으로 나뉘었다.
168 밀라노 공국의 공작이었으나 실세인 숙부 루도비코에게 살해당했다.

려 했을 때, 콜리니 원수나 오라녜 공이 살해당했을 때, 루이 13세와 그 측근들이 앙크르 원수 콘치노 콘치니를 암살했을 때, 네덜란드의 유능한 정치가 드 위트 형제와 그 밖의 다른 수많은 사람들이 살해당했을 때, 적어도 입맞춤의 행위는 없었다.

꼭 집어 말할 수는 없지만, 고대인들에게는 입맞춤과 관련된 뭔가 상징적이고 뭔가 신성한 것이 있었다. 사람들이 신의 모습을 형상화한 조각상에, 그리고 조각가들이 수염을 조각했을 경우에는 그 수염에 입을 맞춘 걸 보면 말이다. 풍작의 여신 케레스를 섬기는 제의가 진행되는 동안 입문자들은 일치와 화합의 표시로 서로 입맞춤을 나눴다.

초기 남녀 기독교인들은 애찬식(愛餐式)에서 서로 입맞춤을 나눴다. 애찬이라는 말은 사랑의 식사를 의미했다. 그들은 서로 성스러운 입맞춤을, 평화의 입맞춤을, 형제와 자매의 입맞춤을, 필레마 하기온[169]을 나눴다.

이 관습은 4세기 이상 지속되다가 그것이 몰고 온 결과로 인해 마침내 폐지되었다. 유피테르의 사제들과 베스타의 제녀들은 기독교인들에게 방탕하다는 혐의를 들씌웠는데, 세상에 잘 알려지지 않은 기독교인들에게 오랫동안 그러한 비난을 끌어들였던 것이 바로 그 평화의 입맞춤과 애찬식, 그리고 형제자매라는 명칭이었다.

페트로니우스나 그 밖의 다른 세속 작가들의 작품을 보면 문란한 남녀를 형제와 자매라고 불렀음을 알 수 있다. 사람들은 기독교인들 사이에서 사용되는 그 똑같은 명칭이 똑같은 파렴

---

169 그리스어로 '성스러운 입맞춤'. 원문에는 어순이 틀린 '하기온 필레마'라고 되어 있으나 바로잡아 옮겼다.

치함을 의미한다고 생각했다. 기독교인들은 순진하게도 로마제국에서 그러한 비난이 퍼져 나가는 데 스스로 빌미를 제공했다.

유대인들에게 두 종류의 사마리아인들까지 포함해서 아홉 개 공동체가 있었던 것처럼, 초기 기독교인들에게는 서로 다른 열일곱 개 공동체가 있었다.

자신들이 가장 정통이라고 뽐내는 공동체들은 다른 공동체들은 상상조차 안 될 정도로 음란하다고 비난했다. 그노시스라는 말도 처음에는 아주 명예로웠으며 지혜로움과 양식과 순수함을 의미했지만, 그 뒤 공포와 경멸의 말이자 이단이라는 비난의 말로 변했다. 3세기경 성 에피파니우스[170]는 남녀가 우선 서로를 간지럼 태우다가 아주 외설스러운 입맞춤을 나눴으며 그들이 그 입맞춤이 얼마나 육감적인가로 신앙의 정도를 판단했다고 주장했다. 그리고 남편이 자기 아내에게 새로 입교한 젊은 이를 소개하면서 "내 형제와 사랑의 식사를 나누라."라고 말하면 그 둘은 사랑의 식사를 나눴다고 주장했다.

우리로서는 성 에피파니우스가 그리스어로 덧붙인 것을 이 자리에서 우리의 정숙한 프랑스어로 옮길 엄두조차 나지 않는다.[171] 우리는 그저 그 성인이 주위 분위기에 살짝 압도됐고 본인의 열정이 이끄는 대로 지나치게 나아갔다고, 그리고 이단이라고 모두 문란한 고약한 인간들은 아니라고만 말해 두겠다.

초기 그리스도교인들을 본받고 싶어 한 경건파는 오늘날에도 의식이 끝나면 서로를 나의 형제, 나의 자매라고 부르며 평

---

170 초대교회 교부 가운데 한 명. 키프로스의 주교로 있으면서 평생을 이단과 맹렬한 투쟁을 벌였다.

171 에피파니우스, 「이단에 대처하여」, 1권 2장.

화의 입맞춤을 나눈다. 이십 년 전에, 아주 예쁘고 아주 인간적인 어떤 경건파 여성 신도가 내게 말해 줬다. 옛 관습은 입술에 입술을 갖다 대는 것이었고 경건파에서는 그 관습을 정성스레 지켜 왔다.

프랑스, 독일, 이탈리아, 영국에서는 귀부인들에게 인사를 할 때 다른 방식이라고는 존재하지 않았다. 여왕에게 입맞춤하는 것은 추기경의 권리였고, 심지어 에스파냐에서도 그러했다. 이상한 것은 귀부인들이 다른 그 어디에서보다도 더 자유로움을 누려 왔던 프랑스에서는 추기경들이 같은 특권을 누리지 못했다는 점이다. 하지만 각 나라마다 저마다의 예법이 있기 마련이고, 우연과 습관이 그 어떤 예외도 낳지 못할 정도로 일반적인 관습이란 없다. 귀부인이 처음으로 자기 집을 방문한 어떤 귀족에게 입맞춤을 하지 않는다면 그가 수염을 길렀다 해도 그건 무례이자 모욕이리라. 몽테뉴는 말했다. "시종 세 명을 거느리고 온 사람이라면 그 누구에게든지, 그 사람이 아무리 마음에 들지 않아도 자기 입술을 대 줘야만 한다는 것은 여인들로서는 불쾌하고 모욕적인 관습이다." 하지만 이 관습이 세상에서 가장 오래된 관습이었다.

젊고 아름다운 입술로서 늙고 추한 입술에 자신을 갖다 대는 일이 불쾌하다면, 스무 살에서 스물다섯 살 사이의 싱싱한 진홍빛 입술끼리 서로 입맞춤을 할 때에는 아주 커다란 위험이 존재했다. 바로 그 때문에 결국 제의와 애찬에서 입맞춤의 예식을 폐지해 버렸다. 바로 그 때문에 동양에서는 아버지와 형제에게만 입맞춤을 하도록 여인들을 집에 가둬 버렸다. 이 오래된 관습이 아랍인들을 따라 에스파냐로 들어왔다.

위험은 다음과 같다. 입에서 심장으로, 그리고 거기서부터 더 밑으로 내려가는 다섯 번째 쌍을 이루는 신경이 있다. 그만큼 자연은 가장 치밀한 교묘함으로 모든 것을 준비했던 것이다! 입술에 분포된 작은 샘들, 그 촉촉한 피부 조직, 그 부드러운 돌기들, 그 예민하고 간지럼을 잘 타는 피부가 입술에 감미롭고 관능적인 감각을 부여하는데, 이는 보다 은밀하고 훨씬 더 민감한 부분과 유사함이 없지 않다. 열여덟 살짜리 젊은 경건파 신도 둘이 오랫동안 달콤한 입맞춤을 나누게 되면 성적 조심성이 타격을 받을 수도 있다.

인간과 멧비둘기, 그리고 비둘기가 입맞춤을 알고 있는 유일한 동물들이라는 사실은 주목할 만하다. 바로 이로부터 콜룸바팀[172]이라는 라틴어가 생겨났는데, 이 말을 우리 언어로 옮기는 것은 불가능하다. 인간이 남용하지 않았던 것은 아무것도 없다. 자연이 입술을 위해 예비했던 입맞춤은 그러한 용도로 만들어진 것 같지 않은 다른 점막 조직에 종종 자신을 팔아넘겼다. 성당 기사들이 무엇 때문에 비난당했는지 알지 않는가.

우리로서는 이 흥미로운 주제를 곧이곧대로 미주알고주알 펼쳐 보일 수가 없다. 비록 몽테뉴가 "부끄러워하지 말고 그에 대해 얘기해야 한다. '죽이다', '피 흘리게 하다', '배신하다'라고 서슴없이 소리 내야 한다. 한데 그에 대해 우리는 겨우 입안에서 어물거릴 뿐이다."라고 말하고는 있지만 말이다.

172 '비둘기처럼'

수염 ——Barbe

자연주의자라면 하나같이 수염이 나게 하는 분비물과 인류를 영속시키는 분비물은 같다고 확언한다. 흔히들 말하기를, 환관들에게서 수염이 조금도 보이지 않는 이유는 그들에게 바로 이 체액이 결여되어 있기 때문이란다. 그런데 이 체액은 흡수관을 통해 다시 빨아들여져 영양 림프와 합쳐진 뒤, 림프액에 턱과 뺨 등에 생겨날 자잘한 모근을 제공해 준다는 것이다.

마치 원숭이처럼 머리 꼭대기에서 발끝까지 털로 뒤덮인 남자들이 있다. 사람들은 이런 부류가 종족 번식에 가장 알맞으며 가장 기운차고 어떤 일이라도 해치울 준비가 된 사람들이라고 주장한다. 어깨와 목덜미가 살짝 털로 덮인, 소위 '아름다운 털목도리를 두른' 몇몇 부인들에게 그러듯이 이들에게도 종종 지나치게 많은 영예가 부여된다. 그런데 사실은 남자든 여자든 전부 머리 꼭대기에서 발끝까지 털로 덮여 있다는 것뿐이다. 그 털이 금빛이든 갈색이든 갈색이든 금빛이든 이 모든 것은 아무

교황 율리오 2세(1443-1513), 프랑수아 1세(1494-1547)는 오래전에 유행이 지나갔던 풍성한 턱수염을 궁정에 다시 유행시켰다. 그러자 법관들은 그들 선배의 관습을 존중하고 근엄해 보이려고 수염을 깎았으며, 반면에 몸에 꼭 맞는 짤막한 윗도리 푸르푸앵을 입고 짧은 외투를 걸쳤던 궁신들은 가능한 한 수염을 길게 길렀다.

상관이 없다. 절대 털이 나지 않는 곳은 오로지 손바닥과 발바
닥뿐이다. 유일한 차이라면, 특히 우리처럼 추운 기후에서는 부
인들에게 난 털 특히 금발 여인들의 털이 보다 제멋대로 나 있
고 보다 부드러우며 눈에 덜 띈다는 점이다. 피부가 아주 매끈
해 보이는 남자들도 많이 있다. 하지만 작은 꼬리만 하나 달렸
다면 멀리서는 곰으로 착각할 만한 또 다른 남자들도 존재한다.

　우리가 사는 북반구에서는 털과 정액 사이의 이러한 확실한
친근성에 대해 거의 부인할 수 없다. 그저 왜 환관과 성불능자
에게 수염은 없는데 머리카락은 있을까 하는 의문을 제기할 수
있을 뿐이다. 머리카락은 수염이나 나머지 털들과는 다른 종류
에 속하는 걸까? 그것은 이 정액과는 어떠한 유사성도 없는 걸
까? 환관에게도 눈썹이 있고 눈꺼풀에는 속눈썹도 달려 있다.
이러한 사실 역시 또 다른 새로운 예외다. 이로 인해 수염의 기
원이 고환에 있다는 지배적인 의견이 훼손될 수도 있다. 가장
훌륭하게 세워진 가설들을 대번에 중지시키는 몇 가지 어려움
들은 늘 존재하기 마련이다. 시스템이란 쥐나 마찬가지인 것이,
쥐들은 스무 군데 작은 구멍을 지나다니다가도 결국에는 그들
을 통과시켜 주지 않는 두세 개 구멍과 맞닥뜨리고 만다.

　그 전체가 수염과 정액의 형제적 결합에 불리한 증언을 하
고 있는 반구(半球)가 존재한다. 살고 있는 고장이 어디든, 피부
색이 어떻든, 키가 몇이든 간에 아메리카인들은 눈썹과 머리카
락을 제외하면 턱에 수염도 없고 몸에 털도 없다. 북아메리카의
30개 민족과 함께 살고 대화하고 전투를 벌여 본 중요 인사들의
법정 증언 기록이 내게 있다. 이들은 하나같이 그들의 몸에서 터
럭 한 오라기도 본 적이 없다고 증언하며, 아메리카인들에게 털

이 없는 이유는 족집게로 털을 뽑아서일 뿐이라 말하는 작가들을 당연히 비웃는다. 크리스토퍼 콜럼버스, 페르난도 코르테스, 그리고 또 다른 정복자들이 우리네 부인들이 제멋대로 자란 털들을 뽑을 때 사용하는 그 자그마한 족집게를 배에 잔뜩 싣고 가서 아메리카의 모든 지역에서 나눠 주기라도 했단 말인가.

나는 오랫동안 에스키모인들은 신대륙의 일반 법칙에서 제외된다고 생각해 왔는데, 사람들은 내게 그들 역시 다른 민족들과 마찬가지로 수염이 없다고 확언한다. 아메리카에서 사내다움은 거무스름하거나 노르스름한 털과 전혀 결부되어 있지 않다. 그러니까 갈기 없는 그쪽 사자들이 우리의 아프리카산 사자들과 같은 종류가 아니듯, 그쪽의 두 발 동물과 우리 사이에는 특수한 차이가 있는 것이다.

동양인들의 수염에 대한 존중에 어떠한 변화도 없었다는 점은 주목할 만하다. 그들에게 결혼은 예전에도 그랬고 지금도 그러하지만 더 이상 턱수염을 밀 필요가 없는 삶의 시기였다. 긴 의복과 수염은 존경을 부른다. 서양인들은 의복에, 감히 이렇게 말해 보자면 턱에 거의 늘 변화를 줘 왔다. 루이 14세 치하부터 1672년까지는 콧수염을 길렀다. 루이 13세 시대에는 끝이 뾰족한 턱수염이었다. 앙리 4세는 수염을 네모지게 길렀다. 샤를 5세, 교황 율리오 2세, 프랑수아 1세는 오래전에 유행이 지난 풍성한 턱수염을 궁정에 다시 유행시켰다. 그러자 법관들은 그들 선배의 관습을 존중하고 근엄해 보이려고 수염을 깎았으며, 반면에 몸에 꼭 맞는 짤막한 윗도리 푸르푸앵을 입고 짧은 외투를 걸친 궁신들은 가능한 한 수염을 길게 길렀다. 그러자 왕들은 법조인을 대사로 보내고자 할 때면 다른 동료 법조인들에게, 회계감사원과 민형사 법원에서 그를 조롱하지 말고 그가 수염을 기르는 것을 참아 달라고 부탁했다. 이상이 수염에 관한 넘치는 이야기들이다.

아름다움 —— Beau

이미 사랑에 관해 플라톤을 인용했으니, 아름다움에 관해서
라고 인용하지 못하겠는가? 아름다움이란 사랑받기 마련이니
말이다. 어쩌면 2000년도 더 전에 그리스인이 아름다움에 대해
어떻게 말했는지 궁금해질 법도 하다.

그러나 비의(秘儀)에 입문한 지 얼마 안 되었거나 천상을 오
래 관조했던 사람은 어떤 얼굴에서 신성미가 담긴 아름다운 이미
지를, 혹은 어떤 육체에서 바로 그러한 아름다움의 이데아를 보게
되면 우선 전율하고 과거 겪었던 혼란 가운데 어떤 것들이 엄습함
을 느낀다네. …… 미의 발산물들을 두 눈을 통해 받아들이자마자
그의 온몸이 더워지고, 몸에 돋은 날개들이 본성을 되찾지. 생장
의 시기에 오랫동안 딱딱하게 굳어 닫혀 있었고 날개가 자라는 걸
방해했던 것 전부가 그 열기에 녹아내린다네. 그 발산물들로부터
양분이 흘러들어 오면 날개의 깃대가 부풀어 오르고 뿌리에서부

"미의 발산물들을 두 눈을 통해 받아들이자마자 그의 온 몸이 더워지고, 몸에 돋은 날개들이 본성을 되찾지. 생장의 시기에 오랫동안 딱딱하게 굳어 닫혀 있었고 날개가 자라는 걸 방해했던 것 전부가 그 열기에 녹아내린다네. 그 발산물들로부터 양분이 흘러들어 오면 날개의 깃대가 부풀어 오르고 뿌리에서부터 시작해 영혼 전체에서 급작스러운 생장의 움직임이 시작되지." 플라톤

터 시작해 영혼 전체에서 급작스러운 생장의 움직임이 시작되지. 왜냐하면 예전에는 영혼에 날개가 있었기 때문이라네.[173]

나는 플라톤의 이 담론보다 더 아름다운 것이 없다고 믿고 싶지만 그가 아름다움의 본질에 대해서 명확한 생각들을 말해 준 것은 아니다.

두꺼비에게 아름다움이, 최고의 아름다움이 뭐냐고 물어보라. 작은 머리통에서 튀어나올 것만 같은 뒤룩거리는 눈, 옆으로 길게 찢어진 입, 노르스름한 배, 갈색 등을 자랑하는 자신의 두꺼비다움이라고 대답할 것이다. 기니의 흑인에게 물어보라. 그에게 아름다움이란 새까맣고 반짝거리는 피부와 움푹 들어간 두 눈, 넓적한 코이리라.

악마에게 물어보라. 아름다움이란 한 쌍의 뿔, 네 개의 갈퀴 같은 발톱, 꼬리라고 말할 것이다. 마지막으로 철학자들에게 의견을 구하면 그들은 요령부득한 횡설수설로 답할 것이다. 그들에게는 본질적 아름다움의 원형, 토 칼론[174]에 부합되는 뭔가가 필요하니까.

어느 날 극장에서 어떤 철학자 옆자리에 앉아 비극을 관람할 일이 있었다. "정말 아름답군요." 그 철학자가 말했다. "뭐가 아름다운가요?" 내가 그에게 물었다. "작가가 자기 목표를 달성했다는 점이 그렇습니다." 철학자가 대답했다. 다음 날 그는 약을 먹었고 효과를 봤다. 내가 그에게 말했다. "약이 자기 목표를

---

173 플라톤, 「파이드로스」, 251 a. 원문은 볼테르가 직접 옮긴 듯한데 번역이 부정확하여 1922년도 뫼니에의 번역을 참조해 바로잡았다.
174 그리스어로 '아름다움'.

달성했군요. 참 아름다운 약이네요!"그제야 그 철학자는 약을 보고 아름답다고 말할 수는 없으며 뭔가에 '아름다움'이란 이름을 붙이려면 그 대상이 자신에게 감탄과 쾌감의 원인이 되어야 한다는 것을 깨달았다. 그는 그 비극 작품이 그에게 그 두 가지 감정을 불러일으켰고, 바로 거기에 토 칼론이, 아름다움이 존재했음을 인정했다.

우리는 함께 영국으로 여행을 갔다. 그곳에서도 똑같은 작품을 완벽하게 번역해서 공연하고 있었다. 그런데 그 작품을 보며 관객 전부가 하품을 해 댔다. 그가 말했다. "오, 오! 토 칼론이 영국인들과 프랑스인들에게 같은 것이 아니군요." 그는 한참을 곰곰이 생각하더니, 일본에서는 점잖음으로 받아들여지는 것이 로마에서는 그렇지 않고 파리에서는 유행인 것이 베이징에서는 아니듯이 아름다움은 종종 아주 상대적이라는 결론을 내렸다. 그러더니 아름다움에 관한 긴 개론을 집필하는 수고를 그만두기로 했다.

세상 전부가 아름답다고 간주하는 행위들이 있다. 카이사르 휘하의 장교 둘은 서로를 죽여야 할 적으로 간주하는 사이였는데, 우리나라에서 그러듯이 수풀 뒤에서 펜싱의 3자세니 4자세를 취해 가며 누가 먼저 피를 흘리는가가 아니라 곧 이방인의 공격을 받게 될 로마군의 진영을 누가 더 잘 방어할 것인가를 걸고서 서로에게 도전장을 내민다. 둘 중 하나가 적을 물리친 뒤 목숨을 잃을 지경에 처하자 나머지 하나가 달려가 그의 목숨을 구하고 승리로 전투를 마감한다.

친구가 친구를 위해 목숨을 바치고 아들이 아버지를 위해 그런다. 알곤킨족이든 프랑스인이든 중국인이든 간에 모두 다 그것이 몹시 '아름다우며' 그런 행위가 쾌감을 안겨 주고 감탄을 불러일으킨다고 말하리라.

그들은 윤리적인 위대한 격언들에 대해서도 그렇게 말할 것이다. "어떤 행위의 정당성이 의심스럽다면, 삼가라."라는 자라투스트라의 격언을 예로 들 수 있겠다. 그리고 "모욕은 잊되 은혜는 잊지 말라."라는 공자의 격언도.

우리네 귀부인들에게 '아름다운 여인'이라는 명칭을 안겨 주지 않을 둥근 눈과 넓적한 코를 지닌 검둥이라도 그런 행위들과 그러한 격언들 앞에서는 주저가 없을 것이다. 악독한 인간조차도 그가 감히 흉내 내지 못할 덕목들의 아름다움을 인정할 것이다. 따라서 감각과 상상력만 자극하는 아름다움, 흔히 재치라고 불리는 아름다움은 종종 흔들린다. 심정에 말을 걸어오는 아름다움은 그렇지 않다. 당신은 「일리아드」의 사 분의 일에서 아름다움이라고는 전혀 발견하지 못했다고 말할 사람들을 잔뜩 발견하리라. 하지만 아테네의 마지막 왕 코드로스가 국민을 위해 보여 준 헌신이 사실이라면 정말 아름답다는 것을 그 누구도 부인하지는 않을 것이다.

디종 출신으로 예수회 소속 수사인 아티레[175]는 베이징에서 몇 리 떨어진 곳에 위치한 강희제의 시골 별장에 화가로 고용됐더랬다.

"이 별장은 디종 시보다도 더 큽니다." 그가 다소 씨에게 보낸 편지 가운데 하나에는 이렇게 적혀 있다.

---

175 예수회 소속 프랑스인 선교사이자 18세기 중국에서 명성을 떨친 화가.

별장은 한 줄로 늘어선 본채 수천 채로 나뉘어 있지요. 본채 각각에는 궁, 화단, 정원, 수리 시설이 갖춰져 있습니다. 건물 정면은 금, 니스, 그림으로 장식되어 있고요. 이 거대한 정원 안에 6미터에서 12미터 높이에 이르는 작은 산들을 사람 손으로 쌓아 올리게 했답니다. 골짜기마다 수많은 물길들이 나 있고, 이 물길들은 저 멀리서 합쳐져 연못과 바다를 이룹니다. 바다 위에는 사람들이 니스를 칠하고 금박으로 장식한 배를 타고 노니는데, 배는 폭이 약 8미터, 길이는 24미터에서 26미터 정도 됩니다. 이런 선박들은 아주 근사한 살롱들을 갖추고 있습니다. 이러한 물길과 바다와 연못 가장자리에는 저마다 제각각의 취향을 자랑하는 집들이 빼곡히 들어차 있습니다. 집마다 정원과 폭포를 갖추고 있지요. 사람들은 휘돌아 나가는 샛길들을 따라 한 골짜기에서 다른 골짜기로 이동하는데, 샛길마다 수많은 정자와 동굴로 꾸며져 있습니다. 그 어떤 골짜기도 비슷하지 않습니다. 그중 가장 너른 골짜기에는 주랑이 둘려 있고 그 뒤로 황금빛 건물들이 늘어서 있습니다. 그런 건물의 내실들은 건물 외관의 화려함에 걸맞지요. 물길마다 일정 간격으로 다리들이 놓여 있고, 다리에는 돋을새김으로 꾸며진 흰색 대리석 난간이 설치되어 있습니다.

바다 한가운데에 바위산을 세워 놓고 그 위에 정사각형 정자를 올렸는데, 백 개를 넘는 내실이 딸려 있답니다. 그 정사각형 정자에서는 이 거대한 터 안에 자리 잡은 궁, 별채, 정원들이 전부 다 보이는데 그 수가 400개를 넘어섭니다.

황제가 축제를 열면 건물마다 순식간에 불이 들어오고, 집마다 불꽃놀이를 구경하지요.

그게 다가 아니랍니다. 사람들이 '바다'라고 부르는 것의 끝자락에서는 장교들이 운영하는 커다란 장이 열립니다. 선박들이 바다에서부터 출발하여 그 시장으로 몰려가지요. 궁신들은 장사치로, 온갖 종류의 일꾼으로 변장을 합니다. 어떤 이는 카페를, 또 어떤 이는 카바레를 열어 놓고 있지요. 어떤 이는 야바위꾼 노릇을, 또 어떤 이는 그 뒤를 쫓는 경찰 노릇을 합니다. 황제와 황후, 궁정의 온갖 귀부인들이 피륙을 놓고 흥정을 벌이고 가짜 장사치들은 자신들이 할 수 있는 한 속이려 듭니다. 장사치들은 값을 놓고 그렇게 다투는 것은 수치스러운 일이라고 손님들에게 말합니다. 그러면 황제는 사기꾼들이라고 응수하고, 장사치들은 화를 내며 그냥 떠나려 듭니다. 그러면 사람들이 그들을 달래고 황제가 물건을 몽땅 다 구입한 뒤 궁신 모두를 위해 추첨을 합니다. 더 멀리 나아가면 가지각색의 공연이 펼쳐집니다.

아티레 수사가 중국을 떠나 베르사유로 왔을 때 그의 눈에 비친 궁전은 작고 초라했다. 그곳의 숲을 돌아다니며 감탄을 금치 못했던 독일인들은 아티레 수사가 몹시 까다로운 데 놀라움을 표했다. 이 또한 내가 아름다움에 관한 개론은 절대 쓰지 않겠다고 결심을 굳힌 이유다.

도서관 —— Bibliothèque

커다란 도서관의 좋은 점은 바라보는 사람에게 두려움을 불러일으킨다는 것이다. 인쇄하려는 유혹을 느끼던 사람도 20만 권이나 되는 책을 보면 용기를 빼앗기게 된다. 하지만 불행히도 그 사람은 곧 이렇게 혼잣말을 한다. "사람들이 이 책들을 전부 다 읽을 수야 없겠지만 내 책을 읽을 수는 있어." 그는 바닷물에 뒤섞여 잊혀 갈 것을 한탄한 물방울에 자신을 비유한다. 운명의 정령이 가엾이 여겨 굴에게 그 물방울을 삼키게 했고, 물방울은 가장 아름다운 동양의 진주가 되어 무굴제국 황제의 옥좌를 꾸미는 중요 장식이 되었다. 표절자, 모방자, 주해가, 윤색가, 쩨쩨한 비평가일 뿐인 사람들, 요컨대 운명의 정령이 조금도 가엾게 여기지 않았던 사람들은 늘 물방울 신세로 남게 되리라.

그리하여 우리의 주인공은 진주가 되리라는 희망에 부풀어 누추한 다락방에 처박혀 작업한다.

이 엄청난 장서 가운데 사람들이 절대로 읽지 않을, 적어도 내처 읽지는 않을 책들이 약 9만 9000권에 달한다. 하지만 살다 보면 그 책들 가운데 어떤 것들은 한 번은 참조할 필요가 생긴다. 스스로 교양을 쌓고자 하는 사람이라면 그 누구에게든, 도서관이 있는 왕궁에 가서 잠시 잠깐도 기다리는 일 없이 자신이 찾는 책과 필요한 대목을 즉각 손에 넣을 수 있다는 것은 엄청난 이점이다. 그것은 가장 고귀한 기관들 가운데 하나다. 이보다 더 멋있고 더 쓸모 있게 경비가 지출된 적이 없었다.

프랑스 왕립 공공 도서관은 전 세계에서 가장 아름다운데, 장서의 수와 희귀함 때문이라기보다는 사서들이 모든 학자들에게 책을 빌려주면서 제공하는 편의와 예의 바름 때문이다. 이 도서관이 프랑스에서 가장 귀한 건축물이라는 데에는 이론이 있을 수 없다.

장서의 수에 놀라 겁을 집어먹을 필요는 없다. 파리에 사람

생주느비에브 도서관(1859년)

이 약 70만 명 살고, 그들 모두와 함께할 수는 없으니 서너 명만 골라 친구로 삼는다는 것은 앞서 말했다. 그러니 파리 시민이 많다고 불평해서는 안 되듯 책이 많다고 불평해서도 안 된다.

자기 존재에 대해 약간이라도 알고 싶은데 낭비할 시간은 없는 사람이라면 상당히 당혹스럽기 마련이다. 그는 홉스와 스피노자를 한꺼번에 읽고 싶어 하리라. 그리고 그 둘을 반박하는 글을 썼던 벨을. 벨과 논쟁을 벌였던 라이프니츠를. 라이프니츠와 논쟁을 벌였던 클라크를. 그들 모두와 노선이 다른 말브랑슈를. 말브랑슈를 꼼짝 못하게 만들었다고 알려진 로크를. 로크를 무찔렀다고 믿는 스틸링플리트를. 자기 말을 이해하는 사람이 아무도 없기 때문에 그들 모두보다 자신이 윗길이라고 생각하는 커드워스를. 사람들은 이러한 형이상학적 소설들의 백 분의 일도 넘겨 보기 전에 늙어 죽게 생겼다.

가장 오래된 메달들을 찾아다니듯, 가장 오래된 책들을 갖고 있으면 아주 만족스럽다. 도서관을 영예롭게 만드는 것이 바로 그것이다. 세상에서 가장 오래된 책들로는 중국인들의 오경(伍經)과 브라만들의 「차르타 샤스타 바데」[176]가 있는데, 홀웰[177]

---

176 볼테르는 홀웰이 번역하여 자신의 저서 『벵갈 지역과 관련된 흥미로운 역사적 사건들과 인도스탄 제국』에 수록한 「샤스타」 혹은 「샤스타바드 오브 브라마(Shastabad of Brahma)」가 5000년 전의 텍스트로서 역사상 가장 오래된 것이라고 추정한다. 하지만 힌두어를 완벽하게 구사할 능력이 없는 홀웰이 자유롭게 번역한 텍스트의 정체는 여전히 의혹에 휩싸인 상태다. 이 텍스트가 실제로는 그 당시 작성된 지 그리 오래 되지 않은 힌두교에 관한 개론서라는 주장으로부터 스므리티 계열에 속하는 샤스트라와 슈루티 계열에 속하는 베다를 병기한 제목이 여실히 보여 주듯이 번역자인 홀웰 자신부터 원 텍스트의 정체를 제대로 파악하고 있지 못했을 거라는 의혹에 이르기까지 다양한 의문점들이 존재한다.

177 외과 의사이자 동인도회사의 직원으로 벵갈 임시 총독을 지냈다.

씨의 번역 덕분에 그 몇 대목을 알 수 있었고 그것들이 자라투스트라에 대해 지금껏 남아 있을 수 있는 것들이다. 그리고 또 산코니아톤[178]의 몇 대목을 들 수 있는데, 가장 오래된 고대 글자들을 담고 있고, 유세비우스[179] 덕분에 보존되었다. 오래된 책들을 거론할 때 우리가 말할 수 있는 그 어떤 것들보다도 위에 있는 모세 오경에 대해서는 넘어가련다.

우리에게는 엘레우시스의 사제가 그리스인들의 고대 제의에서 암송했던 진짜 오르페우스의 기도가 여전히 남아 있다.

정의의 길을 걸어라. 우주의 유일한 주인을 숭배하라. 그분은 하나다. 그분은 스스로 유일하다. 모든 생명은 그분 덕분에 존재한다. 그분은 그들 안에서, 그리고 그들을 통해 움직인다. 그분은 모든 것을 보나 유한한 존재들의 눈에 보인 적은 없었다.

초대교회 교부[180]들 가운데에서 가장 박식한, 아니 속세의 고대에서 유일하게 박식한 알렉산드리아의 클레멘스 성인[181]은 같은 이름으로 글을 남겼던 사람들과 진짜 오르페우스를 구별하기 위해 대부분의 경우 그에게 트라키아의 오르페우스, 신학자 오르페우스라는 이름을 부여한다. 그는 그에 관해 다음 시구

---

178 트로이 전쟁 이전 인물로 추정되는 페니키아 작가.
179 4세기 팔레스타인 카이사리아 팔레스티나이 지방에서 활동한 주교이자 주해가, 역사가.
180 고대에서 중세 초기까지 유력한 저작가 중 교회가 정통으로 인정한 이들을 말한다. 5~8세기 교리의 정립과 교회 발전에 이바지하고 이후 신앙 및 교회 생활에 중대한 영향을 미쳤다.
181 티투스 플라비우스 클레멘스. 알렉산드리아 학파의 신학자로 유명한 알렉산드리아 교리문답 신학교의 수장. 그리스의 철학적 전통들을 그리스도교 교의와 결합시켰다.

를 인용하는데, 제의에서 사용하는 문구와 많은 관련성을 보인다. 이에 대해서는 이미 다른 데서 말한 적이 있다.

> 그만이 완전하다. 모든 것이 그의 권능 아래 있다.
> 그는 전 우주를 보나 그 누구도 그를 보지 못한다.

무사이오스, 리노스[182]에 관한 것은 아무것도 남아 있지 않다. 호메로스의 선배 격인 이들의 작품이 몇 구절이나마 남아 있다면 도서관을 근사하게 장식하리라.

아우구스티누스 황제는 팔라티누스라고 명명한 도서관을 세웠다. 그곳에는 아폴론의 조각상이 한가운데 자리잡고 있었다. 황제는 가장 훌륭한 작가들의 흉상으로 그곳을 장식했다. 로마에는 스물아홉 개에 달하는 공공 도서관이 있었다. 지금은 유럽 전역에 4000여 개 이상의 대규모 도서관들이 존재한다. 당신에게 적합한 곳을 택해서 심심할 새 없이 지내 보는 건 어떨까.

---

182 무사이오스는 아테네 출신, 리노스는 테바이 출신의 그리스 시인들로 오르페우스의 제
    자들이었다고 전해진다.

건강을 위해 건배 —— Boire à la santé

이러한 관습은 어디에서 올까? 사람들이 술을 마시기 시작한 때부터일까? 사람들이 자기 건강을 위해 포도주를 마시는 것은 자연스러워 보이지만 다른 사람의 건강을 위해서라면 그래 보이지 않는다.

그리스인들이 사용했던 '프로피노'라는 말을 로마인들도 받아들였는데, 이는 '나는 당신이 건강하라고 술을 마신다.'를 의미하지는 않았다. 오히려 '당신이 술을 마시게 하려고 내가 먼저 마신다.', '당신에게 술을 마시라고 권한다.'의 의미였다.

사람들은 연회의 흥겨움 속에서 애인을 찬양하며 술을 마셨지 그녀가 건강하라고 그러지는 않았다. (마르티알리스의 시집 I권 72번째 단시를 볼 것.)

레비아를 위해 여섯 잔, 유스티나를 위해 일곱 잔을.

고대의 여러 관습을 되살린다고 자부했던 영국인들은 귀부인들에게 경의를 표하기 위해 건배를 했다. 이게 바로 영국인들이 토스트라고 일컫는 것이다. 그리고 그들 사이에서는 어떤 귀부인을 위해 건배할 수 있는가 없는가, 그 여인이 건배할 만한 대상인가 아닌가가 커다란 토론거리다.

　　로마에서는 아우구스투스의 승전을 위해, 그의 건강이 회복되기를 바라며 술잔을 들었다. 디오 카시우스[183]에 따르면, 악티움 해전이 끝나자 원로원은 식사 자리에서 두 번째로 음식을 내올 때 아우구스투스에게 헌주하라는 포고령을 내렸다고 한다. 그건 아주 희한한 법령이다. 그러한 비굴한 법령이 생겨난 데는 아첨이 작용했다고 보는 것이 훨씬 더 그럴 듯하다. 어쨌든 호라티우스를 보면 다음의 대목을 읽을 수 있다.(4권 5번째 시)

　　　　향연의 신, 희열의 신이 되기를.
　　　　우리 식탁이 당신을 위한 제단이 되기를.
　　　　우리의 장엄한 유희를 지배하길.
　　　　헤라클레스가 그리스의 경기를 지배하듯.
　　　　당신만이 아름다운 날들을 만드니, 당신의 날들이 끝이 없기를!
　　　　이는 바로 우리가 여명을 보며 하는 말,
　　　　우리의 달콤한 밤에도 또다시 되뇌는 말,
　　　　주신(酒神)의 품에 안겨.

　　우리가 "우리는 폐하의 건강을 위해 술잔을 들었다."라고

183　로마의 관리이자 역사가.

할 때 그 말이 뜻하는 것을 이보다 더 분명하게 들려줄 수는 없을 듯하다.

우리 교양 없는 민족들 사이에서 연회 참석자들의 건강을 위해 술잔을 드는 관습은 아마도 여기에서 비롯됐을 듯하다. 한데 당신이 술 네 병을 비운다 해도 참석자들에게 좋은 효과를 조금도 주지 못하니, 이는 터무니없는 관습이다. 그런즉 왕의 건강을 위해 술잔을 드는 것이 방금 우리가 위에서 본 것을 의미하지 않는다면 무엇을 의미하겠는가?

『트레부 사전』은 "윗사람들이 있는 자리에서 그들의 건강을 기원하며 건배를 하는 게 아니다."라고 주의를 줬다. 이 충고가 프랑스와 독일에서는 먹힌다. 하지만 영국에서는 그런 관습을 받아들였다. 런던에서는 사람과 사람 사이의 거리가 빈에서보다는 덜 멀다.

영국에서 왕위를 주장하는 왕자의 건강을 위해 건배를 드는 것이 얼마나 중대사인지는 잘 알려져 있다. 그건 스스로가 지지자임을 밝히는 것이 된다. 스튜어트 왕가를 위해 건배를 들었다가 비싼 대가를 치른 스코틀랜드나 아일랜드 사람이 한둘이 아니었다.

휘그 당원들은 모두 윌리엄 왕이 사망하자 그의 건강을 기원하면서 건배를 드는 대신 그를 추모하자며 건배를 들었다. 브라운이라는 이름의 토리 당원은 아일랜드의 코크 지역을 관장하던 주교이자 윌리엄 왕의 불구대천할 원수였는데, 자신은 그 군주의 영광을 기리며 비우는 술병들마다 코크로 막아 버리겠노라고 말했다. 영어로 코크는 마개를 의미하기 때문이다.

그는 이 밋밋한 말장난으로 그치지 않았다. 1702년에는 국왕의 건강을 기원하며, 특히 국왕을 추모하며 건배하는 것이 끔찍스러운 불경임을 아일랜드인들에게 보여 주려고 작은 책자(교구민을 위한 주교의 교서)를 하나 발간했다. 그는 "모두 이것을 마셔라. 나를 기억하며 그리해라."라는 예수 그리스도의 말을 모독하는 것임을 보여 주려고 했다.

놀랄 만한 점, 그것은 그 주교가 그러한 정신 나간 생각을 했던 첫 번째 인물이 아니라는 것이다. 그보다 앞서 프린이라는 장로파 교인도 그리스도교인들이 건강을 기원하는 건배를 불경하게 사용한다고 꾸짖는 두툼한 책자를 발간한 바 있다.

끝으로 세인트 페이스 교구 목사인 존 게자라는 인물이 있었는데 「건강을 기리며 건배하는 범죄적 관습을 반박하는 명확하고 탄탄한 논증들을 통해 그러한 만성질환을 치료함으로써 정신 건강을 지키게 해 주는 숭고한 물약(대중을 만족시키는 모든 것, 서력 1645년 어느 존경스러운 국회의원의 간청에 응하며)」이라는 글을 발표했다.

우리의 존귀하신 가라스 신부님, 우리의 존귀하신 파투이에 신부님,[184] 우리의 존귀하신 농노트 신부님[185]도 이러한 영국의 심오함 앞에서는 전혀 맥을 못 춘다. 우리 이웃과 우리는 누가 이길지를 놓고 오랫동안 다퉜다.

---

184 18세기 프랑스의 성직자이자 종교 논쟁가. 「볼테르의 오류들」, 볼테르가 「철학사전」에서 종교에 가한 공격들을 반박하는 「종교의 철학사전」 등을 써 볼테르를 공격했다.
185 18세기 프랑스의 기자, 프랑스 고등법원과 볼테르를 비롯한 철학자들을 공격한 글들로 유명하다.

인간 정신의 한계 —— Bornes de l'esprit humain

어느 날 사람들이 뉴턴에게 당신은 어떻게 해서 걷고 싶을 때 걷는가, 어떻게 팔과 손을 원하는 대로 흔드는가 물었다. 그는 용감하게 자신은 그에 대해 아는 바 없다고 대답했다. 그러자 사람들은 또 천체의 운행에 대해서 그리도 잘 아는 당신이니 적어도 어떤 이유로 별들이 이 방향이 아닌 저 방향으로 도는지는 말해 줄 수 있지 않겠느냐고 물었다. 그러자 그는 한 번 더 자신은 그에 대해 아무것도 모른다고 털어놨다.

바다에 염분이 많은 것은 부패될까 봐서이고, 조수 간만의 차는 배들을 항구로 인도하기 위해서라고 가르쳤던 사람들은 지중해에는 조수 간만의 차가 거의 없지만 항구들이 있다고 대답하면 살짝 부끄러워했다. 무셴브루크[186] 역시 이런 실수를 저질렀다.

---

186 18세기 네덜란드의 수학자이자 물리학자.

아궁이 속 장작개비가 어떻게 벌겋게 단 숯으로 바뀌는지를, 그리고 어떤 원리로 석회는 찬물과 만나면 열을 내는지를 누군가가 정확하게 설명한 적이 있었던가?

동물들의 심장 운동의 제I원리는 잘 알려져 있는가? 생식 과정은 분명하게 알고 있는가? 무엇이 우리에게 감각, 생각, 기억을 부여하는지 짐작은 했는가? 우리는 물질의 겉면을 만져 보는 아이들에 비해 물질의 본질을 더 잘 알고 있지 못하다.

우리가 땅에 던진 이 밀알이 어떤 원리로 땅을 뚫고 나와서 이삭을 잔뜩 단 줄기로 자라나는지, 어떻게 이 똑같은 흙이 이 나무 꼭대기에는 사과가 열리게 하고 옆 나무에는 밤이 열리게 하는지를 누가 우리에게 알려 줄까? 수많은 학자들이 물어 왔다. 내가 모르는 것이 무엇인가? 그런데 몽테뉴는 이렇게 물었다. 내가 아는 것이 무엇인가?

냉혹한 결정권자여, 허울 좋은 말뿐인 교육자여, 궁지에 몰린 추론가여, 그대는 자기 정신의 한계를 찾고 있구나. 그건 바로 코앞에 있는데.

말하라. 내게 알려 주지 않으려는가? 어떤 은밀한 힘의 작용으로
그 영원의 장인(匠人)이 육신들을 생장시키는지를.

이렇듯 우리 한계는 도처에 널려 있다. 그런데도 우리는 공작(公爵)이나 된 듯 공작새처럼 뻐긴다.

숫염소 · 수간 · 마술 ── Bouc, Bestialité, Sorcellerie

만약 뭔가가 고대 및 현대 세계에 조금이나마 익숙한 사람들을 놀래킬 수 있다면, 고대에 사람들이 숫염소에게 표했던 존경은 제법 놀라운 것이리라. 이집트인들과 유대인들은 종종 왕과 민족 지도자들을 숫염소라는 말로 지칭했다. 「즈가리야서」 10장을 보면 다음과 같은 대목이 눈에 띈다.

나는 내 백성을 인도한다는 목자들에게 화를 쏟고 앞서 가는 숫염소들을 치리라. 만군의 야훼께서는 당신의 양떼, 유다 가문을 돌보시어 이를 준마로 키워 몸소 타시리라.

「예레미야서」 50장을 보면 예레미야가 민족의 지도자들에게 다음과 같이 말한다.

너희는 바빌론에서 빠져 나오너라. 바빌론 땅을 떠나라. 양떼를 이끄는 숫염소처럼 앞장서서 나오너라.

「이사야서」에서는 10장과 14장에서 숫염소라는 단어를 사용했고, 사람들은 이를 '군주'라고 번역했다.

이집트인들은 자신들의 왕을 숫염소라고 부르는 선에서 그치지 않았다. 멘데스 신전에서는 숫염소를 신성시했고, 숫염소를 숭배한다고까지 말했다. 실제로 이집트 민족이 신성을 나타내는 상징으로 삼았을 수 있다. 이런 일은 정말 자주 일어난다.

이집트 사제들이 숫염소들을 숭배하는 동시에 제물로 바치는 일은 있을 법하지 않다. 이집트 사제들에게는 민족의 속죄를 위해 꽃으로 장식하고 화관을 씌워 내몰았던 그들만의 숫염소 아자젤[187]이 있었는데, 유대인들이 여러 다른 제의들과 마찬가지로 이집트에서 그 제의와 아자젤이라는 이름까지도 가져왔음은 잘 알려진 사실이다.

그런데 숫염소들은 보다 특별한 영예까지 덤으로 받았다. 이집트에서는 여러 여인들이 파시파에가 황소와 보여 준 예를 숫염소들과 똑같이 보여 줬다.[188] 헤로도토스는 자신이 이집트

---

187 이집트 제의 속죄 염소 아자젤은 유대인의 전설 속으로 들어가 부정한 마귀, 타락한 천사의 의미를 부여받은 뒤 그들의 속죄 의식으로 계승되었다. 속죄 염소 추방은 유대교의 '속죄의 날'에 행해지던 의식의 마지막 절차로, 두 마리 숫염소를 골라 제비뽑기로 한 마리를 택해 하느님께 제물로 바치고 다른 한 마리는 아자젤 몫으로 돌렸는데, 이 아자젤 염소에 이스라엘의 모든 죄를 상징적으로 전가한 뒤 광야로 몰아내 대개 벼랑에서 떨어뜨려 죽게 함으로써 개인과 집단의 정결 의식을 마무리짓곤 했다.

188 파시파에는 태양신 헬리오스가 대양의 신 오케아노스의 딸 페르세이스에게서 낳은 딸로, 크레타의 왕 미노스의 왕비가 되지만 남편 미노스가 포세이돈을 괄시한 탓에 저주를 입어 포세이돈이 크레타로 보낸 황소를 보고 사랑에 빠지고 만다. 눈처럼 하얀 황소를 사랑한 파시파에는 당시 크레타의 명장 다이달로스가 그녀를 위해 만들어 준 정교한 목

에 있었을 때 어떤 여인이 멘데스에서 공공연하게 그런 끔찍스러운 관계를 가졌다는 이야기를 들려준다. 그 탓에 몹시 놀랐다는 말은 있지만 그 여인이 처벌받았다는 말은 조금도 없다.

더더욱 이상한 점, 그것은 그토록 서로 멀리 떨어진 시대에 살았던 플루타르코스와 핀다로스가 신성시하는 숫염소에게 여인들을 바쳤다고 공통적으로 말한다는 것이다. 이는 자연을 전율하게 만든다. 핀다로스는 말한다. 아니, 사람들이 그에게 그렇게 말하게 시킨다.

> 멘데스의 매혹적인 아가씨들이여,
> 어떤 연인들이 그대들의 입술에서 따내는가,
> 내가 취하려는 그 달콤한 키스를?
> 뭣이! 암염소의 남편들이라고!

유대인들은 이 끔찍스러운 행위들을 필요 이상으로 모방했다. 여로보암 왕은 자신의 송아지와 숫염소 들을 섬길 제사장들을 임명했다.[189] 히브리 경전에는 명백하게 숫염소들이라고 적혀 있다. 하지만 인간 본성을 해친 점, 그것은 숫염소에 대한 불타는 애정에 사로잡힌 몇몇 유대 여인들, 그리고 암염소들과 교접을 행한 몇몇 유대 남자들의 충격적 일탈이었다. 이 끔찍스럽고 파렴치한 행위를 처벌하기 위한 특별법이 필요했다. 이 법은

제 암소 안에 들어가 포세이돈의 황소와 교접했고, 이 비정상적인 교접으로부터 황소의 얼굴과 인간의 몸을 한 괴물 미노타우로스가 태어난다.
189 「역대기 하」 11장.

「레위기」에 나와 있고 거기에서 여러 번 언급된다.[190] 우선 교접 대상이 되었던 털 많은 짐승에게 제물 바치기를 영원히 금지한다. 다음으로 여인들이 짐승과 몸을 섞는 것, 그리고 남자들이 동일한 범죄로 스스로를 더럽히는 것을 금지한다. 끝으로 이런 파렴치한 행위를 저질러 죄를 범한 사람은 그 누구든지 간에 그가 능욕한 동물과 함께 사형에 처한다는 명령이 내려진다. 동물도 남녀와 마찬가지로 죄지은 것으로 여겨졌다. 그들의 피가 그들 모두에게 다시 떨어져 내리리라고 적혀 있다.

불행히도 히브리 민족에게 반드시 필요하게 된 이러한 율법에서 주로 문제가 된 것은 숫염소와 암염소 들이다. 유대인들이 몸을 줬던 대상은 숫염소와 암염소 들이라고 되어 있다. 이 치명적 성도착 행위는 더운 지방 여러 곳에 공통되었다. 당시 유대인들은 기껏해야 염소밖에 치지 못할 사막을 떠돌아다녔다. 그러한 방종한 행위가 칼라브레를 비롯한 이탈리아의 몇몇 고장에서 얼마나 흔한 것이었는지 모두 너무나 잘 알고 있다. 베르길리우스조차 「제3전원시」에서 그에 대해 말한다.

우리 모두 알고 있지, 그 누가 널…… 숫염소들이 널 음탕하게 바라봤다는 걸.

위의 시행은 너무나 유명하다.

사람들은 이러한 역겨운 짓에 그치지 않았다. 숫염소 경배는 이집트와 팔레스타인의 일부 사막에서 행해졌다. 사람들은

---

190 「레위기」 17장.

숫염소와 아이기판,[191] 그리고 상상 속에서 늘 숫염소 머리를 달고 있는 또 다른 몇몇 괴물들을 매개로 마법을 걸 수 있다고 생각했다.

마법, 주술은 곧 동양에서 서양으로 건너가 널리 퍼져 나갔다. 로마인들 사이에서는 유대인들로부터 온 주술 종류가 '사바툼'이라고 불렸는데, 로마인들은 이렇게 유대인들의 신성한 안식일과 추악한 비밀을 뒤섞어 버렸다. 그리하여 요새 사람들에게는 마법사가 된다는 것과 사바트에 간다는 말의 의미가 동일해졌다.

불쌍한 마을 여인들은 사기꾼들에게 속아 넘어가서, 사실 그보다는 본인들의 상상력이 부실하여, '아브락사'라고 말하고 쇠똥과 염소 털을 섞은 향유를 몸에 바르고 나서 잠자리에 들면 잠을 자는 동안 빗자루를 타고 사바트로 가 그곳에서 숫염소를 경배하고 숫염소가 자신들을 품을 거라고 믿었다.

이러한 의견은 일반적이었다. 신학자들은 전부 숫염소란 악마가 모습을 바꾼 거라고 주장했다. 이런 내용은 델리오[192]의 「심문」을 비롯해 100명도 넘는 여타 저자들의 글에서도 찾아볼 수 있다. 종교재판의 주창자들 가운데 한 명이고 델리오도 인용한 신학자 그릴란두스[193]는 마법사들이 염소를 소(小)악마 이름인 마르티네로 부른다고 말한다. 그는 마르티네에게 몸을 준 어

---

191 그리스 신화에 등장하는 목장과 가축의 신인 판 중의 하나. 아이기는 '산양'이란 뜻이다. 하반신은 산양, 상반신이 인간 남자의 모습으로 머리에는 산양의 뿔이 있다.

192 네덜란드의 예수회 소속 신부로 당대 명성을 떨쳤던 법학자, 문헌학자, 주해가였으며 이단에 단호히 대처할 것을 주장했다.

193 1520년대 피렌체의 유명 종교 재판관.

떤 여인이 염소 등에 올라타자 순식간에 하늘을 날아 베네벤토의 호두나무[194]라고 이름 붙은 장소로 옮겨 갔다고 단언한다.

마법사들의 비법이 적힌 책들도 있었다. 내가 본 어느 책에는 첫머리에 숫염소 한 마리와 그 뒤에 무릎 꿇은 여인의 모습이 아주 서투르게 그려져 있었다. 그런 책들을 프랑스에서는 주술서라고 부르고, 다른 곳에서는 악마의 입문서라고 불렀다. 내가 본 것은 「목동 연감」과 얼추 비슷해 고작 네 장짜리 책으로, 활자들은 거의 해독이 불가능했다.

유럽에서 그런 기이한 행위들을 근절하기에는 이성과 교육만으로도 충분했으리라. 하지만 이성 대신 처벌이 동원되었다. 소위 마법사란 사람들에게 그들만의 주술서가 있었다면, 재판관들에게는 그들만의 마법사 법전이 있었다. 루뱅의 신학자이자 예수회 소속인 델리오는 1599년에 『마법에 관한 심문』이라는 책을 출간했다. 그는 이단자들은 모두 마법사들이라고 주장하며, 이단자들에게 마법에 관해 질문해 보라고 종종 권한다. 그는 악마가 숫염소로 모습을 바꾸며 소개받은 여인들의 몸을 마다하지 않는다는 사실을 의심하지 않는다. 그는 루터가 숫염소와 여인 사이에서 태어났다고 주장하는, 악령 전문가라고 불리는 법학자들 여럿을 인용한다. 그는 1595년 브뤼셀에서 어떤 여인이 숫염소로 변장한 악마가 잉태시킨 아이를 낳았다가 처벌받았다고 단언한다. 하지만 그 벌이 어떤 것이었는지에 대해서는 언급이 없다.

마법에 관한 법 원리를 가장 깊이 파고들었던 사람은 프랑

---

194 이탈리아 남부 베네벤토에 있는 거대한 호두나무는 사바툼에 마녀들이 모여들어 나무를 둘러싸고 원무를 춘다는 전설로 유명하다.

슈콩테 지역의 생클로드 수도원에 설치된 종교 재판소의 최종심 대판사인 보게라는 인물이다. 그가 형벌에 처한 남녀 마법사의 수는 막대한데, 본인이 직접 그 모든 형벌의 이유를 설명한다. 거의 모든 여자 마법사들은 숫염소와 교접한 걸로 간주된다.

유럽에서는 사형을 당한 마법사들이 10만 명을 넘어선다는 이야기를 이미 했다. 철학만이 그 끔찍스러운 망상에 걸린 인간들을 치유해 냈고, 재판관들에게 불태우는 걸로는 얼간이들 문제가 해결되지 않는다는 가르침을 줬다.

성격 —— Caractère

'각인', '조각'이라는 뜻의 그리스어로부터 유래. 곧 자연이 우리 안에 새겨 놓은 것이다.

성격을 바꿀 수 있을까? 몸을 바꾼다면 그럴 수 있다. 펄펄 끓고 휘는 법이 없는 격렬한 성품으로 태어난 사람이라도 노년에 뇌졸중으로 쓰러지면 울보에 소심하고 온화한 얼간이처럼 되는 일이 있기도 하다. 그의 몸이 더는 전과 같지 않은 것이다. 하지만 그의 신경이, 혈액이, 연수가 동일한 상태로 있을 테니 그의 천성은 늑대나 흰담비의 본능과 마찬가지로 변하지 않으리라.

이탈리아인들의 「카피톨리(Capitoli)」[195]보다 우월하고 어쩌면 부알로의 보면대(譜面臺)보다도 우월한 시 「디스펜서리(The Dispensary)」를 쓴 영국인 작가[196]는 내 보기에 아주 기가 막힌 말

---

195 마키아벨리가 1505년에 시작하여 1512년에 완결을 본 시집으로 행운과 야심을 다루고 있다.

196 새뮤얼 가스. 영국의 시인이자 외과 의사로 조지 1세의 시의였던 인물. 풍자적 작품으로

을 했다.

> 불과 흙과 물의 은밀한 섞임이
> 카이사르의 심장과 나사우[197]의 심장을 만들었네.
> 알려지지 않은 이유로 불굴의 힘은
> 슬론[198]은 뻔뻔하게, 그 아내는 다감하게 만들었지.

성격은 우리의 생각과 감정으로 형성된다. 그런데 감정도 생각도 자신이 자신에게 주는 게 아님이 충분히 입증됐다. 따라서 우리의 성격은 우리에게 달린 것일 수 없다.

만약 그것이 우리에게 달린 거라면, 완벽하지 않은 사람이 없으리라.

우리는 스스로가 스스로에게 취향을, 재능을 부여할 수 없다. 그런 우리가 성품이라고 스스로에게 부여할 수 있겠는가?

깊이 생각해 보지 않으면 스스로가 모든 것의 주인이라고 믿는다. 하지만 곰곰이 생각해 보면 우리가 그 무엇의 주인도 아님을 알게 된다.

어떤 사람의 성격을 무슨 일이 있어도 바꾸고 싶다면, 피를 묽게 하는 요법을 사용하여 그 사람이 목숨을 잃을 때까지 매일 속을 비워 내라. 오스만 제국 벤데리에 진을 쳤던 스웨덴 왕 카를 12세는 화농으로 고열에 시달리게 되자 더는 전과 동일한 인물이 아니게 되었다. 아이를 돌보듯 돌봐 줘야 했다.

대번에 유명해졌다.
197 윌리엄 3세. 네덜란드의 오라녜나사우 가문 출신으로 1689년에 영국 왕위에 올랐다.
198 독설과 뻔뻔함으로 유명했던 왕의 법률가.

만약 내가 비뚤어진 코에 고양이 눈을 갖고 있다면 가면을 써서 그것들을 감출 수 있다. 자연이 내게 준 성격에 대해 내가 그 이상의 일을 할 수 있을까?

태어날 때부터 폭력적이고 성 잘 내는 어떤 남자가 불공평에 대해 항의하려고 프랑스의 왕 프랑수아 I세 앞에 나아갔다. 군주의 얼굴은 말할 것도 없고, 궁신들의 장중한 태도나 그가 있는 장소 자체도 그 남자에게 엄청난 영향력을 발휘한다. 그는 무의식적으로 눈을 내리깔고 거친 목소리를 부드럽게 하여 아주 공손하게 자기 요구를 밝힌다. 그러자 사람들은 그도 그를 당혹하게 한 주변 궁인들처럼(적어도 이 순간에는) 유순한 성품이라고 믿는 듯했다. 하지만 프랑수아 I세는 그의 얼굴 생김에서 자신의 닮은꼴을 알아보고, 내리깔았으나 어두운 불길이 타오르는 그의 두 눈과 그 얼굴의 긴장된 근육과 앙다문 두 입술에서 그 남자가 어쩔 수 없이 지금 짓고 있는 표정만큼 그렇게 순하지 않다는 것을 쉽사리 알아차렸다. 이 남자는 왕을 따라 파비아 전투까지 참가하고, 왕과 함께 포로가 되어 함께 마드리드의 감옥에도 갇히게 된다. 이제 프랑수아 I세 폐하도 더는 그 남자에게 전과 동일한 영향을 미치지 못한다. 자기가 존경하는 대상에게 익숙해진 것이다. 어느 날 그가 왕의 장화를 벗겨 주는데 잘하지 못하니, 불행한 일을 겪어 신경이 날카로워져 있던 왕이 화를 내고 말았다. 그러자 그 남자는 왕을 내쫓고 장화는 창문 너머로 집어 던져 버린다.

교황 식스투스 5세는 천성이 극성맞고 고집 세고 도도하며, 혈기 넘치고 복수심이 강하면서 오만했다. 그런데 수련기를 보내는 동안 그 성격이 유해진 듯했다. 그는 자신이 속한 수도회에서 어느 정도 신망을 누리기 시작했다. 그러다가 경비원에게 화가 나서 그만 주먹으로 때려 숨지게 했다. 그는 베네치아에서 종교재판관이 됐고 아주 오만하게 직무를 수행했다. 이제 그는 추기경이 됐다. 그는 교황이 되고자 하는 격렬한 욕망에 사로잡혔다. 그 욕망이 기승하여 천성을 눌렀다. 그는 어둠 속에 자기 인격과 품성을 묻어 버렸다. 그는 겸손한 척, 다 죽어 가는 척 꾸몄고, 마침내 교황으로 뽑혔다. 그 순간이 이르자 정치적 이유로 눌러 뒀던 용수철이 오랫동안 억제되어 온 탄성을 모두 되찾고 만다. 그는 교황들 가운데 가장 오만하고 가장 독재적인 교황으로 역사에 남게 되었다.

> 갈퀴를 휘둘러 본성을 쫓아내도 항상 되돌아오기 마련.[199]
> 천성을 쫓아내면 뛰어서 되돌아온다.[200]

종교와 윤리는 자연의 힘에 제동은 걸지만 그걸 파괴할 수는 없다. 수도원에 갇힌 애주가는 식사 때마다 반 스티에(0.25리터) 정도 되는 능금주만 마시게 되니 더 이상 취하는 일은 없겠지만 항상 포도주는 사랑하리라.

나이가 들면 성격은 약해진다. 그건 이제는 퇴화된 과일 몇 개만 달리는 나무나 같다. 하지만 그 열매들의 성격은 전과 같다. 그 나무는 옹이와 이끼로 덮이고 벌레 먹겠지만 떡갈나무는 언제나 떡갈나무고 배나무는 언제나 배나무다. 만약 성격을 바

---

199 호라티우스, 1권, 10번째 서간시.
200 프랑스의 극작가이자 배우인 필리프 네리코 데루슈의 희곡 「거만한 자(Le Glorieux)」
　　3막 5장.

꾸거나 어떤 성격을 스스로에게 부여할 수 있다면 우리는 자연의 주인이리라. 스스로에게 뭔가를 부여할 수 있을까? 전부 받기만 할 따름이 아닐까? 무기력한 사람이 지속적인 활동으로 활기를 띠게 하고, 격렬한 사람의 들끓는 영혼을 무기력으로 차갑게 식히며, 취향도 듣는 귀도 없는 사람에게 음악과 시에 대한 취향을 불어넣으려고 애써 보라. 장님으로 태어난 사람에게 시력을 부여하려고 시도하느니보다 더 성공적이지는 못하리라. 우리는 자연이 우리 안에 넣어 준 것을 완성하고 누그러뜨리고 숨기지만, 스스로는 아무것도 집어넣지 못한다.

누군가 물고기와 가축을 키우는 사람에게 말한다. 이 양어장에는 물고기가 너무 많아서 물고기가 불어나지 못할 겁니다. 당신 풀밭에는 가축이 너무 많으니, 목초는 모자라고 가축들은 마를 거예요. 이런 가르침이 있고 나서 강꼬치고기가 키우던 잉어의 절반을 먹어치우고, 늑대가 키우던 양의 절반을 먹어치우는 일이 벌어진다. 남은 것들은 살이 통통 오른다. 그렇다고 과연 그가 이렇게 절반으로 확 줄어서 기뻐할까? 이 시골 사람, 그가 바로 당신이다. 당신의 여러 열정들 가운데 하나가 나머지 열정들을 삼켜 버리면 당신은 스스로와의 싸움에서 이겼다고 생각한다. 아흔 살 난 늙은 장군이 아가씨들과 약간의 방종을 저지른 젊은 장교들을 만나서는 화가 잔뜩 나 말했다고 한다. "제군들, 내가 그대들에게 그런 모범을 보여 주는가?" 우리들 거의 모두가 이 장군과 비슷하지 않을까?

확실한, 확실성 ── Certain, Certitude

내게는 이런 확신이 있다. 내게는 친구들이 있다. 내 재산은 안전하다. 부모는 절대 날 버리지 않을 것이다. 난 정당한 대접을 받을 것이다. 내 작품은 양호하니 좋게 받아들여질 것이다. 내게 빚진 사람들은 내게 갚을 것이다. 내 애인은 정절을 지킬 텐데, 그러겠다고 맹세했다. 장관이 승진시켜 줄 텐데, 그가 지나가면서 그렇게 약속했다. 인생을 좀 살아 본 사람이라면 자기 사전에서 몽땅 지워버릴 말들.

재판관들이 랑글라드, 르브룅, 칼라스, 시르뱅, 마르탱, 몽바유, 그 외 나중에 무죄로 드러난 수많은 사람들에 대한 유죄판결을 내렸을 때 그들은 이 운 나쁜 사람들이 유죄임을 확신했거나 그랬음이 틀림없다. 그랬건만 그들의 판단은 착오였다.

잘못 생각하고 잘못 판단하며 맹목적이 되어 버리는 두 가지 방식이 있다. 재사(才士)가 실수하는 경우와 바보가 결정 내리는 경우.

랑글라드 사건의 경우, 판사들은 재사로서 실수했고 사람을 현혹하는 겉모습을 보고 판단력을 잃었다. 그들은 상충하는 겉모습들을 충분히 검토하지 않았다. 그들은 랑글라드가 저지르지 않았을 절도를 저질렀다고 스스로 확신하기 위해서 자신들의 지성을 사용했다. 인간 정신의 그 불확실한 가련한 확신에 근거해, 신사 한 명이 통상적이고도 별난 심문에 부쳐지고 아무 도움도 받지 못한 채 지하 감옥에 수감되어, 결국에는 도형수로 생을 마감했다. 그의 아내는 다른 지하 감옥에 일곱 살짜리 딸과 함께 갇혔고, 그 딸은 훗날 자기 아버지를 도형장에, 어머니를 유배지로 보냈던 바로 그 고등법원 판사와 결혼했다.

판사들에게 확신이 없었다면 그런 판결을 내리지 않았으리라는 것은 명백하다. 하지만 그러한 판결이 나온 그때에도 이미 몇몇 사람들은 그 절도를 저지른 사람이 노상강도와 결탁한 가냐라는 이름의 신부임을 알고 있었다. 그런데도 랑글라드의 무죄는 그가 죽고 나서야 인정받았다.

1심 법원에서 무고한 르브룅에게 차형을 선고했을 때에도 판사들은 마찬가지의 확신을 지녔고, 르브룅은 항고심 판결에 따라 무척 고통스럽게 사지가 부러져 목숨을 잃었다.

칼라스 가족과 시르뱅 가족의 경우도 제법 알려져 있다. 마르탱 사건은 그보다는 덜하다. 마르탱은 로렌 지방 바르 근처에 사는 착실한 농부였다. 금을 지닌 여행자를 엿보던 한 악한이 마르탱의 옷을 훔쳐 입고 노상에서 살인을 저지른다. 마르탱이 범인으로 몰린다. 그의 옷이 불리한 증거로 제시된다. 판사들은 상황 증거를 확실한 것으로 간주한다. 그 수감인의 과거 행동도, 그가 훌륭하게 부양해 온 많은 가족도, 그의 집에서 찾아

낸 돈이 얼마 안 된다는 사실도(이야말로 그가 살해당한 사람에게서 아무것도 훔치지 않았다는 최고의 개연성일 텐데), 이러한 사실 중 그 어떤 것도 그를 구해 낼 수 없다. 하급법원 판사는 자기 엄정성을 장점으로 삼는 사람이다. 그는 그 무고한 사람에게 차륜형을 선고한다. 게다가 비극적 숙명으로 최고형사재판소에 가서도 그 판결이 확정되었다. 마르탱 노인은 최후의 숨을 거둘 때까지도 신을 걸고 자기 무죄를 주장하다가 산 채로 사지가 꺾이고 만다. 그의 가족은 뿔뿔이 흩어진다. 약소한 재산은 몰수당한다. 사지가 부러진 그의 몸뚱어리가 대로에 전시되자마자 살인과 절도를 저질렀던 진짜 살인범이 또 다른 범죄를 저질러 수감된다. 진범은 차륜형을 선고받고 수레바퀴에 매달리자, 마르탱에게 고통과 죽음을 안겨 준 그 범죄는 자기 혼자서 저지른 짓임을 고백한다.

아내와 함께 잠자리에 들었던 몽바유는 아내와 모의하여 어머니를 살해했다는 혐의를 받게 되는데, 어머니의 사망 원인은 뇌졸중임이 명백했다. 아라스 법원은 몽바유를 차륜형에, 그의 아내는 화형에 처한다. 두 사람은 무죄를 인정받게 되지만 그때는 이미 몽바유가 차륜형을 당한 뒤다.

이 자리에서는 인간 조건에 대한 한탄이 절로 솟구치게 하는, 죽음을 초래한 그 무수한 사건들은 옆으로 밀쳐 두자. 다만 판사들이 그러한 판결을 내릴 때 가졌다고 생각되는 소위 확신에 대해서 한탄하자.

상황이 달라질 가능성이 물증으로 혹은 심증으로 존재하는 순간부터 그 어떤 확신도 존재하지 않는다. 맙소사! 구의 표면적이 그 중심을 지나는 단면의 네 배임을 확신하려 해도 입증이 필요한데, 끔찍스러운 형벌로 한 시민의 목숨을 빼앗는 데 어찌 그것이 필요하지 않겠는가!

만약 최고의 개연성으로 만족할 수밖에 없는 것이 인류의 불행이라면, 적어도 피의자의 나이, 지위, 태도, 그가 범죄를 저질러 얻었을 이득, 그를 파멸에 빠뜨려 그의 적들이 얻었을 이득을 염두에 둬야 한다. 판사들은 저마다 자문해 봐야 한다. 후대가, 유럽 전체가 나의 판결을 비난하지 않을까? 두 손을 무고한 사람의 피로 물들이고 평온하게 잘 수 있을까?

이 끔찍한 광경에서 벗어나, 곧바로 오류로 이끄는 확신의 또 다른 예들을 들어 보자.

"광신적이고 가련한 수도승이여, 쇠사슬은 왜 감고 있소? 그 보기 흉한 회초리에 커다란 쇠고리는 왜 끼웠소?"

"그건 언젠가 내가 제I천국에서 위대한 선지자 곁에 자리 잡으리라고 확신하기 때문이오."

"저런! 이보시오, 나와 함께 근처 아토스 산[201]에 가 봅시다. 거기 가면 자신들은 전부 다 제I천국으로 가게 되어 있고 당신은 좁은 다리 밑 구렁텅이로 떨어지리라고 확신하는 걸인 3000명을 보게 될 거요."

"그만, 말라바르의 가련한 과부여! 장작더미 위에서 분신하면 또 다른 세계의 열락 속에서 남편을 만나게 될 거라고 설득하는 저 미치광이 말을 조금도 믿지 마오."

"싫어요, 나는 분신하겠어요. 나는 내 남편과 함께 열락을 누

---

201 그리스 북부에 있는 산. 현재 20여 개의 수도원이 있으며 그리스 정교회의 정신적 고향으로 간주된다.

리며 살게 될 거라고 확신해요. 브라만이 그렇게 말했어요."

덜 끔찍하고 좀 더 그럴듯한 확신들을 예로 들어 보자.

　"당신 친구 크리스토프는 몇 살이죠?"
　"스물여덟이죠. 그 친구 결혼 계약서, 영세 증명서도 봤고 어렸을 때부터 알던 사이랍니다. 스물여덟이고, 이건 확실해요. 확신합니다."

　자신이 말한 것에 대해 그토록 확신하는 그 남자의 대답과 동일한 사실을 확인해 주는 또 다른 스무 명의 대답을 들은 직후 나는 크리스토프의 영세 증명서에 적힌 출생일이 무슨 이유에선지 희한한 잔꾀를 부려서 앞당겨진 것임을 알게 됐다. 내가 말을 걸었던 사람들은 아직도 그에 대해 아무것도 모른다. 그래도 그들은 사실이 아닌 것에 대해 여전히 확신을 품고 있다.
　만약 당신이 코페르니쿠스의 시대가 오기 전에 지구상 모든 이들에게 "해가 떴나요? 오늘 해가 졌나요?"라고 물었더라면, 그들 모두가 "그야 물론이죠, 확신하고말고."라고 대답했을 것이다. 그들은 확신하고 있었지만 사실 오류에 빠져 있었다.
　마법, 점술, 귀신 들림은 오랫동안 세계 모든 나라 국민들이 보기에 세상에서 가장 확실한 것이었다. 얼마나 수도 없이 많은 사람들이 그 대단하다는 것들을 보고 확신했던가! 오늘날 그러한 확신은 살짝 허물어졌다.
　갓 기하 공부를 시작한 어떤 젊은이가 날 보러 온다. 그 젊은이는 아직도 삼각형의 정의를 배우는 단계다. 내가 그에게 묻는다. "삼각형의 세 각을 합하면 직각 두 개를 합한 것과 같다는 것을 확신하지 않나요?" 그는 확신하지 못할 뿐만 아니라 그 명제에 대한 명확한 개념조차도 없다고 대답한다. 내가 그에게 그걸 입증해 보인다. 그러자 그는 강하게 확신하게 되며, 앞으로 평생 그러할 것이다.

이거야말로 다른 확실성들과는 아주 다른 확실성이다. 다른 확실성들은 가능성이었을 뿐이고, 그 가능성들은 검토 결과 오류로 바뀌었다. 하지만 수학적 확실성은 불변이며 영원하다.

나는 존재하고, 나는 생각하고, 나는 고통을 느낀다. 이 모든 것은 기하학의 진리만큼이나 확실한가? 그렇다. 내가 아무리 의심이 많더라도 그렇다고 인정한다. 왜냐고? 그러한 진리들은 하나의 사물이 존재하는 동시에 존재하지 않을 수 없다는 원칙과 동일한 원칙으로 증명되기 때문이다. 나는 존재하는 동시에 존재하지 않을 수 없고, 느끼는 동시에 느끼지 않을 수 없다. 하나의 삼각형은 두 개의 직각을 합한 값인 180도를 갖는 동시에 갖지 않을 수는 없다.

따라서 나의 존재와 나의 감정에 대한 물리적 확실성과 수학적 확실성은 그 둘이 아무리 서로 다른 종류일지라도 같은 가치를 갖게 된다.

겉모습이나, 사람들이 우리에 대해 만장일치로 얘기하는 것들에 근거한 확실성에 대해서는 마찬가지가 아니다.

그런데 뭐라고! 당신은 내게, 베이징이 존재한다고 확신하지 못하겠다고 말하는가? 당신 집에는 베이징산 피륙이 없는가? 다양한 국적에 다양한 의견을 지녔으며 서로 격렬하게 반박하는 글을 쓴 사람들이 모두 다 베이징에서 진리를 설파한다고 설쳐 대는데도 베이징이라는 도시에 대해 확신하지 못했는가? 그렇다면 나로서는 베이징이라는 도시가 있다고 대답이야 하겠지만 그 도시가 존재한다는 데 내 목숨을 걸고 싶은 생각은 조금도 없다. 그래도 사람들이 내 목숨을 원한다면 삼각형 세 각의 합은 두 직각의 합과 같다는 데 걸겠다.

『백과전서』에 아주 재미있는 내용이 나온다. 삭스의 원수가 퐁트누아 전투에서 승리를 거뒀다고 파리 시민 전부가 떠벌리면 사람들이 그 사실을 확신하듯이, 삭스의 원수가 부활했다고 파리 시민 전체가 말하고 다니면 마찬가지로 사람들은 그 사실을 자신하고 확신하기 마련이라는 주장이 바로 그것이다. 청컨대 이 논리가 얼마나 감탄을 자아내는지 보라. "나는 심적으로 가능하다 싶은 것을 파리 전체가 내게 이야기하면 그 말을 믿는다. 그렇다면 심적으로 물적으로 불가능한 것도 파리 전체가 내게 말한다면 믿어야 한다."

물론, 그 항목의 저자는 웃자고 한 일이었고, 이 항목의 마지막 부분에서 흥분하여 그 저자에 대한 반박 글을 쓰고 있는 이 또 다른 저자 역시 웃자고 한 일이었다.

오로지 질문들을 던질 목적으로 이 작은 사전을 시도했던 만큼, 우리야말로 확신을 품는 일과는 정말로 거리가 멀다.

돌팔이 —— Charlatan

『백과전서』의 「돌팔이」 항목은 유용하며 재미있게 진술된 진실들로 가득하다. 드 조쿠르[202]는 그 항목에 의학 관련 돌팔이 이야기를 펼쳐 놓았다.

여기에서는 자유롭게 거기에 몇 가지 생각을 덧붙이겠다. 의사들은 대도시에 체류한다. 시골에는 의사들이 거의 없다. 부유한 환자들이 있는 곳이 대도시다. 방종과 폭음, 폭식, 뜨거운 열정이 그들이 걸리는 병의 원인이다. 법학자 뒤물랭 말고 의사이고 치료에도 능했던 뒤물랭은 임종 때 자기 뒤를 이을 훌륭한 의사 둘, 그러니까 절식(節食)과 강물을 남기노라고 말했다.

라스[203]의 시대였던 1728년, 돌팔이들 가운데 가장 유명한,

---

202 프랑스의 철학가이자 작가로서 『백과전서』 항목 중 「노예제도」, 「전쟁」, 「이단 심문」, 「군주제」, 「조국」, 「민중」 등을 집필했다.

203 존 로. 스코틀랜드 출신의 모험가, 은행가, 경제학자로서 프랑스에서 주로 활동하여 라스라는 이름으로 통했다. 왕실 은행 설립을 위한 전환 사채 발행을 주도했고 오를레앙

빌라르라는 이름의 또 다른 돌팔이에게는 근 백 세까지 살다가 사고로 사망한 삼촌이 한 명 있었다. 빌라르가 친구 몇 명에게 털어놓은 바에 따르면 그 삼촌이 사람들이 폭음과 폭식을 절제하기만 한다면 105세까지라도 생명을 연장해 줄 물에 관한 비밀을 자기에게 넘겨줬단다. 빌라르는 장례 행렬이 지나가는 것을 보면 가련하다는 듯 어깨를 들썩이며 말했다. "고인이 내 물을 마셨더라면 지금 저런 상태는 아닐 텐데." 그가 넉넉히 나눠 준 물을 받아먹고 그가 처방한 식이요법을 어느 정도 지킨 그의 친구들은 덕분에 몸이 좋아졌다고 생각하고 그를 추천했다. 그리하여 빌라르는 한 병에 6프랑씩 받고 물을 팔았고 그 장사는 놀라울 정도로 잘됐다. 그것은 니트로(nitro)가 살짝 들어 있는 센 강의 물이었다. 그 물을 마시면서 약간의 식이요법을 따랐으며 튼튼한 체질을 타고난 사람들은 며칠 걸리지 않아 완벽한 건강을 되찾았다. 그렇지 못한 사람들에게 빌라르는 이렇게 말했다. "완전히 낫지 않았다면 그건 그쪽 잘못입니다. 절제할 줄 모르고 방탕히 지냈으니까요. 그 두 가지 악습을 고치면 최소한 백오십 세까지는 살 겁니다." 몇 명은 그 두 악습을 고쳤다. 그 선량한 돌팔이의 재산은 그의 명성처럼 불어났다. 그의 열렬한 찬미자인 드 퐁스 사제는 돌팔이 빌라르를 빌라르 원수[204]보다도 더 높이 쳤다. 그는 말했다. "그는 사람들을 죽이지만 당신은 사람들을 살립니다."

마침내 사람들은 빌라르의 물이 강물에 지나지 않는다는 것

공 섭정기인 1720년에는 재정 총감에 임명되기도 했다.
204 루이 14세의 지휘관으로 에스파냐 왕위 계승 전쟁에 참가하여 혁혁한 공을 세웠으며 프랑스의 육군 원수로 추대되었다.

을 알게 되었다. 사람들은 더는 그 물을 원하지 않았고, 이제 다른 돌팔이들에게로 갔다.

그가 좋은 일을 했고, 센 강의 물을 조금 너무 비싸게 팔았다는 점으로만 그를 비난할 수 있다는 것은 확실하다. 약제사 아르누가 사람들을 그 어떤 덕목으로도 이끄는 법 없이 그저 유럽 전체에 자신의 뇌졸중 약을 잔뜩 팔아먹었을 뿐이라면 빌라르는 사람들을 절제하는 삶으로 인도했으니, 그 점에 있어서는 약제사 아르누보다 훨씬 나았다.

나는 바르바도스에서 의료 행위를 하는 브라운이라는 이름의 런던 출신 의사와 알게 되었다. 그에게는 제당 공장 하나와 검둥이들이 있었다. 누군가 그에게서 거금을 훔쳐가자 그는 검둥이들을 집합해 놓고 말했다. "이보게들, 어젯밤에 큰 뱀이 내게 나타났어. 뱀이 그러는데 도둑은 지금 이 순간에 앵무새 깃털을 코끝에 달고 있을 거라더군." 도둑은 그 당장 코끝으로 손을 가져간다. "내 돈을 훔쳐간 게 너로구나." 주인이 말했다. "큰 뱀이 지금 막 내게 알려 줬다." 그렇게 자기 돈을 되찾았다. 이런 돌팔이 짓은 거의 비난할 수가 없다. 검둥이들을 상대할 때는 그래야만 했다.

최초의 아프리카인인 스키피오,[205] 게다가 의사 브라운과는 아주 다른 그 위대한 스키피오도 자신은 신들로부터 영감을 받는다는 믿음을 병사들에게 심어 주었다. 이런 엄청난 돌팔이 짓은 오래전부터 사용됐다. 그런 수법을 사용했다고 스키피오를 비난할 수 있겠는가? 스키피오는 아마도 로마 공화국에 가장 큰

---

205 로마의 장군으로 자마 전투에서 카르타고의 장군 한니발을 무찔러 제2차 포에니 전쟁을 끝낸 인물. 이 승리로 그는 아프리카누스라는 성을 얻게 된다.

"소크라테스가 자신은 항상 양심으로부터 들려오는 신(다이모니아)의 소리에 따라 행동한다고 했을 때, 아폴로 신이 신탁을 내려 자신을 가장 현명한 인간으로 선포했다고 말했을 때, 그에게 살짝 돌팔이 기질이 있지 않았을까?"

영예를 안겨 준 사람일 것이다. 그런데 신들은 도대체 그에게 회계를 똑바로 하지 말라는 영감은 왜 불어넣었을까?[206]

누마 폼필리우스는 훨씬 더 훌륭한 일을 했다. 그는 불한당들도, 그들 가운데 가장 다스리기 어려운 무리가 장악한 원로원도 통치해야 했다. 만약 그가 부족들이 한데 모인 자리에서 자신의 법을 제안했더라면 그의 전임자를 죽인 살인자들이 그에게 수많은 골칫거리를 안겨 줬을 것이다. 그가 물의 정령 에게리아에게 도움을 구하자 에게리아는 유피테르 신의 법을 전해 줬고, 그는 이에 반발 없이 복종하여 행복하게 통치했다고 한다. 그가 수립한 제도들이 뛰어나니, 그의 돌팔이질은 선행을 베푼 것이다. 만약 그 누구든 숨은 적이 그의 사기 행각을 발견했더라면, 만약 누군가 "신들의 이름을 팔아 인간을 속이는 사기꾼을 끝장내자."라고 말했더라면 그는 로물루스와 함께 천국으로 보내지는 위험을 겪어야 했으리라.

누마가 아주 능숙하게 대처하여 시대와 장소, 초기 로마인들의 지성에 알맞게 솜씨를 발휘하여 바로 그들 자신을 위해 속임수를 썼으리라고 추정해 볼 만하다.

마호메트는 수도 없이 실패할 뻔했다. 하지만 결국에는 메디나의 아랍인들을 상대로 성공했고, 사람들은 그가 가브리엘 천사와 아주 친한 친구 사이라고 믿게 됐다. 만약 오늘날 누군가가 콘스탄티노폴리스에 가서 자신이 라파엘 천사의 총애를 받고

---

206 기원전 206년 스키피오 휘하의 병사 일부가 밀린 봉급을 요구하며 반란을 일으킨다. 스키피오는 주동자들을 처형한 뒤 그해 가을에 굴복시킨 이베리아 반도의 부족들로부터 받아 낸 조공으로 군대의 밀린 봉급을 청산하게 된다. 볼테르가 말하는 '회계 부정'은 이 사건에 대한 빈정거림이리라.

있고 품계에 있어서 가브리엘보다도 훨씬 높으며 자신만을 유일하게 믿어야 한다고 알린다면 그는 공공장소에서 말뚝형에 처해질 것이다. 돌팔이 짓을 하려도 시기가 잘 맞아야 한다.

소크라테스가 자신은 항상 양심으로부터 들려오는 신(다이모니아)의 소리에 따라 행동한다고 했을 때, 아폴로 신이 신탁을 내려 자신을 가장 현명한 인간으로 선포했다고 말했을 때, 그에게 살짝 돌팔이 기질이 있지 않았을까? 어떻게 롤랭[207]은 자기 역사서에서 그런 신탁을 근거로 논지를 펼칠 수 있을까? 어떻게 그는 젊은 세대에게 그건 순전한 돌팔이 짓이었다고 알려 주지 않은 걸까? 소크라테스는 운때가 맞지 않았다. 백 년 전쯤이었더라면 아테네를 통치할 수도 있었으리라.

철학에서 학파의 우두머리들은 모두 어느 정도는 돌팔이였다. 그들 모두 가운데에서도 가장 뛰어난 자들은 지배욕에 불탔던 사람들이다. 크롬웰은 우리의 그 모든 돌팔이들 가운데에서도 가장 끔찍했다. 그는 자신이 성공할 수 있는 유일한 시기에 꼭 맞춰 나타났다. 엘리자베스 여왕 치세였으면 교수형감이었으리라. 찰스 2세 치세였다면 그저 놀림감이 됐으리라. 그는 다행스럽게도 사람들이 왕이라면 진저리를 치던 시기에 맞춰 왔다. 그리고 그의 아들[208]은 사람들이 호국경이라면 진저리를 치던 시기에 왔다.

---

207 샤를 롤랭은 18세기 프랑스의 역사학자로, 무려 13권에 달하는 방대한 분량의 『고대사』를 펴내어 엄청난 성공을 거두었다.
208 아버지 올리버 크롬웰의 뒤를 이어 2대 호국경에 올랐으나 스스로 물러났다.

개 ── Chien

자연이 인간에게 개를 준 이유는 인간을 보호하고 인간에게 기쁨을 주기 위함인 듯하다. 모든 동물 가운데 개는 인간이 가질 수 있는 가장 충실하고 가장 훌륭한 친구다.

개에는 여러 종류가 있는데, 종들끼리 서로 절대적으로 달라 보인다. 그레이하운드가 워터 스패니얼에게서 갈라져 나왔다고 어떻게 상상하겠는가? 그레이하운드는 그 종류와 털도, 다리도, 몸통도, 얼굴도, 귀도, 소리도, 후각도, 본능도 다르다. 개라고는 워터 스패니얼이나 스패니얼만을 본 적이 있고 그레이하운드는 처음 본 사람이라면, 그레이하운드를 스패니얼 종이라기보다는 차라리 왜소한 말로 여기리라. 소수의 잡종을 제외하면, 각각의 종은 늘 지금의 모습과 같았음직하다.

유대 전통에서는 흰 독수리, 야생 독수리, 산토끼, 돼지, 뱀장어와 마찬가지로 개를 불결한 동물로 치부한다는 것이 놀랍다. 그러는 데는 틀림없이 뭔가 우리가 아직 발견하지 못한 물

"개의 명민함, 순종, 우정, 용기에 대한 이야기들은 경이롭지만 사실이다."

리적이거나 정신적인 이유가 있을 터다.

개의 명민함, 순종, 우정, 용기에 대한 이야기들은 경이롭지만 사실이다. 군인 철학자 우요아[209]는 에스파냐 개들이 페루에서 원주민들을 알아보고 추격하여 찢어발긴다고 우리에게 장담한다. 그리고 페루 개들이 에스파냐인들을 상대로 또 그리한다는 것도. 이 사실은 이쪽과 저쪽 개 모두 지리상 발견의 시대에 불러일으켜진 증오를 아직까지 품고 있고 각각의 종이 변함없는 충성과 변함없는 용기로 주인을 위해 계속 싸우고 있음을 보여 주는 듯하다.

그렇다면 왜 개라는 말이 욕설이 되었을까? 사람들은 애칭으로 '나의 참새', '나의 비둘기', '나의 암탉'이라고 말한다. 심지어 고양이라는 동물이 변절을 일삼아도 '나의 고양이'라고까지 말한다. 그런데 사람들은 화가 복받치면 사람을 '개'라고 부른다. 투르크인들은 화가 나지 않았을 때도 경멸 섞인 공포심으로 '그리스도의 개들'이라는 말을 사용한다. 영국의 하층민은 태도, 의복, 가발에서 센 강이나 루아르 강변에서 태어난 걸로 보이는 사람이 지나가는 것을 보면 보통 '프렌치 도그', 프랑스의 개라고 부른다. 이런 수사법은 점잖지 못하며 부당해 보인다.

그런데 신의 후손인 아킬레우스가 신의 후손인 아가멤논보고 개처럼 뻔뻔스럽다고 말하는 장면을 바로 그 섬세하다는 호메로스가 가장 먼저 보여 주고 있다. 그러니 이것이 영국 하층민들을 위한 변론이 되어 줄 수도 있으리라.

개를 열렬하게 지지하는 사람들은 이 동물의 두 눈에 대담

---

209 에스파냐의 모험가이며 천문학자이자 작가로서 1758년에 페루 후앙카벨리카의 통치
     자로 부임한다.

함이 담겨 있음을 인정해야 한다. 그리고 어떤 개들은 사납다는 것도. 보초병들이 해자의 외벽에 지나치게 가까이 다가오는 사람들에게 발포하듯, 개들은 때로 모르는 사람들을 주인의 적으로 간주하여 물어뜯는다. 어쩌면 이런 이유로 개라는 지칭이 욕설이 됐는지도 모르겠다. 하지만 우리가 나서서 단정 짓지는 않으련다.

개는 왜 이집트인들 사이에서는 숭배 혹은 숭앙(숭배든 숭앙이든 마음에 드는 대로)의 대상이 되었을까? 개가 사람에게 다가올 일을 미리 알려 주기 때문이란다. 플루타르코스의 말에 따르면 페르시아의 왕 캄비세스가 이집트인들이 섬기는 신성한 황소 아피스를 죽여 꼬챙이에 꿰게 했을 때, 아피스에 대한 존경이 하도 깊어 그 어떤 동물도 회식자들이 남긴 것을 먹으려 들지 않았다고 한다. 하지만 개는 그렇게 삼갈 줄 모르고 황소 신을 삼켜 버렸다. 짐작할 수 있듯이 이집트인들은 그 일로 몹시 충격을 받았고, 그로 인해 개의 머리를 한 신 아누비스는 크게 신망을 잃고 말았다.

하지만 개는 큰 개와 작은 개라는 이름으로 늘 하늘에 떠 있을 수 있는 영예는 간직했다. 그리고 우리는 큰개자리가 가장 빛을 발하는 시기가 되면 어김없이 복더위를 겪는다.[210]

그런데 모든 개들 가운데에서도 케르베로스는 그 명성이 가장 자자하였다. 이 개는 머리가 셋이었다. 이제는 모든 게 셋씩 짝을 이룸을 눈치챌 때도 됐다. 이집트의 으뜸가는 세 신인 이시스, 오시리스, 호루스. 그리스 세계의 신들이자 삼형제인 유피

---

210 큰개자리인 시리우스 별자리가 태양과 함께 뜨고 지는 기간인 7월 24일부터 8월 24일까지.

테르, 넵투누스, 플루톤. 생사를 관장하는 세 여신 파르카. 복수의 세 여신. 지옥의 세 판관. 그리고 그곳의 삼두견 케르베로스.

고양이 항목을 제외한 것이 몹시 마음에 걸린다. 그들의 역사를 참조하라고 권하는 것으로 위안을 삼으련다.[211] 하늘에 염소자리, 게자리, 황소자리, 흰염소자리, 독수리자리, 사자자리, 물고기자리, 토끼자리, 개자리가 있지만 고양이자리는 존재하지 않는다는 것만은 말해 두겠다. 하지만 그 대신 고양이는 몇몇 도시에서는 성인 경배를 통해, 어쩌면 몇몇 여인들에게는 최고 경배를 통해 신성시되고 숭배 또는 숭앙의 대상이 되었다.

---

211 프랑스의 작가이자 시인 몽크리프가 1727년에 펴낸 『고양이의 역사』를 가리킨다.

할례 —— Circoncision

헤로도토스는 자신이 여행했던 지역의 이방인들에게서 얻어들은 이야기를 들려줄 때면 어리석은 소리들만 늘어놓는다. 그리고 이는 우리 여행가들 대부분이 저지르는 짓이다. 그래서인지 그는 기게스와 칸다울레스의 모험 이야기[212]를 할 때 자신을 믿어 달라는 요구를 하지는 않는다. 아리온과 돌고래 이야기,[213] 리디아의 왕 크로이소스와 델포이 신탁 이야기,[214] 다리우

---

212 전승에 따르면 리디아의 목동 기게스는 모습을 감출 수 있게 해 주는 마법 반지의 힘을 빌려 왕비와 정을 통하고 칸다울레스 왕을 살해한 뒤 왕국을 차지했다.

213 레스보스 섬 메팀나의 반전설적 시인이자 음악가. 아리온은 시칠리아와 그리스 본토 순회공연을 마친 뒤 배를 타고 귀향길에 올랐다가 그의 보물을 탐낸 선원들에게 겁박당하여 마지막 노래를 부른 뒤 바다에 몸을 던졌는데, 노래에 매혹된 돌고래가 그를 등에 태워 주어 배보다 먼저 코린트에 도착했다고 한다.

214 날로 세력이 커지는 페르시아를 제압하고자 우선 가장 믿을 만한 신탁소를 가려내려 한 크로이소스 왕은 여러 신탁소로 사절을 보내 지금부터 100일째 되는 날 자신이 무엇을 하고 있는지 묻게 했다. 델포이의 신탁만이 그가 청동 솥 안에 거북이 고기와 양의 고기를 구우라고 지시했음을 알아맞혔다고 한다.

스의 말 이야기[215] 또는 아이들에게 즐거움을 안겨 줄 만하며 고대의 웅변술 교사들이 집대성할 만한 또 다른 전설 수백 편에 대해서도 마찬가지다. 하지만 자신이 직접 본 것, 직접 관찰한 민족들의 풍습, 직접 찾아봤던 그들의 유적에 대해 이야기할 때면 성인을 상대로 말한다.

헤로도토스는 「에우테르페」에서 다음과 같이 진술한다.[216]

콜키스인들은 그 기원을 이집트에 둔 것으로 보인다. 그런 말을 들어서라기보다 내 스스로 그렇게 판단한다. 이집트에서 콜키스인의 옛 풍습을 기억하기보다 콜키스에서 이집트의 옛 풍습을 더 잘 기억하고 있음을 알아냈기 때문이다.

흑해 주변에 거주하는 이들은 자기네가 파라오 세소스트리오가 이주시킨 집단이라고 주장했다. 내가 그렇게 추정한다면 그건 그들이 피부가 검고 곱슬머리여서만이 아니라 콜키스인과 이집트인, 그리고 에티오피아인이 태곳적부터 할례를 행해 온 지구상의 유일한 민족들이어서다. 페니키아인과 팔레스타인 사람들은 이집트인들에게서 할례를 가져왔다고 인정한다. 오늘날 테르모돈 강과 파르테니오스 강 주변에 사는 시리아인과 그 이웃 마크로네스

---

215 캄비세스 2세가 후사 없이 사망하자 페르시아의 지도자급 귀족 7명은 동트기 전 특정 지점까지 말을 타고 간 뒤 가장 먼저 우는 말의 임자를 왕으로 추대하기로 한다. 다리우스의 부하가 꾀를 내어 주인의 말이 좋아하는 암말의 성기를 문지른 다음 냄새가 날아가지 않도록 손을 외투 속에 넣었다가 재갈을 조이는 척했고, 흥분한 말이 울어댄 덕분에 다리우스가 제위에 올랐다.

216 볼테르는 헤로도토스의 번역문이 누구의 것인지 밝히지 않았다. 여기 인용된 것과 원문의 내용은 다소 차이가 있으나 볼테르가 논리 전개를 위해 활용한 만큼 수정하지 않고 그대로 옮겼다.

인은 오래되지는 않았지만 이집트의 그런 관습을 따른다고 고백한다. 바로 그렇기에 이들은 이집트 출신으로 인정받는다.

이집트인과 에티오피아인에게 이런 의식은 아주 오래된 것인 만큼 두 민족 가운데 어느 쪽이 다른 쪽으로부터 할례를 받아들인 건지 말할 수 없으리라. 페니키아인이 그리스인과 더 많이 교류하게 되면서 신생아 할례 풍습을 없애 버렸다면, 어쨌든 반대로 에티오피아인은 이집트인으로부터 그런 의식을 받아들였을 법하다.

헤로도토스가 남긴 이 대목으로 여러 민족들이 이집트로부터 할례를 받아들였음이 명백해진다. 하지만 그 어떤 민족도 유대인들로부터 할례를 받아들였다고 주장한 적은 없었다. 그러면 이 풍습의 기원을 누구에게 돌릴 수 있을까? 대여섯에 달하는 다른 민족들이 그러한 풍습을 전해 주었다고 인정한 민족에게로? 아니면 덜 강력했고, 교역이 덜 발달했고, 전사의 기질을 덜 타고났고, 중앙아라비아의 한구석에 숨어 자신들의 풍습 중 아주 자그마한 것이라도 무엇 하나 다른 어떤 민족에게 전해 준 적이 없는 다른 한 민족에게로?

유대인들은 과거 이집트에서 자비를 베풀어 자신들을 받아들여 줬다고 말한다. 약소 민족이 강대 민족의 풍습을 모방했다는 가정, 그러니까 유대인들이 자기 주인으로부터 몇몇 풍습을 받아들였다는 가정은 아주 그럴싸하지 않은가?

알렉산드리아의 클레멘스는 이집트인의 나라를 여행하던 피타고라스가 그들의 비의에 받아들여지기 위해 할례를 받아야만 했다고 말한다. 그러니까 이집트의 승려들 사이에 끼려면 절대적으로 할례를 받아야만 했던 것이다. 요셉이 이집트에 도착하던 시기는 이러한 승려들이 존재하던 때다. 이집트의 정체(政體)는 아주 오래됐고, 이집트의 고대 제례는 가장 엄격하고 정확하게 준수되었다.

유대인들은 자신들이 250년 동안 이집트에 머물렀음을 인정한다. 그들은 이 기간 동안 전혀 할례를 행하지 않았다고 말한다. 따라서 250년 동안 이집트인이 유대인의 할례를 받아들인 것이 아님은 명백하다. 유대인들 자신의 증언대로라면 그들이 빌린 그릇들을 몽땅 훔쳐 자신들의 전리품을 가지고 사막으로 내빼고 난 뒤에 이집트인이 유대인으로부터 할례를 받아들였단 말인가? 과연 주인이 도둑질하고 달아난 노예가 믿는 종교의 주요 표지를 받아들일까? 그런 것은 인간 천성에 어긋난다.

「여호수아기」를 보면, 유대인들은 사막에서 할례를 한 걸로 되어 있다. "내가 오늘 너희에게서 이집트인들의 수모를 벗겼다." 그런데 만약 페니키아인, 아랍인, 이집트인, 이 세 민족에게서 경멸을 샀던 원인이 할례가 아니라면, 이 세 민족 사이에 있었던 사람들에게 그 수치란 것이 대체 무엇일 수 있었을까?

「창세기」를 보면 아브라함은 이미 그전에 할례를 받은 걸로 나온다. 하지만 아브라함은 이미 번영을 구가하며 강력한 왕이 통치하는 왕국이었던 이집트를 여행한 적이 있었다. 그렇게 오래된 왕국에서 할례는 이미 자리 잡은 관습이었을 터다. 게다가 아브라함의 할례는 아무런 여파를 남기지 못했다. 그의 후손은 여호수아 시대가 되어서야 할례를 행하지 않았는가.

그런데 여호수아 이전의 이스라엘 사람들이 스스로 고백한 내용을 보면, 그들은 이집트인들의 풍습을 많이 받아들였다. 그들은 여러 가지 희생 제의와 여러 가지 제식, 가령 이시스 축제 전 여러 날 동안 사람들이 준수했던 단식이나 목욕재계, 승려들의 삭발 관행 등에 관련해 이집트인들을 모방했다. 향, 사방으로 가지 친 커다란 촛대, 적갈색 암소를 제물로 바치기, 히솝을 사용한 정결례, 돼지고기 금식, 이방인들의 주방 도구에 대한 공포감, 이 모든 것은 약소한 히브리 민족이 강대한 이집트 민족에 대한 반감에도 불구하고 자신들의 옛 주인들로부터 수없이 많은 관습을 받아들였음을 입증한다. 유대 민족의 죄를 짊어진 숫염소 아자젤을 사막으로 보내는 관습은 이집트의 오랜 제의를 모방한 게 명백하다. 랍비들은 아자젤이라는 단어는 절대 히브리어가 아니라는 데 동의하기까지 했다. 따라서 아랍인이 그랬듯이 히브리인도 할례에 있어서 이집트인을 모방한 것이 틀림없다.

아시아인들 사이에서는 무척 오래된 세례를 신성하게 만든 신이 아프리카인들 사이에서 그에 못지않게 오래된 할례 역시 신성하게 만들었다는 것은 전혀 놀랍지 않다. 신이 스스로 선택한 표상들에 자기 은총을 부여하는 주인임은 이미 알려진 사실이다.

게다가 여호수아 시대에 유대 민족이 할례를 행하게 된 이래로 이 민족은 오늘날까지 그 관습을 지켜 왔다. 아랍인들 역시 그 관습에 늘 충실했다. 하지만 초기에 남자아이와 여자아이 모두에게 할례를 행하던 이집트인은 시간이 흐르면서 여자아이에게는 그런 행위를 하지 않게 되었고, 결국에는 사제, 점성가, 예언자에 한정하게 되었다. 바로 이것이 알렉산드리아의 클레멘스와 오리게네스가 우리에게 가르쳐 주는 것이다. 실제로 프톨레마이오스 왕조 시대의 사람들이 할례를 받았다는 이야기는 들려오지 않는다.

로마 작가들은 유대인을 다룰 때에는 엄청난 경멸감을 드러내며 "쿠르투스 아펠라", 조롱조로 "크레다트 유데우스 아펠라"라거나 "쿠르티 유데이"라고 부르면서도 이집트인을 그런 식으로 부른 적은 없다.[217] 오늘날 이집트 민족은 모두 할례를 하는데, 이는 마호메트교가 아라비아의 오랜 할례를 채택했기 때문이니 완전히 다른 이유에서다.

에티오피아인에게 건너갔던 건 바로 이 아랍의 할례로, 이집트에서는 여전히 남자아이와 여자아이 모두에게 할례를 행한다.

이런 의식이 처음에는 아주 이상해 보인다는 것을 털어놓지 않을 수 없다. 하지만 동양의 사제들은 시대를 막론하고 특별한 표지를 통해 신에게 스스로를 바쳤다는 데 주목해야 한다. 바쿠스를 모시는 사제들은 몸에 담쟁이덩굴 잎을 새겼다. 뤼시앵의 말을 따르면, 이시스 여신을 섬기는 사람들은 손목과 목에 글자들을 새겼다. 지모신 시벨레를 섬기는 사제들은 거세했다.

생식기를 숭배하며 제례 행렬 때 그 거대한 모형을 들고 갔던 이집트인들이니, 이 땅 위 모든 것의 번식을 관장하는 이시스와 오시리스에게 이 신들이 인류 존속을 원하여 인간에게 부여한 기관의 아주 작은 부분을 바칠 생각을 했다는 것은 썩 그럴싸하다. 동양의 오랜 관습들은 우리의 관습과는 놀라울 정도로 너무나 달라서, 책을 조금이라도 읽어 본 사람이라면 누구든 그 무엇이라도 이상하게 여기지 않을 것이다. 파리 사람은 호텐

---

217 호라티우스의 「풍자시」 1권 제5시 100행에 "유대인 아펠라나 이것을 믿으라 해라, 나는 말고."라는 표현이 나온다. 그 뒤 '유대인 아펠라'는 잘 믿는(잘 속는) 사람의 대명사가 되었다.

토트인[218]이 사내아이들의 불알 하나를 잘라 낸다는 얘기를 해 주면 깜짝 놀란다. 호텐토트인은 아마 파리 남자들이 불알 두 짝을 달고 있다는 사실에 놀랄 것이다.

218 코이코이족이라고도 하며, 아프리카 남부에 거주한다.

시대와 장소의 영향을 받는
중범죄나 경범죄 ── Crimes ou délits de temps et de lieu

　이집트에서 불행하게도 어떤 로마인이 신성한 동물인 고양이를 죽인다. 화가 난 이집트 국민이 그 로마인을 갈기갈기 찢어발김으로써 그러한 신성모독을 벌한다. 만약 그 로마인이 법정으로 끌려갔고 재판관들에게 상식이 있었다면, 그들은 그에게 이집트인들과 고양이들에게 용서를 구하고 돈이 됐든 생쥐가 됐든 간에 무거운 벌금을 물라는 벌을 내렸을 것이다. 더불어 대중의 잘못을 고쳐 줄 만큼 강력한 인물이 못 되면 그들의 어리석음을 존중해야 한다고 말해 줬을 것이다.

　존경할 만한 재판장이라면 로마인에게 얼추 이렇게 말했을 것이다.

　나라마다 자기네만의 합법적 어리석음과 시대와 장소에 따른 자기네만의 범법 행위가 있소. 로마가 유럽, 아프리카, 소아시아의 지배자가 됐을 당시 로마에서는 신들의 뜻을 알고자 닭에게 모이를 쳤는데, 만약 그런 시대에 그 신성한 닭을 죽이려 했다면 당신은 혹독한 처벌을 받았을 것이오. 우리는 당신이 고양이를 살해한 것이 그저 부주의 때문이었으리라고 생각하오. 본 법정은 이에 피고인을 훈계하는 바이니 이제 안심하고 가도 좋소. 앞으로는 좀 더 신중하게 행동하기를 권하오.

자기 집 입구에 조상(彫像)을 세워 두는 것은 아무래도 좋은 일이지만, 만약 어떤 로마인이 아우구스투스라는 별명으로도 불리는 옥타비아누스 황제가 절대적 지배자로 군림하던 시절에 자기 집에 브루투스의 조상을 세워 뒀다면 그 사람은 모반자로 엄한 처벌을 받았을 것이다. 만약 어떤 시민이 황제가 통치하는 시기에 그 경쟁자의 조상을 집안에 둔다면 그건 대역죄요, 국가원수 모독죄라는 말을 들었을 터다.

할 일이 없어 어쩔 줄 모르던 영국인 한 명이 로마로 떠난다. 그곳에서 어떤 추기경을 만나러 갔다가 우연히 추기경 관저에서 찰스 에드워드 스튜어트 왕자를 만나게 된다. 영국으로 돌아간 그는 술집에서 찰스 에드워드 왕자의 건강을 기원하며 술을 마신다. 이제 그는 대역죄 혐의를 받게 된다. 그런데 그 사람이 술을 마시며 왕자가 건강하기를 바란다고 말함으로써 누구를 그렇게 대단하게 배반했던 걸까? 찰스 에드워드를 왕좌에 올리려고 반역을 꾀했다면야 민족에 대해 죄를 지은 것이겠지만, 공정하게 따져 보면 고등법원은 그에게 스튜어트 왕가를 위해 두 잔을 마셨다면 하노버 왕가를 위해서는 네 잔을 마시라고 요구하는 것 말고 달리 조치할 수 있는 게 없을 것 같다.

사람들이 모른 척해야 하는, 시대와 장소의 영향을 받는 범죄들

이탈리아 마르케의 주도(州都)인 안코나에 가면 로레토의 성모를 존중해야 한다는 것은 아주 잘 알려진 사실이다.[219] 세 젊은이가 그곳에 간다. 그들은 성모의 집을 놓고 그 집이 하늘을 날아 여행을 해서 달마시아로 왔는데, 두세 번 이사를 하고 난 뒤 정착한 로레토가 아주 편했던 모양이라는 둥 고약한 농담을 한다. 우리의 되통스러운 젊은이 셋은 예전에 위그노[220] 몇이 예루살렘에 있던 성모의 집이 아드리아 만 구석으로 옮겨졌다는 전설을 공격하려고 만든 노래를 야식 자리에서 불러 댄다. 그러다가 우연히 그 젊은이 셋이 야식 자리에서 저지른 짓에 대한 이야기가 어떤 광신도의 귀에 들어간다. 그는 조사에 착수하고, 증인들을 찾아 나서며, 계고장을 발행하기 위해 고위 성직자와 접촉한다. 계고장이 사람들에게 경각심을 일깨운다. 저마다 두려워서 아무 말이라도 한다. 수녀, 성당지기, 술집 주인, 하인, 하녀 등이 그들이 전혀 말하지 않은 것을 모두 들었고, 그들이 전혀 저지르지 않은 일을 모두 보았단다. 안코나 전체가 소문으로, 이 무시무시한 추문으로 들썩인다. 로레토에서 1리도 채 안 떨어진 곳에서 벌써 그 젊은이들이 성모를 살해했다고 말한다. 1리보다 더 떨어진 곳에서는 그 아이들이 성모의 집을 바다에 처넣었다고 확언한다. 마침내 아이들에게 형이 선고된다. 판결문에는 우선 손을 자르고 그 다음에 혀를 뽑고 그 뒤 고문을

---

219 로레토는 이탈리아 중부 안코나 현에서 28킬로미터 떨어진 아드리아 해 연안에 있다. 전승에 따르면 1291년 천사들이 이스라엘의 나사렛에서 성모의 집 전체를 일리리아(지금의 크로아티아)로 옮겼으며, 이후 1294년에 다시 지금의 로레토로 옮겨 놓았다고 한다.

220 16세기에서 17세기 프랑스의 칼뱅파 신교도.

통해 그 노래에 몇 절까지 있는지를 그들로부터(최소한 몸짓으로라도) 알아내고 끝으로 서서히 불에 태워 죽이라는 내용이 적혀 있다.

그때 우연히 밀라노에 와 있던 변호사 한 명이, 만약 그 아이들이 어머니를 강간하고 아버지의 목을 자르고 그 시신을 먹었다면 그들에게 어떤 형을 내렸겠냐고 주심 판사에게 물었다.

판사가 대답했다. "오! 오! 그건 아주 다른 경우요. 강간하고, 살해하고, 아버지와 어머니의 시신을 먹는 것, 그건 그저 인류를 거스르는 범죄잖소."

"안코나를 제외하면 전 세계적으로 놀림감이 되고 있는 성모의 집을 갓 유년기를 벗어났을까 말까 한 젊은이들이 조심성 없이 비웃었다고 하여, 그다지도 끔찍스러운 형벌로 세 목숨을 죽여야만 할 어떤 긴급법이라도 있습니까?"

판사가 대답했다. "그렇진 않소. 우리의 법리에 담긴 지혜로움은 모든 것을 우리 재량에 맡기고 있다오."

"아주 잘됐군요. 그러니까 판사님에게는 그 아이들 가운데 한 명은 조국을 위해 피를 흘렸던 장군의 손자이자 친절하고 존경받을 만한 수녀원장의 조카라는 사실을 염두에 둘 만한 분별이 있으시겠군요. 그 아이와 친구들은 경솔했으니 아버지의 따끔한 가르침을 받아 마땅합니다. 판사님은 언젠가는 국가를 위해 봉사할 수도 있는 시민들을 국가로부터 앗아 가고 있어요. 게다가 무고한 피로 스스로를 더럽히니 야만인들보다도 잔인하십니다. 지금 젊은 세대에게는 혐오스러운 인물로 여겨지게 처신하고 있고요. 대체 어떤 강력한 이유로 인해 판사님에게 있던 이성, 정의, 인류애가 이렇듯 시들어 버리고 사나운 야수로 변해 버리셨나요?"

그 가련한 판사가 마침내 답했다.

"안코나의 사제와 우리 사이에 논쟁이 있었지요. 롬바르디아 교회의 지나친 자유로움을 너무 관대하게 대했다며 우리를 종교 없는 사람들이라고 비난하더군요."

밀라노 출신 변호사가 말했다. "알겠습니다. 그리스도교인으로 보이려고 살인자가 되셨군요."

그 말에 판사는 벼락이라도 맞은 듯 땅바닥에 털썩 쓰러졌다. 그의 동료들은 그 뒤 일자리를 잃었다. 그러고는 부당한 일을 당했다며 큰소리로 항의했다. 그들은 자신들이 저지른 부당한 일은 망각했고 신의 손길이 자신들에게 뻗쳤음을 깨닫지 못했다.

일곱 명의 사람들이 무대 위에서 쇠몽둥이를 휘둘러 모두가 지켜보는 가운데 여덟 번째 사람의 목숨을 앗는 오락을 다 함께 합법적으로 즐기려면, 그 인물이 처형당할 때 어떻게 고통스러워하는지 지켜보고 식탁에서 아내나 이웃과 함께 그에 대해 입방아를 찧으며 은밀하고 모호한 즐거움을 누리려면, 그 일을 즐겁게 처리하는 형 집행자들이 그 일로 벌게 될 돈을 미리 세어 보려면, 대중이 축제에 가듯 그 공연을 관람하러 달려가려면, 문명 세계의 모든 민족이 그 범죄에는 그러한 형벌이 마땅하다고 합의해야 하며, 그렇다면 이제 인류 전체와 관련된 것이니 그에 대한 형벌은 사회의 공공선에 필요한 것이어야 한다. 특히 범죄 행위는 기하학의 명제처럼 입증되어서는 안 되고 하나의 사실로서 입증될 수 있는 만큼 최대한 입증되어야 한다.

만약 피의자가 유죄일 10만 가지 가능성에 대해 그가 무죄일 단 하나의 가능성이 존재한다면, 그 단 하나의 가능성은 다른 나머지 모든 가능성들과 같은 무게를 지녀야만 한다.

한 사람을 교수형에 처하는 데 두 명의 증인으로 충분한가?

양심의 거리낌 없이 한 사람을 교수형에 처하기 위해서는, 그와 관련된 격언도 있듯이, 두 명의 증인이면 충분하다는 생각이 오랫동안 지배적이었다. 이번에도 역시 애매하다! 그러니까 모호함이 세계를 지배하는 건가? 「마테오복음」을 보면(이미 앞에서 지적한 대로) 이런 말이 있다. "그러나 듣지 않거든 한 사람이나 두 사람을 더 데리고 가라. 그리하여 '두 사람이나 세 사람의 증언을 들어 확정하여라.'라고 하신 말씀대로 모든 사실을 밝혀라." 이 말에 따라서 형사 재판을 행해 왔기에, 악당일 수도 있는 두 증인의 증언이 일치하기만 한다면 그에 의거해 한 시민의 목숨을 앗는 것이 신의 법이라고 규정할 정도였다. 피의자가 부정하고 있는 있을 법하지 않은 일은 한 목소리로 증언하는 수많은 증인들이 있어도 입증될 수 없다. 이런 이야기는 이미 했다. 그렇다면 그 경우에 무엇을 해야 할까? 아테네 시민들이 그랬듯이 기다리고, 판결을 백년 뒤로 미루어야 한다.

이 자리에서는 아주 최근에 리옹에서 우리 눈앞에 벌어졌던 일을 깜짝 놀랄 예로 들어 보겠다. 어떤 여인이 밤 11시가 다 되어 가는데도 딸이 귀가하지 않았음을 알게 된다. 딸아이를 찾아 사방으로 뛰어다닌다. 그러다가 이웃 여인이 자기 딸을 숨겼으리라고 의심하기 시작한다. 그녀는 자기 딸에게 성매매를 강요했다는 비난을 이웃 여인에게 퍼붓는다. 몇 주 뒤 콩드리외의

론 강에서 낚시꾼들이 온통 부패된 여자아이 익사체를 발견한다. 딸아이의 엄마는 그 익사체가 자기 딸이라고 생각한다. 그 여자는 이웃 여자의 적들이 하는 말을 듣고는, 바로 그 이웃 여자의 집에서 사람들이 딸아이를 욕보인 뒤 목을 조르고는 론 강에 던졌다고 믿게 된다. 그 여자는 그 사실을 소리 높여 말하고 다닌다. 마을 사람들도 그 말을 옮긴다. 곧 그 범죄의 아주 세세한 부분까지도 완벽하게 알고 있는 사람들이 생겨난다. 마을 전체가 소문에 휩싸인다. 입 달린 사람마다 복수를 외친다. 여기까지는 판단력을 상실한 마을 주민 사이에 아주 흔하게 보는 광경일 뿐이다. 그런데 이제 드문 일, 놀라운 일이 발생한다. 그 이웃 여인의 아들, 다섯 살 6개월 된 아들이 자기 엄마가 론 강에서 발견된 그 불행한 소녀를 눈앞에서 강간하게 시켰고, 여섯 번째 남자가 소녀를 범하도록 다섯 남자에게 소녀를 잡고 있으라고 시켰다며 고발하고 나섰다. 아이는 강간당한 소녀가 하는 말을 들었다고 한다. 소녀의 자세가 어땠는지 묘사한다. 자기 어머니와 그 악당들이 범죄를 저지르자마자 그 운 나쁜 소녀의 목을 조르는 걸 봤단다. 자기 어머니와 암살자들이 그 소녀를 우물에 던졌다가 꺼내서 시트로 감싸는 걸 봤단다. 그 괴물들이 의기양양해서 소녀를 광장으로 옮기고, 시신 주변을 돌며 춤을 추고, 마침내 론 강에 던지는 것을 봤단다. 판사들은 소위 공범들 전부를 감옥에 가두지 않을 수 없었다. 증인들이 그들에게 불리한 증언을 했다. 우선 아이의 진술을 들어 보니 어머니와 그들에 대해 앞서 했던 말을 나이에 어울리는 순진한 태도로 주장한다. 이 아이가 온전한 진실을 말하지 않았다고 어떻게 상상하겠는가? 그런 범죄는 있을 법하지 않다. 하지만 다섯 살 반이라는 나이에 자기 어머니를 그렇게 모함한다는 것은 더더욱 있을 법하지 않다. 만약 그 아이가 두 눈으로 목격하지 않았다면, 거기에서 생생한 충격을 받은 게 아니라면, 진실의 힘이 그러한 진술을 입에서 뽑아낸 게 아니라면, 아이가 가증스러운 전대미문의 범죄 정황을 일관되게 처음부터 끝까지 되풀이한다는 것도 있을 법하지 않다.

주민 전체가 피의자들의 처형으로 눈요기를 하려고 기다린다.

이 기이한 형사 재판의 결말은 무엇인가? 그 고발 내용 중 진실한 말은 단 한 마디도 없었다는 것이다. 강간당한 소녀도, 피의자 여인의 집에 모였다는 젊은이들도, 살인도, 성행위 비슷한 것도, 소란 비슷한 것도 전혀 없었다. 아이는 매수당했던 것이다. 도대체 누구에게? 아주 이상한 일이긴 하지만 사실이다! 고발자들의 자식인 다른 두 아이들에게 그랬다. 그 아이는 잼을 얻어먹겠다고 자기 어머니를 불에 타 죽게 만들 뻔했다.

기소 사실들은 전부 다 가능한 것들이 아니었다. 현명하고 양식을 갖춘 상급 재판소는 우선은 군중의 분노에 따라 주느라고 피의자들에게 불리한 증거들과 유리한 증거들을 굳이 최대한 찾아냈고, 그러고 나서 피의자들을 완전하게, 만장일치로 무죄방면했다.

아마 이전 같았으면, 사람들이 정의라고 부르는 것, 하층 계급에게는 비극인 이것을 행하는 즐거움을 누리고자 계고장을 발부해 가며 그 무고한 피의자들 전부를 차륜형과 화형에 처했을 것이다.

호기심 —— Curiosité

즐겁도다, 광대한 바다에서 바람이 물들을 뒤흔들 때,
육지에서 다른 이의 큰 노역을 바라보는 것은,
누군가 괴로움을 당하는 것이 달콤한 쾌락이어서가 아니라,
그대 자신이 어떠한 불행에서 벗어나 있는지 깨닫는 것이 즐
겁기 때문이다.
보기에 즐겁도, 온 들판에서 벌어지는 전쟁의
큰 싸움도, 당신 몫의 위험이 없다면,
하지만 더 달콤한 것은 없도, 현자들의 가르침으로 높은 곳에
잘 구축된 평온한 거처를 취하고 있는 것보다,
거기서 그대는 다른 이들을 내려다볼 수 있을 것이며,
그들이 이리저리 헤매는 것과 삶의 길을 찾으며 방황하는 것,
재치를 겨루고 고귀함을 다투는 것을,
밤이고 낮이고 두드러진 노력으로 애쓰는 것을 볼 수 있으리라,
최고의 부에 오르려, 세상을 차지하려,

루크레티우스, 『사물의 본성에 관하여』

오, 가련한 인간의 정신이여, 오, 맹목의 가슴이여![221]

루크레티우스여, 미안하지만 나는 그대가 물리학에서도 늘 틀리듯이 윤리를 다룬 이 글에서도 틀린 게 아닌가 싶다. 내 생각에는, 선박이 폭풍우에 휘말려 바다에 가라앉는 광경을 보겠다고 바닷가로 뛰어가는 이유는 오로지 호기심 때문이다. 그런 일은 내게도 있었다. 불안과 불편함이 뒤섞인 나의 즐거움은 단언컨대 내 성찰의 결과가 전혀 아니었으며, 또한 그것은 나의 안전함과 그 운 나쁜 사람들이 겪는 위험을 몰래 비교하면서 생긴 것도 아니었다. 나는 호기심이 많았고 감성이 풍부했던 것이다.

퐁트누아에서 전투가 벌어졌을 때, 어린 사내아이들과 계집아이들이 사람을 죽이는 걸 보겠다고 근처 나무에 올라갔다.

부인들은 로쿠에서 벌어진 전투[222]를 보고 즐기려고 리에주의 보루로 의자를 가져오게 했다.

내가 "평화롭게 뇌우가 몰려드는 것을 바라보는 사람은 행복하도다."라고 말했을 때, 내가 말하는 행복은 방해받지 않고 진리를 추구하는 것이었지, 사유하는 인간들이 진리를 추구했다고 박해받고 광신자나 위선자들에게 억압당하는 것을 보는 게 아니었다.

천상에서 어떤 천사가 아름다운 여섯 날개로 날아다니다가 지옥으로 난 채광창을 통해 저주받은 자들의 고통과 몸부림을

---

221 루크레티우스, 「사물의 본성에 관하여」, 강대진 옮김, 아카넷 출판사, 2012년, 111쪽 ~112쪽.

222 오스트리아 왕위 계승 전쟁 동안 현재 벨기에에 속하는 리에주 북쪽 지역에서 치른 전투로, 프랑스 군의 승리로 끝났다.

내려다보러 가서는 상상도 할 수 없을 그들의 고통에 대해 아무 것도 느끼지 못함을 기뻐한다고 가정한다면, 그 천사는 베엘제붑(바알세불)[223]의 성격을 많이 닮은 것이리라.

나는 천사들의 성격은 모른다. 나는 그저 인간일 뿐이니까. 그걸 아는 자들은 오로지 신학자들뿐이다. 하지만 인간으로서 나는, 내 자신의 경험과 나와 같이 구경을 좋아하는 모든 구경 꾼들의 경험을 통해 볼 때, 사람들은 그 어떤 종류의 구경거리 든지 간에 오로지 순수한 호기심으로 구경하러 달려간다고 생각한다. 그 광경이 아무리 아름답다 해도 결국에는 질리기 마련이라는 건 정말로 맞는 말인 듯하다. 파리 관객들은 이제 더는 몰리에르의 걸작 중의 걸작 「타르튀프」를 보러 몰려가지 않는다. 왜일까? 너무 자주 갔던 관계로 이제는 다 외울 지경이다. 라신의 「앙드로마크」도 마찬가지다.

페랭 당댕은 이자벨[224]에게 어떤 식으로 고문을 하는지 데려가서 보여 주겠노라고 제안을 하는데, 불행히도 그가 옳다. 그는 그걸 보고 있노라면 두 시간쯤은 후딱 지나가 버린다고 말한다.[225] 최후 형벌에 대한 기대감, 종종 형벌 그 자체보다도 더 잔인한 그 기대감이 공공의 구경거리였다면, 노인 칼라스가 두 차례에 걸쳐 그토록 끔찍스러운 육체적 고통에 시달려야 했을 때 툴루즈라는 도시 전체가 그 광경을 구경하려고 떼지어 달려갔으리라.[226] 흰색 수도복을 걸친 회개자들, 회색이나 검은색 수도

223 복음서에 등장하는 귀신의 왕.
224 라신의 「소송광」에 등장하는 인물들.
225 「소송광」, 3막 4장.
226 1761년 프랑스 남부 도시 툴루즈의 부유한 직물업자이자 신교도인 장 칼라스의 장남이

복을 걸친 회개자들, 부녀자들, 아가씨들, 문학제의 대가들, 학생들, 하인들, 하녀들, 윤락녀들, 교회법 박사들 등 가릴 것 없이 모두가 서둘러 달려갔으리라. 파리에서라면 그 불운한 랄리 장군[227]이 입에 손가락 여섯 마디 길이의 재갈이 물린 채 사형수 호송마차에 오르는 모습을 보려는 사람들로 도시가 북적이지 않았겠는가.

가장 경박하고 법 해석과 공정함의 원칙에 있어 가장 무지한 국민들을 상대로 이런 야만스러운 비극들이 상연되는 일이 때때로 있다. 하지만 성 바르톨로메오 축일의 신교도 대학살[228]이나 그 축소판 사건들에서처럼 호랑이 몇 마리가 원숭이들을 쫓는 광경이 매일 구경거리로 되풀이된다면 사람들은 곧 그런 나라를 버리고 떠나가리라. 사람들은 공포에 떨며 그런 나라에서 도망갈 테고, 그런 야만스러운 일들이 종종 자행되는 지옥 같은 땅덩이로 다시는 돌아가지 않으리라.

어린 사내아이나 계집아이 들이 참새를 잡아 털을 뽑는다면 그건 인형 치마를 조각조각 낼 때와 마찬가지로 순전히 호기심으로 그러는 것이다. 우리가 봤듯이, 그토록 많은 사람들을 공개 처형장으로 몰고 가는 것은 바로 이러한 열정일 뿐이다. "가

목을 매 자살하자 아버지인 칼라스가 가톨릭으로 개종하려는 장남을 살해했다는 죄명을 쓰고 차륜형에 처해진다. 볼테르는 이 부당한 판결에 격렬하게 항의하여 인권을 다룬 『관용론』을 썼다.

227 프랑스의 장군이자 인도 프랑스령의 총독이었으나, 영국에 식민지를 빼앗긴 뒤 반역죄 등의 죄목으로 재심의 기회도 누리지 못하고 사형에 처해졌다. 그 후 볼테르는 장군의 아들을 도와 그의 복권에 힘썼다.

228 1572년 프랑스 종교전쟁 와중에 발생한 대학살 사건. 학살이 시작된 8월 24일은 성 바르톨로메오 축일로, 이날 단 하룻밤 동안 구교도에게 살해당한 신교도 수만 3000명에 이르렀다.

런한 사람들을 보고자 하는 그 야릇한 조급함이여!" 어떤 비극 작가는 이렇게 말했다. 우리가 상상할 수 있는 한 가장 정교하고 가장 끔찍스러운 죽음을 다미앵[229]에게 맞게 했을 당시 나는 파리에 있었기 때문에, 부녀자들이 아주 비싼 값을 지불하고 광장으로 난 창문들을 몽땅 빌렸다는 걸 기억하고 있다. 그 여인들 가운데 그 누구도 자신이 불로 달군 집게로 젖꼭지를 고문당하지 않아서, 상처 난 자리에 녹인 납과 펄펄 끓는 테레빈 수지를 쏟아붓는 일을 당하지 않아서, 너덜거리는 피투성이 사지를 네 마리 말이 찢어 놓는 일을 당하지 않아서 다행이라는 생각을 하지 않았으리라는 건 확실하다. 어떤 형 집행자는 루크레티우스보다도 훨씬 건전한 판단을 했다. 왜냐하면 파리 한림원 회원 한 명이 좀 더 가까이에서 관찰하기 위해 금지 구역 안으로 들어오려고 하자 사수들이 그를 밀어냈는데, 이때 그가 "그분 들어오게 하지. 순수 애호가잖아."라고 말했기 때문이다. 무슨 말인고 하니, 그는 호기심 많은 사람이고 그가 여기 온 것은 악의에서가 전혀 아니며 자기 집으로 돌아가서 자신이 차륜형을 당하지 않은 즐거움을 음미하려는 게 전혀 아니라는 뜻이다. 그건 마치 물리학 실험을 구경하는 것과 마찬가지로 그저 호기심일 뿐이라는 것이다.

호기심은 인간과 원숭이, 그리고 강아지들마저도 타고난다. 마차에 개를 데리고 타면 개는 무슨 일이 벌어지는지를 보기 위해 계속 차 문에 앞발을 올릴 것이다. 원숭이는 온갖 곳을 뒤져 대는데, 뭐든지 다 살펴보려고 하는 것 같다. 인간에 대해서 말

---

229 로베르 프랑수아즈 다미앵. 루이 15세를 시해하려 했다는 죄목으로 처형당한 인물로, 앙시엥 레짐의 마지막 차륜형 희생자였다.

하자면, 그가 어떠한지는 여러분도 안다. 로마, 런던, 파리의 시민들은 뭔가 새로운 게 없는지를 묻느라고 시간을 보낸다.

다윗 ——David

어느 젊은 목동이 암탕나귀들을 찾아다니다가 왕국을 얻는
다고 하자. 이런 일이란 흔하게 일어나는 것이 아니다. 또 다른
시골뜨기가 실성한 왕에게 하프를 연주해서 그 광증을 진정시
켜 주는 경우가 있다고 하자. 이런 일은 한층 더 드물다. 하지만
하프를 탈 줄 아는 소년 다윗은 외진 곳에서 우연히 마주친 제
사장이 머리에 올리브기름을 부어 준[230] 덕분에 왕이 되는데, 이
일은 더더욱 신기한 경우다.

이런 기적 같은 이야기들은 언제 누가 기록한 걸까? 그 점
에 대해선 아는 바 없다. 하지만 폴리비오스[231]나 타키투스 같은
역사가가 아닌 것은 분명하다. 그 대단한 유대인 기록자가 누구
이든 간에 나는 그에게 경의를 표한다. 그는 세상 만민의 신이

---

230 고대 이스라엘에서 '기름부음'이란 제사장이나 왕을 옹립하는 의식으로 성령이 함께함
    을 상징한다.
231 고대 그리스의 역사가.

라는 그 하느님의 명에 따라 온 세상을 교화하려는 목적으로 히브리인들의 '강력한' 왕국의 '실제' 역사를 기술했다. 그 유대인 기록자의 주장대로 하느님이 그에게 영감을 불어넣어 주었을 것이다. 그렇지만 내가 유감스럽게 생각하는 것은 우리의 다윗이 가장 먼저 한 일이 도적 무리 400명을 끌어모으는 일이었다는 점이다. 그는 이른바 선량하다는 그 무리를 이끌고 대제사장 아비멜렉을 찾아가서 의기투합하는데, 그때 대제사장은 그에게 골리앗의 검을 무기로 내주고, 거룩한 빵을 준다.(「열왕기I」,[232] 21장 13절)

나는 다윗이 하느님의 '기름 부음 받은 자'이자 그 신의 마음에 든 사람이라면서 또 다른 '기름 부음 받은 자'인 사울에 맞서 반역을 일으켰다는 점에 대해 다소 분개한다. 다윗이 무리 400명을 이끌고 가서 자기 나라를 노략질하고 호인인 나발의 재물을 강탈하려 했다는 사실에, 나발이 죽고 홀로 된 과부를 즉시 자기 아내로 삼았다는 사실에 분노를 느낀다.(「열왕기I」, 25장 10-11절)

다윗이 아키스(아기스) 왕에게 한 행동은 내 낯이 다 뜨거워질 지경이다. 게트(가드) 주에 있는 대여섯 성읍을 다스리는 아키스 왕은 다윗에게 은혜를 베푼 적이 있었다. 그 무렵 거느리는 무리가 600명으로 늘어난 다윗은 아키스 왕과 동맹 관계인 부족으로 쳐들어가서 남김없이 약탈하고 노인, 여자, 젖먹이를 가리지 않고 모조리 죽였다. 그런데 그가 젖먹이까지 살려 두지 않은 이유는 무엇인가? 하느님의 영감을 받은 그 유대 저자가

<hr>

232 오늘날 「사무엘기」 상권에 해당한다.

기술한 내용에 따르면 "그 아이들이 살아 있으면 자신이 행한 일이 아기스 왕의 귀에 들어갈지도 모르기 때문"이었다.(「열왕기 I」, 27장 8-11절)

다윗이 거느리는 부하들이 불만에 가득 차서 그를 돌로 쳐 죽이려 하자 이 유대의 거물이 어떻게 대처하는지 보자. 그는 하느님에게 해결 방법을 묻는데, 하느님이 그에게 내려 준 대답이란 아말렉 사람들을 침략하라는 것이었다. 그 침략 싸움에서 부하들이 많은 전리품을 챙겨 부유해질 게 아니겠느냐는 것이다.(「열왕기I」, 30장)

한편 하느님의 '기름 부음 받은 자' 사울은 팔레스타인 사람들과 맞선 전투에서 패하자 자신을 죽여 줄 것을 청한다. 한 유대인이 그 소식을 다윗에게 가져오는데, 다윗은 그 대가로 이 전령을 죽인다.(「열왕기2」, 1장 10절)

이스보셋이 아버지 사울의 왕위를 계승한다. 다윗은 상당한 힘을 기른 터라 이스보셋과 전투를 벌인다. 결국 이스보셋은 살해당하고 만다.

다윗이 이스라엘 왕국 전체를 손에 넣는다. 그는 도성인지 성읍인지 랍바라는 곳에 쳐들어가 그곳 주민 전부를 아주 끔찍한 형벌을 가해 죽인다. 톱으로 썰고, 써레질을 해서 몸을 갈기갈기 찢고, 벽돌 굽는 가마에 넣어 불태운다. 지극히 고상하고 관대한 전쟁 방식이라고 할 수 있을 것이다.(「열왕기2」, 12장)

이렇게 정벌 싸움을 벌인 후, 나라에 3년간 기근이 든다. 생각해 보면 그럴 수밖에 없었을 것 같다. 선한 다윗의 전쟁 방식에 비춰 볼 때 밭이란 밭은 씨를 뿌릴 사람이 없어서 황폐해졌을 테니 말이다. 사람들은 하느님에게 기도를 올리며 그 땅에

골리앗을 물리치는 다윗

기근이 든 이유를 묻는다. 그 이유야 쉽게 알 수 있는 것이었다. 곡식을 키워서 근근이 먹고사는 나라에서 농사를 지을 일꾼들을 벽돌 가마에 구워 죽이고 톱으로 썰어 죽였으니 밭을 경작할 사람이 남아 있을 턱이 없다. 하지만 하느님의 대답은 기근의 이유가 예전에 사울이 기베온(기브온) 사람들을 죽였기 때문이라는 것이었다.

그 대답을 들은 즉시 다윗은 어떤 행동을 취하는가? 기베온 사람들을 불러 모아 말하기를, 사울이 그들을 쳤던 일은 큰 잘못이라고 했다. 사울은 자신과는 달리 신의 마음에 든 자가 아니라면서, 그의 친족을 벌하는 일이 당연하다고 말한 것이다. 그리하여 다윗은 기베온 사람들에게 사울의 자손 일곱 명을 내주어 목매달아 죽이게 했다. 이 일곱 명이 교수형을 당해야 했던 이유는 말하자면 기근이 들었기 때문인 것이다.(「열왕기2」, 21장)

다윗이 행한 이 모든 일들은, 우리가 그것을 믿을 수 없기에 망정이지 만약 사실이라면 치를 떨 일이다. 그럼에도 저 어리석은 동 칼메[233]가 어떤 미사여구로 그런 행위들을 옹호하고 찬양하는지 지켜보는 것은 재미난 일이다.

여기서는 가증스럽게도 우리야를 죽인 일, 그리고 밧세바와 간음한 일은 거론하지 않으려 한다. 이런 일은 잘 알려져 있는 데다가 하느님의 처사는 인간들과는 아주 달라서 예수그리스도를 그 부정한 밧세바의 몇 대 후손으로(물론 성스러운 기적을 통해 정결해진 상태로) 태어나게 했으니까 말이다.

---

233 베네딕트회 수도사이자 신학자. 1746년 「정령과 흡혈귀에 대한 논고」를 발표했는데, 볼테르는 이 책과 이를 승인한 소르본 대학을 비판하며 우매한 미신이자 시대착오라고 조롱했다.

쥐리외[234]는 벨에 대해 선한 왕 다윗이 행한 모든 일이 옳다고 인정하지 않았다는 이유로 공격을 퍼부었는데, 지금 나는 쥐리외가 어떻게 그런 무례한 비난을 던질 수 있었는지 물을 생각은 없다. 하지만 쥐리외 같은 사람이 벨 같은 인물을 박해하는 일이 어떻게 용인되었는지는 의문이다.

234 칼뱅파 신학자.

국지(局地) 범죄 —— Délits locaux

　세상 여러 나라를 둘러보면 알 수 있듯, 절도, 살인, 간통, 중상(中傷)은 어디서나 범죄로 간주되어 사회에 의해 단죄되고 처벌된다. 하지만 영국에서 용인되는 어떤 행위가 이탈리아에서는 범죄가 되는 경우가 있다. 그런 행위를 이탈리아에서 처벌할 때 전 인류에 해악을 끼쳤다는 죄목을 붙일 수 있는 것일까? 그런 유형의 범죄를 나는 국지 범죄라고 부르고자 한다. 어떤 산악 지역에서나 두 개의 강 사이에 낀 어느 지역에서만 범죄가 되는 행위에 대해서 재판관들은 세상 어디서나 지탄받는 범죄를 다룰 때보다 더 큰 관용을 베풀어야 하지 않을까? 재판관은 독단에 갇혀서는 안 된다. 즉 "로레트를 처벌했다고 해서, 라귀즈도 똑같이 처벌해도 되는 것일까?"라고 매번 돌이켜 생각해 보아야 한다. 판관의 직무를 오래 행하다 보면 어느샌가 마음속에 냉혹함이 자리 잡게 마련이지만, 이런 성찰이 그런 면을 누그러뜨려 주지 않겠는가?

플랑드르 지방의 수호성인 축제들은 잘 알려져 있다. 지난 세기에는 그런 축제들이 그 광경을 처음 보는 사람들을 격분시킬 만큼 음란해지는 경향이 있었다.

몇몇 도시에서 성탄 대축일을 맞이하는 모습도 마찬가지였다. 먼저 한 청년이 반라 상태로 등에 날개를 달고 등장했다. 그 청년이 한 처녀에게 「아베 마리아」를 음송하면 처녀는 그에게 "피아트."[235]라고 응답했다. 그러면 천사 분장을 한 그 청년은 처녀에게 입을 맞췄다. 이어서 마분지로 만든 큼직한 수탉 탈 안에 들어앉은 아이가 꼬끼오 소리를 흉내 내어 '우리 가운데 아기가 태어나셨도다.(Puer natus est nobis.)'라고 외쳤다. 황소가 음매 울면서 '어디서?'라고 물으면 양이 베에베에 소리를 내면서 '베들레헴.'이라고 소리쳤다. 당나귀가 '갑시다.'라고 히힝거렸다. 방울을 달고 광대 지팡이를 짚은 광인 네 사람을 앞세운 긴 예배 행렬을 마지막으로 이 축제 행사는 끝을 맺었다. 이런 대중적인 종교 의식은 오늘날에도 그 흔적을 찾아볼 수 있는데, 보다 유식한 사람들은 그런 것을 신성모독으로 여길 수도 있을 것이다. 루뱅에서는 그런 축제에 불만이 많은 한 스위스 남자가 황소 역할과 당나귀 역할을 맡은 사람들을 상대로, 아마도 그들 이상으로 얼근하게 취해서, 싸움을 벌였다. 남자가 두드려 맞았다. 사람들이 남자의 목을 매달려고 하자 그는 간신히 도망쳤다.

이 남자는 네덜란드 헤이그에 가서 바르네벨트[236] 편에 서서

---

235 신의 의지와 뜻을 받아들일 때 쓰는 라틴어 성구. 교회 용어로 "주님의 뜻대로 이루어지소서."

236 얀 반 올덴바르네벨트. 네덜란드의 재상이자 공화제를 주창한 지방자치주의자로, 예정설의 해석에서 더 유연한 입장인 아르미니우스파였다. 칼뱅파에 의해 아르미니우스파

광신적인 고마루스파[237]와 격렬한 논쟁을 벌였다. 결국 그는 암스테르담의 옥에 갇히고 말았는데, 그 죄목이란 성직자들이 인류의 재앙이며 모든 불행의 원천이라고 말했다는 것이었다. 남자는 분개했다. "이럴 수가! 선행이 행복에 이바지할 수 있다고 믿으면 투옥당하고[238] 수탉과 당나귀를 조롱하면 교수형에 처해질 수도 있구나." 익살꾼의 만담 같기는 하지만 이 이야기는 다음과 같은 사실을 알게 해 준다. 즉 우리가 사는 곳에서 용인되는 행위라 해도 다른 어느 곳에서는 범죄가 될 수 있으며, 또 다른 곳에 가면 조금도 죄가 되지 않는다는 사실을 말이다.

가 이단 선고를 받으면서 국가에 공로가 있음에도 투옥된 상태에서 대역죄의 누명을 쓰고 처형했다.
237 네덜란드 칼뱅파 신학자 프란시스쿠스 고마루스가 창시한 학파.
238 고마루스파는 인간 개개인의 구원이라는 문제에서 예정설을 엄격하게 고수하는 입장으로, 구원은 하느님의 의지로 이미 예정되어 있기 때문에 개인의 선행이나 노력은 의미가 없다고 주장했다.

민주 정치 —— Démocratie

고귀한 자들, 이를테면 군주들은 늘 야망에 차 있는 터라 그들이 저지르는 범죄의 성격은 자유와 평등이 늘 결핍된 상태에 있는 민중이 저지르는 범죄와 대개는 비교가 되지 않는다. 민중에게 자유와 평등이란 그들이 원하는 것이자 또한 원할 수 있는 유일한 것이기도 하다. 그러나 자유롭고 평등하다고 해서 누군가를 중상모략하거나 타인의 물건을 강탈할 권리가 생기지는 않는다. 누군가를 죽이거나 독을 먹일 권리, 이웃의 밭을 망가뜨려 놓을 권리 역시 없다. 이에 반해 야망의 위대함과 권력에 대한 열정은 동서고금을 막론하고 온갖 범죄와 얽히곤 했다.

민중이 통치의 주체인 민주 정치체제는 분명 권력자의 전횡이나 잔혹한 폭정이라는 폐단과는 거리가 멀다. 난폭하고 사나운 산악지역 출신 공화주의자들도 있었지만, 그들을 사납게 만든 것은 공화주의 정신이 아니라 자연이다.

문명 세계의 공화국에 나타나는 실질적 폐단은 투르크 우화에 등장하는 머리가 여럿 달린 용과 꼬리가 여럿 달린 용 이야기가 잘 보여 준다. 머리가 여럿인 용은 그 머리들이 서로를 해치는 바람에 자멸하고, 꼬리가 여럿인 용의 경우는 꼬리들이 단 하나뿐인 머리에 복종하지만 그 머리가 모든 것을 집어삼키려 한다.

민주 정치는 아주 작은 나라이면서 또한 지정학적 위치가 좋을 경우에만 적합한 정치체제인 것 같다. 아무리 작은 나라라고 해도 사람들이 사는 곳인 만큼 수많은 과오가 있을 것이다. 수도회가 그렇듯이 매사에 불화와 반목을 피할 수 없을 것이다. 그러나 이 공화국이 지옥 한 귀퉁이에 위치한 악마들의 나라가 아닌 한, 성 바르톨로메오 축일의 대학살, 아일랜드 대학살,[239] 시칠리아 저녁 기도[240] 같은 사건은 없을 것이고, 종교재판도 없을 것이고, 바닷물을 값을 지불하지 않고 퍼갔다고 중노동형을 선고받는 경우도 없을 것이다.

그렇다면 공화정이 군주정보다 더 좋은 정치체제인가? 이것은 늘 되풀이되는 질문이다. 이 논쟁의 끝은 매번 동일한데, 즉 인간을 통치한다는 것은 아주 어려운 일이라는 사실에 어쩔 수 없이 동의하게 되는 것이다. 그렇다고는 해도 유대인들을 보라. 그들은 심지어 하느님을 최고 통치자로 내세우는데, 그렇게 해서 그들이 어떤 꼴을 당했던가? 거의 언제나 핍박받으며 예속 상태로 살아오지 않았는가?

---

239 1641년 아일랜드 독립운동 당시 얼스터 지방의 구교도들이 폭동을 일으켜 신교도들을 학살한 사건. 이후 크롬웰이 아일랜드 재정복의 야망을 품고 이 사건을 빌미로 아일랜드를 침공하여 수많은 주민을 학살했다.

240 시칠리아 만종 반란. 1282년 시칠리아 섬에서 지배자인 프랑스 앙주가(家)의 압제에 불만을 품은 시칠리아 주민들이 부활절 저녁기도 종소리를 신호로 섬에 거주하던 프랑스인들을 학살했다.

운명 —— Destin

우리 시대까지 전해 온 모든 책들 가운데 가장 오래된 것은 호메로스이다. 우리는 이 책에서 종교에 물들지 않은 고대의 풍속, 세속 영웅들, 인간의 형상을 본 떠 창조한 세속 신들을 보게 된다. 하지만 이 책은 또한 철학의 기원, 특히 운명이라는 개념을 담고 있다. 신들이 이 세상을 지배하듯이, 그 신들까지도 지배하는 운명 말이다.

제우스 신은 헥토르를 구하려 하지만 뜻대로 되지 않자 운명을 점쳐 본다. 헥토르와 아킬레우스의 운명을 저울 양편에 각각 올려놓고 저울이 어느 쪽으로 기우는지 보는 것이다. 제우스가 알아낸 것은 트로이의 헥토르가 그리스의 아킬레우스의 손에 피할 수 없이 죽임을 당한다는 운명이었다. 신은 그 운명을 거스를 수 없다. 헥토르의 수호신인 아폴론도 그 순간부터 헥토르를 포기해야만 한다.[241] 내가 지금 말하고자 하는 것은 호메로스가 고대 시인들의 특기를 발휘하여 자신의 시에 모순개념을 빈번히 도입했다는 것이 아니다. 주목할 점은 우리가 호메로스의 시에서 운명이라는 개념을 처음으로 찾아볼 수 있다는 사실이다. 말하자면 호메로스 시대에는 운명이 종종 활용되던 개념이었다.

유대 민족 가운데 바리새파 사람들이 운명이라는 개념을 받아들인 것은 그로부터 수백 년이 지난 후였다. 바리새인들은 유대 지파 가운데 가장 먼저 글을 읽고 쓴 사람들로서, 사실 그들 자신이 새롭게 등장한 부족이었다. 그들은 알렉산드리아에서 스토아 학파의 교조를 일부분 수용해서 옛 유대 사상에 섞어 넣었다. 성 히에로니무스[242]의 주장에 따르면 그들 분파의 등장 시기가 예수 그리스도 기원에서 그리 많이 앞선 것은 아니라고 한다.

철학자들은 호메로스나 바리새파의 생각을 빌리지 않고도 다음과 같은 확신에 도달했는데, 즉 세상 모든 일은 어떤 불변의 법칙들에 따라 이루어지며, 모든 것이 정해져 있고, 무엇이건 하나의 필연적 결과라는 것이다.

세계는 그 자체의 본성, 그 물리법칙에 따라 존속하는 것일 수도 있고, 아니면 어떤 절대자가 자신의 지고한 법칙에 의거해 창조했을 수도 있다. 어느 경우이든 세계에 내재하는 법칙은 불변이다. 어느 경우이든 세상 만물은 필연이다. 무거운 몸체는 허공에 떠 있으려 해도 어쩔 수 없이 지구 중심을 향해 내려간다. 배나무에는 파인애플이 결코 열릴 수 없다. 스패니얼 개의 본능이 타조의 본능일 수는 없다. 모든 것은 예정되어 있고, 연계되

---

241 『일리아드』, 22권.

242 4~5세기 로마 가톨릭 교회 신학자이자 4대 교부 중 한 사람으로, 새 라틴어 성서인 불가타 성서를 번역, 편찬했다.

어 있고, 한정되어 있다.

사람은 치아나 머리카락을 일정 개수만 가질 수 있다. 생각도 일정 한도 이상은 할 수 없다. 때가 되면 치아, 머리카락, 생각들을 잃을 수밖에 없으니까 말이다.

어제 있었던 것이 없었다면 모순이다. 오늘 있는 것이 없다면, 그것도 모순이다. 마찬가지로 있어야 할 것이 있지 않을 수 있다는 것도 모순이다.

만약 당신이 파리 한 마리의 일생을 끝장낼 수 있다고 한다면 다른 모든 파리, 다른 모든 동물, 모든 사람, 살아 있는 모든 자연의 운명을 좌우하지 못할 이유는 없을 것이다. 만약 그렇다면 당신은 결국 신보다 더 강력한 존재일 것이다.

우둔한 자들은 다음과 같이 말한다. "의사가 내 친척 아주머니의 죽을병을 고쳐 주었지. 정해진 수명보다 10년 더 오래 살게 해 준 거야." 이와는 달리, 자신이 할 수 있는 일을 하는 사람들은 다음과 같이 말한다. "신중한 사람은 운명을 스스로 만드는 법이지."

신중하기만 하다면 신의 힘을 빌릴 필요는 없다. 그러나 오, 운명이여, 바로 우리가 너를 여신으로 만들어 하늘에 앉혀 놓았구나.[243]

하지만 신중한 사람은 많은 경우 자기 운명에 고분고분 따르는 것이지, 운명을 창조한다고 할 수는 없다. 운명이 사람을

---

243 유베날리스, 「풍자 시집」, 10장 365-366절.

제우스가 알아낸 것은 트로이의 헥토르가 그리스의 아킬레우
스의 손에 피할 수 없이 죽임을 당한다는 운명이었다. 신은 그
운명을 거스를 수 없다. 헥토르의 수호신인 아폴론도 그 순간
부터 헥토르를 포기해야만 한다. 여기서 주목할 점은 우리가
호메로스의 시에서 운명이라는 개념을 처음으로 찾아볼 수 있
다는 사실이다.

신중하게 만드는 것이다.

통찰력 있는 정치가들은 다음과 같이 단언한다. 찰스 I세가 참수 당하기 일주일 전에 먼저 손을 써 크롬웰, 러들로,[244] 아이어튼[245]을 비롯해 열두어 명 의회파들을 암살했더라면 이 군주는 계속 살아남아 침상에서 숨을 거두었을 거라고 말이다. 옳은 지적이다. 이어서 만약 영국이 통째로 바다에 가라앉았더라면 이 군주는 화이트홀 즉 백색궁 옆에 세워진 처형대에서 생을 마치지 않았을 거라는 말을 덧붙여도 좋을 것이다. 하지만 일이 돌아가는 형국으로 봤을 때 찰스 I세는 결국 참수당할 수밖에 없었다.

오사의 추기경[246]의 처신이 프티 메종[247]에 수용된 미치광이보다는 아마도 더 신중했을 것이다. 그러나 이 현명한 외교관의 뇌가 미치광이의 헝클어진 뇌와 다르다는 것은 여우의 몸속 장기가 두루미나 종달새의 장기와는 다르다는 사실만큼이나 분명하지 않은가?

앞서 말한 이야기로 돌아가서, 의사가 당신의 친척 아주머니 병을 고쳤다고 치자. 그러나 그 의사가 자연의 순리를 거슬러 그렇게 한 것이 아니라는 점은 확실하다. 오히려 그는 자연의 법칙을 따랐다. 분명한 사실은 당신의 그 친척 아주머니가 어느 도시에선가 태어나지 않을 수는 없었듯이, 어느 시기엔가

244 급진 공화주의자로 청교도 혁명에서 활약했다.
245 영국의 군인. 크롬웰의 사위로, 청교도 혁명에서 그를 도왔다.
246 프랑스 외교관이자 작가, 로마 가톨릭 교회 추기경. 앙리4세 시대 프랑스 왕실과 교황청 사이에서 뛰어난 외교술을 발휘했다.
247 1557년 파리 6구에 세워진 정신병자 수용 시설.

는 어떤 질병에 걸리지 않을 수 없었다는 점이다. 그 의사는 자신이 있는 도시가 아닌 곳에 있을 수 없었고, 그 친척은 의사에게 왕진을 청해야 했고, 의사는 그 친척에게 약을 처방해야 했는데, 그 약이 친척을 치유한 것이다.

농부는 우박이 자기 밭에 내린 일이 우연이라고 생각한다. 그러나 철학자는 우연이란 없다는 것을 알고 있다. 즉 이 세계가 만들어지고 움직이는 구성 원리에 비춰 볼 때, 그날 그 장소에 우박이 오지 않기란 불가능한 것이다.

이런 진실에 겁을 먹고는 이 진실의 반만 믿으려 하는 사람들이 있는데, 그건 마치 채무자가 채권자에게 빌린 돈의 반만 우선 내밀면서 나머지 빚은 유예해 놓는 꼴이다. 그런 사람들은 말하기를 세상에는 필연적인 일들이 있고 또한 그렇지 않은 일들도 있다고 한다. 만약 이 세상의 반은 이미 정해진 바에 따른 것이고 나머지 반은 그렇지 않은 것이라면 재미있을 것이다. 일어나는 일의 절반은 반드시 일어나야 했고 나머지 절반은 일어나지 않았어야 했다는 것이니까 말이다. 이 주장을 엄밀히 따져 보면 운명의 반대쪽 논리는 이치에 맞지 않는다는 것을 알 수 있다. 그러나 상당수의 사람들은 이치에 맞지 않게 생각해야만 하는 운명이다. 또 어떤 사람들은 생각한다는 일이 아예 불가능하고, 또 어떤 사람들은 생각하는 사람들을 박해하도록 정해져 있다.

당신은 다음과 같은 말을 듣게 될지도 모른다. "운명론을 믿지 마시오. 그걸 믿게 되면 만사가 불가피하게 여겨지는 탓에 아무 노력도 하지 않고 무관심에 빠져들 테니 말이오. 부자가 되는 것도, 명예를 얻는 것도, 세간의 칭송도 시들해져서 아무것도 얻을 생각이 없어질 테고, 자신이 할 수 있는 일이 아무것도 없으니 스스로를 가치 없는 인간으로 여기게 될 것이오. 재능이 있다 해도 계발되지 못하고 전부 무기력하게 시들어 버릴 것이오."

걱정 마시라, 여러분. 편견과 열정에 사로잡히는 것이 우리의 운명인 만큼, 우리에게는 언제나 열정과 편견이 있을 테니까. 탈모증 없는 머리카락과 아름다운 손을 갖는 일이 우리의 의지와는 상관없는 것처럼, 수많은 자질과 큰 재능을 갖추는 일이란 더더욱 우리의 의사와 상관없다는 사실을 우리는 알게 될 것이다. 아무것도 자랑해서는 안 된다는 것을 납득하게 된다 해도 우리는 여전히 헛된 자부심에 차 있을 것이다.

내게는 물론 이 글을 쓰려는 열정이 있다. 당신에게는 나의 글을 비난하는 열정이 있다고 하자. 우리 두 사람은 마찬가지로 어리석다. 마찬가지로 운명의 노리개이니까. 당신의 본성은 해악을 끼치는 것이고, 나의 본성은 진실을 사랑하는 것이다. 그래서 나는 당신의 방해를 무릅쓰고 그 진실을 글로 써서 알린다.

부엉이가 자기 굴에서 생쥐로 배를 채우다가 나이팅게일에게 말했다. "그렇게 무성한 나뭇잎 속에 숨어 노래하는 일은 그만 두고 여기 내 굴로 들어와라. 그래야 내가 여기서 너를 잡아먹지." 나이팅게일이 대답했다. "나는 여기 앉아 노래하도록 태어났어. 그렇게 해서 너를 조롱하도록 말이야."

독신자篤信者 ── Dévot

독신자(dévot)라는 말의 뜻은 신에게 자신을 '바친(dévoué) 사람'이다. 엄밀한 의미에서 이 말은 서원(誓願)한 수도사나 수녀에게만 해당될 것이다. 하지만 복음서가 서원에 대해서는 언급하지 않고 독신자에 대해서만 이야기하는 것을 볼 때, 독신자라는 이 명칭이 특정인에게만 해당되는 것은 아닌 듯하다. 즉 신자라면 누구나 종교적 덕을 지녀야 한다는 것이다. 스스로 독신자로 자처하는 일은 평민이 후작을 자처하는 격이다. 그런 사람은 자신에게 없는 특질을 부당하게 챙기는 셈인데, 이를테면 자신이 주위 사람보다 더 올바른 인간이라고 믿는 것이다. 여자들이 이런 어리석은 생각을 품은 경우는 눈감아 줄 수 있다. 여자들이라면 그 정신적 취약성과 경박함으로 미루어 볼 때 그럴 수도 있는 일이다. 그 가엾은 피조물들은 정부(情夫)와 함께 있다가 신부를 찾아가면서도 자신이 올바르다고 믿는다. 하지만 그런 여자들을 신앙 지도라는 명분으로 좌지우지하면서 그 순진함과 무지를 이용해 자기 잇속을 채우는 자들, 쉽게 맹신에 빠지는 여자들의 특성을 이용해 그들 위에 거만하게 군림하는 사기꾼들은 용서받을 수 없다. 그런 사기꾼들은 자신을 위해 일종의 광신(狂信)의 하렘을 꾸민다. 그 하렘에는 무료한 삶의 무게에 예속당한 일여덟 명의 늙은 미녀가 있는데, 이 후궁들은 영혼의 지도자를 새로 맞아들일 때마다 공물을 바친다. 젊은 여자가 애인이 없는 경우는 없듯이, 믿음이 독실한 늙은 여자에게 지도 신부가 없는 경우도 없다. 오! 동양인들은 우리에 비하면 얼마나 분별이 있는가! 파샤[248]는 다음과 같은 말을 할 필요가 없었다. "어제 밤참을 먹을 때 누이의 애인인 근위 장교와 아내의 신앙 지도자인 사제가 함께 있었지."

---

248 투르크 고관.

신 —— Dieu

아르카디우스 황제[249]가 다스리던 시절, 콘스탄티노폴리스
의 신학 교수인 로고마코스는 스키타이[250]를 향해 길을 떠났다.
도중에 그는 캅카스[251] 산자락에서 잠시 발을 멈췄다. 콜키스 왕
국[252]과 맞닿은 비옥한 제피림 평원이었다. 동댕닥 노인이 넓은
마루에 나와 있었다. 한쪽 옆에는 양 떼를 풀어 놓은 큰 우리가
있었고 반대편에는 넓은 곳간이 있었다. 노인은 아내, 다섯 아들
과 다섯 딸, 일가친척, 하인들과 함께 무릎 꿇은 모습이었다. 그
들은 소박한 식사를 마친 후 모두 모여 기도하며 신을 찬양하는
중이었다.

"우상숭배자여, 거기서 뭘 하오?" 로고마코스가 노인에게

---

249 동로마제국 황제(재위 395-408).
250 흑해 북부의 옛 지방.
251 코카서스, 러시아 남부 카스피해와 흑해 사이에 위치한 산악 지역.
252 흑해에 면한 고대 국가, 오늘날의 조지아(그루지야).

물었다.

"나는 우상숭배자가 아니오,"라고 동댕닥이 대답했다.

"당신이 우상숭배자인 건 틀림없는 일이오." 로고마코스가 말했다. "당신은 스키타이 사람이고, 그리스 사람이 아니니까 말이오. 자 어디, 미개한 언어인 그 스키타이어로 어떤 기도를 올리고 있었소?"

"어느 언어이든 하느님이 듣기에는 모두 같다오." 스키타이 노인이 대답했다. "우리는 하느님을 찬양하고 있었소."

"참으로 기이한 일이군." 신학 교수는 말을 받았다. "우리 그리스인에게 교육받은 적도 없는 스키타이인 가족이 하느님에게 기도를 올리다니!"

그는 스키타이인 동댕닥과 곧바로 대화를 나누기 시작했다. 이 신학 교수는 스키타이어를 조금 알고 있었고, 상대방은 그리스어를 어느 정도 할 줄 아는 덕분이었다. 아래는 그 대화 내용의 기록으로, 콘스탄티노폴리스 도서관에 보관된 어느 문서에서 찾아낸 것이다.

로고마코스 당신이 교리문답을 아는지 어디 봅시다. 하느님께 기도를 하는 이유는 무엇이오?

동댕닥 하느님을 경배하는 것이 당연하기 때문이오. 우리는 모든 것을 그분에게서 얻으니까 말이오.

로고마코스 미개한 이방인치고는 괜찮은 대답이군. 그렇다면 하느님께 무엇을 기원하오?

동댕닥 내가 누리는 행복에 대해, 뿐만 아니라 나를 시험하기 위해 내리신 불행에 대해 감사드리지요. 하지만 하느님께 무언가 소원을 비는 일은 삼가하고 있소. 그분은 우리가 필요로 하는 것을 우리보다 더 잘 알고 계시니까 말이오. 게다가 이웃이 비가 오게 해 달라고 기도하고 있을 때, 내가 햇볕이 화창하게 해 달라고 기도하게 되면 난감한 일 아니겠소.

로고마코스 아하! 뭔가 어리석은 대답이 나올 거라고 짐작하고 있었는데 헛짚었군. 보다 원론적인 문제로 거슬러 올라갑시다. 이 방인이여, 하느님이 존재한다는 것을 누가 당신에게 말해 주었소?

동댕닥 세상 만물 자연의 이치가 그걸 말하고 있지요.

로고마코스 그런 대답으로는 부족하오. 하느님은 어떤 존재라고 생각하오?

동댕닥 나를 세상에 있게 한 나의 주인으로, 내가 선행을 하면 상을 내리고 악을 행하면 벌하실 거요.

로고마코스 하나 마나 한 소리, 빈약한 대답이로군! 본질적인 문제로 가서, 하느님의 무한성은 '세쿤둠 퀴드'253 그러한 것이오, 아니면 본질적으로 그러한 것이오?

동댕닥 당신의 질문을 이해하지 못하겠구려.

로고마코스 천하의 멍청이 같으니! 하느님은 어느 한정된 장소에 계시오, 아니면 장소를 초월해서 계시오, 아니면 모든 곳에 계시오?

동댕닥 글쎄요……, 좋으실 대로 생각하시구려.

로고마코스 무식한 영감이로군! 하느님은 있었던 것을 없었던 것으로 만들고, 막대기에 양쪽 끝이 없게 할 수 있는 분이오? 그분

---

253 라틴어로 '한정된 의미에서'라는 뜻.

은 미래를 미래로 여기오, 아니면 현재로 여기오? 그분은 어떻게 존재를 무(無)로부터 이끌어 내시고, 또 어떻게 존재를 소멸시키시는 것이오?

동댕닥 그런 문제는 생각해 본 적이 없다오.

로고마코스 이렇게 우둔할 수가! 이런, 내가 기대를 낮춰야겠군. 수준에 맞는 질문을 해야겠어. 자, 노인장, 이 물질계가 영속할 수 있다고 생각하오?

동댕닥 물질계가 영속하든 그렇지 않든 내게 무슨 의미가 있겠소? 나는 영원히 살 수 없소. 하느님은 언제나 나의 주인이시오. 그분이 내게 의로움을 알려 주셨으므로 나는 의로움을 따라야 하오. 철학자가 되고 싶은 마음은 조금도 없소. 나는 사람이고자 하오.

로고마코스 그처럼 둔한 머리를 갖고서야 철학자가 되기는 힘들지. 아주 초보적인 질문을 해봅시다. 신이란 무엇이오?

동댕닥 나의 주인이며, 심판자이며, 아버지라오.

로고마코스 내가 물은 것은 그게 아니오. 신의 본성은 어떤 것이오?

동댕닥 신은 전능하고 선하시오.

로고마코스 그렇다면 신은 육신이오, 영(靈)이오?

동댕닥 그것을 내가 어떻게 알겠소?

로고마코스 저런! 영혼이 무엇인지 모른다는 거요?

동댕닥 전혀 모르오. 내가 그것을 알아서 어디에 써먹겠소? 그것을 알면 내가 더욱 의로워지기라도 하오? 그것을 알면 내가 더 좋은 남편, 더 좋은 아버지, 더 좋은 주인, 더 좋은 시민인 거요?

로고마코스 영이란 무엇인지 필히 가르쳐 주어야만 하겠군. 들어보시

	오, 영이란, 영이란, 영이란……. 다음번에 이야기해 주겠소.
동댕닥	당신이 영에 대해서보다 영이 아닌 것을 더 이야기할까 봐 걱정이오. 이번에는 내가 당신에게 질문해도 되겠소? 예전에 당신의 나라에 가서 어떤 신전을 본 적이 있다오. 어째서 당신네들은 신을 긴 수염을 기른 모습으로 표현하는 것이오?
로고마코스	그건 아주 어려운 질문이군. 내 대답을 이해하려면 먼저 알아야할 것이 있으니 설명하겠소.
동댕닥	당신의 설명을 듣기 전에 내 이야기를 먼저 듣는 게 좋겠구려. 언젠가 내가 겪은 일이오. 얼마 전 나는 정원 구석에 정자를 짓게 했다오. 두더지 한 마리가 어느 풍뎅이와 토론을 벌이고 있었는데, 그 소리가 내게 들리더군요. "멋진 집이야," 하고 두더지가 말했소. "이런 집을 지은 걸 보면 힘이 아주 센 두더지인 게 틀림없어." "농담이겠지,"라고 풍뎅이가 대꾸하더군요. "이 집을 지은 건축가는 재능이 아주 많은 풍뎅이야." 그때부터 나는 결코 논쟁을 하지 않기로 결심했다오.

평등 —— Égalité

한 마리 개는 다른 개에게 무엇을 빚지고 있는가? 말은 다른 말에게 어떤 빚을 지고 있는가? 아무것도 빚지고 있지 않다. 어느 동물이든 동종의 다른 동물에게 얹혀 살지는 않는다. 그러나 신으로부터 '이성'이라는 이름의 빚을 얻은 인간은 그 이성으로 어떤 결과를 빚어냈는가? 그 결과는 바로 인간에 의한 또다른 인간의 예속이다. 이러한 현상은 지구상의 거의 전 지역에서 일어나고 있다.

우리가 사는 이 세상이 마땅히 그래야 할 모습이라면, 다시 말해 온 세상 사람이 자신이 사는 곳에서 큰 어려움 없이 안전하게 생계를 이어 나갈 수 있고 풍토도 각자의 생래적 특성에 적합했다면 인간이 다른 인간을 노예로 삼는 일이란 불가능했을 게 분명하다. 이 지구 어디에나 건강에 유익한 과일이 풍요롭게 열린다고 가정하자. 생명을 이어가기 위해 우리가 들이마시는 공기는 질병이나 죽음을 옮기는 일이 결코 없다고 가정하자. 사람이 집이나 침상 없이 사슴굴이나 노루굴 같은 잠자리만 있어도 충분히 잘 지낼 수 있다고 상상해 보자. 만약 그렇다면 칭기즈칸이나 티무르[254] 같은 이들이라도 하인을 두고 부리는 대신 자기 자식들만을 거느릴 것이다. 또한 그들이 늙으면 잘 성장한 자식들이 그들을 돌봐 줄 것이다.

이러한 것이 모든 네발짐승과 새와 도마뱀들이 누리는 지극히 자연스러운 세상의 모습이다. 이런 조건에서라면 인간 역시 그 짐승들처럼 행복을 누릴 것이다. 그럴 경우 누군가를 지배하는 일이란 일종의 망상, 아무도 상상 못할 해괴한 짓이 될 것이다. 남의 노동력을 빌릴 필요가 없는데 무엇 때문에 남을 부리려 하겠는가?

사고방식이 폭군을 닮고 완력도 강한 어떤 사람이 있다고 가정해 보자. 그의 머릿속에 자기보다 힘이 약한 이웃을 복속시켜 부리려는 생각이 고개를 쳐든다 해도 그가 바라는 대로 되기란 불가능할 것이다. 그가 이웃을 제압할 방법을 미처 써 보기도 전에 제압당하게 될 상대방은 먼 곳으로 줄행랑을 놓을 테니까 말이다.

따라서 결핍이 없는 상태라면 모든 사람은 필연적으로 평등할 것이다. 하지만 인간이기 때문에 겪어야 하는 결핍이 있고, 그 결핍이 한 사람을 다른 어떤 사람에게 예속되게 한다. 실질적인 불행이란 불평등이 아니라 예속이다. 어떤 사람이 폐하라고 불리고 또 어떤 사람은 성하(聖下)[255]로 불리는 것은 중요하지

---

254 중앙아시아 티무르제국의 건립자. 30여 년에 걸친 정복 전쟁을 통해 거대 제국을 건설했다.
255 종교 집단 수장에 대한 존칭. 특히 가톨릭 교회에서 교황에 대한 존칭으로 사용된다.

않다. 그러나 누군가에게 예속된다는 것은 고통이다.

식구 수가 많은 어느 가족이 꽤 넓은 땅을 일구어 밭을 만들었다. 식구 수가 적은 이웃의 두 가족에게는 척박한 자갈밭이 있다. 이 경우 가난한 두 가족이 생계를 유지하기 위해 취하는 방법은 그 부유한 가족에게 봉사하거나, 아니면 흔히 일어나는 일로 그들을 죽이고 약탈하는 것이다. 가난한 두 가족 중 한쪽이 부유한 집에 가서 노동력을 바치고 양식을 얻는다고 하자. 다른 한쪽은 그 집에 쳐들어갔다가 흠씬 얻어맞는다. 노동력을 고분고분 바친 가족이 하인과 삯일꾼의 기원이라면, 흠씬 얻어맞은 가족은 노예의 기원이다.

사람들이 사회를 이루어 살면서 두 개의 계층으로 나뉘지 않기란 우리의 불행한 지구에서는 불가능하다. 두 계층 중 한편은 부자들이고 다른 한편은 가난한 자들이다. 부자들은 지배하는 계층이고, 가난한 자들은 복속당하는 계층이다. 또한 이 두 계층은 수없이 여러 층으로 세분되며, 이 많은 세부 계층들 역시 미묘하게 다른 차이를 띤다.

가난한 자들 모두가 절대적으로 불행한 것은 아니다. 그들 중 대다수는 태어날 때부터 가난한 상태로 태어나는데, 끊임없는 노동에 쫓기다 보면 자신들의 처지를 깊이 느낄 여유도 없다. 그러나 그들이 그런 처지를 인식하는 순간 계층 간에 싸움이 일어난다. 고대 로마에서 원로원 귀족층에 저항하여 일어난 민중 봉기, 독일, 영국, 프랑스의 농민 반란 같은 것이 그러한 예이다. 이런 싸움들은 길든 짧든 결국 모두 민중의 복속으로 결말이 난다. 왜냐하면 강자들에게는 금전이 있고, 이 금전이야말로 한 나라 안에서 모든 것을 좌우할 수 있기 때문이다. 나는 '한 나라 안에서'라는 전제를 달았는데, 사실 나라와 나라 간의 문제에서는 사정이 다를 수 있다. 이 경우는 무기를 잘 활용하는 나라가 황금은 더 많아도 용기는 부족한 나라를 매번 굴복시킬 테니까 말이다.

사람은 누구나 태어날 때부터의 성향으로 권력과 부와 쾌락을 탐하며, 또한 본래적으로 나태하여 일하기를 싫어한다. 그 결과 누구든 금전을 축적하려 하고, 타인의 아내와 딸들을 취하려 하고, 타인들을 지배하고 복속시켜 자신의 갖가지 욕구를 충족하려 한다. 또한 무위도식하려 하고, 그 정도는 아니라 해도 최소한 쾌감을 주는 일만 가려서 하려 한다. 이런 가상한 본성을 타고난 터라 사람들이 평등하기란 두 사람의 설교자 혹은 두 사람의 신학 교수가 서로를 질시하지 않는 일만큼이나 불가능하다는 게 주지의 사실이다.

인간이라는 종은, 본래의 성향 그대로라면, 아무것도 소유하지 못한 상태로 노동력을 제공할 수밖에 없는 무한한 수효의 인간이 있지 않은 한 존속할 수 없다. 유복한 상태에 있는 자가 자기 밭을 떠나 당신의 밭을 경작하러 갈 리가 없기 때문이다. 게다가 당신이 신발 한 켤레가 필요하다고 한들 소원(訴願) 심사관이 그것을 당신에게 만들어 줄 리 없다. 따라서 평등은 가장 자연스러운 것이면서 동시에 결코 실현될 수 없는 공상 같은 것이기도 하다.

사람들은 매사에 기회만 되면 극단적이 되는 탓에 이런 불평등을 확대해 왔다. 여러 국가에서 채택하고 있는 법으로, 한 국민은 자기가 태어난 나라의 국경선을 넘어가서는 안 된다는 법이 있다. 그 나라에서 태어난 것은 우연일 뿐 자신이 선택한 것이 아닌데도 말이다. 이 법령이 말하고자 하는 것은 금방 보인다. 즉 "이 나라는 살기 좋지 않고, 정의롭게 통치되지도 않으므로 각 개인이 이 나라를 빠져나가는 것을 금한다. 그러지 않으면 모두가 이 나라를 떠날 테니까."이다. 하지만 이보다 나은 방법이 있다. 국민 모두에게 그 나라에 머물러 살고 싶다는 욕구를 심어 주면 된다. 더불어 이방인에게도 그 나라에 와서 살고 싶다는 욕구를 불러일으키면 좋을 것이다.

사람은 저마다 내심으로는 자신이 다른 사람들과 완전히 평등하다고 생각할 권리가 있다. 그렇게 생각한다고 해서 추기경의 요리사가 자기 주인에게 저녁 식사를 준비하라고 지시해야 하는 것은 아니다. 그러기보다 요리사는 다음과 같이 말할 수 있을 것이다. "나는 주인과 같은 인간이야. 주인처럼 울음을 터뜨리며 태어났지. 주인도 죽을 때는 나와 마찬가지로 두려워서 떨 것이고, 마찬가지로 종부성사를 받을 거야. 주인과 나, 우리는 둘 다 동물인 점에서는 같아. 만약 투르크인들이 로마를 점령하게 되면 그때는 내가 추기경이고 주인이 요리사가 될 거야. 그렇게 되면 나는 그에게 내 식사를 준비시키겠지." 이 말은 이치에 맞고 정당하다. 그렇지만 투르크제국이 로마를 점령할 때까지 그 요리사는 자신의 의무를 수행해야 한다. 그러지 않으면 인간 사회가 온통 타락하고 말 것이다.

추기경의 요리사도 아니고, 국가 내의 다른 어떤 책무도 맡지 않은 어떤 사람이 있다. 그 사람의 경우라면 어떨까? 그는 아무 데도 얽매여 있지 않지만, 어디를 가든 남들이 보호자연하는 태도 혹은 멸시 섞인 태도로 자신을 대하는 것이 유감스럽다. 여러 몽시뇨르[256]들이 자신보다 학문이 뛰어나지도 않고 재기도

덕성도 부족하다는 사실을 분명히 아는 그는 이따금 그분들을 알현하기 위해 대기실에서 기다리면서 따분함을 느낀다. 이런 사람의 경우 어떤 행동을 취해야 할까? 대기실에서 나와서 가버리면 되는 것이다.

256 고위 성직자의 존칭.

표상 —— Emblème

　　고대는 모든 것이 상징이고 표상이다. 칼데아에서는 봄에 숫양 한 마리, 새끼염소 두 마리, 소 한 마리를 제단에서 태워 하늘에 번제를 지냈는데, 이것은 대지로부터 소출을 거두었음을 알리는 의식이었다. 불은 페르시아에서 신성(神聖)의 상징이다. 이집트에서 하늘의 개[257]는 나일강의 범람을 알리는 것이었다. 자기 꼬리를 문 뱀[258]은 영원을 상징한다. 이처럼 자연 전체가 어떤 의미를 나타내거나 감추고 있는 표상인 것이다.

　　또한 인도에서는 무시무시하면서도 점잖지 못한 형상을 한 수많은 고대 조각상들을 볼 수 있다. 이 조각상들은 덕(德)의 상징으로 악에 맞서 싸우기 위해 열 개의 큰 팔을 달고 있는데, 이

257　고대 이집트에서 숭배된 시리우스(천랑성)를 가리킨다. 큰개자리에서 가장 밝은 별인 시리우스는 나일 강 범람기에는 일출 직전 동쪽에서 떠오르는데, 고대이집트에서는 그 시점을 기준으로 범람이 시작된다고 보았다.

258　우로보로스. 자기 꼬리를 입에 문 모습으로 우주를 휘감고 있다는 뱀.

런 형상 때문에 우리 선교사들은 그것을 악마의 모습으로 오인했다. 프랑스인이나 이탈리아인이 아니면 모두 악마를 숭상한다고 믿은 탓이었다.

고대의 이 모든 상징들을 양식(良識)을 지닌 사람의 눈앞에 놓아 보라. 그런 상징들에 대해 들어 본 적이 없는 사람이라면 그것들을 봐도 무엇을 의미하는지 전혀 이해하지 못할 것이다. 그것은 해독 방법을 배워야 하는 일종의 언어다.

고대 신학자 시인들은 하느님에게 눈을 달아 드려야만 하는 처지였다. 손과 발도 달아 드릴 필요가 있었다. 하느님을 알리기 위해서 인간의 형상을 씌워야 했던 것이다.

알렉산드리아의 성 클레멘스는 콜로폰의 크세노파네스[259]가 지은 시구를 인용하는데, 옮겨 놓으면 다음과 같다.

> 위대한 하느님! 우리가 무엇을 하든, 어떻게 표현하든
> 우리는 당신을 알 수 없으며 그림으로 나타내기란 더더욱 불가능합니다.
> 당신 안에 있는 형상은 각각 여러 속성을 지닙니다.
> 새들은 하늘을 자유롭게 날아다니는 하느님이며,
> 황소는 하느님의 무서운 뿔,
> 사자는 하느님의 날카로운 어금니,
> 들판의 말들은 빠르게 달리는 하느님입니다.[260]

---

259 그리스의 철학적 서사시인. 신에 대한 인간의 주관적 해석과 기존의 신화적 해석을 비판하며 신은 영생불멸이어야 한다고 주장했다. 저술로 『자연에 대하여』가 전해진다.

260 『잡록(Stromata)』, 5권.

크세노파네스의 위 시구에서 알 수 있는 사실은 사람들이 하느님을 자신이 상상한 대로 형상화한 것이 오늘날만의 일은 아니라는 것이다. 호메로스보다도 한참 이전, 신에 대해 이야기했다는 의미에서 그리스 최초의 신학자인 트라케의 오르페우스는, 역시 알렉산드리아의 클레멘스가 인용한 내용에 따르면, 신을 위와 유사하게 노래하고 있다.

> 구름 속 영원한 왕좌에 앉아
> 움직이지 않고도 바람과 비를 움직이며,
> 다리로 이 대지를 내리누르며, 또한 공기의 파도를 타고
> 손은 두 바다 기슭에 동시에 가닿는다네.
> 신은 세상 모든 것의 최초 원리이자, 종극(終極)의 결과이며,
> 중간 과정이라네.

이처럼 세상 만물이 어떤 존재의 구현이고 무엇인가의 표상인 터라 철학자들도 이 방법을 활용했는데, 특히 인도에 가 본 적이 있는 사람들이 그런 경향을 보였다. 이제 가르치고자 하는 교훈도 표상이자 수수께끼로 만들어 놓은 것이다.

"검으로 불을 휘젓지 말라." 즉 화가 난 사람들을 자극하지 말라는 의미이다.

"굴뚝 연돌 밑에 램프를 놓지 말라."[261] 결코 진실을 숨기지 말라.

---

261 눈에 금방 들어오지는 않지만 결국은 알려지고야 마는 것을 가리킬 경우 쓰는 말.

"신은 세상 모든 것의 최초 원리이자,
종극의 결과이며, 중간 과정이라네."
알렉산드리아의 성 클레멘스

"잠두콩은 먹지 말라." 공회(公會)가 열리면 달아나는 것이 상책이다. 당시 회중들이 흰 콩과 검은 콩으로 찬반 의사 표시를 한 데서 유래했다.

"집에 제비를 들이지 말라." 집에 수다쟁이가 많으면 안 된다.

"심장이나 뇌는 먹지 말라." 슬픔이나 너무 골치 아픈 문제에 빠지지 말라.

이상은 피타고라스[262]의 금언들로, 의미를 이해하기는 어렵지 않다.

모든 표상들 가운데 가장 아름다운 것은 로크레스의 티메오스[263]가 다음과 같이 형상화한 하느님의 표상이다.

"원이면서 그 중심은 어디에나 있고, 그 원주는 아무 데도 없다."

플라톤이 이것을 신의 표상으로 채택했다. 파스칼이 자신의 생각을 주장하기 위해 활용한 수많은 자료(그것들을 모은 것이 『팡세』라는 제목으로 불리는 저술이다.) 가운데는 이 표상도 포함되어 있다.

형이상학, 윤리학 분야에서는 고대인들이 이미 모든 것을 밝혀 놓았다. 우리는 고대인들의 생각에 동의하거나, 그들이 해

---

262 기원전 6세기 고대 그리스의 철학자이자 수학자. 30세 무렵 독재 정치를 비판하며 그리스를 떠나 30년간 이집트, 페르시아, 중앙아시아, 인도 등 여러 곳을 떠돌며 다양한 밀의 종교 의식들과 학문을 익혔다고 전해진다. 60세 무렵 남이탈리아의 크로톤에 거주하며 영혼 윤회 등의 교의를 내세워 신비주의적 종교 집단과 유사한 철학적 공동체를 결성했다.

263 기원전 5세기의 철학자. 플라톤의 대화편 『티마이오스』에 등장한다. 그러나 위에 인용된 묘사는 17세기 프랑스 신비주의 신학자 메르퀴르 트리스메지스트의 것이다.

놓은 이야기를 되풀이한다. 이 분야에서 오늘날의 모든 저술은 고대인들의 생각을 되받아 적은 것에 불과하다.

우리 눈에 가장 기이해 보이는 표상들이 신성한 것으로 숭배되었던 곳은 특히 인도, 이집트, 시리아이다. 이 지역들에서는 생명의 두 가지 상징으로 생식기 두 가지를 떠받쳐 들고 제의 행렬을 벌이곤 했다. 우리는 그걸 보고 웃으면서 그곳의 민중들을 어리석은 야만인으로 취급한다. 세상에 존재하게 해 준 것에 대해 신에게 감사하는 방식이 직설적이라는 이유로 말이다. 만약 그들이 옆구리에 살육 무기를 차고 교회에 들어가는 우리의 모습을 보았다면 뭐라고 말했을까?

테베에서는 사람의 죄악을 숫염소로 표현했다. 페니키아[264]에서는 물고기 꼬리가 달린 벌거벗은 여인이 자연의 표상이었다.

히브리인들이 무리지어 시리아 사막을 떠돌아다니던 시기에 이처럼 상징을 사용하는 방식을 받아들인 것은 놀라운 일이 아니다.

유대인의 표상들

유대 고문헌에 등장하는 표상들 가운데 가장 아름다운 것은 구약 성서 「전도서」에 나오는 다음과 같은 것이다.

"맷돌 갈던 아낙들이 하나둘 그 수가 줄어 마침내 하릴없어질 때, 그들을 구멍으로 들여다보던 남정네들은 컴컴해지고, 편도나무에 꽃이 피고, 메뚜기는 살이 오르고, 케이퍼는 잎을 떨구고,

---

264 오늘날의 레바논, 시리아, 이스라엘 북부 등 지중해 동쪽 해안 지역을 일컫는 고대 지명.

은줄이 끊어지고, 금띠는 풀려 떨어지고…… 항아리는 우물가에서 깨어지리니……."[265]

위의 구절은 노인들의 이가 빠지고, 눈이 어두워지며, 머리카락은 편도나무 꽃처럼 흰 백발이 되고, 발은 부은 메뚜기 같은 몰골이 되다가, 머리카락이 빠져 케이퍼 잎사귀처럼 떨어진다는 뜻으로, 노인들은 더 이상 생산을 할 수 없으니 이제 마지막 여행을 떠날 준비를 해야 한다고 말하고 있다.

「아가(雅歌)」는 (알려져 있듯이) 예수 그리스도와 교회의 혼인을 연속되는 표상을 이용해 이야기하는 책이다. 이 책의 처음부터 끝까지 그 전부가 하나의 표상인 것이다. 책 속에서 특히 사랑하는 남자가 올라가 있는 야자나무는, 저 기발한 동 칼메의 해석에 따르면, 예수그리스도가 처형당한 십자가를 의미한다. 그러나 솔직히 말해 이 책에서 이런 식의 알레고리를 찾기보다는 건전하고 순수한 교훈을 찾는 편이 더 바람직할 것이다.

유대 민족의 책들에는 수많은 전형적인 표상이 담겨 있다. 그 표상들은 오늘날 우리가 보기에는 터무니없고 거북한 것들인 탓에 우리는 그것들에 대해 의혹을 품거나 조롱을 던지곤 한다. 그러나 아시아인들에게는 그런 표상들이 일반적이고, 이해하기도 어렵지 않은 듯하다.

「에제키엘서」에서 예언자 에제키엘(에스겔)은 환영(幻影) 속에서 불을 보고, 회오리바람을 보고, 그러고는 불덩어리 한가운데 사람을 닮은 네 마리 짐승의 형상을 본다. 이 짐승들은 얼굴

265 「전도서」, 12장 3~6절.

네 개와 날개 네 개가 달렸고, 다리는 소의 형상이다. 특히 예루살렘과 사마리아를 표상하기 위해 펼쳐 놓는 오홀라와 오홀리바의 이야기는 우리가 보기에 외설적이고 불쾌하지만, 그것은 당시에는 자연스러운 것을 곧이곧대로 표현했을 뿐이었다. 더없이 순결한 혼약의 표본인 「아가」에서도 그런 예를 찾자면 서른 군데나 들 수 있다. 그런 표현, 그런 상상들이 어느 경우에나 지극히 진지하다는 사실에 주의할 필요가 있다. 이 상고시대 문헌들 가운데 어디에도 생식이라는 대업을 우스갯거리로 삼는 경우는 없다. 음행을 지탄할 때도 구사되는 표현은 지극히 명료하다. 관능을 자극하거나 농담을 던지려는 의도는 조금도 없는 것이다.

지옥 ——Enfer

사람들이 사회를 이루어 살면서부터 알아차릴 수밖에 없었던 사실은 죄를 지은 자들이 준엄한 법을 피해 빠져나가는 경우가 많다는 것이었다. 범죄가 공적인 성격을 띨 경우, 사람들은 그 범죄를 처벌했다. 드러나지 않게 자행되는 범죄에 대해서도 재갈을 물릴 필요가 있었는데, 오직 종교만이 그 재갈이 될 수 있었다. 페르시아인, 칼데아인, 이집트인, 그리스인은 죄에 대한 처벌이 내세에 이루어진다고 생각했다. 우리가 아는 모든 고대 민족들 가운데 유대인들만 유일하게 현세의 징벌을 선호했다. 내세에 받게 될 형벌에 지극히 모호하게 규정된 몇 가지 단계가 있다고 믿는 것 혹은 믿는 척하는 것은 어리석은 일이다. 왜냐하면 지옥이란 유대인의 옛 율법인 「레위기」, 「십계명」에 의거해서 채택된 교리인데 정작 그 율법에는 내세에 받게 된다는 그 형벌과 조금이라도 연관 지을 수 있는 말은 단 한 마디도 등장하지 않기 때문이다. 모세 5경[266]을 기술한 사람은 다음과 같은 비난을 받아 마땅할 것이다. "당신은 경솔하고 부정직하며 머리가 텅 빈 사람이오. 율법을 세운 사람이라고 할 자격이 없는데도 부당하게 그 이름을 누리고 있다는 말이오. 세상에! 사람을 제압하는 데 지옥의 교리만큼 효과적인 것이 무엇이겠소? 지옥의 교리만큼 백성을 다스리는데 꼭 필요한 것이 어디 있겠소? 그런데도 당신은 그것을 분명하게 알리지 않다니, 더구나 주변의 모든 나라가 지옥에 대한 생각을 받아들이고 있는데도 입을 다물다니, 그게 합당한 일이오? 당신이 지옥에 대해 알리지 않은 탓에 4000년이 흐른 뒤에야 몇몇 성서 해설자가 어렴풋한 짐작만으로 지옥을 모호하게 설명하고 있단 말이오. 일이 이 지경이 되도록 만들었으니 흡족하시오? 그 해설자들이 당신의 말을 군데군데 왜곡하여 이야기한 적도 없는 것을 끄집어내려 할 텐데도 괜찮다는 거요? 그게 아니면 당신은 무지한 사람이오. 지옥이란 이집트, 칼데아, 페르시아에서는 이미 널리 받아들여진 생각이라는 사실을 모르니 무지하다고 할 수밖에. 아니면 아주 어리숙한 사람이거나. 지옥에 대해 알면서도 그것을 당신네 종교의 토대로 삼지 않았으니까 말이오."

유대 율법서 기술자들은 고작해야 다음과 같은 대답을 할 수 있을 것이다. "고백하건대 우리는 아주 무지합니다. 글을 배운 것은 훨씬 나중의 일이지요. 우리 유대 사람들은 거칠고 무식한 유목민이었어요. 이미 말한 대로 거친 사막을 반세기 가까

---

266 구약 성서 맨 앞에 있는 「창세기」, 「출애굽기」, 「레위기」, 「민수기」, 「신명기」를 말한다. 본래 모세가 쓴 것으로 알려져 모세5경으로 불렸는데 지금은 연구와 자료를 바탕으로 여러 사람이 편집한 것이라는 의견이 제기되고 있다.

이 떠돌아다녔지요. 그러다가 추악한 약탈과 가증스러운 잔혹 행위라는 방법을 써서 마침내 작은 나라를 차지했는데, 그 이야기는 끔찍하기가 차마 입에 담을 수 없을 정도입니다. 우리는 문명화된 나라들과는 아예 담을 쌓고 지냈지요. 사정이 이러한데 우리가(땅바닥에 가장 가깝게 붙어 사는 우리가 말입니다.) 어떻게 고도로 정신적인 개념을 만들어낼 수 있었겠습니까?"

"우리가 '영혼'이라는 단어를 쓰는 경우는 '생명'을 가리킬 때뿐이었습니다. 우리는 하느님과 대천사들, 천사들을 육신을 가진 존재로만 생각했습니다. 즉 영혼과 육체의 구별이라든가 사후 영생(死後永生)이라는 개념은 오랜 숙고의 결과이자 정교한 철학 체계의 생산물인 것입니다. 그러니 호텐토트족과 흑인들은, 우리보다 훨씬 더 넓은 땅에 산다 할지라도, 내세라는 것을 알 리 없지요. 사람이 나쁜 짓을 하면 하느님이 4대까지 벌하신다는 것을 우리 유대 민족에게도 누누이 일러 주기는 했던 것 같습니다. 나병에 걸리게 하거나, 급살을 맞게 하거나, 재산이 조금이라도 있으면 그걸 몽땅 잃고 쪽박을 차게 만드는 방식으로 벌을 내리실 거라고 말입니다."

이런 변명에는 다음과 같은 말로 반박할 수 있을 것이다. "당신들이 만들어낸 그 징벌 체계는 언뜻 봐도 우스꽝스럽기 그지없소. 나쁜 짓을 한 당사자는 탈 없이 잘 살고 어쨌거나 4대까지 번성할 거라는 이야기가 아니오. 그러니 그자는 틀림없이 당신을 비웃었을 거요."

그러면 상대방은 유대 율법을 변호하면서 다음과 같은 반론을 내놓을 수도 있을 것이다. "그건 오해입니다. 왜냐하면 죄인 중에 생각이 멀쩡한 사람이 한 명이라면 사리 분별을 못 하는

지옥의 입구를 묘사한 15세기 초 그림

사람은 백 명이나 되니까요. 죄를 저질러 놓고 아직까지는 자기 일신에도 자식의 일신에도 내려진 벌이 없다고 생각한 자들은 손자를 걱정했습니다. 또한 당장은 그의 몸에 곪은 상처 하나 없다 해도, 그런 농양은 우리가 빈번하게 겪는 터라 몇 년 살다 보면 생기기 마련이었죠. 식구가 있다면 우환은 언제나 있는 법입니다. 그러니 그런 불행은 신이 내린 것이라고, 신은 남몰래 행한 잘못도 찾아내서 벌하신다고 믿게 만드는 일은 어렵지 않았습니다."

이런 대답에는 쉽사리 반박할 수 있다. 다음과 같이 말해 주면 될 것이다. "그런 변명은 엉터리요. 아주 성실한 사람들이 건강과 재산을 잃는 경우도 허다하니까 말이오. 또한 모든 가족이 빠짐없이 불행을 겪고 그 불행이 신이 징벌이라고 한다면 그것은 당신네 종족이 전부 다 사기꾼 가족이었다는 의미가 될 거요."

유대 제사장은 다시 대꾸할 수 있을 것이다. 불행 중에는 인간이 원래부터 타고나는 것들도 있지만 하느님이 내리시는 것들도 분명히 있다고 말이다. 하지만 그런 식으로 이치를 따지려는 사람에게는 그것이 얼마나 가소로운 생각인지 알려 주고 싶다. 열병에 걸리고 우박이 쏟아지는 일이 어느 경우에 신의 징벌이고 어느 경우에 자연 현상인지 대체 어떻게 구분한다는 것인가.

요컨대 유대 지파 가운데 바리새파와 에세네파는 자신들의 방식으로 지옥을 믿었는데, 이 지옥 신앙은 이미 그리스인을 거쳐 로마인들에게 전해진 것을 이번에는 그리스도교도들이 받아들이게 된 것이었다.

많은 수의 교부들은 영벌(永罰)을 믿지 않았다. 염소 한 마리를 훔쳤다는 이유로 하찮은 한 인간을 끝없이 불태운다는 것은 그들이 보기에 어처구니없는 일이었던 것이다. 베르길리우스는 「아이네이스」 6장에서 부질없이 다음과 같이 읊고 있다.

……저 불행한 테세우스가 저기 앉았으니, 그는 영원히 그렇게 앉아 있어야 하리라.

베르길리우스의 주장으로는 테세우스가 그 의자에 영원히 앉아 있고 그런 자세가 바로 그에게 내려진 형벌이라는 것인데, 이 주장은 설득력이 없다. 다른 사람들이 생각하기에는 테세우스는 영웅이므로 결코 지옥에 앉아 있을 리 없었다. 즉 엘리시움에 가 있을 거라는 말이었다.

얼마 전의 일인데, 선량하고 정직한 한 위그노 목사[267]가 설교도 하고 또 책으로도 쓴 내용인즉 지옥에 떨어진 자들도 용서받는 날이 언젠가는 올 것이라고 했다. 그 목사의 말에 따르면 형벌은 그 죄의 가볍고 무거움에 따라 차등이 있어야 하고, 또한 한 순간의 실수만으로 영벌을 받는다는 것은 지나치다는 것이다. 이 너그러운 재판관은 동료이기도 한 성직자들에 의해 자리에서 쫓겨났는데, 그들 가운데 한 사람은 이렇게 말했다. "여보게, 지옥이 영원하다고 믿지 않는다는 점에서는 나도 자네와 같다네. 그렇지만 자네의 시종과 재봉사가 지옥이 영원하다고 믿고 있어야, 법률 대리인까지도 그렇게 믿어야, 우리가 살아가기 편하다네."

---

267 페르디낭 올리비에 프티피에르를 말한다. 「지옥 비영원론에 대한 변명」을 썼다.

열광 ——— Enthousiasme

열광(enthousiasme), 이 말의 그리스어 어원 엔토우시아소모스(enthousiasomos)는 오장육부의 흥분, 몸속에서 일어나는 떨림을 의미한다. 고대 그리스인들은 신경이 흥분된 상태, 장이 부풀었다가 오그라들고 심장이 격렬하게 뛰는 현상, 강한 자극을 받았을 때 불기운이 뱃속에서 뇌로 세차게 솟구치는 일을 표현하려고 이 단어를 만든 것일까? 그게 아니면 처음에는 '열광'이라는 이 명사로 신체 내부 장기의 이상 징후 즉 피티아[268]가 델포이 신전의 삼각의자에 앉아 신체의 어느 한 지점, 오직 다른 육신들을 받아들이기 위해 생긴 것으로 보이는 지점을 통해 아폴론 신으로부터 신탁을 받을 때 온몸을 뒤틀고 몸부림치던 현상을 가리키려 한 것일까?

우리는 열광이라는 단어를 어떤 의미로 사용하는가? 우리

---

268 델포이 신전에서 아폴론신의 신탁을 받는 여사제.

가 품는 감정들이란 얼마나 미묘하고 다양한지! 칭찬, 동정, 감동, 흥분, 매혹, 열정, 열광, 착란, 격정, 광란, 이런 모든 것이 인간 영혼이 빠져들 수 있는 감정 상태이다.

어느 기하학자가 감동적인 비극을 관람하고 있다. 그가 이 연극을 보며 하는 생각은 연출 솜씨가 훌륭하다는 것뿐이다. 그 옆자리에 앉은 청년은 감동에 취해 아무것도 알아차리지 못하는 상태다. 어떤 여자는 눈물을 흘린다. 또 다른 청년은 가슴이 벅찬 나머지, 그로서는 불행한 결심이지만, 자신도 비극을 한 편 쓰려고 마음먹는다. 말하자면 이 청년은 열광이 초래하는 병에 걸린 것이다.

전쟁을 소소하게 벌이가 되는 일로 여기던 고대 로마 보병부대의 지휘관이나 군단장은 전쟁이 있을 때마다 마치 일꾼이 작업을 위해 지붕 위에 올라가듯이 묵묵히 전투에 나서곤 했다. 반면 카이사르는 알렉산드로스 상을 보고 눈물을 흘렸다.

오비디우스는 사랑에 대해 이야기할 때 지성(知性)에만 의지했다. 반면 사포[269]는 이 사랑의 열광을 시로 썼다. 이 시인이 사랑 때문에 죽은 것이 사실이라면, 그것은 그 열광이 착란으로 치달았기 때문이다.

당파심은 이 열광을 능란하게 활용한다. 열광이 극에 달해 미치광이처럼 날뛰는 광신자들이 당파마다 있기 마련이다.

열광은 무엇보다 왜곡된 신앙의 몫으로, 잘못된 길로 들어선 신앙 행위가 주로 열광에 빠져들곤 한다. 예를 들어 젊은 파

---

269 고대 그리스의 여류 시인. 레스보스 섬 뱃사공 파온을 향한 사랑의 고통을 못 이겨 암벽에서 바다에 몸을 던졌다는 이야기가 전해진다.

사포는 사랑의 열광을 시로 썼다. 이 시
인이 사랑 때문에 죽은 것이 사실이라면,
그것은 그 열광이 착란으로 치달았기 때
문이다.

키르[270]가 기도 수행을 하다가 자신의 코 끄트머리가 보이자 수행 성과가 나타나기 시작한 거라는 착각에 빠진다고 하자. 이 성과에 고양된 그는 20킬로그램이 넘는 사슬을 몸에 감고 있으면 신이 그를 가엾게 여겨 눈앞에 나타나 줄 거라고 생각한다. 그는 브라흐마[271]를 그리면서 잠이 들고, 비몽사몽간에 과연 브라흐마를 본다. 이처럼 잠이 든 것도 아니고 깨어 있는 것도 아닌 상태에서 이따금 그의 눈에 불꽃이 번쩍이기도 한다. 파키르의 눈앞에는 눈부신 빛으로 둘러싸인 브라흐마가 나타나고, 이렇게 해서 그는 환각에 빠져드는데, 이런 증상은 대개 불치병이 되고 만다.

가장 보기 드문 일로서, 이성이 열광과 조화를 이루는 경우도 있다. 이성의 속성은 언제나 사물을 있는 그대로 보는 것이다. 취한 상태에서 눈앞의 물체가 둘로 보이는 사람은 이성을 잃은 것이다.

열광은 술과 똑같은 증상을 빚어낸다. 혈관 속의 피가 들끓고, 신경이 격렬한 흥분을 일으킨다. 그런 증상을 일으키다 보면 이성은 완전히 무너지고 만다. 그러나 열광이 단지 가벼운 흥분으로 그칠 수도 있는데, 가볍게 흥분하는 정도라면 두뇌가 조금 더 활발해질 뿐 다른 여파는 없다. 유창한 웅변에서, 특히 훌륭한 시에서 볼 수 있는 현상이 바로 이것이다. 이성이 뒷받침된 열광은 위대한 시인들이 가진 재능이다.

이성과 조화를 이룬 이 열광이 위대한 시인들로 하여금 결

---

270 힌두교 탁발승.
271 힌두교 주요 신의 하나로 창조신 프라자파티와 동일시되었다. 비슈누, 시바와 함께 힌두교 삼주신(트리무르티)의 하나이다.

작을 완성하게 해 준다. 이것을 두고 예전에는 위대한 시인들은 신의 영감을 받아 시를 쓴다고 생각한 것이다.

이성적 사고가 열광을 통제할 수 있는 까닭은 무엇일까? 그것은 시인이 시를 쓸 경우 가장 먼저 하는 작업이 시의 밑그림을 그리는 일이기 때문이다. 이렇게 밑그림을 그릴 때 그 펜대를 잡는 것이 이성이다. 시 속의 인물들에게 생기를 불어넣고 열정적 성격을 부여하고자 한다면 시인은 자신의 상상력을 고양하고 열광을 불러일으켜야 한다. 경주로에서 힘차게 달리는 것은 말이다. 하지만 그에 앞서 경주로가 반듯하게 그려져 있어야 하는 것이다.

시기심 ──── Envie

이 수치스러운 정념에 대해 고대인들은 어떤 말들을 남겼는지, 또한 그 말들이 근대에 들어와 어떻게 반복되었는지는 잘 알려져 있다. 헤시오도스[272]는 고전 작가들 가운데 처음으로 시기심에 대해 다음과 같이 언급했다.

문지기는 문지기를 시기하고, 장인(匠人)은 장인을 시기하고, 가난한 자는 가난한 자를 시기하며, 악공은 악공을 시기한다. (혹 아오이도스(aoidos)[273]라는 말에 또 다른 의미를 부여하고자 한다면, '시인은 시인을 시기한다.')

헤시오도스보다 한참 앞서 욥은 다음과 같이 말했다. "시기

272 기원전 8세기말 활동한 그리스의 서사시인.
273 영웅의 행적을 노래하는 가수, 음유시인을 가리킨다. 호메로스를 비롯한 고대그리스의 시인들은 아오이도스였다.

심은 어리석은 자를 죽인다."[274]

시기심이 아주 유익한 감정이며 효용성이 큰 정념이라는 점을 입증하려 한 사람은 내가 생각하기에 「꿀벌의 우화」를 쓴 맨더빌[275]이 처음이다. 그 점에 대해 맨더빌이 내세운 첫 번째 근거는 시기심이 굶주림이나 목마름과 같은 인간의 본성이라는 것이다. 따라서 시기심은 말이나 개에서 보는 것처럼 모든 아이에게서 찾아볼 수 있다. 당신의 자녀들이 서로를 미워하게 하려면 한 아이를 다른 아이보다 더욱 다정하게 대하면 된다. 이 비결은 실패하는 법이 없다.

맨더빌은 젊은 두 여자가 만나면 가장 먼저 하는 일이 서로 상대방에게서 비웃어 줄 만한 흠을 찾아내는 것이며, 두 번째가 듣기 좋은 아첨을 서로 주고받는 것이라고 주장한다.

그의 생각에 의하면, 시기심이 없을 경우 기예(技藝)는 큰 발전을 이루지 못할 것이다. 미켈란젤로에 대한 질투심이 없었더라면 라파엘로는 위대한 화가가 되지 못했으리라는 말이다.

맨더빌은 경쟁심을 시기심으로 착각한 것이 틀림없는데, 어

---

274 『욥기』, 5장, 2절.
275 영국 의사이자 도덕 사상가. '개인의 악덕이 공공의 이익'이라는 부제를 붙인 풍자시 「꿀벌의 우화」(초판 1705년)를 썼다. 이 우화는 한 벌집 사회에 대해 이야기하는데, 이 사회는 풍요하지만 악이 기승을 부리는 곳이다. ("옛날에 꿀벌 왕국이 있었지, 왕과 귀족은 사치를 일삼고…… 판결은 뇌물이 결정했네.") 꿀벌들은 공정하고 정직한 사회가 되면 더욱 잘살게 되리라고 생각하고 신에게 기원을 올린다. 신이 꿀벌들을 도덕적인 성품으로 바꿔 주자 벌집은 오히려 점점 궁핍해진다. 꿀벌들 사이의 경쟁심도 사치도 사라지면서 물질과 직업에 대한 수요가 줄었기 때문이다. ("정직하게 살다 보니 재판할 일도 없고, 군인도 필요 없고, 요리사며 일자리까지 모두 없어지고 말았지 ……벌들은 굶어죽었다네. 바보들은 정직한 벌집을 만들려고 애를 쓰지만, 악덕 없는 세상이란 아무 소용없는 유토피아일 뿐.")

쩌면 경쟁심 역시 품위의 틀 안에 갇힌 시기심에 불과할지도 모른다.

미켈란젤로는 라파엘로에게 다음과 같이 말할 수 있었다. "시기심 덕분에 당신은 나보다 더욱 열심히 기량을 연마할 수 있었소. 당신은 교황 가까이 있으면서도 나를 결코 헐뜯은 적이 없고, 음해하지도 않았소. 또한 내가 「최후의 심판」을 그리면서 천국에 애꾸눈과 절름발이를 그려 넣었다는 것을 꼬투리 잡아 나를 파문하려는 음모에도 가담하지 않았소. 그러니 당신의 시기심은 매우 칭찬할 만하오. 당신은 정직한 시기심을 가졌소. 우리 좋은 친구가 됩시다."

하지만 만약 시기하는 자가 재능이 없어서 마치 거지가 부자를 시샘하듯이 상대방의 장점을 질시하는 소인배라면, 그가 그 비열한 성격을 어찌지 못하는 만큼이나 궁핍에 쫓겨 당신을 겨냥하여 「파르나소스 통신」[276]이라든가, 「백작 부인의 편지」, 《문학 연보》[277]를 써 댄다면, 그 못난 인간은 백해무익한 시기심을 드러낸 것이다. 따라서 그런 시기심이라면 맨더빌도 결코 그것을 옹호하지 않을 것이다.

고대인들은 시기하는 자의 눈이 그 바라보는 대상의 넋을 빼앗는다고 생각했는데, 어째서 그렇게 생각했는지 모르겠다. 오히려 시기하는 자들이야말로 넋을 빼앗긴 자들인데 말이다.

데카르트는 다음과 같은 말을 했다. "시기심은 노란 담즙의

---

276 정확한 서명은 『파르나소스의 기자(記者)』(1731), 사제 데퐁텐과 그라네의 저술로, 데퐁텐은 볼테르와 논쟁을 벌인 앙숙이었다.
277 엘리 카테린 프레롱이 편집인으로 있던 잡지로 볼테르를 비롯한 자유 사상가들에 반대하는 논설을 주로 실었다. 앞의 『백작 부인의 편지』(1746) 역시 프레롱의 저술이다.

분비를 촉진하는데, 노란 담즙은 간 하부에서 생성된다. 또한 비장에서 만들어진 검은 담즙이 심장으로부터 혈관을 타고 온몸으로 퍼져 나가게 한다." 운운. 그러나 비장에서는 사실 어떤 종류의 담즙도 생성되지 않으니, 데카르트는 위와 같은 말을 함으로써 그 자신의 생리학적 지식에 대해 누구라도 시기심을 품을 필요가 없도록 한 것 같다.

보에인지 보에티우스[278]인지 데카르트를 무신론자라고 비난한 신학계의 무뢰한이 있었는데, 그는 검은 담즙으로 인한 중병을 앓고 있었다. 하지만 그는 자신의 가증스러운 담즙이 어떻게 혈액 속으로 퍼져 나가는지에 대해 데카르트보다도 아는 것이 더 없었다.[279]

페르넬 부인[280]의 대사 중에 다음과 같은 말이 있는데, 옳은 말이다.

> 시기하는 자들은 언젠가는 죽지만 시기심은 결코 죽지 않는다.
>
> ―「타르튀프」 5막 3장

그렇더라도 "동정하느니 시기하는 편이 낫다."라는 격언은 새겨들을 만하다. 자기 능력껏 시기심을 갖도록 하자.

---

278 기스베르투스 보에티우스. 17세기 네덜란드의 칼뱅파 신학자. 네덜란드에 영향을 끼치기 시작한 데카르트 철학을 공격하는 데 힘을 쏟았는데, 이에 대해 데카르트는 「매우 유명한 사람 기스베르투스 보에티우스에게 보내는 서한」으로 응답했다.

279 볼테르는 보에티우스가 데카르트를 공격한 것을 조롱하기 위해 이런 말을 하고 있다.

280 몰리에르의 1664년작 희극 「타르튀프」에서 극중 인물 페르넬 부인은 판단력이 부족한 탓에 위선적 독신자 타르튀프에게 속아 넘어간다.

그릇된 정신 —— Esprit faux

우리 가운데는 눈먼 사람, 애꾸눈이, 사팔뜨기, 사물이 흐릿하게 보이는 눈을 가진 사람들이 있다. 원시도 있고 근시도 있으며, 그중에는 물체가 비교적 또렷이 잡히는 눈과 흐릿하게 겹쳐 보이는 눈, 바라보다가 금세 피로해지는 눈과 꽤 오래 지치지 않는 눈도 있다. 눈과 관련된 이 모든 양상은 또한 우리가 대상을 이해하는 갖가지 모습이기도 하다. 그러나 사람들은 자신의 시각에 오류가 있다는 사실은 거의 알아차리지 못한다. 수탉이 매번 말로 보이는 사람은 거의 없다. 요강을 보고 집이라고 하는 사람도 없다. 하지만 다른 사소한 문제들에 대해서는 지극히 공정하면서 중요한 문제에 대해서는 완전히 그릇된 판단을 하는 사람들을 종종 마주치게 되는 이유는 무엇인가?

어느 시암[281] 사람은 3루피 거스름돈을 빼돌리려는 장사꾼

---

281 태국의 옛 이름.

에게는 절대 속아 넘어가지 않으면서 삼모노코돔[282]이 변신을 행했다는 이야기는 철석같이 믿는데, 그 이유는 무엇인가? 분별력이 있는 사람들이 돈키호테를 닮게 되는 데는 어떤 해괴하고 유별난 요인이 작용하는 것일까? 다른 사람들 눈에는 풍차로 보일 뿐인 것을 두고 거인이 보인다고 믿은 그 돈키호테 말이다.

그렇더라도 돈키호테는 삼모노코돔이 여러 번 지상에 환생했다고 믿는 시암인, 또한 마호메트가 달의 절반을 소맷자락에 숨겼다고 믿는 투르크인에 비하면 봐 줄 만하다. 사실 그 인물은 자신이 거인을 무찔러야 한다는 생각에 사로잡힌 탓에 거인의 덩치가 풍차만 할 거라고 생각한 것일 수도 있다. 그렇지만 정신이 멀쩡한 사람이 달의 반쪽이 어느 사람의 소맷자락 속에 들어가 있다고 생각한다는 것은, 또 삼모노코돔이 하늘에서 내려와서 시암에 가서 연놀이를 하고 숲을 쪼개고 마술을 부렸다고 생각한다는 것은 대체 어떤 근거에서 가능한 일인가?

뛰어난 천재들은 자신이 검토 없이 받아들인 어떤 원리에 대해 그릇된 판단을 할 수 있다. 뉴턴도 「요한계시록」에 대해 해설하면서[283] 큰 오류를 저질렀다.

몇몇 강압적인 신앙 지도자들이 바라는 일이란 말하자면 자신이 가르치는 사람들이 그릇된 판단력을 지니게 되는 것이라고 요약할 수 있다. 출가수행 중인 한 승려가 장래가 촉망되는 아이를 양육한다. 승려는 오륙 년간의 교육을 통해 아이의 머릿속에 포[284]신(神)이 흰 코끼리로 변해 인간들 앞에 나타났다는

---

282 과거 태국에서 부처(고타마 싯다르타)를 일컫던 명칭.
283 뉴턴이 1733년에 쓴 『다니엘의 예언과 성 요한의 묵시록에 관한 평론』을 가리킨다.
284 남방 불교에서 부처를 부르던 이름 가운데 하나.

점을 주입하고, 또한 아이가 이런 변신에 대해 의혹을 품는다면 죽은 후 50만 년 동안 채찍질을 당할 거라고 믿게 만든다. 세상의 종말이 오면 포의 적이 와서 이 신과 싸움을 벌일 거라는 말도 덧붙인다.

아이는 학업에 정진해서 영재로 성장한다. 그는 스승에게서 배운 내용에 논거를 덧붙인다. 포 신은 흰 코끼리로 변신할 수밖에 없는데, 그것은 흰 코끼리가 동물들 가운데 가장 아름답기 때문이라는 것이다. 그는 말한다. "시암과 페구[285]의 왕들은 흰 코끼리 한 마리를 얻기 위해 전쟁을 합니다. 물론 포 신이 그 코끼리 속에 모습을 감추고 있지 않았더라면 그 왕들은 한갓 짐승 한 마리를 얻으려고 그렇게 미친 듯이 싸우지는 않았을 것입니다."

"세상의 종말이 오면 적이 와서 포 신에게 싸움을 걸 것입니다. 그 적은 아마 코뿔소일 것입니다. 왜냐하면 흰 코끼리와 싸울 수 있는 짐승은 코뿔소이니까요." 그 승려의 박식한 제자가 성년이 되어 내놓은 논리란 바로 이러한 것으로, 그 제자는 인도의 석학이 된다. 그는 정신이 명민할수록 더욱 그릇된 생각을 지니게 되며, 이어서 자신과 같은 그릇된 정신의 소유자들을 길러낸다.

이런 광신자들에게 기하학을 조금 보여 주면, 그들은 그것을 아주 쉽게 배운다. 그러나 얼마나 기이한 일인지! 그들의 정신은 기하학적인 방식으로 사고하지는 못한다. 기하학의 공리들을 이해하기는 해도 그 공리를 통해 확률을 계산하는 법은 배우지 못하는 것이다. 그들은 익힌 습관을 따를 뿐이다. 그들은

285 오늘날 미얀마 바고 시의 옛 이름. 14~18세기에 걸쳐 왕도였으며, 18세기에는 유럽인이 빈번히 오가는 관문이었다.

논증하고 이치를 따지는 일에 평생을 바치는데, 내가 그들에 대해 애석한 점이 바로 그것이다.

  그릇된 정신을 지니게 되는 길은 불행히도 아주 많다.
  첫째, 도출된 결론이 올바르다고 해서 과연 그 원리도 진실인지 검토하지 않는 경우. 이것은 그릇된 정신을 갖게 되는 흔한 방식이다.
  둘째, 옳다고 인정된 원리로부터 틀린 결론을 이끌어내는 경우. 예를 들어 어느 하인이 어떤 사람들로부터 지금 주인이 침실에 있는지 대답을 요구받는다고 하자. 하인은 그 사람들이 주인의 목숨을 노리고 있다는 의심이 든다. 그럴 때 거짓말을 하면 안 된다는 명분 때문에 사실을 털어놓는다면 그 하인은 분명 지극히 참된 원리로부터 어리석은 결과를 이끌어 낸 것이다.
  자신을 죽이려 하는 사람을 죽인 어떤 사람에 대해 재판관이 살인은 금지된 행위라는 이유로 유죄를 선고한다면, 그 재판관은 추론에서 오류를 범할 뿐 아니라 공정하지도 못할 것이다.
  이와 유사한 예들은 그 각각 미묘한 차이를 지닌 아주 다양한 경우로 세분된다. 훌륭한 정신 즉 공정한 판단력이란 그 수많은 차이들을 분간해 내는 정신이다. 불공정한 판결이 그토록 빈번한 것은 바로 이 점에 기인한다. 재판관들의 심성이 나쁜 탓이 아니라 그들의 정신이 충분히 명석하지 못해서인 것이다.

정치체제 —— États, Gouvernements

어떤 정치체제가 최선인가?

최근 모든 정치체제의 장점과 약점을 면밀히 검토한 바 있다. 독자 여러분은 여러 나라를 여행해 보았을 것이고, 눈으로든 책으로든 많은 견문에 쌓았을 것이다. 그렇다면 여러분은 어떤 국가, 어떤 종류의 정치체제에서 태어나고 싶은가? 내가 생각하기에 프랑스의 대귀족[286]은 독일에 태어난다 해도 불만이 없을 것 같다. 그곳에서도 백성이 아닌 군주일 테니 말이다. 프랑스에서 귀족이라면 영국에 태어나더라도 귀족 계층의 특권을 쉽사리 차지할 것이다. 입법의원이 되는 것이다.

사법관과 재정가라면 다른 나라에서보다는 프랑스에서 더 많은 특권을 누릴 것이다.

하지만 그가 온건하고, 자율적이며, 재산은 없고, 편견 또한

---

286 봉건제도에서 영토를 가진 독립적 군주였으며, 왕정 하에서는 형식상 국왕의 신하이나 실질적으로는 독립 제후인 귀족들을 가리킨다.

없는 인물일 경우, 어느 당파가 그런 인물을 선호하겠는가?

폽디셰리 참사회[287]의 어느 박식한 의원이 육로를 통해 다시 유럽으로 돌아오면서 한 브라만과 동행하게 되었다. 이 브라만은 여느 브라만들보다 더 많은 지식을 갖춘 사람이었다.

"무굴제국[288]의 통치 체제를 어떻게 생각하십니까?" 하고 의원이 물었다.

"아주 고약한 체제이지요." 브라만이 대답했다. "타타르인[289]들이 한 나라를 어떻게 원활하게 통치할 수 있겠습니까? 우리의 경우도 힌두교 성직자, 순례자, 관리는 체제에 아주 만족스러워하지만 시민들은 전혀 그렇지 않습니다. 수많은 시민을 무시할 수는 없는 법이지요."

참사원과 브라만은 중앙아시아 고원지대를 가로지르며 대화를 계속했다. 브라만이 말했다.

"생각해 보니 세상의 이 광활한 땅 위에 공화국은 단 한 군데도 없군요."

"과거에는 티루스[290]가 있었는데, 그 도시국가는 오래 가지 못했어요." 참사원이 대답했다. "만약 날강도와 고리대금업자

---

287 폽디셰리는 인도 남동부 도시로 1674년 프랑스에 팔린 이후 무역 관문 역할을 하다가 1761년 영국의 식민지가 되었다. 여기서 참사회는 식민지 통치 기관으로 총독이나 지사 아래 설치된 입법, 행정 참사회를 가리킨다.

288 16세기 초부터 19세기 중반까지 인도를 통치한 이슬람 왕조. 18세기말에서 19세기 중반까지 영국은 명목상으로만 존속한 무굴 황제의 지위를 그대로 남겨 두고 식민지 지배의 도구로 이용하였다.

289 중앙아시아에서 성장한 무굴세력. 무굴제국 시조 바부르(재위1526~1530)는 티무르의 5대손으로 몽골의 후예를 자처했다.

290 페니키아인이 건설한 항구이자 상업 도시. 기원전 332년 알렉산드로스 대왕에게 함락 당했다.

패거리에게도 공화국이라는 이름을 붙일 수 있다면, 중앙아라비아 쪽에도 하나가 있었지요. 팔레스타인이라는 이름의 작은 나라였습니다. 그곳은 어느 때는 판관들이 통치했다가, 또 어느 시기에는 왕이 통치했어요. 대제사장들이 통치할 때도 있었죠. 그 팔레스타인 사람들[291]은 일여덟 번이나 정복당해 노예 신세가 되었다가 결국 추방당했습니다. 과거에 자기네가 침탈했던 나라로부터 말입니다."

"내가 생각하기에는 이 지구상에서 공화국은 아주 소수일 것 같습니다." 브라만이 말했다. "인간들은 스스로를 통치할 만한 자질이 거의 없거든요. 그런 복을 누릴 행운은 외딴 섬이나 산악 지대에 틀어박혀 살아가는 소수 민족들에게나 돌아가는 것이 분명합니다. 마치 육식동물의 위협에서 벗어난 토끼들처럼 말입니다. 하지만 결국에는 그들도 발각되어 잡아먹히고 마는 법이지요."

두 여행자가 소아시아에 이르렀을 때 참사원이 브라만에게 말했다. "놀라운 일이지만 공화국 하나가 이탈리아 어딘가에서 건국되어 500년 이상 지속된 적이 있지요. 이곳 소아시아, 중앙아시아, 아프리카, 그리스, 갈리아,[292] 에스파냐, 그리고 이탈리아 전역을 차지하고 있던 공화국이었습니다."

"그 공화국은 곧바로 군주정으로 바뀌었지요?" 브라만이 말했다.

---

291 서기 70년 경 마사다 항전을 끝으로 로마에 멸망당해 추방되기 이전까지 팔레스타인에서 살던 유대 이스라엘을 가리킨다.

292 고대 로마인이 골족이라 부르던 켈트족의 땅. 북이탈리아, 프랑스, 벨기에 일대와 라인강 서쪽 독일을 포함한다.

"어느 공화국을 말하는지 짐작하셨군요." 참사원이 대답했다. "그렇지만 그 군주정은 몰락했고, 우리는 그 제국의 쇠퇴와 멸망의 원인을 찾는답시고 허구한 날 장광설을 늘어놓곤 하지요."[293]

"당신들도 고생이 많으십니다." 그 인도인 승려가 대꾸했다. "그 제국이 멸망한 이유는 그것이 존재했기 때문입니다. 모든 것은 사라지기 마련이죠. 대(大)무굴제국도 그렇게 되면 좋으련만."

"그건 그렇고," 하고 유럽인 참사원이 대화를 이어 나갔다. "전제 군주정에 더 필요한 것은 명예이고, 공화정에 더 필요한 것은 덕성이라는 생각에 동의하십니까?"

인도인 승려는 참사원이 명예라는 단어를 어떤 의미로 쓴 것인지 묻고 나서 대답하기를, 그런 명예라면 공화정에 더 필요하며, 군주정에는 덕성이 더욱 필요하다고 말했다.[294] 그러고는 다음과 같은 설명을 덧붙였다. "왜냐하면 민중에 의해 선출되기를 바라는 사람이 명예를 잃게 된다면 선출될 수 없을 테니까요. 반면 궁정에서라면 명예를 잃었더라도 쉽게 한 자리 얻을 수 있지요. 궁정인은 출세하려면 명예심도 기개도 없어야 한다는 어느 대공[295]의 좌우명에 따르면 말입니다. 덕성에 대해 말해 보자면, 궁정에서 진실을 입에 올릴 용기가 있으려면 대단한 덕

---

293 몽테스키외의 『로마 성쇠 원인론』을 암시하고 있다.
294 몽테스키외가 『법의 정신』에서 덕성이 공화정체를 움직이는 원리이고 명예가 군주정체를 움직이는 원리라고 한 것을 우회적으로 반박하고 있다.
295 섭정 오를레앙 공 필리프를 가리킨다. 1715년 루이 14세에 이어 5세의 어린 나이로 즉위한 루이 15세를 대신하여 1723년까지 섭정하면서 사회 전반에 자유와 방탕의 분위기를 조장했다는 평가를 받는다.

을 갖춘 사람이어야 하는 법이죠. 덕이 있는 사람은 공화정에서도 아주 잘 지냅니다. 누구에게도 아부할 필요가 없으니까요."

유럽인 참사원이 물었다. "법과 종교가 풍토에 맞춰 형성되었다고 생각하십니까? 모스크바에서는 모피가 필요하고 델리에서는 얇은 옷감이 필요한 것처럼 말입니다."

"그럼요. 물론 그렇습니다." 브라만이 대답했다. "생리학에 연관된 법률은 모두 해당 지역에 맞춰 고안된 것이죠. 독일 남자는 여자 한 명으로 만족하는데, 페르시아 남자에게는 여자 서너 명이 필요하거든요."

"종교 의식의 속성도 마찬가지입니다. 설령 내가 그리스도교도라고 해도 내가 사는 지방에서 어떻게 미사를 올릴 수 있겠습니까? 성체성사를 할 빵도 포도주도 없는 곳인데 말입니다. 교리의 경우는 문제가 다릅니다. 풍토는 교리에 영향을 끼치지 않거든요. 당신네들이 믿는 종교는 아시아에서 시작된 것인데 정작 그 지역에서는 쫓겨나지 않았습니까? 또한 과거에는 그 종교를 모르던 발트 해 지역에서도 이제는 그것을 믿지 않습니까?"

"당신은 어떤 정치체제, 어떤 성격의 통치 하에 살고 싶습니까?" 참사원이 물었다.

"내가 살고 있는 곳이 아니면 어디나 좋습니다." 브라만이 대답했다. "게다가 내가 만난 시암, 통킹,[296] 페르시아, 투르크 사람들 가운데 많은 이들이 같은 말을 하더군요."

"그렇지만 또 한 번 묻건대," 하고 참사원이 질문을 반복했다. '당신은 어떤 정치체제를 선택하시겠습니까?'

---

296 베트남 북부 송코이 강 삼각주를 중심으로 중국과 라오스 국경의 산악 지대를 포함한 지역.

브라만이 대답했다. "오로지 법에만 복종하면 되는 정치체제를 선택하겠습니다."

"그건 고리타분한 대답입니다." 참사원이 말했다.

"그래도 더 나쁜 대답은 아니지요." 브라만이 대꾸했다.

"말씀하신 그런 나라가 어디 있습니까?" 참사원이 물었다.

브라만의 대답은 다음과 같았다.

"찾아봐야지요."

속죄 —— Expiation

신은 인간의 참회로 덕성을 빚어낸다

속죄라는 이 엄숙한 의식은 분명 고대의 가장 훌륭한 제도
라고 할 수 있다. 속죄 의식은 범죄는 처벌받아야 한다는 점을
알림으로써 범죄의 발생을 억제했고, 죄인들에게 일종의 참회
를 통해 자신들이 저지른 위반을 만회할 수 있게 함으로써 그들
의 절망을 덜어 주었다. 속죄는 반드시 후회가 선행되어야 했다.
치료법에 앞서 질병이 있고, 구호에 앞서 궁핍이 있어야 하는
것처럼 말이다.

말하자면 모든 종교에 앞서 자연종교[297]가 있었다. 자연종교
는 어떤 사람이 무지(無知)로 인해서나 격정에 휘말려서 사람으
로서 해서는 안 될 일을 저질렀을 때 그의 심장이 불안감으로

---

297 권위주의적이고 제도적인 기성 종교에 대항하여 계몽주의 철학자들이 내세운 종교 개
념. 계시(啓示)종교에 대립되어, 인간의 자연적 이성이나 통찰에 바탕을 둔 종교를 말
한다.

세차게 두근거리게 만든다. 어떤 사람이 친구와 다투다가 그만 그 친구를 죽였다고 가정해 보자. 혹은 자신의 형제를 죽였다고 치자. 열렬한 애인이 질투에 눈이 멀어 사랑하는 여자를 죽였는데 그 여자 없이는 못 살겠다고 하는 경우도 있을 것이다. 한 나라의 최고권자가 어느 덕성스러운 인물을, 유능한 시민을 처형했을 경우도 있다. 그런 일을 저질렀을 경우 지각이 있는 사람이라면 절망하기 마련이다. 양심이 그들을 괴롭힌다. 죄는 자명해 보인다. 그런 만큼 그는 몹시도 고통스럽다. 남은 해결책은 지은 죄에 대해 용서를 구하든가 아니면 그대로 죄인이 되든가, 이 두 가지뿐이다. 지각이 있는 사람이라면 첫 번째 해결책을 강구하고, 비정한 인간은 두 번째를 택한다.

속죄는 기성 종교들이 자리를 잡으면서 생겨났다. 그 종교들이 내세운 속죄 의식이란 가소로운 것이었다. 사실 갠지스 강물과 살인이라는 범죄 사이에 무슨 연관성이 있다는 말인가? 강물에 몸을 담그는 것으로 어떻게 살인죄를 씻을 수 있다는 것인가? 몸을 씻음으로서 영혼을 씻고 나쁜 행동이 남긴 오점을 없앨 수 있다고 생각하는 것은 제정신으로는 믿기 어려운, 어처구니없는 생각이다.

갠지스 강물에 이어서 나일 강물에도 동일한 효험이 부여되었다. 죄를 씻어 냈다는 의미의 이 정결 의식에 또 다른 의례와 절차들이 덧붙었다. 터놓고 말하건대 그건 한층 더 어처구니없는 것들이었다. 고대 이집트인들은 숫염소 두 마리를 고른 뒤 제비뽑기로 그중 한 마리를 뽑아 죄인의 죄를 대신 짊어지게 해서 계곡 아래로 쫓아내곤 했다. 그 의식에서 죄를 대신 짊어진 이 염소를 아자젤 즉 속죄 염소라고 불렀다. 염소가 한 인간이 저지른 죄와 대체 무슨 관련이 있다는 것인가?

갖가지 이집트 제의를 이어받은 옛 유대인들은 이 속죄 의식을 하느님이 허락해 준 이래 신성하게 지켜 온 것이 사실이다. 그러나 유대인들의 영혼을 정화해 준 것은 분명 참회였지 염소가 아니었다.

이아손은 메데이아의 남동생인 압시르토스를 죽인 뒤, 이 범행에서 죄질이 더 나쁜 메데이아와 함께 죄를 씻기 위해 아이아이아 섬의 여왕이자 여사제이며 마법의 힘이 있다고 알려진 키르케를 찾아간다.[298] 키르케는 젖먹이 새끼돼지 요리와 소금을 뿌린 과자로 두 사람의 죄를 씻어 준다. 이것들은 아주 맛난 음식일 수는 있다. 그러나 이 음식들이 압시르토스에게서 흘러나온 피를 씻어 낼 수는 없으며, 이아손과 메데이아를 선량한 사람으로 바꾸어 놓을 수도 없다. 그 둘이 깊이 뉘우치면서 그 새끼돼지를 먹은 것이 아니라면 말이다.

아버지의 원수를 갚기 위해 어머니를 죽인 오레스테스[299]가 자신의 죄를 씻기 위해 한 일은 어떤 조각상[300]을 빼앗아 오려고

---

298 그리스 신화에서 아르고 호 선원들과 함께 콜키스에 온 이아손은 콜키스 왕이 낸 시험을 왕의 딸 메데이아의 도움으로 통과하고 황금 양모피를 손에 넣어 달아난다. 함께 달아난 메데이아는 아버지가 추격해 오자 요람에서 들쳐 안고 온 이복동생 압시르토스를 토막 내어 바다에 던졌고, 이아손 역시 그 살인에 가담했다. 둘은 왕이 바다에 뛰어들어 아들의 몸 조각을 찾는 동안 달아날 수 있었지만 이 살인으로 신들의 분노를 사는 바람에 고향으로 돌아가려면 키르케를 찾아가 속죄 의식을 거쳐야 했다.

299 그리스 신화의 미케네 왕 아가멤논의 아들. 그의 어머니 클리타임네스트라는 아가멤논이 트로이 전쟁에 나가 싸우는 동안 아이기스토스와 불륜에 빠져 전쟁에서 돌아온 남편을 살해하는데, 그녀가 볼 때 아가멤논은 현재의 남편인 동시에 자기 전남편과 자식을 죽인 원수이기도 했다. 후일 성장한 오레스테스는 아버지의 원수를 갚으라는 신탁을 받고 누이 엘렉트라와 힘을 합쳐 어머니와 아이기스토스를 죽인다.

300 오레스테스에게 떨어진 과제는 아르테미스 여신상을 찾아오라는 것이었다.

크림 반도의 타타르족에게로 간 것이었다. 그 조각상은 아주 조악한 작품이었을 게 분명하다. 그러므로 그런 유형의 속죄 의식을 치러 봤자 손에 남는 것이 없었다. 그래서 그 다음부터는 더나은 방법을 생각해 냈다. 신비 의식(神秘儀式)을 고안한 것이다. 예를 들면 죄를 지은 자들은 고통스러운 시련을 감내하고, 그과정을 통해 새로운 생명을 얻었노라고 맹세함으로써 죄를 씻을 수 있었다. 프랑스어에서 초심자나 입문자 즉 어떤 일을 처음 시작하는 사람을 가리켜 이니시에(initié, 새 생명을 얻은 자)라고부르는 것은 바로 이 맹세에서 비롯된 것으로, 이 단어는 새로삶을 시작하는 사람, 미덕의 길로 발을 들여놓은 사람이라는 의미의 라틴어 qui ineunte vitam novam에서 유래한 것이다. 이 '이니시에'에 해당하는 유사한 단어는 다른 나라 언어에서도 찾아볼 수 있다.

가톨릭교의 예비 신자들은 세례를 받은 후에야 '새로 생명을 얻은 자'라고 불릴 수 있었다.

그런데 만약 이런 신비 의식을 통해 과오가 씻겨 나갔다면 그것은 덕을 지니겠다는 그 맹세 덕분일 게 확실하다. 고대 그리스의 갖가지 신비 의식들 가운데 엘레우시스 제의[301]가있는데, 이 제의를 집전하는 사제는 제의가 끝난 후 모인 사람들을 해산시키면서 두 개의 이집트어 단어 코트(Koth), 옴페트

---

301 매년 9월 엘레우시스 지방에서 치러지던 데메테르 여신 숭배 제의를 가리킨다. 천공(天空)을 지배하는 신 제우스와 대지와 곡물의 신 데메테르 역할을 남녀 사제가 각각 맡아서 두 신의 결혼을 통해 제의 참여자들이 삶과 죽음, 부활을 영적으로 체험하도록 꾸며졌다. 이 순간적 영적 체험의 목적은 정신적으로나마 '새로 태어남'을 경험하게 함으로써 죽음 이후에 누릴 환희, 부활과 영생에 대한 믿음을 심어 주는 데 있었다.

(ompheth)로 이루어진 구호 즉 "항상 조심해서 자신을 정결하게 유지하시오."라는 구호를 외치곤 했다. 이것은 두 가지 사실을 동시에 입증해 주는데, 하나는 이 신비 의식이 이집트에 기원을 두고 있다는 점이고 다른 하나는 이 의식을 치르는 동기가 인간을 보다 나은 존재로 만들기 위해서였다는 점이다.

따라서 고금의 현인들은 덕을 고취하는 일에, 또한 인간이기 때문에 지니는 결함이 절망으로 귀결되지 않도록 하는 일에 힘을 쏟아 왔다. 그렇지만 또한 지극히 가증스러운 범죄들도 있는 법이어서, 그런 범죄들의 경우에는 그 어떤 신비 의식으로도 죄를 씻어 내지 못했다. 네로는 황제였어도 케레스 여신 신비 제의[302]에 입문을 거절당했다. 콘스탄티누스 대제[303]는 아내와 아들의 피를[304] 비롯해 주위에 있던 모든 측근의 피를 손에 묻혔는데 조시무스[305]에 따르면 끝내 면죄받을 수 없었다고 한다. 그런 중대한 범죄들이 속죄받지 못하고 남는 것이 인류를 위해서

---

302 케레스는 그리스 신화 데메테르의 로마 이름. 그리스에서 이어져 온 엘레우시스 신비 제의를 말한다.

303 그리스도교인임을 공언한 최초의 로마 황제. 313년 밀라노 칙령을 통해 그리스도교를 공인하고 로마의 전통적 다신교 대신 그리스도교를 사실상의 국교로 정립함으로써 동로마제국과 서유럽 중세문화의 토대를 놓았다는 평가를 받는다.

304 당시 로마는 제국의 분열로 정치가 혼란스러웠을 뿐 아니라 경제력과 공동체 의식이 약화되고 이민족의 침입까지 견제해야 했는데, 콘스탄티누스 1세가 이러한 시기에 권력을 확립하기까지는 수많은 음모와 역경을 거쳤다. 여러 번의 혼인으로 복잡하게 얽혔던 가족 관계 역시 같은 맥락으로, 콘스탄티누스 1세는 맏아들이자 부황제인 크리스푸스를 그의 계모인 두 번째 황비 파우스타와 간통했다는 혐의로 죽였으며, 얼마 후 파우스타도 죽였다. 그러나 역사가들은 이 간통이 사실이 아니라는 데 대체로 동의한다.

305 동로마제국 아나스타시우스 황제 통치기(491~518)에 활동한 역사가. 『신역사』에서 로마제국의 쇠퇴는 전통적으로 섬겨오던 신들을 버리고 그리스도교를 택했기 때문이라고 주장했다.

는 이익이 되었다. 죄를 사면해 줌으로써 또다시 죄를 저지르는 그 악순환을 방지하고, 또한 때로는 만인의 증오를 통해 악행을 예방할 수도 있었기 때문이다.

알다시피 로마 가톨릭교도들에게는 고해[306]라는 명칭이 붙은 속죄 의식이 있다. 이 속죄 의식은 유익한 제도이지만 그것을 남용할 경우 알다시피 문제가 생기기도 한다.[307]

로마 제국을 무너뜨린 변방 민족들에게는 죄의 대가를 금전으로 치르게 하는 법이 있었다. 죄를 금전으로 대속(代贖)하는 일을 일컬어 타협하기(composer)[308]라고 했는데, 이 단어는 라틴어구 "10냥, 20냥, 30냥으로 타협하다.(componat cum decem, viginti, triginta solidis)"에서 나온 것이다. 이 '타협하기'의 셈법에 따르면, 신부 한 사람을 살해했을 경우 죗값으로 그 당시의 돈 200수,[309] 주교 한 사람을 살해했을 경우는 400수를 치러야 했다. 따라서 주교 한 명은 정확히 신부 두 명 값이었다.

이런 방식으로 인간들과의 타협이 이루어지고, 이어서 고해

---

306 초대교회는 살인, 간통 등의 죄를 지은 자들을 교회에서 추방했는데, 이렇게 쫓겨난 신자들이 배교하는 문제가 생기자 이를 막기 위해 고해성사를 만들었다. 이 속죄 의식을 통해 자신의 죄를 고백하고 교회에서 부과하는 형벌을 받은 자들은 다시 교회 안으로 받아들인 것이다.

307 가톨릭 교회는 고해성사로 죄를 참회하면 그 죄는 용서받을 수 있지만 죄에 대한 벌은 남아 있다고 가르치며, 그 잠벌(暫罰)을 기도나 선업(善業)을 행해서 갚을 것을 권한다. 고해성사는 중세에 개인 고해로 바뀌어 개인이 신부에게 죄를 고백하고 뉘우치면 신부가 기도를 거쳐 그 죄의 용서를 선언하고 금식, 선업, 자선, 교회에 대한 기부 등으로 남은 벌을 보속하도록 했는데, 이 보속이 나중에는 돈으로 거래되어 대사 증서 혹은 면벌부(면죄부)가 발행되었다. 중세 말기에 이르러 성당 건설과 포교를 위해 많은 돈이 필요하자 교회는 이 면벌부를 남발하여 많은 폐해를 빚게 된다.

308 분란이나 대립을 조정, 화해, 타협을 통해 평온한 상태로 되돌려 놓는다는 의미가 있다.

309 화폐 단위. 로마 시대 동전을 의미하는 솔리두스(Solidus)에서 유래했다.

가 일반적인 속죄 의식으로 확립되어 신과의 타협이 이루어진 것이다. 그러다 마침내 모든 것에서 돈을 만들어 내는 재주가 있던 교황 요한 12세[310]에 이르러서는 죄악들의 사면 가격을 정리한 면죄부가 작성되었다.

그 면죄부에 따르면 근친상간 죄를 사면 받기 위해 세속 평신도일 경우 1인당 4투르누아[311]를 치러야 했다. 근친상간을 범한 남자와 여자에 대해서는 18투르누아 4두카[312] 9카를랭[313]을 치러야 했는데, 이것은 공정한 가격이 아니다. 한 사람이 죗값으로 4투르누아만 내면 되는 것이었다면, 두 사람의 죗값에 해당되는 금액은 8투르누아로 책정되었어야 하는 것이다.

남색과 수간에도 금지조항이 딸린 면죄부 43항에 의거해 마찬가지로 면죄가가 책정되었는데, 그 금액은 90투르누아 1두카 6카를랭에 달했다.

1514년 당시 레오 10세[314]가 사람들이 생각하는 것처럼 신중하지 못한 성격이어서 면죄부를 발행했다고 생각하기란 어렵다. 그보다 고려해야 할 사실은 이후 종교 개혁가들이 쇄신의 장작불을 지피기 시작했지만 당장에는 거기서 불꽃이 피어오르

---

310 재위 955-963, 오토 1세를 신성로마제국 초대 황제로 옹립한 뒤 그의 보호를 받으려 하였으나, 특전을 남용하다가 황제에게 파면당함으로써 세속 황제에 의해 폐위된 교황의 전례가 되었다.

311 투로넨스, 중세 투르에서 주조된 은화.

312 13세기 베네치아에서 주조된 두카트 금화.

313 나폴리 왕국의 옛 화폐.

314 제217대 교황(재위 1413~1521). 재위 기간 중 성 베드로 대성당의 증축 비용을 마련하기 위하여 면죄부 발부를 승인하였으며, 이에 대해 1517년 마르틴 루터가 면죄부에 의해 죄가 사해진다는 주장에 반박하는 「95개조의 논제」를 게시함으로써 종교개혁이 촉발되었다.

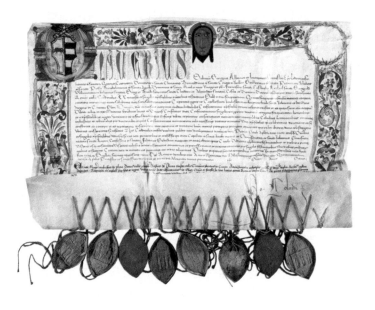

확실한 사실은 이런 면죄부들이 종교회의를 통해 공식적으로
인정된 적은 한 번도 없다는 것이다. 분명 그것은 탐욕에 의해
만들어지고 그것을 운용해서 이득을 취하는 자들에 의해 유지
되어 온 터무니없는 폐습이었다.

지 않았다는 점이다. 로마 교황청은 민중들의 맹신을 이부자리 삼아 편히 잠들었고, 그 부당한 돈벌이를 그다지 감추려 하지도 않았다. 오히려 얼마 후에는 벌을 면하게 해 준다는 이 대사(大赦) 증서를 드러내 놓고 팔았는데, 그것은 교황청이 파렴치함을 숨기는 일에는 그리 신경을 쓰지 않았다는 점을 입증한다. 사실 그것은 많은 나라가 익숙해져 있던 행태였다. 이윽고 교회의 이런 폐습에 저항하는 움직임이 거세지자 교황청은 면죄부를 폐지하려 했지만, 완전히 없애지는 못했다.

이 면죄부에 대한 내 의견을 감히 말해 보자면, 나는 그것이 날림으로 편찬된 탓에 내용이 충실하지 못하다고 생각한다. 면벌(免罰)을 위해 치러야 하는 가격이 균형 있게 책정되지 않은 것이다. 거기 기록된 죗값들은 맹트농 부인[315]의 조부인 도비네[316]가 『상시의 참회』에 인용해 놓은 가격과도 일치하지 않는다. 도비네는 처녀성 하나에 6그로,[317] 어머니나 누이와의 근친상간에는 5그로의 면벌 가격을 산정하는데 이 계산법은 조롱거리가 되기에 안성맞춤이다. 내가 생각하기에는 교황청 업무국에 로마로 죄를 사면받거나 면죄 증명서 값을 흥정하기 위해 오는 사람들을 대상으로 면벌 가격을 책정해 놓은 장부가 실제로 있긴 했으나 로마 교황청을 비판하는 자들이 거기에 많은 것을 덧붙여 한

---

315 수도원 교육을 받고 이른 결혼에 이어 과부가 되었으나, 루이 14세 애첩이 낳은 사생아의 가정교사를 맡은 것이 계기가 되어 왕비가 죽은 후 왕과 비밀 결혼했다. 이후 궁정에 종교적 경건함을 불러들였다.

316 프랑스의 칼뱅파 신교도 시인이자 군인. 대표작으로 『단장의 노래』가 있다. 여기서 볼테르가 언급한 『상시의 참회』(원제 『드 상시 나리의 가톨릭적 참회』)는 가톨릭을 패러디한 산문으로, 그의 사후 1660년에 출간되었다.

317 그로 투르누아, 13세기 성왕 루이 치세에 발행된 화폐 단위.

층 더 추악하게 보이도록 만들어 놓은 것 같다.

확실한 사실은 이런 면죄부들이 종교회의를 통해 공식적으로 인정된 적은 한 번도 없다는 것이다. 분명 그것은 탐욕에 의해 만들어지고 그것을 운용해서 이득을 취하는 자들에 의해 유지되어 온 터무니없는 폐습이었다. 면죄부를 파는 자들이나 사는 자들은 그 거래에서 마찬가지로 이득을 보았다. 그래서 거의 누구도 그 폐습에 항의하지 않다가 결국 종교개혁의 혼란에 봉착했던 것이다. 인정해야 할 점은 죄악마다 면벌 가격을 책정해 놓은 그 모든 장부들에 대한 엄밀한 연구가 인간 정신사에 공헌하리라는 사실이다.

에제키엘 ── Ezêchiel(d')

예언자 에제키엘의 몇 가지 특이한 표현법과 옛 관습에 대하여

과거의 관습을 오늘에 비추어 판단해서는 안 된다는 점은 이제 일반적인 상식이다. 『오뒤세이아』에 나오는 알키누스 궁전[318]을 오스만투르크제국 황제의 궁전이나 루이 14세의 궁전을 본떠 혁신하고 싶어 하거나, 손님들을 영접하러 나오는 에반드로스 왕[319]이 곰 가죽을 뒤집어쓰고 개 두 마리를 이끌고 있었던 것으로 묘사했다고 베르길리우스를 비난하는 것은 옳지 못한

---

318 호메로스의 『오뒤세이아』 7장에 등장하는 파이아키아 왕 알키누스의 궁전으로, 알키누스 왕은 자신을 찾아온 손님 오뒤세우스를 위해 춤과 음악이 있는 현란한 축제를 연다.

319 그리스 로마 신화에 등장하는 인물로 아이네이아스의 동맹자. 베르길리우스의 『아이네이아스』에서 볼테르가 거론하는 대목은 에반드로스가 손님으로 찾아온 아이네이아스를 환대하여 검소한 자기 저택에 묵게 한 뒤 다음 날 다시 찾아가는 장면이다. 에반드로스는 "웃옷을 입고, 어깨에는 곰 가죽을 걸치고 발에는 덧신을 신고, 허리에는 훌륭한 칼을 차고서" 손님을 만나러 나서는데, "두 마리의 맹견이 그의 뒤를 따랐다. 이 개는 그의 유일한 시종이며 호위병이었다."

태도일 것이다.

고대 이집트인과 유대인의 관습은 알키누스 왕, 그의 딸 나우시카, 그리고 호인 에반드로스 왕의 관습과 다르며 또한 그 이상으로 우리의 관습과도 다르다.

에제키엘(에스겔)은 칼데아에서 노예로 지내다가[320] 유프라테스 강의 지천인 코바르(그발) 강가에서 어떤 환영을 보았다. 그의 눈앞에 나타난 것이 저마다 얼굴 네 개와 날개 네 개가 달리고 다리는 소의 모습인 짐승들이라는 것에 놀랄 필요는 없다. 그가 본 환영 속에서 바퀴가 생명의 기운이 올라 저절로 굴러가더라는 것에 대해서도 마찬가지다. 그런 표상들은 우리의 상상력을 북돋아 준다. 그렇지만 하느님이 에제키엘에게 390일 동안[321] 먹을 것을 주는데 그것이 보리와 밀과 조를 인분(人糞)에 이겨서 굽는 빵이라는 점에는 많은 평자들이 분개한 바 있다.

이 예언자는 다음과 같이 항변했다. "이런! 이런! 제 영혼은 지금까지 단 한 번도 더럽혀진 적이 없단 말입니다." 그러자 하느님이 그에게 대답하였다. "좋다! 인분 대신 쇠똥을 줄 테니, 너는 그 쇠똥으로 반죽해서 빵을 구워라."

빵에 쇠똥 같은 종류를 얹어 먹는 관행은 없는 터라, 대다수

---

320 유대인들은 기원전 586년 예루살렘을 약탈하고 유대 성전을 파괴한 신바빌로니아제국 네부카드네자르 2세에 의해 강제로 바빌로니아(칼데아)로 끌려가 노예로 지냈다. 당시 유대인들은 이 일을 자신들이 저지른 수많은 죄에 대한 징벌로 해석했는데, 『에제키엘서』는 이 바빌론의 유수(幽囚) 도중인 기원전 565년 유대 신앙 지도자인 에제키엘이 코바르 강가에 머물 때 경험한 환시(幻視)를 기록한 책이다.

321 390일이란 에제키엘이 왼쪽 옆구리를 바닥에 대고 모로 누운 날 수. 이 숫자는 그가 오른쪽 옆구리를 대고 누운 날 수인 40을 합해 유대 민족의 유배 햇수를 가리키며, 이때 먹은 빵이란 부정(不淨)의 극치로 유대인들이 당한 오욕을 상징한다.

사람들은 이런 것이 신이 지시할 내용으로는 합당하지 않다는 인상을 받는다. 그러나 쇠똥은 사실 대(大)무굴제국의 다이아몬드를 모두 합한 것만큼의 가치가 있다. 신의 입장에서 그럴 뿐 아니라 한 철학자가 생각하기에도 그렇다. 게다가 하느님이 어째서 에제키엘에게 그러한 빵을 먹으라고 했는지, 그 이유를 논의하는 일은 우리의 소관도 아니다.

여기서는 우리에게는 이상해 보이는 그런 지시가 유대인들에게는 이상해 보이지 않았다는 점을 입증하는 것으로 충분하다.

성 히에로니무스 시절[322] 시나고그[323]는 서른 살이 되기 이전에는 「에제키엘서」를 읽지 못하게 했는데, 그 이유는 「에제키엘서」 18장에 아들이 그 아비의 죄악을 떠맡지 않을 것이라는 내용이 있기 때문이다. 에제키엘의 말인즉 "아비가 신 포도를 먹었으므로 그 자식들이 이가 시리다."[324]라는 속담을 더 이상 쓰지 못하게 되리라는 것이었다.

이 점에서 에제키엘은 모세와 확연히 반대되는 입장이다. 모세는 「민수기」 28장에서 자식들이 아비의 죄악을 담당하여 그 죗값이 3, 4대에까지 미칠 것이라고 단언하고 있다.[325]

또한 에제키엘이 자신의 책 20장에서 하는 말 가운데는 유대인들에게 '선하지 않은 율례'를 주었노라고 하느님이 자신의 입으로 털어놓았다고 하는 대목이 있다. 바로 이런 이유 때문에

---

322 4세기-5세기 초.
323 유대교 회당. 예배 의식, 집회, 교육이 이루어지는 공동체의 중심이자 의사 결정 기구이기도 했다.
324 「에제키엘서」, 18장, 2절.
325 「출애굽기」, 20장, 5절.

시나고그는 젊은이들에게 「에제키엘서」를 읽지 못하게 했다. 그로 인해 모세 율법의 불가침성을 의심하게 만들 수도 있기 때문이었다.

오늘날 성서 검토자들은 「에제키엘서」 16장의 내용에 대해 한층 당혹스러워한다. 마치 이 예언자가 작심하고 예루살렘의 범죄들을 폭로하는 것 같기 때문이다. 에제키엘은 하느님이 한 소녀에게 말을 건네는 상황을 가정하여, 하느님으로 하여금 다음과 같은 이야기를 하게 한다. "네가 태어났을 적에 아무도 너의 탯줄을 자르지 않은 상태였고 네게 소금을 뿌리지도 않았고 너를 강보로 감싸지도 않은 것을 보고 내가 너를 가엾게 여겼노라. 네가 성장하여 네 젖가슴이 모양을 갖추고 네 머리카락이 길게 드리워, 내가 지나면서 너를 보았더니 네가 사랑을 할 때임을 알겠기에 너의 벌거벗은 몸을 덮어 주었노라. 내 망토를 펼쳐 너를 감쌌으니, 네가 나에게 속하였노라. 내가 너를 씻기고 향유를 발라 주고 옷을 입히고 신을 신기고 면으로 짠 숄을 둘러 주고 팔찌, 목걸이를 걸어 주었노라. 내가 너의 코에 보석을 달고 귀에 귀걸이를 달고 머리에 면류관을 씌워 주었노라." 운운.

"그러자, 네가 자신의 아름다움을 믿고 자신의 쾌락을 도모하려고 지나가는 행인 모두와 간음하였고…… 또한 천박한 집을 지었으며…… 모두가 다니는 장소에서까지 몸을 팔고, 지나가는 모든 행인에게 다리를 벌렸으며…… 이집트인들과도 잠자리를 함께했으며…… 요컨대 너는 정인(情人)들에게 값을 지불하였고, 그들에게 선물을 주어 그들이 너와 잠자리를 하게 했고…… 그리하여 값을 받는 대신 값을 지불함으로써, 너는 다른 여인들과 반대로 행하였으니…… 속담에 그 어미에 그 딸이라

하더니 이것은 사람들이 너를 두고 하는 말이다." 운운.

23장은 받아들이기가 한층 더 거북하다. 한 어머니에게 두 딸이 있는데, 이들은 일찍 처녀성을 잃었다. 큰 딸의 이름은 오홀라이고 작은 딸은 오흘리바이다. "오홀라는 젊은 부장, 감독관, 말을 탄 기사들을 무분별하게 따랐다. 그녀는 갓 피어오를 이른 나이에 이미 이집트인들과 동침하였고…… 그 여동생인 오흘리바는 신분이 높은 이들, 감독관, 준수한 기사들과 더불어 통정하였다. 오흘리바는 음욕을 일깨워 한층 더 심하게 간음하였다. 그녀는 나귀 같은 음경을 지닌 자들, 정액을 말처럼 쏟아내는 자들과 성교하기를 갈구하였다……."

판단력이 흐린 사람이 이런 묘사들을 읽으면 십중팔구 격분하리라. 하지만 이 구절들은 단지 예루살렘과 사마리아의 타락을 의미하는 것일 뿐이다. 이런 표현들은 우리가 보기에는 외설스럽지만 그 당시에는 결코 외설이 아니었다. 성서에서 이와 동일하게 솔직한 묘사가 거침없이 등장하는 경우는 한두 군데가 아니다. 음부를 연다는 표현도 종종 사용된다. 보아스와 룻의 동침,[326] 유다와 그 며느리의 동침[327]을 기술하기 위해서 성서가 구사하는 어휘들은 히브리어로는 결코 수치스러운 말이 아니지만 우리가 오늘날 사용하는 언어로 옮겨놓게 되면 파렴치한 말이 된다.

벌거벗은 몸을 수치로 느끼지 않을 경우에는 옷을 둘러 몸

---

326 이스라엘인과 결혼한 모압족 여인 룻이 과부가 된 후 당시 관습에 따라 죽은 남편의 친척 보아스에게 개가한다. 룻이 낳은 아이가 오벳으로, 다윗과 예수그리스도의 조상 중 한 명이다(「룻기」 4장 13절, 「마태복음」 1장 5절).

327 야곱의 넷째 아들인 유다와 그 며느리 다말의 이야기로, 역시 다윗과 예수그리스도의 조상 중 한 사람이다(「창세기」 38장 18절, 「마태복음」 1장 3절).

을 가리지 않는 법이다. 누군가에게 언약할 일이 있을 때 상대방의 생식기에 손을 대고 맹세하던 그 시대에 말로 생식기를 지칭한다고 해서 얼굴이 붉어질 이유가 무엇이겠는가? 그것은 예전에 프랑스에서 작위가 없는 귀족이 더 높은 귀족의 손에 자신의 손을 맡기던 것과 같이 존경의 표시고 충실함의 상징이었다.

우리는 생식기라는 단어를 허벅다리[328]로 번역해 왔다. 엘리에셀[329]이 아브라함의 허벅다리 밑에 손을 갖다 댔다고 하거나 요셉이 야곱의 허벅다리 아래 손을 놓았다고 하는 식으로 말이다. 하지만 생식기에 손을 대고 맹세하는 일은 이집트의 아주 오래된 관습이었다. 이런 행동을 고대 이집트인들은 절대 파렴치한 짓으로 보지 않았다. 그들은 우리가 바깥으로 들춰낼 용기도, 그 이름을 입 밖에 낼 엄두도 내지 못하는 그것을 조금도 수치스러운 것으로 생각하지 않았기에 인간이 남근을 사용하여 종족을 번성시키게 해 준 것을 신들에게 감사하는 의미로 팔룸(phallum)이라는 이름의 큰 남근상을 세워 들고 행진했다.

이 모든 예는 우리가 예의범절이라고 생각하는 것이 다른 사람들에게는 예의범절이 아니라는 사실을 입증해 준다. 고대 로마인들이 예법을 가장 충실하게 지켰던 때가 아우구스투스[330] 시대 말고 또 언제 있었던가? 그럼에도 그 시대의 호라티우스는 한 풍자시에서 다음과 같은 시구를 스스럼없이 읊는다.

---

328 성서 우리말 번역본들 가운데는 이 단어를 '환도뼈(넓적다리뼈)'로 옮긴 경우도 있다.

329 『창세기』에 등장하는 아브라함의 종.

330 제정 로마의 초대 황제. 41년간의 통치를 통해 로마의 평화 시대를 열었으며 베르길리우스, 호라티우스, 리비우스 등이 활약하는 라틴 문학의 황금기를 이루었다.

겁을 낼 이유가 무엇이랴, 내가 그녀와 사랑을 나누는 중인데, 그녀의 남편이 밭에서 돌아오든 말든.(Nec metuo ne, dum futuo, vir rure recurrat.)[331]

아우구스투스는 동일한 표현을 풀비아[332]를 겨냥한 경구에서 사용한다.

우리들 중에서 위의 라틴어 푸퉈(futuo)[333]에 해당하는 단어를 입 밖에 내는 사람은 상스러운 술주정뱅이 정도의 취급을 받을 것이다. 이 단어, 그리고 호라티우스를 비롯한 많은 고대 작가들이 사용하는 여러 다른 어휘들이 우리에게는 에제키엘이 활용한 표현들보다 한층 더 저속해 보인다. 고전 작가들의 작품을 읽을 때, 혹은 먼 타국을 여행할 때는 우리의 모든 편견을 버리도록 하자. 본성은 어디나 동일하며 관습은 지역마다 다른 법이다.

---

331 호라티우스, 『풍자시』, 1권, 2장, 127행.
332 호민관 클로디우스의 아내였다가 후에 삼두정치의 집정관 마르쿠스 안토니우스의 세 번째 아내가 된 여인으로, 아우구스투스의 통치에 불만을 품고 반란을 도모했다가 유배되었다.
333 '여자와 동침하다', '교접하다'라는 의미의 라틴어 동사.

그릇됨 ——Fausseté

그릇됨이란 진실의 반대다. 이는 정확히 말해 거짓말은 아니다. 거짓말에는 언제나 의도가 들어간다.

사람들은 리스본 지진으로 10만 명이 사망했다고 말했는데, 이는 거짓말은 아니다. 그릇된 것이다.

그릇됨은 대개 오류보다 훨씬 더 흔하다. 그릇됨은 사실의 영역과 더 관련이 있고, 오류는 의견에 관련된 것이다.

태양이 지구 둘레를 돈다는 것은 믿음의 오류다. 루이 14세가 카를로스 2세에게 유언장을 불러 주며 받아 적게 시켰다고 주장하는 것은 그릇된 일이다.[334]

334 후계자를 두지 못한 에스파냐의 카를로스 2세는 임종 직전에 프랑스의 루이 14세의 손자인 앙주 공 필리프에게 왕위를 물려준다는 유언을 남겼다. 일찍이 루이 14세와 결혼한 누이 마리아 테레사의 아들이 더 가까운 후보였지만 프랑스 왕세자인 그가 장차 프랑스와 에스파냐 왕위를 둘 다 계승하게 되면 유럽에서 힘의 균형이 깨질 것을 우려한 선택이었다. 그런데 카를로스 2세의 사후, 그의 다른 누이인 마르가리타 테레사와 결혼한 신성로마제국 황제 레오폴트 1세가 둘째아들 카를 대공을 계승자로 내세우면서 에스파

행위의 그릇됨은 단순한 거짓말보다 훨씬 더 중한 죄다. 그것은 법적인 사기, 펜으로 저지르는 도둑질이다.

사람이 사물을 언제나 잘못된 방향으로 받아들일 때, 대상 전체를 고려하지 않고 대상의 한 측면에 다른 측면에 속하는 것을 부여할 때, 그리고 이러한 판단의 잘못이 그에게 습관이 되었을 때, 이는 그릇된 정신을 지닌 것이다.

역사가들에게는 그릇됨이 많고, 철학자들에게는 오류가 많으며, 거의 모든 논쟁적인 글에는 거짓말이 많고, 풍자적인 글에는 더욱 많다.

그릇된 영혼들은 참을 수 없으며, 그릇된 마음들은 혐오스럽다.

냐 왕위 계승 전쟁이 발발한다.

여자─── Femme

신체와 정신

일반적으로 여자는 남자보다 힘이 훨씬 약하고, 몸집이 작으며, 장시간 노동에 약하다. 피가 더 묽고 살결은 덜 탄탄하며 머리카락은 더 길고 사지는 더 둥그스름하고 팔에는 근육이 적고 입은 더 작고 엉덩이는 더 도드라졌고 골반은 더 벌어져 있으며 복부가 더 크다. 이러한 특징은 전 세계 모든 인종에서 여자를 구별해 주는 특징이다. 라플란드에서 기니 근방까지, 아메리카에서 중국에 이르기까지 말이다.

플루타르코스는 『윤리 논집』 3권에서 여성은 남성만큼 쉽게 포도주에 취하지 않는다고 주장했다. 사실이 아닌 이 주장에 대해 그는 다음과 같은 이유를 든다. 아미요[335]의 번역에서 인용하겠다.

---

335 16세기 프랑스 르네상스 시대의 인문주의자. 그리스어 및 라틴어 고전의 번역으로 명성이 높았다. 플루타르코스의 『윤리 논집』과 『영웅전』은 그의 대표 역서이다.

여자의 체질은 매우 습한데, 여자의 살이 말랑말랑하고 매끄러우며 윤기 있는 것과 매달의 배출 현상[월경]은 이 습한 성질 때문이다. 그러므로 포도주가 이렇게 대단히 습한 곳에 들어가면 제압되어 그 색과 힘을 잃고 퇴색되며 묽어진다. 아리스토텔레스의 말에서도 그런 내용을 찾아볼 수 있다. 아리스토텔레스는 숨을 돌리지 않고 벌컥벌컥 마셔 대는 이들(고대인들은 이를 아무시제인(amusizein)이라 불렀다.)은 쉽게 취하지 않는다고 말했다. 포도주는 그들의 체내에 거의 머무르지 않으며 강제로 들이부어졌기 때문에 몸 속을 통과하여 곧 밖으로 나오기 때문이다. 그런데 우리는 흔히 여자들이 이렇게 술을 마시는 것을 볼 수 있다. 여자의 신체에는 매달 월경을 유발하는 낮은 곳을 향한 계속적인 체액의 이끌림 때문에 많은 관이 가득하고 도관과 통로들이 지나가며 포도주는 이들 관을 통해 쉽게 빠져나가기 때문에 취한 상태를 유발하는 중요하고 주된 장기들에 영향을 줄 새가 없다고 볼 수 있으리라.

이러한 물리학은 그야말로 고대인들답다.

여자는 남자보다 좀 더 오래 산다. 다시 말해 한 세대 안에 남자 노인보다는 여자 노인이 더 많다. 이는 유럽에서 정확한 출생과 사망 현황을 조사한 이들 모두가 관찰한 현상이다. 아시아에서도, 흑인들도, 피부가 붉은 이들도, 피부가 어두운 이들도 백인과 동일할 것이라 여겨진다. 자연은 언제나 스스로 조화롭다.(Natura est semper shibi consona.)

다른 곳에서 우리는 어느 중국 신문의 인용문을 논한 바 있다. 거기에 따르면 1725년 옹정제의 부인이 70세가 넘은 가난한 여인들에게 자선을 베풀었는데 광저우 주에서만, 선물을 받은 사람들만 세어 70세가 넘은 여인이 9만 8222명, 80세가 넘은 여인은 4만 893명, 100세에 가까운 이가 3453명이었다고 한다. 목적인(目的因)을 좋아하는 이들은 자연이 여자에게 아홉 달 동안 아이를 잉태하고 낳고 양육하는 고생을 보상하기 위해 더 긴 수명을 부여해 준다고 말한다. 자연이 보상을 해 준다는 것은 믿기 어려운 일이다. 하지만 여자의 피가 더 부드러우므로 여자 몸의 섬유가 더 천천히 굳어질 가능성이 높다.

어떤 해부학자도, 어떤 의학자도 여자가 어떻게 수태하는지 알아내지 못했다. 산체스는 이렇게 단언했다. "마리아와 성령이 교합에서 씨를 방사했고, 씨에서 즉시 예수가 태어났다.(Mariam et Spiritum sanctum emisisse semen in copulatione, et ex semine amborum natum esse Jesum.)" 다른 면에서는 무척 박식했던 산체스의 이 지독한 헛소리는, 오늘날에는 어떤 박물학자도 받아들이지 않는다.

그 기간 동안 줄곧 여자들을 약하게 하는 주기적인 피의 방출, 폐경으로 인한 질병들, 임신 기간, 아이들에게 젖을 먹이고 계속해서 돌봐 주어야 하는 의무, 신체의 연약함 등으로 인해 여자들은 전쟁의 고역과 거친 전투에 적합하지 않다. 앞서 말했듯 어느 시대 어느 나라에서나 자연이 이례적인 용기와 힘을 부여해 준 여자들, 남자들과 나란히 싸운 여자들, 비범한 과업을 해낸 여자들이 있다는 것은 사실이다. 하지만 결국 이는 매우 드문 사례다. 「여전사」 항목을 참조하자.

신체적인 면은 언제나 정신적인 면을 지배한다. 여자들은 우리 남자들보다 육체가 더 약하다. 손가락에는 재주가 더 많고,

우리보다 훨씬 더 유연하다. 석공일, 목공일, 금속 제련, 쟁기질 등의 힘든 일은 거의 할 수 없다. 필연적으로 집안에서 하는 가벼운 일, 특히 아이들 양육을 담당한다. 남자보다 한곳에 오래 머무르는 삶을 산다. 여자들의 성격은 남자보다 온화하다. 중범죄를 덜 저지른다. 이는 명백한 사실로, 모든 치안 국가에서 사형수의 수는 여자 한 명당 남자는 적어도 50명이다.

몽테스키외[336]는 『법의 정신』에서 여러 정부 하에서 여성이 처한 상황에 대해 말하면서 "그리스인들에게 여자는 진정한 사랑에 참여할 만한 자격이 있다고 여겨지지 않았으며, 그들에게 사랑이란 차마 입 밖에 낼 수 없는 단 하나의 형태뿐이었다."라고 주장했다. 그는 이에 대한 근거로 플루타르코스를 인용한다.

이는 언제나 생각들의 민첩함에 이끌리지만 종종 일관성 없는 생각들을 해내는 몽테스키외 같은 재사(才士)에게서나 용납될 실수다.

플루타르코스는 사랑을 다룬 장에서 여러 명의 대화자를 등장시킨다. 그 자신은 다프네우스라는 이름으로 소년들의 난봉질을 옹호하는 프로토게네스의 주장에 아주 강력하게 반박한다.

같은 대화에서 그는 여자들의 사랑에는 뭔가 신성한 것이 있다고까지 말한다. 그는 이 사랑을 자연에 생명력을 불어넣는 태양에 비교한다. 그는 부부간의 사랑에 가장 큰 행복이 있다고 하며, 에포니나의 덕성에 바치는 장엄한 찬사로 끝맺는다.

베스파시아누스 황제의 거처에 잠시 머물렀을 때 플루타르코스는 이 잊을 수 없는 사건을 직접 목격했다. 에포니나는 남

---

336 프랑스 계몽 시대의 정치 사상가. 절대군주제를 비판하고 입헌군주제를 최선의 정부 형태로 생각하여 삼권 분립과 양원 의회제를 주장했다.

편인 사비누스가 황제군에 패배하여 프랑슈콩테와 샹파뉴 지방 사이의 깊은 동굴에 몸을 숨겼다는 것을 알게 되자 남편과 단둘이 동굴에 틀어박혀 여러 해 동안 남편을 보살피고 먹여 살렸으며 아이들까지 낳았다. 끝내 남편과 함께 체포되어 베스파시아누스 황제 앞에 끌려가자, 그녀의 뛰어난 용기에 놀란 황제에게 에포니나는 말했다. "태양빛 속에 있고 권력을 쥔 당신보다, 지하의 어둠 속에서 나는 더 행복하게 살았습니다."[337] 따라서 플루타르코스는 몽테스키외가 인용했던 의도와는 정반대의 주장을 하는 셈이다. 심지어 그는 매우 감동적인 열정으로 여자들을 옹호하기까지 한다.

모든 나라에서 남자가 여자의 주인 역할을 하는 것은 놀랄 일이 아니다. 모든 것이 힘에 기반하기 때문이다. 일반적으로 남자는 육체는 물론 정신적으로도 여자보다 훨씬 우월하다.

여전사들과 마찬가지로 매우 박식한 여인들도 있다. 하지만 여성 발명가는 나오지 않았다.

사교적이고 즐거운 분위기는 보통 여자들의 몫이다. 일반적으로 말하자면, 여자들은 남자들의 행실을 부드럽게 누그러뜨리는 데 특화된 듯하다.

어떤 공화국에서도 여자들은 정부에서 전혀 자리를 차지하지 못한다. 선거로 대표자를 뽑는 국가에서 여자가 지배자가 된

---

337 골족 귀족 출신 로마 장교 사비누스는 네로 황제 사후 혼란을 틈타 골족 국가를 세우려고 반란을 일으켰다가 실패하자 자살로 위장하고 몸을 숨겼으며, 에포니나는 몇 년 동안 숨어 있는 남편을 극진히 보살폈다. 결국 발각되어 베스파시아누스 황제에게 심문 받을 때 에포니나는 남편을 살려달라고 호소했으나 소용이 없자 황제에게 비난을 퍼부어 결국 남편과 같이 처형당한다.

적은 한 번도 없다. 하지만 유럽의 거의 모든 세습 왕국 즉 에스파냐, 나폴리, 영국, 북유럽 여러 나라들, '여성 영지'라 부르는 여러 대영지에서 여성이 통치한다.

살리카 법전[338]이라는 관습 때문에 프랑스에서는 여자가 왕위에 오를 수 없다. 이는 메즈레[339]가 말했듯 여자에게 통치할 능력이 없기 때문은 아니다. 여자에게 섭정을 맡기는 일은 늘 있었기 때문이다.

마자랭 추기경은 많은 여자가 마땅히 왕국을 통치할 만하다고 했으며, 그녀들이 암탉 열두 마리도 제대로 다스리지 못할 애인에게 지배당하는 것을 경계해야 한다고 덧붙였다는 주장이 있다. 하지만 카스티야의 이사벨 여왕, 영국의 엘리자베스 여왕, 헝가리의 마리아 테레지아 여제는 마자랭이 했다고 전해지는 이 재치 있는 말을 반박하는 사례였다. 그리고 현재 북쪽에는 그리스, 소아시아, 시리아, 이집트의 군주가 경시당하는 것만큼 존경을 받는 여성 입법자[340]가 있다.

이슬람교도들 사이에서 여자들은 평생 동안 노예 상태이며 사후에도 천국에 갈 수 없다는, 무지에서 비롯된 주장이 오랫동안 있었다. 이는 사람들이 이슬람교의 잘못으로 돌렸던 두 가지 큰 오류이다. 기혼 여성들은 전혀 노예가 아니다. 『코란』의 4장 「수라」에서는 남편이 사망했을 경우 재산에 대한 부인의 권리를

---

338 프랑크족의 주류를 이루었던 살리족의 법전으로, 프랑크 왕국을 세운 클로비스 1세가 만년에 제정한 것으로 추정된다. 중세를 거쳐 근세까지 유럽 여러 나라의 법에 흔적을 남긴 이 법전에 따르면 여자는 토지 및 전통적으로 토지와 결부되었던 작위를 상속받을 수 없었다.

339 프랑스의 역사가이자 왕실 사료 편찬관.

340 예카테리나 2세를 가리킨다.

인정한다. 딸은 남자 형제가 상속받는 재산의 반을 받아야 한다. 딸자식밖에 없다면 딸들이 상속 재산의 삼분의 이를 나눠 받고 나머지는 고인의 친척들에게 돌아간다. 부계와 모계 각각 그 육분의 일씩을 받게 된다. 고인의 어머니에게도 상속 권리가 있다. 기혼 여성들이 노예와는 거리가 멀다는 증거로 그녀들은 이혼을 요청할 권리가 있으며, 불만이 정당하다고 판단되면 이혼이 허가된다.

무슬림들은 의붓남매, 조카딸, 같은 젖을 먹고 자란 남매, 아내 소생인 의붓딸과 결혼할 수 없으며 언니와 동생을 함께 아내로 맞을 수 없다. 이 점에서는 무슬림이 그리스도교도보다 훨씬 엄격하다. 그리스도교도들은 매일같이 로마 교황청에서 그러한 결혼을 성사시킬 권리를 사고 있고, 또 무료로도 얻어 낼 수 있기 때문이다.

소설 ──Fiction [341]

흥미롭고 새로운 진실들을 알려 주는 소설은 대단한 것 아
닌가? 아주 짧은 순간도 매우 길게 느껴질 수 있다는 사실을 믿
지 않으려 했던 어느 술탄이 시간의 본질에 대해 수도승과 논쟁
을 벌인 아랍 이야기를 당신은 좋아하지 않는가? 수도승은 술탄
에게 깨우침을 주기 위해 마침 세수하던 대야에 잠깐만 머리를
담가 보십사 청했다. 순식간에 술탄은 자신이 황량한 사막에 있
음을 알게 되었다. 먹고 살기 위해 그는 힘들게 일해야만 했다.
그는 결혼을 했고 아이들을 낳았는데 자녀들은 성장하자 아버
지를 학대했다. 마침내 그는 자기 나라 궁전 안으로 돌아왔는데
그에게 25년 동안이나 너무 많은 고난을 겪게 한 수도승이 거기
있었다. 술탄은 그를 죽이고 싶었다. 이 모든 것이 자신이 눈을
감고 세수를 하던 짧은 순간 동안 일어난 일임을 알게 되고서야

---

341 문학 장르가 아니라 꾸며 낸 허구의 이야기 전반을 가리킨다.

그는 노여움을 풀었다.

　로마에 대하여 카르타고가 품은 불구대천의 원한을 설명해 주는 디도와 아이네이아스[342]의 사랑에 관한 소설은 더욱 인기가 있으며, 엘리시움에서 로마 제국 위인들의 운명이 펼쳐지는 소설도 마찬가지다.

　여러분은 아리오스토의 작품[343]에 나오는 알치나 또한 좋아하지 않는가? 미네르바의 위엄과 베누스의 아름다움을 갖추었으며, 그 연인들의 눈에 너무도 매혹적으로 비쳤고, 황홀한 관능으로 그들을 도취시켰으며, 온갖 매력과 우아함을 모두 갖춘 알치나를? 결국 마법이 풀려 본래의 모습으로 돌아간 알치나는 쭈글쭈글하고 흉측한 자그만 노파에 지나지 않았다.[344]

　아무것도 나타내지 않고 아무런 가르침도 주지 않으며 아무런 결과도 낳지 않는 소설들은 거짓말과 무엇이 다른가? 흔히 볼 수 있듯이 횡설수설 선택 없이 아무렇게나 나열된 소설이라면 그것은 꿈과 무엇이 다른가?

　여러분은 횡설수설이 심하고 전혀 기발하지도 않으며 터무니없는 내용인데도 여전히 우리가 감탄하는 오래된 소설들도 있다고 말할지 모른다. 하지만 우리가 감탄하는 부분은 그 안에

342　베르길리우스의 『아이네이스』에 나오는 내용으로, 트로이 멸망 후 가족과 유민들을 이끌고 방랑하던 아이네이아스는 카르타고에 다다라 그곳 여왕과 사랑에 빠지지만 유피테르(제우스) 신이 새 땅에 나라를 세워야 한다는 사명을 일깨우자 디도를 버리고 떠나 훗날 로마 건국의 시조가 된다. 배반당한 디도는 아이네이아스의 자손들이 영원히 자기 나라와 적이 되리라는 저주를 내리고는 불타는 장작더미에 몸을 던졌다.

343　『광란의 오를란도』를 말한다.

344　알치나는 마법사로, 마법의 섬에 살면서 그곳을 찾아오는 기사들을 유혹했다가 싫증이 나면 나무나 돌로 변신시켜 버렸는데, 끝내 마법의 반지에 의해 본모습이 들통 난다.

여기저기 흩어져 있는 뛰어난 이미지들이지 그 이미지들을 이끌어 오는 창작의 방식이 아니라는 것을 유의해야 한다. 논쟁할 생각은 없다. 하지만 유럽 전역에서 야유를 받고, 그러다가 완전히 망각되고 싶은가? 그렇다면 당신이 감탄하는 작품과 닮은 소설들을 쓰라.

신앙──Foi

1

신앙이란 무엇인가? 명백해 보이는 것을 믿는 것인가? 그렇지 않다. 절대적이고, 영속적이며, 지고하고, 지적인 어떤 존재가 있다는 사실이 내게는 명백하다. 그것은 신앙의 문제가 아니라 이성의 문제다. 이 영속적이고 무한한 존재, 내가 미덕이자 선 그 자체로 여기는 존재가 내가 선량하고 덕 있을 것을 바란다고 생각한다는 것은 전혀 찬양받을 일이 아니다. 신앙은 진실하게 보이는 것이 아니라 우리의 이해력에 비추어 거짓으로 보이는 것을 믿는 것이다. 아시아인들은 오직 신앙을 통해서만 마호메트가 일곱 행성을 여행했다는 것을 믿고 포 신, 비슈누, 샤카(석가모니), 브라흐마, 삼모노코돔 등의 화신들을 믿을 수 있다. 그들은 자신의 이해력을 억누르고, 살펴본다는 생각에 전율하며, 찔려 죽기도 불타 죽기도 원치 않는다. "믿습니다."라 말할 뿐이다.

우리는 여기서 가톨릭 신앙을 암시할 의도는 조금도 없다.

우리는 그것을 존경할 뿐 아니라, 우리도 가톨릭 신앙이 있기 때문이다. 우리는 세계 다른 나라들의 거짓 신앙, 신앙 아닌 신앙, 말뿐인 신앙에 대해 말하고 있을 뿐이다.

놀라운 일에 대한 신앙이 있으며, 모순적이고 불가능한 일에 대한 신앙도 있다.

비슈누는 500번 화신했다. 이는 대단히 놀랍지만, 어쨌든 물리적으로 불가능하지는 않다. 비슈누에게 영혼이 있다면 즐기기 위해 500개의 육신에 영혼을 담을 수 있었을 테니 말이다. 사실, 인도인은 열렬한 신앙을 갖고 있지는 않다. 그는 진심으로 그러한 변신들을 믿는 것은 아니다. 그래도 그는 승려에게 말할 것이다.

"저는 믿습니다. 당신은 비슈누가 500차례 화신하였다고 하며, 그래야 당신에게 500루피의 수입이 들어오죠. 잘 됐군요. 만일 내게 신앙이 없다면 당신은 나를 비난하고, 규탄하며, 내 장사를 망쳐 놓겠죠. 좋아요! 저는 신앙이 있으며, 뿐만 아니라 당신께 드리는 10루피 여기 있습니다."

인도인은 거짓 맹세를 하지 않고도 승려에게 자신은 믿는다고 서약할 수 있다. 어쨌거나, 비슈누가 인도 땅에 500차례 찾아오지 않았다는 증거도 없기 때문이다.

하지만 승려가 그에게 모순적이고 불가능한 것을 믿으라고 요구한다면, 2 더하기 2는 5라고, 동일한 육체가 천 군데 다른 장소에 존재할 수 있다고, 존재와 비존재는 완전히 똑같은 것이라고 믿으라 한다면, 그리고 인도인이 이에 믿는다고 말한다면,

이는 거짓말이다. 그가 신앙을 맹세한다면, 이는 거짓 맹세다. 따라서 그는 승려에게 이렇게 말한다.

"존귀하신 승려여, 저는 그런 부조리한 일을 믿는다고 단언할 수는 없습니다. 당신께 500루피가 아닌 1만 루피를 벌어들이게 할지라도 말입니다."

"신자여, 20루피를 내시오. 그러면 신께서 은총을 베풀어 그대가 전혀 믿지 않는 것을 믿게 해 주실 것이오."

"어떻게 신께서 스스로도 하실 수 없는 것을 제게서 이루어지게 하실 수 있단 말입니까? 신께서 모순되는 일을 행하시거나 믿으신다는 것은 불가능하지 않습니까. 당신을 만족시켜 드리기 위해 제가 모호한 것을 믿는다고 말할 수는 있습니다. 하지만 불가능한 것을 믿는다고 말할 수는 없습니다. 신께서는 우리가 덕 있기를 바라시지, 우리가 부조리하길 바라시진 않습니다. 제가 이미 10루피를 드렸지요, 여기 20루피가 더 있습니다. 이 30루피로 믿으시지요. 할 수 있다면 정직한 인간이 되고, 더 이상 제 머릿속을 어지럽히지 마십시오."

그리스도교도의 경우는 그렇지 않다. 그리스도교도가 이해할 수 없는 것에 대해 지닌 신앙은 이해할 수 있는 것에 기반해 있다. 그들은 신뢰성의 이유를 지니고 있는 것이다. 예수 그리스도는 갈릴리에서 기적을 행했다. 그러므로 우리는 그리스도가 말한 것을 모두 믿어야 한다. 그리스도가 무엇을 말했는지 알려면 교회에 알아보아야 한다. 교회에서는 우리에게 예수 그리스도가 오실 것을 알리는 책들은 진본이라고 선언했다. 그러므로 그 책들을 믿어야 한다. 이 책들이 전하는 바에 따르면 교회의 말을 듣지 않는 이는 세금 징수원이나 이교도로 취급해야 한다. 그러므로 우리는 징세 청부인처럼 멸시당하지 않으려면 교회의 말을 들어야 한다. 따라서 우리는 교회 앞에 우리의 이성을 복종시켜야 한다. 유치하거나 맹목적인 맹신이 아닌, 이성에 의해서도 허락받는 온순한 신앙으로 말이다. 이것이 그리스도교 신앙, 특히 신앙 중의 신앙인 로마 교회의 신앙이다. 루터파, 칼뱅파, 성공회의 신앙은 나쁜 신앙이다.

2

신에 대한 믿음, 우리가 길게 써 내려온 그것은 분명 복종한 불신에 지나지 않는다. 왜냐하면 우리가 지닌 믿게 하는 능력은 이해력밖에 없으며, 신앙의 대상들은 이해력의 대상이 아니기 때문이다. 우리는 진실처럼 보이는 것밖에 믿을 수 없다. 그리고 다음 세 가지 방법 중 하나를 통해서만 진실로 보일 수 있다. 직관 또는 느낌(나는 존재하므로, 태양을 본다.), 확실성에 가까울 정도로 축적된 개연성들(콘스탄티노폴리스라는 이름의 도시가 있다.), 증명(밑변과 높이가 같은 삼각형들은 합동이다.)이 그것이다.

신앙은 위의 어떤 것에도 해당하지 않으므로, 믿음이나 신념이 될 수 없다. 마치 신앙이 노란색이나 빨간색일 수 없는 것과 마찬가지다. 따라서 신앙은 이성의 무화(無化), 이해할 수 없는 것들 앞에서의 경배 어린 침묵일 수밖에 없다. 그렇기에 철학적으로 말하자면 아무도 삼위일체를 믿지 않으며, 아무도 동일한 육체가 동시에 천 곳에 존재할 수 있다고 믿지 않는다. "나는 그러한 신비들을 믿는다."라고 말하는 이는, 자기 생각을 깊이 숙고해 본다면, 의심할 나위 없이 그것이 다음과 같은 뜻임을 알게 될 것이다. "나는 그러한 신비들을 존중한다. 나는 그런 얘기를 하는 이들에게 복종한다." 왜냐하면 나의 이성도 그들의 이성도 그것들을 믿지 않는다는 점에서 의견이 일치하기 때문이다. 그런데 내 이성이 확신하지 못한다면 나 역시 확신하지 못하는 것이 명백하다. 이성과 나 자신이 서로 별개의 존재일 수는 없으니 말이다. 내 이해력은 거짓이라 하는 것을 내 자아는 진실이라 한다면 이는 완전히 모순이다. 따라서 신앙은 복종한 불신인 것이다.

하지만 내 이해력이 억누를 수 없이 저항하는데 왜 이렇게 복종해야 하는가? 우리는 잘 알고 있다. 그것은 우리가 이해력을 통해 내 신앙의 신비들은 신께서 직접 제시하신 것임을 확신하기 때문이다. 그러므로 이성적인 존재로서 내가 할 수 있는 것은 입을 다물고 경배하는 것이 전부다. 이는 신학자들이 외재적 신앙이라 칭하는 것으로, 이 외재적 신앙은 우리가 그것들을 가르치는 이들에게 품은 신뢰에 근거한 이해할 수 없는 것에 대한 존중일 뿐이며 또 그럴 수밖에 없다.

만일 신께서 몸소 내게 "생각은 올리브색이다, 제곱수는 씁쓸하다."라 말씀하신다면, 나는 분명 신의 말씀을 전혀 이해하지 못할 것이다. 진실이라고도, 거짓이라고도 받아들일 수 없을 것이다. 하지만 신께서 내게 명하신다면 나는 그 말씀을 전할 것이며, 내 목숨을 걸고 그것이 전해지게 할 것이다. 이것이 신앙이며, 이는 복종에 지나지 않는다.

이 복종의 근거를 찾기 위해서는 그것을 명하는 책들을 살펴보기만 하면 된다. 따라서 우리의 이해력은 플루타르코스와 티투스 리비우스를 검토하듯 구약과 신약 성서를 뒤적여야 한다. 그리하여 그 안에서 명백한 증거들 즉 모든 반박을 넘어서며 누가 보더라도 느낄 수 있고 전 세계에서 받아들여지는 증거들이 발견되어 신께서 바로 그 책들의 저자임이 밝혀진다면, 마땅히 우리의 이해력을 신앙이라는 굴레에 속박시켜야 한다.

3

오래된 책에서 찾아낸 '신앙'이라는 이 글을 출판할지 말지를 두고, 우리는 오랫동안 망설였다. 성 베드로의 자리[345]에 대한 존경심이 우리를 만류했던 것이다. 하지만 여러 독실한 분들이 교황 알렉산드르 6세는 성 베드로와는 전혀 닮은 점이 없다고 보장해 주셨으므로 우리는 마침내 거리낌 없이 이 짧은 글을 다시 세상에 내보내기로 결심했다.

어느 날 피코 델라 미란돌라[346] 공이 고급 창녀 에밀리아의 집에서 교황 알렉산데르 6세를 만났다. 교황의 딸 루크레치아 보르자가 출산 후 몸조리 중이었는데, 로마 사람들은 아이가 교황

---

345 성 베드로가 초대 교황이었으므로 곧 교황의 자리를 말한다.
346 이탈리아 르네상스 시대의 철학자. 박식으로 유명했던 그는 '르네상스 선언문'이라고 알려진 명문 『인간의 존엄성에 대한 연설』을 썼으며 로마에서 종교, 철학, 자연철학, 마술에 대한 900개 논제를 옹호하고 여러 학자들을 초청하여 이에 대해 토론하고자 했다. 그러나 교황 인노첸티우스 8세가 이 논제들을 이단으로 문제 삼아 토론회는 취소되고 피코는 프랑스로 달아나지만 체포된다.

의 소생인지 교황의 아들 발렌티노 공작[347]의 소생인지, 아니면 루크레치아의 남편이며 성 불능자로 알려진 아라곤의 알폰소의 소생인지 알지 못하던 참이었다. 처음에 대화는 무척 유쾌하게 시작했다. 벰보 추기경도 대화에 참여했다. 교황은 물었다. "친애하는 피코, 내 손자의 아비가 누구라고 생각하는가?"

"교황 성하의 사위일 것으로 믿습니다." 피코는 답했다.

"저런! 어찌 그리 어리석은 소릴 믿는가?"

"저는 신앙으로 그것을 믿습니다."

"하지만 성 불능자는 자손을 남길 수 없다는 것을 자네도 잘 알지 않나?"

피코는 즉시 대답했다. "신앙이라는 것은, 불가능하기 때문에 믿는 것입니다. 더구나 성하 가문의 명예를 위해서 루크레치아의 아들이 근친상간의 소산이라 알려져서는 안 됩니다. 성하께서는 훨씬 더 이해할 수 없는 신비도 믿으라 하시지 않습니까. 뱀이 말했다는 것을, 그때 이후로 모든 인류가 영벌에 처해졌다는 것을, 발람의 암탕나귀가 뱀처럼 아주 유창하게 말했다는 것을, 여리고 성벽이 나팔소리에 무너졌다는 것을, 저는 믿어야만 하지 않습니까?"

피코는 즉시 그가 믿는 놀라운 일들을 줄줄이 늘어놓았다. 알렉산데르는 웃어 대느라 소파에 쓰러질 지경이었다. "나도 자네처럼 그 모든 것을 믿네. 나는 신앙을 통해서만 구원받을 수 있으며, 내 업적들을 통해서는 절대 구원받을 수 없으리라는 것을 잘 알기 때문이지."

347 체사레 보르자를 가리킨다.

"아! 성부(聖父)님, 성부님께는 업적도 신앙도 필요치 않습니다. 저희처럼 가련한 속인들에게는 그런 것이 필요하지요. 하지만 신의 대리이신 당신은 무엇이든 좋을 대로 믿고, 좋을 대로 행동하실 수 있습니다. 성하는 천국의 열쇠를 갖고 계시고, 성 베드로께서도 틀림없이 성하의 면전에서 문을 닫아 버리진 않으실 겁니다. 하지만 저라면, 가난한 성주에 불과한 제가 만일 제 딸과 동침했고 성하처럼 자주 단검과 칸타렐라³⁴⁸를 사용했다면, 솔직히 고백하건대 제겐 아주 강력한 보호가 있어야 할 것입니다."

알렉산데르 6세는 이 농담을 받아 주었다. "진지하게 얘기해 보세." 그는 미란돌라 공에게 말했다. "신께 사실은 우리가 확신할 수 없는 것을 확신한다고 말씀드리는 데 어떤 미덕이 있겠는가? 그것이 어떻게 신을 기쁘게 해 드리겠나? 우리끼리 얘기지만, 믿기 불가능한 것을 믿는다고 말하는 것은 거짓말일 뿐이지."

피코 델라 미란돌라는 크게 성호를 그었다. "아! 성하, 이런 말씀을 용서해 주신다면 말이지만, 성하께서는 그리스도교도가 아니시군요."

"아닐세. 맹세코 말이지."

"그러리라 생각했습니다." 피코 델라 미란돌라는 말했다.

---

348 비소나 칸타리딘 분말의 일종으로, 알렉산데르 6세가 적들을 암살하는 데 썼다는 설이 있다.

광기 ——Folie

광기란 무엇인가? 두서없는 생각들을 지니고 그와 마찬가지로 두서없이 행동하는 것이다. 가장 현명한 인간이 광기를 알고자 하는가? 꿈꾸는 동안 줄지어 나타나는 생각들의 행렬을 떠올려 보도록 하라. 밤새 소화불량을 겪기라도 한다면, 천 가지 두서없는 생각들이 그를 뒤흔든다. 마치 지나치게 많이 먹었다고, 아니면 잘못된 음식을 먹었다고 자연이 우리에게 생각들을 심어 주어 벌하는 것 같다. 소화불량에 시달릴 때가 아니라면 잠자면서 생각하는 일은 없기 때문이다. 불안한 꿈은 실제로 일시적인 광기이다.

깨어 있는 상태의 광기는 마찬가지로 사람이 남들처럼 생각하고 행동하지 못하게 방해하는 병이다. 자기 재산을 관리할 수 없다는 이유로 우리는 광인에게 금치산자 선고를 내린다. 사회에 어울리는 생각을 할 줄 모르기에 우리는 그를 사회에서 배제한다. 광인이 위험하다면 그를 가둔다. 그가 발광하면 묶어 둔다. 목욕, 사혈, 식이요법 등을 통해 광인을 치료하기도 한다.

이 광인은 생각을 금지당한 것은 전혀 아니다. 깨어 있는 동안, 그리고 잠잘 때도 자주 그는 다른 이들과 똑같이 생각을 한다. 뇌 속에 자리한 그의 영적인, 불멸의 정신이 어떻게 모든 생각들을 매우 명확하고 뚜렷한 의미로 받아들이면서 동시에 그에 대해 정상적인 판단을 내리지 못하는지 우리는 궁금해진다. 광인의 정신은 아리스토텔레스와 플라톤, 로크와 뉴턴의 정신과 똑같이 사물들을 바라본다. 같은 소리를 듣고, 같은 감촉을 느낀다. 그렇다면 광인은 어떻게 가장 현명한 이들이 느끼는 것과 똑같이 지각하면서 그것을 괴상하게밖에 조합하지 못하는 것일까?

정신이라는 단순한 불멸의 물질이 현자들의 뇌의 정신과 동일한 방법으로 작용한다면 추론 또한 그들과 똑같이 해야 할 것이다. 어째서 그러지 못하는가? 만일 광인이 붉은색으로 보는 것을 현자들은 푸른색으로 본다면, 현자들의 귀에 음악이 들리는데 광인에게는 당나귀 울음소리가 들린다면, 설교 자리에 있는데 광인은 희극을 듣는다고 생각한다면, 긍정이라 이해하는 것을 광인은 부정이라 이해한다면, 광인의 정신은 남들과 반대로 생각하는 거라고 확실하게 납득할 수 있다. 하지만 광인이 지각하는 것은 그들과 똑같다. 그의 정신이 감각을 통해 모든 수단을 받았으면서도 그것을 이용하지 못하는 데는 아무런 명확한 이유가 없다. 광인의 정신은 깨끗하며, 정신 그 자체에는 아무런 장애도 없다고 우리는 말한다. 그것은 필요한 도움을 모두 받고 있다. 그의 육체에 어떤 일이 일어나든 그 무엇도 영혼의 정수를 바꿀 수는 없다. 그럼에도 우리는 그를 구속하여 정신병원으로 데려간다.

이러한 성찰은 신이 인간에게 부여한 사고의 능력도 다른 감각들처럼 이상을 겪는 것은 아닌지 의심하게 한다. 통풍 환자가 손발의 고통으로 앓는 병자이듯, 광인은 뇌의 이상으로 고통 받는 환자다. 그는 두 발로 걷는 것과 똑같이 뇌로 생각을 했다. 자신이 어떻게 걷는지 그 원리는 물론 어떻게 생각하는지의 원리도 전혀 모른 채 말이다. 발에 통풍이 생기듯 머리에도 통풍이 생긴다. 수많은 추론 끝에 단순하고 비물질적인 것도 병을 앓을 수 있다고 우리를 수긍케 하는 것은 어쩌면 오직 믿음뿐인지도 모른다.

학자나 박식한 자들은 광인에게 이렇게 말하리라. "친구여, 자네가 올바른 분별을 잃었다고 해도, 자네의 정신은 우리의 정신과 마찬가지로 영적이고, 깨끗하며, 불멸이라네. 다만 우리의 정신은 좋은 곳에 거하고 자네의 정신은 잘못된 곳에 거하고 있을 뿐이지. 정신이 거하는 집의 창문이 막혀 있다네. 공기가 부족하여 정신은 숨 막혀 한다네." 잠시 정신이 맑은 동안 광인은 이렇게 응수할 것이다. "친구들이여, 자네들은 습관대로 확실치 않은 전제로 추론하는군. 내 창문들은 자네들과 마찬가지로 열려 있다네. 나는 자네들과 같은 것을 보고 같은 말을 듣기 때문이지. 따라서 내 정신이 제 감각들을 잘못 사용하고 있거나, 내 정신 자체가 잘못된 감각이고 쇠퇴한 능력임이 분명하네. 한마디로 내 정신 자체가 미쳤거나 내겐 정신이 아예 없거나 둘 중 하나일세."

학자들 중 누군가는 이렇게 말할 것이다. "벗이여, 어쩌면 신께서 현명한 정신들을 창조하셨듯 미친 영혼들도 창조하셨을 수 있다네." 광인은 대답하리라. "만일 자네들 말을 믿는다면 나는 지금보다 훨씬 더 미친 거겠지. 그렇게 박식한 그대들이어, 부디 내가 왜 미쳤는지 말해 주게나.”

학자들에게 조금이라도 상식이 있다면 이렇게 대답하리라. “전혀 모르겠네.” 그들은 왜 어떤 두뇌는 생각들이 두서없는지 모르며, 왜 다른 두뇌의 생각은 올바르고 일관된지도 역시 알지 못한다. 그들은 스스로 현명하다고 생각하나, 광인이나 마찬가지로 어리석다.

제정신일 때면 광인은 이렇게 말할 것이다. “내 병증의 이유를 알지도 못하고 고치지도 못하는 가련한 인간들이여, 완전히 나처럼 되지는 않을까, 나보다 더하게 되지는 않을까 하는 불안에 떨게나. 자네들은 같은 세기에 이성을 상실했던 프랑스의 샤를 6세, 영국의 헨리 6세, 신성로마제국의 벤체슬라스 황제처럼[349] 훌륭한 가문 출신이 아니네. 미쳐서 죽었던 블레즈 파스칼, 자크 아바디, 조너선 스위프트만큼 지성이 탁월하지도 않네. 적어도 스위프트는 우리를 위해 정신병원을 세워 주었지. 내 거기 가서 자네들 자리도 맡아 주면 어떤가?”

주의: 나는 히포크라테스가 광기 치료약으로 나귀 새끼의 피를 처방해 준 것이 못마땅하며, 『부인들의 교과서』[350]에서 옴에 걸리게 하면 광기를 치료할 수 있다고 한 것은 더욱 못마땅하다. 참으로 괴상한 처방이다. 이 처방들을 만든 자들이야말로 치료받아야 할 환자들이었을 것이다.

---

349 세 군주는 모두 정신착란 증세가 있었다.
350 원제는 『자비로운 부인들의 교과서(Le Manuel des dames de charité)』. 아르노 드 노블빌의 책으로 1747년 오를레앙에서 첫 출간되었다.

기만──Fraude

대중을 선의의 기만으로 대해야 하는가?

어느 날 고행자 밤바베프가 공자의 제자 한 명을 만났는데, 그의 이름은 왕이라 했다. 밤바베프는 대중은 속임 당할 필요가 있다고 생각했고, 왕은 그 누구도 속여서는 안 된다고 주장했다. 여기 이들의 논쟁을 그대로 옮겨 놓는다.

밤바베프 우리는 초월적 존재를 본받아야 합니다. 그분은 우리에게 사물을 있는 그대로 보여 주시지 않습니다. 그분은 우리의 눈에 태양을 지름 두세 척 정도로 비추시지만, 태양이라는 천체는 지구보다 백만 배나 더 큽니다. 그분은 우리에게 달과 별들이 똑같이 푸른 바탕에 붙박힌 것처럼 보이게 하시지만, 그것들은 서로 다른 높이에 있습니다. 그분은 네모진 탑이 멀리서 보면 둥글게 보이도록 하십니다. 불은 뜨겁지도 차지도 않은 것인데, 우리에게 뜨겁게 느껴지게 하십니다. 요컨대 신께서는 우리가 우리 본성에 적절한 오류들로 둘러싸이게 하셨습니다.

왕   그대가 오류라고 칭하는 것은 전혀 오류가 아닙니다. 태양, 우리 지구로부터 몇 조 리[351]나 떨어진 곳에 위치한 본래 모습의 태양은 우리가 보는 것이 아닙니다. 실제로 우리가 보는, 또 볼 수 있는 태양은 정해진 각도에 따라 우리의 망막에 비치는 태양일 뿐입니다. 우리의 눈은 막대한 크기와 거리를 알기 위한 도구가 아니기 때문에, 그런 것들을 알려면 다른 도움을 받고 다른 작업을 거쳐야 합니다.

밤바베프는 이 발언에 굉장히 놀란 듯했다. 왕은 매우 인내심 있게 그에게 광학 이론을 설명해 주었다. 이해력이 있던 밤바베프는 공자 제자의 논증을 알아들었다. 그리고 다음과 같은 주제로 논쟁을 이어갔다.

밤바베프 제가 믿었듯 신께서 우리의 감각을 통해 우리를 속이시는 것은 아니라고 해도, 의사들이 아이들의 유익을 위해 언제나 그들을 속인다는 것만은 인정하시겠지요. 의사들은 아이들에게 단것을 주겠다고 말하지만, 실제로는 대황[352]을 줍니다. 그러니 고행자인 저는 아이들처럼 무지한 대중을 속여도 되는 것입니다.

왕   제겐 두 아들이 있는데, 저는 그 애들을 한 번도 속인 적 없습니다. 아이들이 아플 때 저는 이렇게 말했습니다. "이 약은 매

---

351 1리는 124걸음이다.(볼테르의 주)
352 약재로 쓰이는 식물. 하제 작용이 있다.

우 쓰단다. 용감하게 이 약을 먹어야 해. 이것이 단맛이라면 너희들 몸에 해로울 거다." 저는 보모와 가정교사들이 유령, 원혼, 난쟁이 귀신, 마녀 등으로 아이들에게 겁을 주는 것을 결코 허용하지 않았습니다. 그리하여 아이들을 용기 있고 현명한 젊은 시민으로 키워 냈지요.

밤바베프 대중은 당신 가족처럼 행복하게 태어나지 않았습니다.

왕 인간은 모두 비슷한 닮은꼴입니다. 동일한 자질을 지니고 태어나지요. 인간의 본성을 타락시켜서는 안 됩니다.

밤바베프 우리가 그들에게 잘못된 것을 가르친다는 점은 인정합니다. 하지만 이는 그들을 위해서입니다. 우리는 그들에게 우리의 축성 받은 못을 사지 않으면, 우리에게 돈을 주고 죄를 사함받지 않으면 다음 생에서 역마(驛馬)나 개, 도마뱀으로 태어날 거라 믿게 합니다. 그러면 그들은 겁을 먹고 착한 사람이됩니다.

왕 그대들이 그 불쌍한 사람들을 타락시키고 있다는 걸 모르시겠습니까? 그들 중에는 이성적으로 생각하는 이들, 그대들의기적과 미신을 조롱하는 이들, 도마뱀으로도 역마로도 변하지 않으리라는 것을 잘 아는 이들이 우리가 생각하는 것보다훨씬 더 많습니다. 그들은 어떻게 될까요? 그들은 그대들이어리석은 얘기만 늘어놓는다는 것을 간파할 정도로는 상식이 충분하지만, 우리의 종교처럼 순수하고 미신 없는 종교를향해 의식이 고양될 정도로 상식이 대단하지는 않습니다. 정념으로 말미암아 그들은 종교 따위는 없다고 믿게 됩니다. 그들이 배운 유일한 종교는 어리석은 것이었으니까요. 따라서그들이 악행에 빠져드는 것은 모두 그대들의 책임이 됩니다.

밤바베프　천만의 말씀입니다. 우리는 그들에게 올바른 도덕만 가르치는걸요.

왕　부정한 도덕을 가르친다면 그대들은 대중의 돌팔매질을 당할 것입니다. 인간은 쉽게 악을 저지르도록 되어 있으나, 남들이 그렇게 설교하는 것은 바라지 않습니다. 다만 현명한 도덕과 어리석은 우화를 뒤섞어서는 절대 안 됩니다. 없어도 될 그런 기만들로, 그대들은 가르쳐야 할 도덕을 약화시키는 셈이기 때문입니다.

밤바베프　뭐라고요! 당신은 우화의 도움을 빌리지 않고 대중에게 진실을 가르칠 수 있다고 생각하십니까?

왕　저는 확고히 그렇게 믿습니다. 우리의 학식 있는 자들은 우리의 재단사, 방직공, 농부들과 똑같은 본성으로 이루어졌습니다. 그들은 창조주시고 보상하시며 징벌하시는 신을 경배합니다. 그들은 어리석은 체계나 괴상한 의식으로 그들의 숭배를 더럽히지 않습니다. 그리고 일반 대중보다 학식 있는 자들 사이에서 범죄가 훨씬 적습니다. 어째서 우리가 학식 있는 자들을 가르치듯 노동자들을 가르치면 안 된단 말입니까?

밤바베프　그건 대단히 어리석은 짓입니다. 사람들이 모두 똑같은 예의를 갖추고, 똑같은 법학자이길 바라는 거나 마찬가지입니다. 그런 일은 가능하지도 않을 뿐더러 바람직하지도 않습니다. 주인들에게는 흰 빵이, 하인들에게는 흑빵이 필요한 법입니다.

왕　모든 인간이 똑같은 학식을 지녀서는 안 된다는 점은 인정합니다. 하지만 모두에게 필요한 것들이 있습니다. 인간은 모두 정의로워야 합니다. 그리고 모든 이에게 정의를 불어넣는 가장 확실한 방법은 그들에게 미신 없는 종교를 고취시키는 것입니다.

밤바베프 훌륭한 계획이지만, 그건 실현 불가능합니다. 징벌과 보상을 내리는 신을 믿는 것만으로 인간에게 충분할 거라 생각하십니까? 당신은 대중 가운데 가장 영민한 이들이 나의 우화에 반기를 드는 일이 종종 있다고 말씀하셨지요. 마찬가지로 그들은 당신의 진리에 대해서도 반기를 들 것입니다. 그들은 말하겠지요. "신께서 징벌과 보상을 내리신다고 누가 보장해 줍니까? 그렇다는 증거가 어디 있나요? 당신의 사명은 무엇입니까? 제가 믿을 수 있도록 어떤 기적을 행하셨나요?" 그들은 나를 조롱하는 것보다 더 심하게 당신을 조롱할 겁니다.

왕 바로 그 점에서 그대는 잘못 생각하는 겁니다. 그대는 사람들이 정직하고 진실성 있으며 모두에게 유익한 생각, 인간의 이성과 일치되는 생각을 내팽개쳐 버릴 거라 생각합니다. 부정하고 부조리하고 무익하고 위험하며 올바른 상식을 전율케 하는 것들을 거부했다는 이유로 말입니다.

대중은 아주 기꺼이 통치자들을 믿을 의사가 있습니다. 통치자들이 합리적인 신앙을 제시하기만 하면 대중은 쾌히 그것을 받아들입니다. 인간의 마음속을 읽는 정의로운 신을 믿기 위해 대단한 기적들은 필요치 않습니다. 그것은 반박 당하기에는 너무나 자연스럽고, 너무나 필연적인 생각입니다. 신께서 어떻게 징벌하시고 보상하시는지 정확하게 말할 필요는 없습니다. 그분의 정의를 믿는 것으로 충분합니다. 장담컨대 저는 온 마을에 그 밖의 교리라곤 전혀 없는 마을들을 여럿 보았고, 그런 마을들이 바로 제가 최고의 미덕을 본 장소였습니다.

밤바베프　조심하십시오. 그런 마을에서 당신이 말하는 징벌과 보상을 부인하는 철학자들을 만나게 될 테니까요.

왕　　　그런 철학자들은 그대들이 꾸며 낸 이야기는 훨씬 더 단호하게 부정할 것임을 아시지 않습니까. 그러니 그렇게 말해 봐야 전혀 이로울 게 없습니다. 내 원칙들에 동의하지 않는 철학자들이 있다고 해도 그들이 덜 의로운 사람인 것은 아닙니다. 그들은 미덕을 갈고닦는 일을 소홀히하지 않으며, 미덕은 두려움에 의해서가 아닌 사랑에 의해 받아들여야 하는 것입니다. 뿐만 아니라 어떤 철학자도 신의 섭리가 악인들에게는 징벌을 선인들에게는 보상을 예비해 두지 않았다고 확신하지는 못할 거라 저는 단언합니다. 누가 신께서 징벌을 내리신다 말했느냐고 그들이 내게 묻는다면, 저는 누가 신께서 징벌하시지 않는다고 말했느냐고 되물을 것입니다. 어쨌든 철학자들은 제게 반대하기는커녕 제게 도움이 될 거라고 봅니다. 그대는 철학자가 되고 싶습니까?

밤바베프　기꺼이 그러지요. 하지만 다른 고행자들에게는 말하지 마십시오.

왕　　　무엇보다도, 인간 사회에 도움이 되고 싶다면 철학자는 신을 알려야 한다는 점을 유념합시다.

경박함 —— Frivolité

신의 섭리가 존재함을 무엇보다도 확신하게 하는 것은 셀 수 없이 많은 우리의 불행을 위로할 수 있도록 자연이 우리를 경박하게 만들었다는 점이라고, 「바샤 빌보케」[353]의 심오한 저자는 말했다. 우리는 때로는 멍에에 짓눌린 되새김질하는 소이고, 때로는 동료의 피가 뚝뚝 떨어지는 독수리의 발톱에 두려워 떠는 흩어진 비둘기들이며, 개 떼에 쫓기는 여우고, 서로를 잡아 먹는 호랑이다. 그러다가 우리는 갑자기 나비가 되어 팔랑팔랑 날아다니며 우리가 겪었던 모든 끔찍한 일을 잊는다.

우리가 경박하지 않다면, 달 밝은 밤에 흰 수탉을 잡았다는 이유로 프랑스 원수의 부인이자 왕비의 시녀인 여인을 화형에 처한[354] 도시에서 어떤 인간이 두려움에 떨지 않고 살아갈 수 있

---

353 「미지의 인간, 혹은 언어의 애매함, 바샤 빌보케에게 헌정」(1713)이라는 소책자의 저자인 클로드 셰리에를 가리키는 듯하다.

354 앙크르 후작 콘치노 콘치니의 부인으로 마리 드 메디시스의 충복이었던 레오노라 도리

겠는가? 한 사제가 파견한 사법부의 살인자들이 내린 판결에 의해 마리약 원수가 공식적으로 살해당한 바로 그 도시에서 말이다.[355] 법복을 입은 흉악범들이 피비린내 나는 명령을 실행하는 동안, 명령을 내린 사제는 자신의 시골 별장에 머무르며 마리옹 드 로름을 마음껏 애무하고 있었다.

온몸의 근육을 부들부들 떨고 심장이 공포로 얼어붙지 않으면서도 이렇게 혼잣말할 수 있을까? "지금 나는 생탕투안 구역에서 살해당한 젊은 귀족 2000명의 시체를 운반해 왔다던 바로 그 장소에 있다. 붉은 수단을 입은 한 사람이 검은 수단을 입은 사람들의 마음에 안 들었다는 이유로 말이지!"[356]

페로느리 가를 지나면서 눈물을 흘리고 분노로 부들부들 떨지 않을 수 있는 이 누가 있겠는가, 가장 뛰어난 인간이자 가장 위대한 왕이었던 이의 심장에 칼을 꽂아 넣은 가증스럽고도 신성한 원칙들에 대해 말이다.[357]

를 말한다. 그녀는 심한 우울증과 마비 발작에 시달렸는데 당시에는 이를 악마에 사로잡힌 증거로 보아 궁정에서 백마술과 엑소시즘을 행하게 했다. 루이 13세가 왕위에 오르자 콘치니는 실각하여 암살당했고, 더불어 그녀도 투옥되어 재판과 고문을 받고 마녀 혐의로 처형되었다.

355 '사제'는 리슐리외 추기경을 가리킨다. 젊은 왕 루이 13세를 사이에 두고 재상인 리슐리외와 알력을 빚은 왕의 모후 마리 드 메디시스는 1630년 11월 10일 급기야 자신과 리슐리외 둘 중 하나를 택하라고 윽박지른다. 왕은 즉답을 하지 않고 베르사유 궁으로 물러났으며, 정적들은 리슐리외의 실각이 명백하다고 믿어 환호했다. 그러나 왕은 리슐리외를 택했고, '기만당한 자들의 날'이라 불리는 이날의 사건으로 마리 드 메디시스는 브뤼셀로 망명하고 리슐리외는 입지를 굳혀 정적들을 숙청했다. 그의 실각을 꾀했던 마리약 원수(1572-1632)도 체포되어 재판을 받고 사형당했다.

356 '붉은 수단'은 재상이었던 마자랭 추기경, '검은 수단'은 법복 귀족들을 가리킨다. 루이 14세의 즉위 이후 파리 고등법원의 법복 귀족들이 당시 정권을 잡고 있던 섭정 모후 안 도트리슈와 마자랭 추기경에 대해 일으켰던 내란인 '프롱드의 난'을 말하는 듯하다.

357 앙리 4세를 암살한 프랑수아 라바약을 말한다. 광신적인 가톨릭 교도였던 그는 가톨릭

성 바르톨로메오 축일이면 우리는 이런 말 없이는 파리의 거리를 한 걸음도 거닐 수 없다. "바로 여기서 사람들이 신의 사랑을 이유로 내 조상님 중 한 분을 살해했지. 바로 여기서 우리 어머니의 조상님 중 한 분이 피투성이로 질질 끌려갔지. 바로 여기서 내 동향인들 반수가 나머지 반수를 살해했지."

다행스럽게도 인간은 너무나 가볍고, 너무나 경박하고, 너무나 현재에 사로잡히고, 너무나 과거에 무심하기 때문에, 이런 회상을 하는 이는 만 명 중 두세 명도 되지 않는다.

품위 있는 사람이 자녀들을 잃고 애인을 잃고 재산을 거의 다 잃고 그 결과 존경도 모두 잃고, 수은으로 반복해서 마사지하는 굴욕적인 치료 때문에 치아까지 여럿 잃은 데다가[358] 배반당하고 버림받은 신세인데도 새로운 작품에 대해 결정을 내리러 와서 식사 자리에서 유쾌한 이야기를 늘어놓는 것을 내가 몇 번이나 보았던가! 건실함이란 생각의 변함없음이다. 양식 있는 이라면 언제나 변함없는 방식으로 생각해야 한다고들 한다. 하지만 그 정도까지 전락한다면 아예 태어나지 않는 게 나을 것이다.

고대인들이 생각해 낸 가장 훌륭한 이야기는 엘리시움 들판에서 살아가게 될 이들에게 레테[359]의 물을 마시게 한다는 것이다.

필멸의 인간들이여, 인생을 견디고자 하는가? 잊고 즐기라.

이 우세한 에스파냐령 네덜란드를 침공하려던 앙리 4세의 계획이 교황에 대한 직접적인 전쟁 선포라 믿고 왕의 마차가 지나가는 길에서 기다리다가 칼로 찔러 살해했다.

358 수은 마사지는 매독의 치료법으로 흔히 행해졌으며, 이가 빠지는 것은 수은 중독의 증상 중 하나다.

359 그리스 신화에 나오는 저승을 흐르는 망각의 강. 이 물을 마시면 생전의 모든 기억을 잊는다고 한다.

천재 ── Génie [360]

1

로마인들은 우리가 하듯 게니우스(genius)라는 단어를 드문 재능을 가리키는 용법으로는 사용하지 않았다. 재능을 나타내는 단어는 잉게니움(ingenium)이다. 우리는 제니(génie)라는 단어를 고대에 한 도시를 수호했던 정령을 가리킬 때든, 예술가나 음악가에 대해 말할 때든 구별 없이 사용한다.

천재(génie)라는 단어는 대단한 재능을 통틀어 가리키는 것이 아니라 창의성이 개입된 재능을 지칭하는 듯하다. 이 창의성이야말로 신이 내린 선물, 거의 천부적인 재능, 일종의 신이 부여한 영감이라 여겨지는 것이다. 한편 아무리 자기 분야에서 완

---

[360] 프랑스어에서 천재를 뜻하는 단어 'génie'는 운명에 좋거나 나쁜 영향을 끼칠 수 있는 '정령'을 뜻하는 단어이기도 하다. 여기서는 정령이라는 의미의 génie가 고대인들의 저작 속에 어떻게 나타났는지를 살펴본 1부 전반부는 생략하고 '천재'라는 의미에 중점을 둔 부분만을 옮겼다.

벽한 예술가라도 창의성이, 독창적인 면이 전혀 없다면 결코 천재라는 명성을 얻지 못한다. 선배 예술가들에게 영감을 받았다고 인정받을 수 있을 뿐이다. 비록 선배들을 능가하는 실력이라 해도 말이다.

체스의 최초 발명자보다 체스를 더 잘 두는 사람이 여럿 있을 수 있고, 그들은 인도 왕이 약속했던 만큼의 밀알을 상으로 받을 수 있다.[361] 하지만 체스의 발명자는 천재였고, 그와 체스를 두어 이길 사람들은 천재가 아닐 수 있다. 훌륭한 그림들을 보기 전에도 이미 탁월한 화가였던 푸생[362]에게는 그림에 대한 천재성이 있었다. 프랑스에서 뛰어난 음악가라곤 한 사람도 보지 못했던 륄리[363]에게는 음악의 천재성이 있었다.

스승 없이 자신의 예술 분야에서의 천재성을 지니는 것과, 스승들을 모방하고 능가하면서 완벽에 도달하는 것 중 무엇이 더 나을까?

예술가들에게 이 질문을 한다면, 그들의 대답은 둘로 나뉘리라. 대중에게 질문한다면, 그들은 망설임 없이 대답할 것이다. 아름다운 고블랭 태피스트리를 태피스트리 기술이 처음 시작되

---

361 체스의 기원에 얽힌 일화 중 하나. 세사(혹은 시사)라는 이름의 수학자가 체스 게임을 발명하고 이를 왕에게 보이자 왕은 크게 기뻐하며 원하는 것을 상으로 내리겠다고 했다. 그는 체스판의 첫 번째 칸에는 밀알 하나, 두 번째 칸에는 둘, 세 번째 칸에는 넷 하는 식으로 두 배씩 불려 간 양의 밀을 상으로 요청했다. 왕은 보잘 것 없는 양이라 여겨 이를 수락했으나, 재무상으로부터 밀의 양을 모두 셈하면 왕국 전체의 재산으로도 감당할 수 없다는 말을 듣는다. 상을 요구한 체스의 발명자는 참수되었다고도 하고, 새로운 왕이 되었다고도 한다.

362 17세기 프랑스를 대표하는 화가로 프랑스 근대 회화의 시조로 불린다.

363 이탈리아 출신의 프랑스 작곡가. 이탈리아 오페라를 기초로 하여 프랑스 오페라(서정 비극)의 형식을 새롭게 다졌다.

었을 무렵 플랑드르에서 제작된 것보다 더 좋아하는가? 현대의 걸작 판화 작품이 최초의 목판 조각보다 더 마음에 드는가? 그레고리안 성가를 닮은 최초의 선율보다 현대 음악이 더 좋은가? 최초의 대포를 발명한 천재보다 오늘날의 포병대가 더 좋은가? 모두가 "그렇다." 하고 답할 것이다. 모든 구매자가 "베틀의 북을 발명한 사람이 내가 걸친 천을 제조한 이보다 훨씬 더 천재적이었다는 건 인정하지만, 내게는 이 천이 더 가치 있다."라고 말할 것이다.

결국 조금이라도 지각 있는 사람이라면 누구나 인정할 것이다. 우리는 예술과 기술들을 처음으로 일으킨 천재들을 존경하지만, 그것들을 완벽하게 다듬은 재치 있는 이들이 우리에게는 더 유익하다고.

2

『백과전서』의 「천재」 항목은 천재성을 지닌 이들이 집필해 놓았다.[364] 따라서 그들 이후에 감히 덧붙일 말은 그리 없다.

옛날에는 모든 도시, 모든 인간에게 각자 자신의 정령(génie)이 있었고, 비범한 일을 해내는 이들은 이 정령의 영감을 받은 것이라 여겼다. 아홉 무사이 여신들도 소환의 대상인 정령이었다. 오비디우스가 "우리 안에 신이 있으니, 우리에게 영감을 주는 것은 바로 그다.(Est deus in nobis, agitante calescimus illo.)"(『달력(astes)』, 6권, 5)라 말한 것도 그러한 이유다.

---

364 해당 항목을 집필한 이는 『백과전서』의 책임 편집자 디드로와 드 조쿠르다.

하지만 사실, 천재성이란 다름 아닌 재능 아닌가? 재능이란 무엇인가, 바로 어떤 예술에서 성공할 수 있는 자질 아닌가? 우리가 어떤 언어의 특성(génie)이라는 표현을 쓰는 이유는 무엇인가? 모든 언어는 그 어미(語尾), 관사, 분사, 길거나 짧은 단어들을 통해 필연적으로 다른 언어에는 없는 특징들을 지니기 때문이다. 프랑스어의 특성은 특히 대화에 어울린다고 할 수 있다. 프랑스어의 단순하고 규칙적인 진행은 결코 사유를 제약하지 않기 때문이다. 그리스어와 라틴어는 보다 다채로운 특성을 지닌다고 할 수 있다. 다른 곳에서 우리는 "테오필로스는 카이사르의 일을 맡아 돌보았다.(Théophile a pris soin des affaires de César.)"라는 문장을 프랑스어로는 오직 이런 방식으로만 표현할 수 있음을 주목했다. 하지만 그리스어와 라틴어로는 이 문장을 이루는 다섯 단어를 서로 다른 120가지 방식으로 옮길 수 있다. 의미에는 전혀 영향을 주지 않으면서 말이다.

간결한 문체는 프랑스어와 독일어의 특성이라기보다 라틴어의 특성에 해당한다 하겠다.

어떤 민족을 다른 민족과 구분하는 특징, 풍습, 주요한 적성, 심지어 악습 등을 우리는 민족적 특성이라 부른다. 이 차이점을 느끼려면 프랑스인, 에스파냐인, 영국인을 보기만 하면 된다.

우리는 예술에서 어떤 사람의 특별한 천재성이란 바로 재능이라 말한 바 있다. 하지만 천재라는 이름은 대단히 뛰어난 재능에만 부여된다. 시, 음악, 미술에 어느 정도의 재능을 지녔던 이는 얼마나 많은가! 하지만 그들을 천재라고 부른다면 터무니없을 것이다.

심미안의 인도를 받는 천재는 절대 커다란 과오를 저지르지 않을 것이다. 「앙드로마크」 이후의 라신, 푸생, 라모[365]는 결코 그러지 않았다.

심미안 없는 천재는 엄청난 과오를 저지르게 된다. 더욱 나쁜 것은, 그것을 느끼지 못한다는 점이다.

---

365 프랑스의 작곡가이자 「화성론」을 쓴 음악 이론가. 궁정 실내악 작곡가였으며 륄리가 기반을 다진 프랑스 오페라를 한층 발전시켰다.

홀륭한 그림을 보기 전에도 이미 탁월한 화가였던 푸생에게는
그림에 대한 천재성이 있었다. 스승 없이 자신의 예술 분야에
서 천재성을 지니는 것과 스승들을 모방하고 능가하면서 완벽
에 도달하는 것 중 무엇이 더 나을까?

취향──Goût

맛이라는 감각, 음식물을 인지하는 이 능력은 알려진 모든 언어에서 모든 예술 분야의 아름다움과 결함에 대한 감상을 표현하는 은유를 형성했다.[366] 취향은 혀와 미각이 맛을 판별하듯이 즉각적인 분간이며 성찰보다 앞서 이루어진다. 입맛과 마찬가지로 좋은 것에 대해서는 예민하고 관능적이며, 나쁜 것은 거부감을 느끼며 배척한다. 또한 종종 그 앞에 주어진 것이 마음에 드는지 아닌지 불분명하고 혼란스러우며 알지 못하는 일도 있고, 제대로 형성되기 위해서는 익숙해질 필요가 있기도 한다.

취향을 형성하기 위해서는 예술 작품의 아름다움을 보고 아는 것만으로는 충분치 않다. 그 아름다움을 느끼고 거기에서 감동을 받아야 한다. 막연한 방식으로 느끼고 감동 받는 것만으로는 충분치 않다. 여러 가지 다양한 뉘앙스를 분간해야 한다. 신

---

366 '맛'이라는 일차적인 의미에서 출발하여 기호, 취향, 식견 등 은유적인 의미를 가진다.

속하게 이루어지는 분간에서 그 무엇도 놓쳐서는 안 된다. 이는 이 지적인, 예술에 대한 취향과 입맛 사이의 또 하나의 유사성 이기도 하다. 미식가는 두 가지 술이 섞인 것을 즉시 느끼고 알 아차린다. 뛰어난 취향을 가진 사람, 예리한 감식가는 첫눈에 두 가지 양식이 섞여 있음을 알아본다. 그는 훌륭한 부분 옆에 결 점이 있음을 눈치 챌 수 있다. 『오라스』[367]의 다음 구절에 그는 즉 시 열렬한 감동을 받을 것이다.

그가 셋을 상대로 어찌했기를 바라십니까?
── 죽었어야지!

다음 구절에는 어찌할 수 없는 혐오감을 느낄 것이다.

아니면 그때 지독한 절망으로 스스로를 구해 내거나.

나쁜 입맛이 지나치게 자극적이고 희귀한 양념만을 맛있게 느끼는 것처럼, 예술에서 나쁜 취향은 공들여 꾸민 장식만을 좋 아하며 자연스러운 아름다움을 느끼지 못한다.

367 코르네유의 비극. 리비우스의 「로마사」에 나오는 로마의 호라티우스 가문과 알바 롱가 의 쿠리아티우스 가문 세 형제의 싸움 이야기를 소재로 했으며, '오라스'는 '호라티우스' 의 프랑스식 표기다. 쿠리아티우스 가의 딸 사비나는 호라티우스 형제 중 한 명과 결혼 했고 호라티우스 가의 딸 카밀리아는 쿠리아티우스 형제 중 한 명과 약혼한 사이로 이들 은 싸움의 결말이 어떻게 나든 형제나 남편, 연인을 잃을 운명이었다. 호라티우스 형제 들 중 두 명이 먼저 죽음을 당하지만 남은 한 명은 도망치면서 부상당한 쿠리아티우스 형제들을 분산시켜 각각 한 명씩 상대하여 승리를 거둔다. 승리하여 로마로 돌아왔을 때 누이동생 카밀리아가 자기 약혼자를 죽인 것을 원망하자 누이를 죽이는데, 이 일로 법정 에 선 아들을 아버지 호라티우스는 명예의 소중함을 주장하며 변호한다.

음식에 있어서 타락한 취향이란 다른 사람들이 혐오감을 느끼는 음식을 고르는 것이다. 이는 일종의 병이다. 예술에서 타락한 취향은 올바른 정신을 지닌 이들을 분노하게 하는 주제들로 충족되는 것, 고귀한 것보다 익살스러운 것, 단순하고 자연스러운 미(美)보다 재치를 부리고 억지로 꾸민 것을 더 좋아하는 것이다. 이는 정신의 병이다. 예술적 취향은 미각보다 계발에 더 많이 좌우된다. 음식에 대한 취향의 경우 처음에는 거부감을 느꼈던 것을 결국 좋아하게 되는 일이 종종 있기는 하지만, 일반적으로 자연은 인간이 자기 몸에 필요한 것을 지각하기 위해 굳이 배워야만 하도록 하지는 않았다. 하지만 지적 취향에는 계발하고 형성하는 시간이 더 많이 필요하다. 감수성이 예민하지만 지식이 전혀 없는 젊은이는 음악에서 웅장한 합창곡의 성부들을 조금도 구분하지 못한다. 그의 눈은 처음에는 그림의 그라데이션, 명암, 원근법, 색채의 조화, 데생의 정확함을 전혀 알아보지 못한다. 하지만 그의 귀는 차차 듣는 법을 배우고, 그의 눈은 보는 법을 배운다. 훌륭한 비극 작품의 초연을 보고 그는 감동할 것이다. 하지만 그는 작품에서 일치[368]의 미학도, 어떤 등장인물도 이유 없이 등장하거나 퇴장하지 않아야 한다는 섬세한 기술도, 다양한 이해관계를 하나로 집중시키는 훨씬 더 대단한 기술도, 극복해 낸 다른 어려움들도 분간하지 못할 것이다. 습관을 들이고 성찰을 거쳐서야 비로소 그는 즐거운 마음으로 전에는 알아보지 못했던 것을 단번에 감지하는 수준에 이르게 된다. 국민적인 취향 역시 전에는 없던 곳에서 알지 못하는 사이에 형성

---

368 프랑스 고전극의 3일치 법칙. 극의 플롯은 일관적이어야 한다, 극의 지속 시간은 1일 (24시간) 이내여야 한다, 배경이 되는 장소는 동일한 장소여야 한다.

된다. 우리가 탁월한 예술가들의 정신을 서서히 받아들이기 때문이다. 우리는 르브룅,[369] 푸생, 르쉬에르[370]의 눈으로 그림을 보는 데 익숙해진다. 륄리의 귀로 키노[371]의 오페라 장면 속 음악적 웅변을 들으며, 라모의 귀로 아리아와 교향곡을 듣는다. 우리는 훌륭한 작가들의 정신으로 책을 읽는다.

많은 결점이 있는 데다 시간이 흐른 뒤에는 경원시되는 작가들이 예술 발전의 초기 단계에 국민 전체의 사랑을 받는다면, 이는 그 작가들에게 모든 이가 느낄 수 있는 자연스러운 아름다움이 있었으며 당시에는 그들의 부족한 점을 분간할 만한 능력이 없었기 때문이다. 그리하여 루킬리우스[372]는 로마인들의 사랑을 받았으나 호라티우스에게 가려 잊혔고, 레니에[373]는 프랑스인들의 찬사를 받았으나 부알로가 등장하기 전까지뿐이었다. 그리고 만일 이런 옛 작가들이 한 걸음 내딛을 때마다 실수를 저지르면서도 위대한 명성을 여전히 간직하고 있다면, 이는 로마인들에게 호라티우스가, 프랑스인들에게 부알로가 발견되었듯 국민들을 각성시켜 줄 순수하고 세련된 작가가 그 국가들에서는 전혀 발견되지 않았기 때문이다.

취향을 두고는 논쟁하지 말아야 한다는 말이 있는데, 이것이 음식에 대한 취향 즉 특정 음식물을 혐오하고 특정 음식물을 탐하는 데 대한 것일 때는 옳은 말이다. 신체 기관의 결함을

---

369 프랑스 화가로 푸생의 가르침을 받았다. 루이 14세의 궁정 화가로 베르사유 궁전의 '거울의 방'을 디자인한 것으로 유명하며 왕립 미술 아카데미의 학장을 지냈다.
370 프랑스 화가로 프랑스 고전주의 회화의 창시자 중 하나로 평가받는다.
371 프랑스의 극작가이자 오페라 작가. 작곡가인 륄리와 함께 많은 오페라를 남겼다.
372 기원전 2세기 로마의 시인으로 풍자시(satura)를 창시했다.
373 프랑스의 풍자 시인

고칠 수는 없으니 논쟁하지 말아야 한다. 하지만 예술적 취향에 대해서는 그렇지 않다. 예술에는 실제 아름다움이 있으며, 그것을 분간해 내는 좋은 취향과 알아보지 못하는 나쁜 취향이 있다. 잘못된 취향을 낳는 정신의 결함은 종종 고쳐지기도 한다. 한편 따스하게 할 수도 바로잡을 수도 없는 차디찬 영혼과 그릇된 정신들이 있는데, 이들과는 결코 취향을 놓고 논쟁해서는 안 된다. 그들에게는 취향이 없기 때문이다.

의복, 장식, 몸치장 등 예술의 수준에 속하지 않는 다양한 분야에서 취향은 임의적이다. 따라서 여기에는 변덕(fantaisie)이라는 이름이 더 어울린다. 수많은 새로운 유행을 창조하는 것은 취향이라기보다 변덕이다.

한 나라의 국민적 취향이 퇴보할 수도 있다. 이러한 불행은 보통 완벽함의 시대 이후에 일어난다. 예술가들은 모방자가 되기를 두려워한 나머지 멀리 떨어진 길들을 찾는다. 그들은 선구자들이 포착했던 아름다운 자연으로부터 멀어진다. 그들의 노력에는 장점이 있으며, 이 장점이 그들의 결점을 가려 준다. 대중은 새로운 것을 좋아하기에 이들의 뒤를 좇는다. 하지만 대중은 거기에도 싫증이 나고, 대중의 마음에 들기 위해 새로운 노력을 하는 이들이 나타나며, 이들은 최초의 무리보다 한층 더 자연에서 멀어진다. 취향은 사라지고, 사람들은 연이어 나타났다가 저마다 빠르게 뒤처지는 새로운 것들에 둘러싸인다. 대중은 이제 자신이 어디 서 있는지를 모르며, 다시는 돌아올 수 없는 고상한 취향의 시대를 헛되이 그리워한다. 고상한 취향은 군중으로부터 멀어진 일부 올바른 정신의 사람들이 아직 보존하고 있는 유물이 되었다.

취향이라는 것이 존재한 적이 없던 나라들도 많다. 사회가 전혀 발전되지 못한 나라들이다. 그런 곳에서는 남성과 여성이 서로 교류하지 않으며, 조각이나 생명체를 그림 그리는 등의 특정 예술이 종교에 의해 금지된다. 사교 생활이 거의 없으니 정신은 편협해지고 그 예리함은 무뎌져 취향을 형성할 만한 기반이 없다. 여러 예술 장르가 결핍되어 있으니 다른 종류의 예술을 뒷받침해 줄 것이 없다. 모든 예술은 손에 손을 잡고 서로에게 의지하기 때문이다. 이는 아시아인들이 거의 어떤 장르에서도 뛰어난 작품을 내놓지 못했고, 취향이 유럽의 몇몇 민족만의 전유물인 이유들 중 하나다.

통치 —— Gouvernement

통치의 즐거움이란 참으로 대단한 게 틀림없다. 그토록 많은 사람이 통치에 뛰어들고자 하니 말이다. 통치에 대한 책은 지상의 군주들의 수보다 훨씬 더 많다. 부디 신께서 나를 도우셔서 이 자리에서 왕들, 그들의 장관 나리들, 그들의 시종 나리들, 그들의 고해 신부 나리들, 그들의 징세 청부인 나리들을 가르치려 들지 않게 막아 주시기를! 내게 그럴 의도는 전혀 없으며 나는 그들 모두를 존경한다. 영국제 저울로 인류의 가장 높은 자리에 있는 분들을 이리저리 달아 보는 건 윌크스 씨[374]의 소관일 뿐이다. 게다가 마키아벨리의 『군주론』, 보쉬에[375]의 『성

---

374 존 윌크스, 18세기 영국의 급진주의적인 기자이자 정치가.
375 프랑스의 신학자이자 정치학자. 루이 14세에게 왕의 의무를 가르쳤고 왕세자의 스승을 맡았으며 왕권 신수설과 절대왕정의 신봉자였다. 『성서의 정치학』의 원제는 『성서의 말씀 자체에서 끌어온 정치학(La Politique tirée des propres paroles de l'Écriture sainte)』으로, 왕세자에게 가르침을 주기 위해 쓴 것인데 미완으로 사후에 출간되었다.

서의 정치학』을 비롯하여『재정에 밝은 시민』,『재정 안내서』,
『국가를 부유하게 하는 법』등 통치에 관한 책이 삼사천 권이나
나와 있는데 아직도 왕들의 의무와 통치의 기술을 전부 완벽하
게 습득 못 한 이가 있다면 이상한 일일 것이다.

푸펜도르프 교수,[376] 아니 푸펜도르프 남작은 다윗 왕이 그
의 개인 자문관인 시므이를 결코 해치지 않겠다고 맹세한 뒤 아
들 솔로몬에게 시므이를 살해하라고 명한 것(유대교 역사에 따르
면)이 전혀 맹세에 어긋나지 않는다고 한다. 이유는 "다윗은 자
신이 시므이를 죽이지 않겠다고 맹세했을 뿐이기 때문"이다. 예
수회 교도들의 심중 유보(心中留保)를 그렇게 소리 높여 비난하
던 남작이 여기서는 다윗 왕에게 그러한 일을 허가하는데, 이는
아마 국가 자문관들의 마음에는 들지 않을 것이다.

보쉬에가『성서의 정치학』에서 왕세자 저하께 드린 말씀들
을 생각해 보자. "이렇게 다윗과 솔로몬의 가문에서는 계승을
통한 왕권이 확립되었고, 다윗의 왕좌는 영구히 확고해졌다. (비
록 왕좌라 불리던 그 작은 의자는 그리 오래가지 못했지만.) 이 법에 근
거하면, 장자가 형제들을 배제하고 왕위를 계승해야 한다. 그런
이유에서 솔로몬의 형인 아도니야[377]는 솔로몬의 어머니 밧세바
에게 이렇게 말했던 것이다. '아시다시피 왕국은 제 것이었고,
온 이스라엘이 저를 인정했습니다. 그런데 주께서 왕국을 제 동
생 솔로몬에게 넘겨주셨습니다.'" 아도니야의 권리는 확실했다.
보쉬에는 글 말미에 이를 명백하게 표현했다. "주께서 왕국을

---

376 독일의 법학자이며 하이델베르크 대학의 자연법 국제법 교수.
377 다윗의 넷째 아들, 다윗의 장자 암논과 셋째 압살롬이 죽고 둘째 길르압은 사망한 것으
로 추정되므로 결국 생존한 아들 중 제1상속권자가 되었다.

넘겨주셨습니다."는 "나는 내 것을 잃었습니다, 내 것을 빼앗겼습니다."라는 의미의 평범한 표현에 불과하다. 아도니야는 적법한 아내 소생이었다. 솔로몬의 탄생은 이중 죄악의 소산에 지나지 않았다.

"따라서 어떤 예외적인 일이 발생하지 않는 한, 장자가 계승해야 한다."라고 보쉬에는 썼다. 그런데 이 예외적인 일이란 이중 간통과 살인을 거쳐 이뤄진 결혼의 소생인[378] 솔로몬이 제단 아래에서 제 맏형을, 제 적법한 왕을, 제사장 아비아달과 장군 요압이 그 권리를 지지하던 왕을 살해한 것이었다. 이 일 이후로는 성서에서 보다 고귀한 목적을 위하여 유대인들에게 또 우리에게 주는, 사람의 권리와 통치에 대한 가르침을 얻기가 생각보다 어려워진다는 점을 인정하지 않을 수 없다.

"국민의 안녕이 최고의 법이 되어야 한다." 이것이 국가들의 근본적인 원칙이다. 하지만 모든 내전에서 국민의 안녕은 시민의 일부를 참살해야 얻어진다. 모든 대외전에서 국민의 안녕은 이웃 나라 국민들을 죽이고 그들의 재산을 탈취하는 것이다. 여기에서 유익한 국제법과, 사상의 자유와 사회적 평온함에 진정으로 호의적인 정부의 모습을 찾아보기란 어려운 일이다.

기하학에는 매우 반듯하고 정다각형인 기하학적 도형들이 있다. 산술은 완벽하다. 많은 직종의 일이 언제나 한결같고 훌륭한 방식으로 행해진다. 하지만 인간 통치의 경우 모든 것이 서로 다툼을 벌이는 인간의 감정들을 기반으로 하는데 훌륭한 통치가 된다는 게 가능한 것인가?

378 다윗이 부하 우리야의 아내인 밧세바에게 반해 우리야를 사지로 보내 전사시키고 밧세바를 아내로 맞아 솔로몬을 낳은 것을 말한다.

수도사들 간의 불화가 없는 수도원은 한 곳도 없었다. 그러니 왕국에 불화가 없다는 것은 불가능한 일이다. 모든 정부는 수도원만이 아니라 가정과 똑같다. 다툼이 없는 곳은 있을 수 없다. 그리고 국민과 국민, 군주와 군주의 다툼은 언제나 유혈이 낭자했다. 백성들과 그 군주들과의 싸움이 그에 못지않게 참혹했던 적도 꽤 있었다. 어떻게 해야 하는 것인가? 위험을 감내하든가 숨든가 둘 중 하나다.

"따라서 어떤 예외적인 일이 발생하지 않는 한, 장자가 계승해야 한다." 보쉬에

전쟁 —— Guerre

　모든 동물은 끊임없이 전쟁 중이다. 모든 종이 저마다 다른 종의 포식자로 태어났기 때문이다. 심지어 양이나 비둘기에 이르기까지, 보이지 않을 정도로 작은 동물들을 엄청난 양으로 집어삼키지 않는 동물은 없다. 같은 종의 수컷들은 메넬라오스와 파리스처럼 암컷들을 두고 전쟁을 벌인다. 하늘과 땅과 물은 파괴의 현장이다.

　신이 인간에게 이성을 주셨으니, 이 이성은 인간이 동물을 흉내 내는 수준으로 타락하지 말라고 경고해 주어야 마땅하다. 자연은 인간에게 동족을 죽일 무기도, 그들의 피를 빨려는 본능도 부여하지 않았으니 더욱 그러하다.

　그럼에도 서로 죽고 죽이는 전쟁은 인간의 끔찍한 운명인지라, 두세 국가를 제외하면 그 고대 역사에서 서로 싸우기 위해 무장하고 있지 않았던 적은 거의 없다. 캐나다 부근에서는 '인간'과 '전사'라는 말이 동의어이며, 우리 유럽 쪽에서는 '도둑'

과 '군인'이 같은 말이었다. 마니교도들이여, 여기 그대들의 변명이 있다.[379]

가장 확고한 아첨꾼이라도 전쟁이 언제나 질병과 기아를 거느리고 다닌다는 점에는 쉽게 동의할 것이다. 그가 독일의 군인 병원들을 본 적 있고, 전쟁의 대단한 공훈이 행해진 몇몇 마을을 지나가게 된다면 말이다.

전원을 황폐하게 하고, 거주지들을 파괴하고, 평년에 10만 명 중 4만 명을 죽게 하는 것은 분명 매우 대단한 기술이다. 이 발명품은 공동의 이익을 위해 결집한 국가들에 의해 처음 개발되었다. 예를 들어 그리스인들의 의회는 이웃 민족들과 프리기아[380]의 의회에 그리스가 천 대의 낚싯배로 출항하여 가능하다면 그들을 몰살시킬 것이라고 선포한 바 있다.

의회에 모인 로마인들은 수확철 전에 베이오[381] 사람들이나 볼스키족[382]을 상대로 전쟁을 벌이는 것이 그들에게 이익이라는 판단을 내렸다. 그리고 몇 년 후, 로마인 전체가 카르타고인 전체에 대해 분노하여 해상과 지상에서 오랫동안 싸웠다, 오늘날에는 사정이 이와 같지 않다. 한 계보학자가 어느 영주에게, 그가 어느 백작의 직계 자손이며 그 조상들은 삼사백 년 전에 지금은 그에 대한 기억조차 남아 있지 않은 어느 가문과 가족 협

---

379 3세기 페르시아 왕국에서 마니가 창시한 마니교는 선과 악, 빛과 어둠의 투쟁이라는 이원론적인 관점을 지니고 있으며 모든 것이 이처럼 서로 상반된 두 경향성을 동시에 지니고 있다고 본다.
380 소아시아 중부에서 서부에 걸쳐 있던 고대 지역명.
381 로마 근처에 있던 에트루리아인의 도시.
382 고대 이탈리아의 한 민족으로, 기원전 5세기 로마와 끈질긴 전쟁을 벌인 끝에 로마에 복속되었다.

약을 맺었음을 증명해 보였다.[383] 그 가문에는 마지막 소유주가 뇌졸중으로 사망한 어느 지방에 대한 동떨어진 요구권이 있었다. 영주와 그 자문단은 영주에게 확실한 권리가 있다고 보았다. I000킬로미터나 떨어진 그 지방에서는 그에 대해 알지 못하며, 그의 지배를 받고 싶은 생각은 추호도 없고, 주민들을 다스리려면 적어도 그들의 동의를 얻어야 한다고 항의했으나 헛일이었다. 그런 말들은 부인할 수 없는 권리를 지닌 영주의 귀에는 가닿지 않았다. 그는 즉각 아무것도 잃을 것이 없는 사내들을 다수 찾아냈고, 그들에게 한 폭에 110수짜리 거친 푸른 천으로 지은 옷을 입히고 그들의 모자에 굵은 하얀 실로 테두리 장식을 하고 우향우와 좌향좌를 시킨 후 승리를 향해 행군했다.

이 병력에 대한 소문을 들은 다른 영주들도 저마다의 권력에 따라 거기에 동참하여, 칭기즈칸, 티무르 대제, 바예지드가 이끌었던 군대보다 더 많은 흉포한 용병들로 자그마한 땅을 뒤덮었다.

멀리 떨어진 곳의 사람들은 전쟁이 일어날 것이며, 거기에 동참한다면 하루에 5수나 6수를 벌 수 있다는 얘기를 들었다. 그들은 곧 추수꾼처럼 두 패로 나뉘었으며, 고용주가 누가 됐든 손을 빌려주러 갔다.

이 엄청난 무리는 서로를 공격했다. 그 일과는 어떤 이해관계도 없을 뿐더러 무슨 일로 싸우는지도 알지 못한 채 말이다.

---

383 오스트리아 왕위 계승 전쟁 때 프로이센에 슐레지엔을 빼앗긴 마리아 테레지아가 슐레지엔 영토 탈환을 위해 일으킨 7년 전쟁(1756~1763)을 가리킨다. 오스트리아는 프랑스, 러시아, 스웨덴, 작센 등과 동맹을 맺고 프로이센은 영국과 동맹하여 유럽 대국들이 두 진영으로 갈라져 싸웠다.

동시에 대여섯 개의 서로 싸우는 세력이 어떤 때는 3대 3으로, 어떤 때는 2대 4로, 어떤 때는 1대 5로, 다들 똑같이 서로를 증오하며 잇달아 결집했다가는 서로 공격했다. 모두가 한 가지에 대해서는 의견이 일치했는데, 가능한 한 커다란 피해를 입히려는 것이었다.

이 지옥 같은 전쟁의 가장 경이로운 점은, 살인자들의 우두머리가 저마다 제 이웃을 몰살시키러 가기 전에 깃발에 축복을 받고 장중하게 신에게 기도를 올렸다는 것이다. 어느 대장이 고작 이삼천 명을 죽이는 행운밖에 얻지 못했다면 그는 신에게 전혀 감사드리지 않았다. 하지만 총칼로 약 만 명을 몰살시켰다면, 그리고 일이 잘 되어 어떤 도시를 완전히 쑥대밭으로 만들기라도 했다면 사방에서 기나긴 노래를 불렀는데, 전투에 참여했던 사람들 모두가 알지 못하는 언어로 된 노래였고 게다가 잘못된 어법이 가득했다. 같은 노래가 사람을 죽였을 때는 물론 결혼과 출생에도 불렸다. 이는 용서받을 수 없는 일이며, 특히 새로운 노래들로 가장 이름난 나라에서라면 더욱 그렇다.

자연 종교는 시민들이 죄를 범하지 않도록 셀 수 없이 막아왔다. 천성이 선한 사람은 죄를 저지르려는 뜻이 없다. 온화한 사람은 그것을 두려워한다. 그런 사람은 공정하고 징벌을 내리는 신의 모습을 마음속에 지닌다. 하지만 인공적인 종교는 음모, 반란, 강탈, 매복, 도시 급습, 약탈, 살인 등 군부대가 저지르는 잔혹한 행위들을 모두 부추긴다. 각자가 그 성인의 깃발을 내걸고 기꺼이 죄를 향해 행진한다.

이곳저곳에서 여러 연설가들에게 돈을 주어 그런 살인의 날들을 찬양하게 한다. 어떤 이들은 몸에 딱 맞는 길고 검은 웃옷을 입고 짧은 망토를 둘렀으며, 다른 이들은 로브 위에 셔츠를 입었다. 셔츠 위에 잡다한 재질의 장식을 단 이들도 있다. 모두가 오랫동안 연설을 한다. 그들은 옛날 팔레스타인에서 일어났던 일을 인용하며 베터라우의 전투에 대해 말한다.

한 해의 나머지 기간, 이들은 악덕을 맹렬히 비난한다. 그들은 세 가지 논점과 반대 명제를 들어 가며 생기발랄한 뺨에 볼연지를 엷게 칠하는 부인들이 영원한 신의 영원한 징벌에 영원토록 시달릴 것임을, 「폴리왹트」와 「아탈리」[384]가 악마의 작품임을, 사순절에 생선 200에퀴어치를 식탁에 올리는 이는 틀림없이 구원을 얻으며 2수 반에 양고기를 먹는 가난한 이는 영원히 악마들 틈에 떨어질 것임을 입증해 보인다.

오류천 개에 달하는 이런 류의 연설 중 올바른 사람이 혐오감을 느끼지 않고 읽을 수 있는 것은 기껏해야 마시용[385]이라는 이름의 프랑스인이 작성한 연설 서너 편이 전부다. 하지만 이 모든 연설문을 통틀어 온갖 재앙과 죄악을 모두 포함하는 전쟁의 재앙과 죄악에 대해 연설가가 감히 몇 마디라도 비난을 가한 글은 고작 두 편 정도밖에 없을 것이다. 이 불길한 연설가들은 인류의 유일한 위안이며 인류를 회복시킬 수 있는 유일한 방법인 사랑을 끊임없이 비난한다. 하지만 우리가 인류를 파괴하기 위해 힘을 쏟는 가증스러운 노력들에 대해서는 아무 말도 하지 않는다.

---

384 「폴리왹트」는 코르네유, 「아탈리」는 라신의 작품으로 둘 다 종교를 다룬 비극이다.
385 프랑스의 주교이자 이름난 설교가로, 그의 웅변술은 볼테르와 달랑베르를 비롯한 당대 백과전서파 문인들에게 크게 찬사 받았다.

오, 부르달루,[386] 그대는 부도덕에 대하여 매우 형편없는 설교를 했다! 하지만 너무도 다양한 방식으로 이뤄지는 살인들에 대해, 약탈, 강도질, 세상을 황폐하게 하는 보편적 분노에 대해서는 어떤 설교도 없다. 모든 시대와 모든 장소를 통틀어 벌어지는 악행을 전부 모아도 한 차례의 전투에서 발생하는 해악에 필적하지 못한다.

영혼의 비참한 의사들이여, 그대들은 바늘에 찔린 상처 몇 개를 두고는 한 시간이 넘도록 외쳐 대면서 우리를 수천 조각으로 갈가리 찢는 질병에 대해서는 아무 말 하지 않는구나! 모럴리스트 철학자들이여, 그대들의 책을 전부 불사르라. 몇 사람의 변덕이 우리 형제 수천 명을 합법적으로 살육하는 한, 영웅적 행위에 바쳐진 인류의 일부는 자연계 전체에서 가장 끔찍한 존재가 되리라.

600보 떨어진 곳에서 발사된 반 파운드 무게의 납탄에 맞아 내 몸이 산산조각 나고, 그리하여 스무 살 나이에 이루 말할 수 없는 고통 속에 오륙천 명의 죽어 가는 이들 한가운데서 죽는다면, 마지막으로 뜨인 내 눈에 비친 것은 내가 태어난 도시가 총기와 불길에 파괴되는 장면이고 내 귀에 들리는 마지막 소리는 무너진 잔해에 깔려 숨이 끊어지는 여인과 아이들의 비명이라면, 이 모든 것이 우리가 알지도 못하는 한 사람이 주장하는 이익 때문이라면, 인간성, 선행, 겸손, 절제, 온화함, 현명함, 경건함 같은 것들이 다 무엇이며 내게 무슨 소용이겠는가?

더욱 나쁜 것은 전쟁이 불가피한 재앙이라는 것이다. 주의

---

386 17세기 프랑스의 예수회 신부이자 설교가. 모든 계층의 청중에게 호소력 있는 단순하고 명료한 웅변술로 당대 이름이 높았다.

깊게 살펴보면 예부터 모든 인간이 군신 마르스를 숭배했다. 유대인에게 '사바오트'는 '만군의 주님'을 의미한다. 하지만 호메로스의 작품에서 미네르바는 마르스를 난폭하고 미치광이이며 지옥 같은 신이라 부른다.

유명한 몽테스키외는 인간적인 사람으로 알려졌지만, 이웃 나라들에 대해 총칼을 드는 것이 정당하다고 말한 바 있다. 이웃들이 지나치게 잘될까 두렵다면 말이다. 이것이 법의 정신이라면 이는 보르자와 마키아벨리의 법의 정신이다. 만일 불행히도 그가 진실을 말한 거라면, 그것이 사실들에 의해 증명될지라도 그 진실에 반대하여 글을 써야 한다.

몽테스키외는 이렇게 말했다.

사회들 사이에서, 자연 방어권은 때로는 공격의 필요성을 야기한다. 한 민족이, 평화가 더 오래 지속된다면 다른 민족이 그 평화를 파괴하고자 하는 상태가 될 것임을 예상하고, 그 순간 공격하는 것이 그러한 파괴를 막는 유일한 방법이라 여길 때가 그렇다.[387]

평화의 한복판에서 공격하는 것이 어떻게 그 파괴를 막는 유일한 방법이 될 수 있는가? 즉 당신은 이웃이 강성해진다면 당신을 파멸시킬 거라고 확신해야 한다. 그 점을 확신하기 위해서는 이웃이 이미 당신을 파멸시킬 준비를 하고 있어야 한다. 그런 경우, 전쟁을 시작하는 것은 그쪽이지 당신이 아니다. 당신의 가정은 틀렸고 모순적이다.

387 「법의 정신」, 10권, 2장.

명백히 부당한 전쟁이라는 것이 있다면, 당신이 제안하는 전쟁이야말로 그러하다. 그것은 이웃이 당신을 공격할 만한 상태가 되지 않을까 하는 두려움에서(당신을 공격하지도 않는) 이웃을 죽이러 가는 것이다. 다시 말해 당신은 이유도 없이 남의 나라를 파괴하려는 희망 때문에 당신의 나라가 파괴될 위험을 감수해야 한다. 이는 확실히 타당하지도 유익하지도 않다. 잘 알겠지만, 우리는 성공 여부를 결코 확신할 수 없기 때문이다.

이웃이 평화 시에 지나치게 강성해졌다면, 당신도 똑같이 강성해지지 못할 이유가 있는가? 그쪽에서 동맹들을 맺었다면, 당신도 동맹들을 맺으라. 만일 이웃에 성직자는 적고 제조업자와 군인들은 더 많다면 그 현명한 경제 체제를 따르라. 이웃이 수병들을 더 뛰어나게 훈련시킨다면 당신의 수병들도 훈련시키라. 이 모든 것은 지극히 정당하다. 하지만 당신의 소중한 형제인 이웃 땅의 군주를 제압하겠다는, 많은 경우 헛된 생각에서 당신의 국민을 가장 끔찍한 비참에 처하게 한다면! 그대에게 그런 조언을 한 이는 평화를 사랑하는 집단의 명예 회장은 아님이 분명하다.

"사회들 사이에서, 자연 방어권은 때로는 공격의 필요성을 야기한다. 한 민족이, 평화가 더 오래 지속된다면 다른 민족이 그 평화를 파괴하고자 하는 상태가 될 것임을 예상하고, 그 순간 공격하는 것이 그러한 파괴를 막는 유일한 방법이라 여길 때가 그렇다." 몽테스키외

행복한, 다행하게 ──Heureux, Heureuse, Heureusement

행복한(heureux) 이라는 단어는 그 어원이 시간(heure)인 행운(heur)에서 온 것이 명백하다. 때맞춰(à la bonne heure)와 공교롭게도(à la mal-heure)라는 오래된 표현은 여기서 유래했다. 우리 조상들이 지닌 철학이라곤 몇 개의 편견이 전부였기 때문이다. 더 오래된 민족들도 운 좋은 시간과 불길한 시간이 있음을 인정했다.

옛날에는 행복이 그저 운이 좋은 시간에 불과했다는 점을 보며 우리는 옛사람들에게 그들이 받아 마땅한 이상의 경의를 표하고 옛사람들은 행복을 대단히 일시적인 것으로 보았다는 결론을 내릴 수 있다. 실제로 그러하듯 말이다. 우리가 행복이라 부르는 것은 즐거움에 대한 몇 가지 관념들로 이루어진 추상적인 관념이다. 한순간의 즐거움만을 느낀 이는 전혀 행복한 사람이 아니며, 이는 한순간의 고통 때문에 불행한 사람이 되지 않는 것과 마찬가지다. 즐거움은 행복보다 더 빨리, 행복은 지복(félicité)보다 더 빨리 지나간다. "지금 이 순간 나는 행복하다."라고 말한다면 단어를 남용하는 것이며 이는 "나는 즐겁다."라는 의미에 지나지 않는다. 계속해서 즐거움을 느낀다면 그동안에는 행복하다고 말할 수 있다. 이 행복이 좀 더 지속되면, 지복의 상태다. 우리는 이따금 번영을 누리면서도 전혀 행복하지 못할 때가 있다. 음식에 물린 병자가 그를 위해 준비된 대단한 진수성찬에 입도 대지 않는 것과 마찬가지다.

"죽기 전에는 누구도 행복하다고 해선 안 된다."라는 오래된 격언은 매우 잘못된 원칙들에 기초한 듯하다. 이 격언에 따르면 우리는 태어나서 임종할 때까지 줄곧 행복한 사람만을 행복하다고 해야 할 것이다. 이처럼 유쾌한 순간이 끊임없이 연속되기란 우리의 신체 기관들, 우리가 의존하는 요소들, 우리가 그보다 더 의존하는 사람들의 구조상 불가능한 일이다.

언제나 행복하기를 바라는 것은 영혼의 '현자의 돌'이다. 슬픈 상태에 오래 빠지지 않는 것만 해도 우리에게는 대단한 일이다. 그러나 어떤 이가 항상 행복한 삶을 누리다가 비참하게 죽었다고 가정해 본다면, 그는 확실히 죽을 때까지 행복했던 이라 불려 마땅할 것이며, 우리는 그가 인류 가운데 가장 행복한 사람이었다고 감히 말할 수 있으리라. 소크라테스는 충분히 그리스인 중 가장 행복한 이였을 수 있다. 재판관들, 혹은 미신에 빠진 자들과 몰상식한 자들, 혹은 편파적인 자들, 혹은 그들 전부가 그를 단 하나의 신만을 믿는다는 혐의로 70세의 나이에 재판에 걸어 독살했더라도 말이다.

너무도 진부하게 되풀이된 이 격언, '누구도 죽음 전에는 행복하지 않다.(Nemo ante obitum felix.)'는 따라서 모든 의미에서 완전히 틀린 말 같다. 만일 이 격언이 행복한 사람도 불행한 죽음을 맞을 수 있다는 뜻이라면, 별 의미 없는 당연한 소리일 뿐이다.

민중의 속담인 "왕처럼 행복하다."라는 말은 더더욱 틀린 소리다. 경험 있는 사람이라면 누구나 평민들이 얼마나 오해하고 있는지 알 것이다.

만일 남자가 일반적으로 여자보다 더 행복하다면, 원래 한결 더 행복한 처지라는 게 있는지 궁금해진다. 이 의문에 답하기 위해서는 모든 처지를 한 번씩 다 겪어 봐야 하며, 테이레시아스[388]와 이피스[389]처럼 남자와 여자 둘 다가 되어 봐야 할 것이다. 또한 각각의 처지에 맞는 본연의 정신을 지니고 모든 처지를 경험해 보고, 남자와 여자로서 처할 수 있는 모든 신분을 거쳐 보아야 판단을 내릴 수 있으리라.

우리는 또한 두 사람 중 한 사람이 다른 사람보다 더 행복한지 궁금하다. 요로결석과 통풍을 앓고 재산과 명예와 처자식을 모두 잃었으며 난도질당한 뒤 교수형당하는 형벌에 처해진 사람은 원기 왕성한 젊은 술탄이나 라퐁텐 우화 속 신기료장수보다 모든 면에서 덜 행복할 게 확실하다.[390]

---

388 그리스 신화에 나오는 장님 예언자. 오비디우스의 『변신 이야기』에 따르면 그는 숲에서 교미 중인 뱀을 막대기로 때렸다가 여자가 되었고, 7년 후 다시 교미 중인 뱀을 때려 남자로 되돌아왔다. 제우스와 헤라가 남녀가 사랑을 나눌 때 누가 더 큰 쾌락을 느끼는지 논쟁하다가 그에게 물었고 여자 쪽의 쾌락이 더 크다고 대답한 탓에 분노한 헤라가 그를 장님으로 만들었으나 제우스가 보상으로 예언의 능력을 주었다.

389 『변신 이야기』에 나오는 인물. 뱃속에 있을 때 아버지가 만일 딸이라면 집안 형편 때문에 죽일 수밖에 없다고 말했기 때문에, 이시스 여신의 현몽을 받은 어머니가 아들로 속여 키운다. 남장을 하고 자라난 이피스는 이안테라는 처녀와 정혼하나, 몇 번이나 혼례를 미루다 더 이상 미룰 수 없게 되자 신전에 가 도움을 구하고, 여신의 도움으로 남자의 몸으로 변한다.

390 라퐁텐의 「신기료장수와 금융업자」라는 우화. 막대한 재산을 가졌지만 늘 불안한 금융업자는 가난하지만 명랑한 신기료장수의 노랫소리가 몹시 거슬렸다. 어느 날 금융업자

하지만 우리가 알고 싶은 것은 똑같은 건강, 똑같은 부를 지니고 동일한 조건에 놓인 두 사람 중 누가 더 행복한가다. 그 점을 결정하는 것은 그들의 기질임이 명백하다. 가장 절제력 있고, 가장 불안해하지 않으며, 동시에 가장 민감한 사람이 가장 행복하다. 하지만 불운하게도 가장 민감한 사람은 십중팔구 절제력이 가장 부족하기 마련이다. 우리를 행복하게 하는 것은 우리가 처한 조건이 아니라 우리 영혼의 기질이다. 이 영혼의 성향은 우리의 신체 기관들에 달려 있고, 우리의 신체 기관들은 우리가 전혀 개입할 수 없는 방식으로 배열되었다.

위의 내용에 대해 나름의 성찰을 하는 것은 독자의 몫이다. 우리가 독자에게 말해야 하는 것보다 독자가 더 많은 말을 할 수 있는 글들이 많다. 예술과 기술에 대해서라면 독자를 가르쳐야 하지만, 도덕에 대해서라면 독자가 스스로 생각하도록 놔두어야 한다.

우리가 쓰다듬어 주고, 털을 빗질하고, 비스킷을 주고, 예쁜 암컷과 짝지어 주는 개들이 있다. 그리고 옴투성이로 굶주려 죽는 개들, 우리가 쫓아내고 때리고 또 발에 네 개의 대못을 박아 젊은 외과의사가 천천히 해부하는 개들도 있다. 행복하거나 불행한 것이 이 불쌍한 개들에게 달려 있을까?

우리는 행복한 생각, 행복한 특성, 행복한 대구, 행복한 용모, 행복한 기후 등을 말한다. 갑작스러운 영감처럼 우리에게 오며, 우리가 재치 있는 사람의 행운이라 부르는 이 행복한 생각

는 신기료장수를 불러 큰돈을 주었고 그날부터 신기료장수는 잠을 제대로 이루지 못하고 노래도 부르지 않았다. 마침내 신기료장수는 돈을 돌려주면서 대신 자신의 노래와 단잠을 돌려달라고 한다.

과 행복한 특성은 눈앞을 스쳐가는 빛처럼 일부러 찾지 않아도 우리에게 찾아온다. 행복한 용모, 즉 온화하고 고상한 용모 역시 나 우리가 어떻게 할 수 있는 것이 아니며, 우리와는 상관이 없고, 눈속임일 때가 너무나 잦다. 행복한 기후는 자연이 혜택을 내린 기후다. 행복한 상상들은 이러하며, 행복한 천재성 즉 대단한 재능은 이러하다. 그리고 스스로에게 천재성을 부여할 수 있는 자 누가 있겠는가? 그 불꽃의 광휘를 조금 받았다고 한들 그것을 언제까지나 찬란하게 간직할 수 있는 자 누가 있겠는가?

'행복한 악한'이라는 말을 한다면, 그 단어는 그가 성공했음을 의미할 뿐이다. '행운아' 술라,[391] 알렉산데르 6세, 보르자 공작은 운 좋게 약탈, 배반, 독살, 파괴, 살육을 자행했다. 하지만 만일 그들이 스스로 자신은 악당이라 믿고 있었다면 설령 같은 부류 사람들을 두려워하지 않았다 할지라도 매우 불행했을 가능성이 높다.

아예 잘못 자란 악당, 예를 들어 그리스도교 신앙이 없다고 할 수 있는 투르크인은 재상들이 부유해지면 그들의 목을 비단 끈으로 조르고, 교살당하거나 살해당한 형제들을 흑해 해협에 던져 넣고, 자신의 영광을 위해 백 리에 이르는 땅을 황폐하게 할 수 있다.[392] 단언하건대, 이 사람은 그가 거느린 교전(敎典) 이

---

391 고대 로마의 장군이자 정치가. '행운아'라는 별칭은 사후에 붙은 것이다. 가난한 귀족 가문에서 태어났으나 사교적인 성격과 물려받은 큰 재산 덕에 정계에 진출했고, 뛰어난 술수와 군사적 재능을 바탕으로 세력을 키워 로마의 권력을 잡았으며 독재관이 되어 반대파에 대한 무자비한 숙청으로 공포정치를 펼치는 한편 여러 가지 개혁을 단행했다.

392 비단 끈으로 목 졸라 죽이는 것은 오스만튀르크제국에서 신분 높은 이들을 처형하는 방식이었다. 메흐메드 4세 때의 대재상 카라 무스타파 파샤(1634-1638)가 이런 식으로 사형당했다. 또한 이는 새로 즉위하는 술탄이 경쟁자인 형제들을 살해하는 방식이기도

론가만큼이나 아무런 가책을 느끼지 않으며 매우 행복할 것이다. 이 또한 독자가 많은 생각을 해 볼 만한 점이다.

옛날에는 행운의 행성들이 있었고 한편으로 불운의 행성들이 있었다.[393] 불행하게도 이제는 없다.

저들은 이 유익한 사전을 대중에게 금지하려 하였으나 다행스럽게도 성공하지 못했다.

비열한 영혼들, 어리석은 광신자들은 매일같이 권력자들과 무지한 자들에게 철학자들에 대한 나쁜 선입견을 퍼뜨린다. 만약 불행히 그들의 말을 귀담아 듣는다면, 우리는 철학자들만이 우리를 끌어내 주었던 야만 속에 다시 빠지고 말 것이다.

했다. 가장 대규모의 형제 살해가 일어났던 메흐메드 3세 때에는 그의 형제 19명이 죽음을 당했다.

393 프랑스의 오래된 미신에서는 목성과 화성을 행운의 행성이라 여겼다.

자크루이 다비드, 「소크라테스의 죽음」 (1787) 어떤 이가 항상
행복한 삶을 누리다가 비참하게 죽었다고 가정해 본다면, 그
는 확실히 죽을 때까지 행복했던 이라 불려 마땅할 것이며, 우
리는 그가 인류 가운데 가장 행복한 사람이었다고 감히 말할
수 있으리라. 소크라테스는 충분히 그리스인 중 가장 행복한
이였을 수 있다.

인간——Homme

인간이라는 종의 신체적 특성을 알기 위해서는 해부학 저작들과 『백과전서』에 수록된 브넬 씨[394] 작성 항목들을 읽거나, 아예 해부학 강의를 들을 필요가 있다.

인간에게서 우리가 정신적이라 부르는 부분을 알려면, 무엇보다도 살아 보고 성찰해야 한다.

도덕에 대한 모든 책에는 다음과 같은 욥의 말이 포함되어 있지 않은가? "여인에게서 태어난 사람은 생애가 짧고 걱정이 가득하며, 그는 꽃과 같이 자라나서 시들며 그림자같이 지나가며 머물지 아니하거늘······."[395]

우리는 인류가 22년 남짓밖에 살지 못한다는 점을 이미 고찰한 바 있다.[396] 유모의 품에 있을 때 죽는 이들과 어리석고 비

---

394 18세기 프랑스의 의사, 약사, 화학자. 『백과전서』에 673개 관련 항목들을 집필했다.
395 「욥기」 14장 1-2절.
396 18세기 중반 프랑스의 평균 수명은 25세를 넘지 못했다. 출생 후 10세가 되기 전 사망하

참한 삶을 백 살까지 질질 끄는 이들을 모두 고려했을 때의 이야기다.

최초의 인간에 대한 오래된 우화는 훌륭한 교훈이다. 처음에 인간은 기껏해야 20년밖에 살지 못할 운명이었고, 다른 이와 함께 사는 인생을 생각한다면 이는 5년으로 줄었다. 인간은 크게 낙담했다. 그의 곁에는 애벌레, 나비, 공작새, 말, 여우, 원숭이가 있었다.

"제 수명을 늘려 주세요." 인간은 유피테르에게 말했다. "저는 여기 모든 동물들보다 더 귀합니다. 저와 제 아이들이 아주 오래 살면서 모든 동물을 다스리는 것이 마땅합니다." 유피테르는 대답했다. "좋다, 하지만 내가 생명을 부여한 모든 존재들에게 나눠 줄 수 있는 수명은 정해져 있다. 너에게 수명을 주려면 다른 동물들에게서 가져올 수밖에 없어. 내가 유피테르라고 해서 무한하고 전능하다고 여겨서는 안 된다. 나에게도 본성과 한계가 있어. 자, 네가 부러워하는 이 여섯 동물에게서 떼어 낸 몇 년을 네게 얹어 주마. 그 대신 너는 그들의 존재 방식을 차례차례 거치게 될 것이다. 인간은 먼저 애벌레가 되어, 유아기에는 애벌레처럼 기어 다닐 것이다. 열다섯 살까지는 나비처럼 가벼울 것이며, 청년기에는 공작새처럼 허영을 부리리라. 성년이 되면 인간은 말처럼 힘든 일을 하게 된다. 쉰 살 무렵이면 여우 같은 책략을 익히며, 노년에는 원숭이처럼 흉하고 우스꽝스러울 것이다. 이것이 일반적인 인간의 운명이니라."

유피테르가 선심을 썼지만, 인간이라는 동물은 모든 보상을

는 아이들이 반수가 넘을 정도로 유아 사망률이 높았기 때문이다.

받았음에도 고작 22년에서 23년밖에 살지 못한다는 점에 주목하라. 인류 전반으로 보자면, 거기서 잠자느라 보내는 시간인 삼분의 일을 제해야 한다. 잠자는 동안 우리는 죽어 있는 거나 마찬가지기 때문이다. 약 15년이 남는데, 여기서 생의 현관이라 할 유아기에 해당하는 기간 최소한 8년을 뺀다. 순 수명은 7년이 되며, 이 7년 중 적어도 반은 온갖 고통에 시달리다가 지나간다. 일하고 권태로워하고 약간의 만족을 느끼는 데 3년 반을 쓰면, 사람에게는 아무것도 남는 게 없다! 이럴진대, 불쌍한 동물이여, 그래도 여전히 자랑스러운가?

불행히도 이 우화에서 신은 이 동물에게 원숭이, 여우, 말, 공작, 심지어 애벌레처럼이라도 옷을 입혀 주는 것을 잊었다. 인간은 밋밋한 맨살밖에 지닌 게 없으며 이는 줄곧 햇빛, 비, 우박에 노출되어 트고 그을리고 반점이 생긴다. 우리 유럽 대륙에서 남자는 몸에 듬성듬성 난 털 때문에 모습이 흉한데, 이 털은 몸을 덮어 주지도 못하면서 몰골만 추하게 한다. 그의 얼굴은 머리털에 가린다. 턱은 울퉁불퉁한 땅이 되어 이 땅에 뿌리가 위쪽에 있고 가지는 아래로 뻗는 가느다란 줄기들로 이루어진 숲이 돋았다. 시간이 흘러 그림 그리는 법을 배우게 되자 이 동물은 무엄하게도 이러한 상태로 이러한 형상을 본떠서 신을 그렸던 것이다.

여자는 남자보다 더 약하기에, 늙으면 훨씬 더 혐오스럽고 흉측해진다. 노파는 지상에서 가장 추한 존재다. 사실 재단사와 봉제사들이 없었다면 인류의 반은 결코 다른 반 앞에 모습을 보일 엄두를 내지 못할 것이다. 하지만 옷을 갖기까지나 심지어 말하는 법을 배우기까지에도 오랜 세월이 걸렸던 것은 분명하다. 이는 증명되었으나 종종 되풀이해 말해 주어야 할 사실이다.

　문명화되지 않은 상태에서 혼자 내버려진 이 동물은 모든 동물 중 가장 더럽고 불쌍했을 것이 틀림없다.

친애하는 아담, 대식가여, 내 좋은 아버지여,
에덴동산에서 그대는 무엇을 했나요?
이 어리석은 인류를 위해 노동했나요?
내 어머니인 이브 부인을 애무했나요?
털어놓아 봐요, 그대들 두 사람은 모두
손톱은 길고, 거무스레하고 때투성이에
머리털은 엉망진창,
가무잡잡한 낯빛에, 피부는 거칠고 볕에 그을었지요.
청결함이 없다면, 가장 행복한 사랑도
사랑이라 할 수 없죠, 수치스러운 욕망일 뿐.
아름다운 사랑놀음에 이내 지쳐
떡갈나무 아래서 둘은 밤참을 드네
물과 곡물과 도토리로 끼니를.
식사를 마치면, 맨바닥에서 잠이 드네.
이것이 자연 그대로의 상태이니.[397]

　우리 시대의 매우 존경받을 만하며 무고한 철학자인 선량한 엘베시우스[398]가 인간에게 손이 없다면 집을 짓고 수직 태피스트

---

397 『속인(Le Mondain)』의 한 대목. 이 시에서 볼테르는 행복이란 금욕과 희생에서 온다는 종교적 가치에 반대하고 문명이 주는 풍요로움을 찬양했다.
398 프랑스의 철학자, 로크의 인식론과 콩디야크의 감각론을 발전시켜 공리주의 윤리학을

리를 짜지 못할 거라고 말했다는 이유로 괴롭힘 당하고 조롱받으며 시달렸던 것은 좀 놀랍다. 그런 주장을 비난했던 이들에겐 발로 돌과 나무를 자르고 바느질을 하는 비결이 있는 게 틀림없다.

나는 「정신론」의 저자를 좋아했다. 이 인물은 그의 적들 모두를 합친 것보다 가치가 있었다. 하지만 나는 그의 저서의 오류들도, 그가 과장하여 늘어놓는 빤한 진리들도 결코 인정한 적 없다. 그렇다 해도 몰상식한 사람들이 그런 진리들을 두고 그에게 유죄 판결을 내렸을 때 나는 공공연히 그의 편을 들었다.[399]

이를테면 다음과 같은 주장을 당당하게 금지하려는 이들을 향해, 나는 넘쳐나는 경멸을 표현할 길이 없다. "투르크인들은 이신론자(理神論者)[400]라고 볼 수 있다."[401] 쳇! 유식한 양반들이여, 그렇다면 그들을 어떻게 보라는 것인가? 단 하나의 신만을 섬기니 무신론자로 보란 말인가?

당신들은 다음 문장도 비난한다. "지각 있는 사람은 인간들이 필연적으로 그러한 모습일 수밖에 없다는 것을 안다. 인간들

설명하였다. 뒤에 나오는 「정신론(De l'Esprit)」은 그의 대표 저서로, 몽테스키외의 「법의 정신」에 반박하기 위해 쓰였다.

399 「정신론」은 교회와 당시 프랑스 왕세자의 격분을 샀고, 이단적이고 위험한 교리를 포함하고 있다는 이유로 파리 고등법원에서 유죄 판결을 받아 소각 처분되었다. 흔히 볼테르가 직접 한 말인 것처럼 잘못 인용되는 "나는 당신 말에 동의하지는 않지만 당신이 그런 말을 할 권리는 목숨을 걸고 수호할 것이다."라는 말은 이블린 홀이 전기적 저작 「볼테르의 친구들(The Friends of Voltaire)」(1906)에서 엘베시우스에 대한 볼테르의 태도를 요약하면서 사용한 말이다.

400 이신론은 성서를 비판적으로 연구하고 기적, 부활, 재림 등 비합리적인 요소를 부정함으로써 기독교 신앙을 이성적인 진리에 한정시킨 합리주의 신학의 종교관이다. 기존의 전통적 계시 신앙은 물론 무신론과도 대비된다. 볼테르는 「철학서간」(1734)을 통해 17~18세기 영국 이신론자들의 사상을 소개하여 큰 영향을 끼쳤다.

401 「정신론」, 2부, 24장. 이 문장은 실제로 신학부의 검열에서 문제가 되었다.

에 대한 모든 증오는 부당하다는 것을, 어리석은 이가 우둔한 것은 야생 나무가 쓴 열매를 맺는 것과 마찬가지임을 안다."[402]

아! 강단의 야생인들이여, 당신들은 당신들을 증오하지 않는다는 이유로 한 사람을 박해하고 있다.

강단은 내버려두고 이야기를 계속하자.

이성, 부지런한 손, 사유들을 총합할 수 있는 머리, 그 사유들을 표현할 만큼 유연한 언어, 이것들은 초월적 존재가 다른 동물들을 제외한 인간에게만 부여한 커다란 혜택이다.

남성은 일반적으로 여성보다 조금 짧게 산다.

남성은 항상 여성보다 더 키가 크다. 가장 큰 남성은 보통 가장 큰 여성보다 엄지손가락 두세 개만큼 크다.

남성은 대부분 여성보다 힘이 세다. 더 민첩하고, 신체 모든 기관이 더 강인하기 때문에 더 오래 집중할 수 있다. 모든 기술은 여성이 아닌 남성에 의해 발명되었다. 기계 장치, 대포의 화약, 인쇄술, 시계 제조술 등의 기술을 발명한 것은 상상력의 불꽃이 아니라 끈질긴 숙고와 착상들의 조합임에 주목해야 한다.

인간은 유일하게 자신이 죽어야만 함을 아는 종이며, 오직 경험을 통해서만 그 사실을 안다. 혼자 자라나 무인도에 사는 아이는 식물이나 고양이와 마찬가지로 죽음을 생각지 못할 것이다.

어느 독특한 인물[403]이 인간의 육체는 과실(果實)이고 노년기까지 미성숙하며, 죽음의 순간이 성숙의 순간이라고 쓴 바 있다. 부패와 재의 기묘한 성숙이다! 이 철학자의 머리는 제대로

402　위의 책, 10장.
403　모페르튀를 말한다.

성숙하지 않았다. 새로운 것을 말하고자 하는 열광이 얼마나 많은 헛소리를 낳았는가!

인간의 주요한 일거리는 의, 식, 주이다. 그 외 모든 것은 부수적인데, 수많은 살인과 참사를 초래하는 것은 이 빈약한 부속물이었다.

다양한 인종들

이 지구상에 얼마나 많은 다양한 인종이 살고 있는지, 흑인과 백인이 처음 서로를 접하고 얼마나 놀랐을지 이미 얘기한 바 있다.

너무 약한 인간과 동물 종들은 소멸했을 것이다. 오늘날 우리가 뿔고등을 더 이상 볼 수 없는 이유인데, 몇 세기 후 다른 동물들이 이 작은 조개들이 사는 해안에 찾아와 잡아먹어 버렸을 게 분명하다.

성 히에로니무스는 「사막 교부들의 역사」에서 켄타우로스가 은둔 수도자 성 안토니우스와 나눈 대화를 언급한다. 뒤에서 그는 안토니우스가 사티로스와 주고받은 훨씬 더 긴 대화에 대해서도 적는다.

성 아우구스티누스는 '사막의 형제들에게'라는 제목의 서른세 번째 설교에서 히에로니무스에 못지않은 놀라운 얘기를 한다. "에티오피아에 그리스도를 섬기는 자 몇 명과 함께 복음을 설교하러 갔을 때 나는 이미 히포의 주교였다. 그 나라에서 우리는 머리가 없는 남녀 여럿을 보았는데, 그들은 가슴에 커다란 눈이 둘 있었다. 더 남쪽에 있는 지방들에서 우리는 이마에 눈

하나만을 지닌 사람들을 보았다." 등이다.

아우구스티누스와 히에로니무스는 당시 경제적으로 말했던 것이 분명하다.[404] 그들은 신의 작품들을 더 잘 드러내기 위해 창조의 작품들을 부풀렸다. 사람들이 신앙의 속박에 더 순순히 복종하게 하도록, 그들은 지어낸 이야기로 사람들을 놀라게 하고자 했던 것이다.

우리는 켄타우로스, 머리 없는 사람들, 눈이 하나밖에 없거나 다리가 하나밖에 없는 사람들을 믿지 않아도 훌륭한 그리스도교도가 될 수 있다. 하지만 점액층이나 지방층이 어떤 이들은 희고 어떤 이들은 검다는 이유로 흑인의 신체 내부 구조가 백인과 다를 거라고 의심할 수는 없다. 내가 이미 이 얘기를 했지만 당신은 귀머거리다.

아프리카 원산의 알비노[405]들과 중앙아메리카의 다리엔[406]인들 역시 흑인들만큼 우리와 다르다. 노란색, 붉은색, 회색 피부의 민족들도 있다. 우리가 이미 고찰한 대로 아메리카 사람들은 모두 수염이 없으며 눈썹과 머리털을 제외하면 신체에 털이라고는 전혀 없다. 모두가 똑같은 사람이나, 이는 전나무, 떡갈나무, 배나무가 모두 똑같은 나무인 것과 같다. 배나무는 전나무에서 온 것이 아니며, 전나무는 떡갈나무에서 온 것이 아니다.

---

404 교부나 사도들이 신의 말씀을 잘 전달하기 위해 듣는 이에 맞춰 과장이나 책략, 때로는 모순일 수 있는 표현을 섞어 이야기했다는 뜻이다.

405 백색증. 유전적 색소 결핍으로 피부와 두발은 백색, 눈은 붉은색을 띠는 증상.

406 파나마와 동부와 콜롬비아 북서부를 가르는 다리엔 만에 거주하는 민족을 가리키는 듯하다. 다른 저서 『국민들의 습속과 정신론』에서 볼테르는 "파나마 지협에는 다리엔이라는 부족이 있으며 아프리카의 알비노들과 유사한 점이 많다. 그들은 키가 기껏해야 4척 남짓하고 알비노처럼 하얀데 아메리카에서 유일하게 피부가 하얀 민족이다."라고 썼다.

하지만 태평양 한복판 타히티 섬 남자들에게 수염이 있는 것은 어찌 된 일일까? 그건 왜 우리는 수염이 났는데 페루인, 멕시코인, 캐나다인은 그렇지 않으냐고 묻는 것과 똑같다. 왜 원숭이에게는 꼬리가 있느냐, 적어도 우리들 가운데서는 대단히 희귀한 꼬리라는 장식물을 자연이 왜 우리에게는 주지 않았느냐고 묻는 셈이다.

사람들의 성향과 성격은 사는 곳의 기후와 통치 체제가 다르듯 서로 다르다. 라플란드인과 사모예드인으로 연대를 구성하는 것은 불가능했던 반면, 그들의 이웃인 시베리아인들은 용감한 군인이 되었다.

또한 가엾은 다리엔인이나 알비노를 훌륭한 척탄병[407]이 되게 하는 것 역시 불가능하다. 이는 그들이 발에 티눈이 있고 머리털과 눈썹이 순백의 최고급 비단 같기 때문이 아니라 그들의 육체, 따라서 그들의 용기가 극도로 나약하기 때문이다. 이 모든 다양한 종류의 인간이 존재한다는 사실을 부인할 수 있는 것은 눈먼 자, 그것도 고집스러운 눈먼 자밖에 없다. 이는 원숭이의 다양한 종류만큼이나 대단하고 놀랍다.

모든 인류는 언제나 사회 속에서 살아왔다

가장 문명화되지 않았고 끔찍한 고장에서 발견되는 사람들조차 모두 비버, 개미, 꿀벌이나 그 밖의 여러 동물처럼 사회를

---

407 17세기 중엽 유럽에서는 수류탄을 보다 멀리 정확하게 투척하기 위해 키가 크고 강인한 체격을 가진 병사를 뽑아 척탄병 임무를 맡겼는데, 이후에는 척탄병이라는 용어가 정예 부대, 혹은 키가 크고 늠름한 보병을 가리키는 말이 되었다.

이뤄 산다.

사람들이 서로 떨어져 사는 곳, 남자가 여자와 결합하는 것은 우연에 의해서일 뿐이며 다음 순간 혐오감을 느끼고 여자를 내버리는 곳, 어머니가 자식들을 다 기른 후에는 그들로부터 등을 돌리는 곳, 사람들이 가족도 어떤 집단도 없이 살아가는 곳은 한 군데도 없다. 몇몇 악의적인 재담꾼들은 자기네의 재치를 남용한 나머지 인간이 본래 살쾡이처럼 혼자 살 존재인데 사회가 인간 본성을 타락시켰다는 말까지 했다. 바다의 청어들이 본래 외따로 헤엄치도록 생겨났는데 그들이 우리 근처의 찬 바다를 떼 지어 지나가는 것은 지나치게 타락한 탓이라 말하는 것, 학들이 옛날에는 따로따로 하늘을 날아다녔고 그 후 무리지어 여행할 결심을 한 것은 자연법을 위반한 결과라 말하는 것이나 똑같은 소리다. 동물은 모두 저마다 본능이 있다. 그리고 인간의 본능, 이성으로 한층 확고해진 이 본능은 인간을 먹고 마시도록 이끌듯이 사회로 이끈다. 사회를 필요로 하는 것이 인간을 타락시키기는커녕, 사회로부터 멀어지는 것이야말로 인간을 타락시킨다. 완전히 혼자 사는 이는 누구나 이내 사고하고 감정을 표현하는 능력을 잃는다. 그는 스스로의 짐이 될 것이다. 그에게는 짐승으로 변하는 길밖에 없을 것이다. 다른 이들의 교만함에 대항하여 솟구친 무능한 교만이 지나칠 때 우울한 영혼은 사람들을 피해 달아나게 될 수 있다. 이렇게 하여 그는 타락한다. 그로써 그는 스스로에게 벌을 준다. 그의 교만함이 그에게 형벌을 가한다. 그는 무시당하고 잊히는 은밀한 경멸의 고독 속에서 괴로워한다. 자유로워지기 위해 가장 끔찍한 속박 상태에 들어간 셈이다.

통상적인 헛소리의 도를 넘어 심지어 "남자가 아홉 달의 임신 기간 동안 한 여자의 곁을 지키는 것은 자연스럽지 못하다." 라고까지 말하는 이가 있다. 이 부조리한 소리의 저자는 말한다. "욕구가 채워진 이상 남자에게는 이제 그 여자가 필요 없고 여자에게도 그 남자가 필요치 않다. 남자는 전혀 마음에 거리낄 것이 없고 아마 자신의 행동이 가져올 결과에 대해서도 아예 생각을 하지 않을 수 있을 것이다. 둘은 각자 제 갈 길을 가며, 아홉 달이 지나면 그들이 서로 알고 지냈다는 흔적조차 없다. …… 왜 그가 해산 후 그녀를 돌보겠는가? 왜 그가 온전한 제 자식인지 아닌지 모르는 아이의 양육을 도와주겠는가?"[408]

이 모든 것은 혐오스럽다. 하지만 다행히 이는 완전히 그릇된 소리다. 만일 이 잔혹한 무관심이 자연의 진정한 본능이라면 인류는 언제나 그런 본능을 행사해 왔을 것이다. 본능은 불변이며, 본능이 쉽게 변하는 일은 극히 드물다. 그렇다면 아버지는 항상 어머니를 버리고 어머니는 제 자식을 버리며 지구상 인간의 수는 육식동물의 수보다 훨씬 적을 것이다. 사나운 야생동물은 인간보다 더 뛰어나게 무장하고 있으며 인간보다 본능이 더욱 민첩하고 생존 수단은 더욱 확실하며 먹이도 더 확보되어 있기 때문이다.

우리의 본성은 이 마귀 들린 자가 지어낸 끔찍한 소설과는 전혀 다르다. 완전히 우둔한 몇몇 야만스러운 이들, 혹은 그보다 훨씬 더 우둔한 어떤 철학자를 제외하면 가장 냉혹한 사람들조차 지배적인 본능에 의하여 아직 태어나지 않은 아이를, 그 아이를 품고 있는 배를, 아이의 어머니를 사랑하며 어머니는 자신

---

408 장자크 루소, 「인간 불평등 기원론」.

이 가슴으로 그와 닮은 존재의 씨를 받아들인 남자에 대한 사랑을 한층 키운다.

검은 숲의 숲쟁이들의 본능은, 비둘기와 밤꾀꼬리들의 본능이 그들로 하여금 어린것들을 먹여 살리게 하는 것과 똑같이 소리 높여 말하고 부추겨 그들이 제 아이들을 돌보도록 한다. 그러니 가증스러운 헛소리들을 쓰느라 공연히 시간만 낭비된 셈이다.

이 모든 부조리한 책들의 커다란 잘못은 항상 본성이라는 것을 실제와는 다르게 가정하고 있는 것 아닌가? 부알로가 쓴 남녀에 대한 풍자시들이 농담이 아니었더라면, 그것들은 남자는 모두 경솔하고 여자는 모두 무례하다고 가정하는 이 결정적인 실책을 저질렀을 것이다.

사회의 적이자, 자기 꼬리가 잘리자 동료들도 모두 꼬리를 자르길 바라는 여우 같은[409] 이 저자는 또한 당당한 문체로 이렇게 말한다.

"토지에 울타리를 치고 '이 땅은 내 거야.'라고 말할 생각을 했으며 사람들이 그 말을 믿을 만큼 단순하다는 것을 알게 된 최초의 사람은 문명사회의 진정한 창설자다. 인류는 얼마나 많은 범죄와 전쟁과 살인, 얼마나 많은 불행과 공포를 모면하였을 것인가, 누군가가 말뚝을 뽑아 버리거나 도랑을 메우며 동료들에게 이렇게 외쳤다면! '저 사기꾼의 얘기를 듣지 마시오. 과일은 모두의 것이고, 토지는 누구의 것도 아니라는 사실을 잊으면

---

409 라퐁텐 우화에 나오는 여우 이야기를 빗댄 것. 늙고 교활한 여우가 덫에 걸려 꼬리를 잘리자 동료 여우들을 모아 놓고 모두 귀찮고 거추장스러운 꼬리를 잘라 버리자고 선동하지만, 혼자 꼬리 없는 창피함을 당하기 싫어 술책을 썼음이 들통 난다는 이야기다.

당신들은 끝장이라오!'"[410]

따라서 이 뛰어난 철학자의 말에 따르면 도둑이, 파괴자가 인류의 은인이었을 것이다. 그리고 아이들에게 다음과 같이 말하는 정직한 사람은 벌을 받아야 할 것이다. "우리도 이웃을 따라하자. 그는 밭에 울타리를 둘렀으니 앞으로는 짐승들이 작물을 망치지 못할 것이고 그의 땅은 더욱 비옥해질 거야. 그가 제 밭을 일구듯 우리 밭을 일구자, 그는 우리를 도울 것이고 우리도 그를 도와줄 거다. 각 가족이 제 경작지를 일구면 우리는 더 잘 먹고 더 건강하고 더 평화롭고 덜 불행하게 될 거야. 우리는 불쌍한 우리 인류를 위안해 줄 분배적 정의를 세우기 위해 노력할 것이며, 저 이상한 사람이 우리가 닮기를 바라는 여우와 담비보다 더 가치 있는 존재가 될 거다."

이런 말이야말로, 선량한 자의 과수원을 망치고자 하는 야만적인 광인의 말보다 더욱 분별 있고 타당하지 않겠는가?

중국의 외진 곳에서부터 캐나다에 이르기까지 상식에 의해 배척당하는 일들을 지껄이게 하는 철학은 대체 어떻게 생겨 먹은 철학인가? 이는 사람들 간의 우애 있는 연대를 더욱 공고히 수립하기 위해 모든 부자가 빈자에게 도둑질을 당하길 바라는 거지의 철학이 아니겠는가?

물론 모든 덤불과 숲과 평야에 영양 많고 맛있는 과일이 가득하다면 그것들을 지킨다는 것이 불가능하고 부당하며 우스꽝스러운 일임이 옳다.

어딘가에 섬이 있어 그곳에서는 자연이 먹을 것과 생활에

---

410 장자크 루소, 『인간 불평등 기원론』, 2부.

필요한 모든 것을 아낌없이 내준다면, 우리의 잡다한 법들을 멀리하고 그곳에 가서 살자. 하지만 일단 그곳에 사람이 많아지면 우리는 다시금 네 것과 내 것의 구분을 세우고 그 법들로 돌아와야 할 것이다. 아주 나쁜 법일 때도 자주 있지만, 그럼에도 없이는 살 수 없는 법들로 말이다.

인간은 처음부터 악하게 태어나는가?

인간이 처음부터 사악하고 악마의 자식으로 태어나지는 않는다는 것은 증명된 듯하지 않은가? 만일 본성이 그러하다면 인간은 걸음을 떼자마자 악행과 난폭한 짓을 저지를 것이며, 처음으로 발견하는 칼로 누구든 제 성미에 거슬리는 이를 상처 입힐 것이다. 인간은 틀림없이 이빨이 나자마자 물어뜯는 어린 늑대 새끼나 여우 새끼와 닮은꼴일 것이다.

하지만 그와 반대로 세상 어느 곳에서나 인간은 어릴 때에는 어린양의 본성을 지닌다. 그렇다면 어째서, 그리고 어떻게 인간은 그토록 자주 늑대와 여우가 되는 것일까? 인간은 선하지도 악하지도 않게 태어나며 그가 처하는 교육, 본보기, 통치 체제, 요컨대 상황이 그에게서 미덕을 끌어내느냐 악행을 끌어내느냐를 정하는 것 아닌가?

어쩌면 인간의 본성은 그럴 수밖에 없는지도 모른다. 사람은 언제나 잘못된 생각만 할 수도, 언제나 옳은 생각만 할 수도 없으며 언제나 온화한 감정만 지닐 수도, 언제나 잔인한 감정만 지닐 수도 없다.

여자가 남자보다 더 선하다는 점은 입증된 사실 같다. 서로

원수 간인 형제 백 명당 클리타임네스트라[411] 같은 여자는 하나뿐이다.

필연적으로 영혼을 냉혹하게 하는 직업들이 있다. 군인, 푸주한, 무장 경관, 간수, 그 외 타인의 불행을 바탕으로 하는 모든 직업이 그렇다.

예를 들어 무장 경관, 호위병, 간수는 비참한 짓을 할 때만 기뻐한다. 그들이 악인들을 막는 데 필요하며, 그런 이유에서 사회에 유익하다는 것은 사실이다. 하지만 이런 부류의 남자 천 명 중 공익을 위한다는 동기에서 행동하는 이는 한 명도 없고 심지어 공익이 무엇인지 아는 이조차 없다.

그들이 떠벌리는 위업 즉 자기들이 잡아들인 희생자의 수나 그들을 붙잡기 위한 책략, 그들을 괴롭히려고 했던 가혹한 짓들, 거기서 벌어들인 돈 얘기를 늘어놓는 것을 듣기란 특히 기묘한 일이다.

변호사 업계의 깊숙하고 낮은 곳까지 들어가 본 적 있는 사람, 소송 대리인들이 자기들끼리 허물없이 논쟁하며, 의뢰인들의 불행에 박수갈채를 보내는 것을 한 번이라도 들은 사람은 인간의 본성에 대해 아주 부정적인 의견을 가질 수 있다.

이보다도 더 추악하지만 교회 참사위원 직책처럼 여러 사람이 탐내는 직업들이 있다.

정직한 사람을 사기꾼이 되게 하고, 깨닫지도 못하는 사이에 본의 아니게 거짓말과 속임수에 습관 들게 하는 직업들도 있다. 두 눈에 눈가리개를 두르고 이익과 제 지위에 대한 허영으로 스스로를 속이며 후회도 없이 인류를 어리석은 맹목 상태에

---

411 아가멤논의 아내로, 남편이 트로이 전쟁에 출정했다가 돌아오자 정부 아이기스토스와 함께 그를 죽인다.

빠뜨리는 데 익숙해진다.

여자들은 자녀를 양육하느라 쉴 틈이 없으며 가사를 돌보느라 집안에 갇혀 있기에 인간의 본성을 타락시키며 잔혹하게 하는 이런 직업들로부터 열외다. 어느 곳에서나 여자들은 남자보다 덜 잔혹하다.

신체적인 면 역시 도덕적인 면과 더불어 여자를 중범죄에서 멀어지게 한다. 여자의 피는 남자보다 묽으며, 여자는 잔혹함을 불어넣는 독한 술을 그리 좋아하지 않는다. 명백한 증거로서 사법의 희생자 천 명, 처형당한 살인자 천 명 중 앞에서도 입증했듯 여자는 고작 네 명에 불과하다.[412] 아시아에서도 여자가 공적인 처벌을 받은 예는 두 건도 되지 않을 거라 생각한다.

따라서 남성 인류를 몹시 악하게 만든 것은 우리의 관습과 풍습인 것 같다.

이 진리가 보편적이고 예외 없는 것이라면, 그들은 우리 눈에 거미, 늑대, 담비보다 더 흉악하게 비칠 것이다. 하지만 다행히도 마음을 냉혹하게 하고 가증스러운 감정으로 가득 채우는 직업은 매우 드물다. 인구가 대략 2000만 명인 나라에서 군인의 수는 기껏해야 20만 명이라는 점을 주목하라. 이는 민간인 200명당 군인 한 명에 불과하다. 이 20만의 군인은 매우 엄격한 규율에 매여 있으며, 개중에는 자기 마을로 돌아가 좋은 아버지이자 좋은 남편으로 노년을 마감하는 매우 정직한 사람들도 있다.

사회 풍속에 위험한 다른 직업들은 그 수가 매우 적다.

농부들, 장인들, 예술가들은 자주 범죄를 저지르기에는 할

---

412 「여자」 항목에 같은 내용이 나온다. 하지만 해당 대목에서 볼테르는 이 비율이 남자 50명에 여자 1명이라고 말했다.

일이 너무 많다.

지상에는 언제나 가증스러운 악인들이 있을 것이다. 책은 언제나 그 수를 부풀려 말할 것이며, 책이 말하는 숫자는 너무나 크겠지만 우리가 말하는 수보다는 적다.

만일 인류가 악마의 지배를 받았다면 지상에는 한 사람도 남아 있지 않을 것이다.

그러니 우리 마음을 달래자. 베이징에서 라로셸까지 우리는 고귀한 영혼들을 보아 왔고 앞으로도 계속 볼 것이다. 그리고 학식 높은 이들이 뭐라 말하든 티투스,[413] 트라야누스,[414] 안토니누스,[415] 피에르 벨은 대단히 정직한 이들이었다.

인간에 대한 종합적 성찰

어머니 뱃속에 있는 식물 상태의 인간, 그리고 유아기의 순수한 동물 상태의 인간을 이성의 성숙함이 싹트는 시기에 이르게 하기까지 20년이 걸린다. 인간의 신체적 구조를 어느 정도 파악하기까지는 30세기라는 세월이 걸렸다. 인간의 영혼에 대해 뭔가 알아내려면 영원이 필요할 것이다. 인간을 죽이는 데는 한순간이면 충분하다.

---

413 로마의 황제(재위 79-81). 전대 황제 베스파시아누스의 아들이었으며 유대 전쟁의 최고 사령관으로 예루살렘을 함락시켰고 아버지의 뒤를 이어 제위에 올라 온화한 성품으로 선정을 베풀었다.
414 로마의 황제(재위 98-117). 5현제(賢帝) 중 제2대 황제이며 원로원과의 협조를 중시했고 로마 제국의 영토를 최대 판도로 넓혔다.
415 로마의 황제(재위 138-161), 5현제 중 네 번째이며 고결한 성품으로 평화로운 치세를 하였다.

겸허함 ──Humilité

철학자들은 겸허함이 미덕인지 아닌지를 두고 논쟁해 왔다. 하지만 미덕이든 아니든, 겸허함보다 더 드문 것이 없다는 점에는 모두가 동의한다. 그리스인들은 이를 타페이노시스 혹은 타페이노마라 불렀다. 플라톤의 「법률」 4권에서는 이를 크게 권장한다. 그는 오만한 자들을 전혀 원하지 않으며, 겸허한 자들을 원한다.

에픽테토스는 스무 곳에 걸쳐 겸허함을 설교한다. "그대가 어떤 이들에게 대단한 인물로 여겨진다면, 스스로 경계하라.", "눈썹을 거만하게 치켜 올리지 말라.", "스스로의 눈에 아무것도 아닌 사람이 돼라.", "환심을 사고자 한다면, 그대는 전락한 것이다.", "모든 이에게 양보하라. 그들 모두를 그대보다 아끼라. 그들 모두를 받아들이라."

이 격언들을 통해 성 프란체스코회의 수도사도 에픽테토스에는 댈 바가 아니라는 것을 알 수 있다.

오만함이라는 불운을 지녔던 몇몇 신학자들은 에픽테토스에게는 겸허함이 전혀 힘들 것 없었다고 주장했다. 그는 노예였으니 신분부터 비천하니까. 박사나 예수회 수도사가 신분 때문에 거만해지기 십상인 것과 마찬가지다.

하지만 왕좌에 올랐으면서도 겸허함을 권장했던 마르쿠스 안토니우스에게 그들은 뭐라고 할까? 그는 알렉산드로스 대왕과 그의 노새 몰이꾼을 동등한 선에 놓는다.

그는 화려한 예식의 자만심은 개 떼 한가운데 던진 뼈에 지나지 않으며, 선을 행하고 비방하는 말에도 귀 기울이는 것이 왕의 덕목이라고 말했다.

알려진 세계의 주인이었던 이는 이렇게 왕은 겸허해야 한다고 여겼다. 음악가에게 겸허함을 권해 보라, 그가 얼마나 마르쿠스 아우렐리우스를 조롱하는지 볼 수 있으리라.

데카르트는 「정념론」에서 겸허함을 정념의 하나로 다루었다. 겸허함은 자신이 정념으로 간주될 거라고는 생각 못했을 것이다.

데카르트는 겸허함을 덕망 높은 겸허함과 그릇된 겸허함으로 구분했다. 그는 형이상학적이고 도덕적인 면에서 다음과 같이 논증한다.

고결함이 덕망 높은 겸허함과 양립하지 못할 이유는 전혀 없으며, 아무것도 이 사실을 변하게 하지 못한다. 그러므로 고결함과 덕망 높은 겸허함의 운동[416]은 확고하고 흔들림 없으며 언제나

---

416 여기서 운동(mouvement)이란 감정의 움직임을 말한다.

에픽테토스는 스무 곳에 걸쳐 겸허함을 설교한다. "그대가 어떤 이들에게 대단한 인물로 여겨진다면, 스스로를 경계하라."

"고결함이 덕망 높은 겸허함과 양립하지 못할 이유가 전혀 없는데, 아무것도 이 사실을 변하게 하지 못한다. 그러므로 고결함과 덕망 높은 겸허함의 운동은 확고하고 흔들림 없으며 언제나 매우 한결같다." 르네 데카르트

매우 한결같다. 하지만 이 두 운동이 놀라움에서[417] 오는 경우는 그리 흔하지 않다. 이처럼 스스로를 존중하는 이들은 그 존중의 원인들을 잘 알고 있기 때문이다. 그럼에도 그 원인들(자유의지를 행사하는 힘, 이는 우리가 스스로를 높이도록 한다. 그리고 이 힘을 지닌 주체의 약점들, 이는 우리가 스스로를 너무 높이 평가하지 않도록 한다.)은 너무나 경이로워 생각할 때마다 언제나 새삼 감탄하게 된다.

다음은 그릇된 겸허함에 대한 대목이다.

(비굴함, 혹은 그릇된 겸허함이란) 주로 자신이 약하고 결단력이 없다고 느끼는 것, 마치 자유의지를 전적으로 행사하지 못하는 듯이 느끼는 것, 나중에 후회할 줄 알면서 그 일을 하고야 마는 것이다. 또한 스스로 해나갈 수 없고 타인에게 의존하여 얻는 많은 것들 없이는 살 수 없다고 믿는 것이다. 따라서 비굴함은 고결함과 정반대다.

이는 대단히 설득력이 있다.

이런 학설을 자세히 설명하는 수고는 우리보다 더 박식한 철학자들에게 맡겨 두자. 그저 겸허함은 영혼의 겸손함이라고 하는 데 그치기로 한다.

이는 교만의 치료약이다. 겸허함은 라모가 제자들보다 자신이 음악에 대해 더 많이 안다고 여기는 것을 막지는 못했다. 하

---

417 인용된 글의 앞부분에서 데카르트는 존중, 경멸, 고결함, 겸허함, 교만 같은 정념의 움직임은 '놀라움'과 관련 있으며 특히 교만이나 비굴 같은 부정적 정념이 놀라움에서 비롯되는 경우가 많다고 말한다.

지만 레치타티보[418]는 륄리보다 뛰어나지 못하다는 사실을 받아들이게 할 수는 있었다.

프란체스코회 수사이자 신학자이며 설교자인 피에르 비레[419] 신부는 대단히 겸허했으나 읽고 쓰기를 배우는 이들보다 자신이 아는 것이 더 많다고 언제까지나 굳게 믿을 것이다. 하지만 그리스도교적인 겸허함, 영혼의 겸손함으로 인해 그도 마음 깊은 곳에서는 자신이 어리석은 소리만을 썼다는 것을 인정할 수밖에 없을 것이다. 오, 농노트 형제, 귀용[420] 형제, 파투이에 형제여, 시장통의 작가들이여, 부디 겸허하라. 언제나 영혼의 겸손함을 마음에 새기라.

---

418 오페라에서 주인공이 처한 상황이나 스토리의 전달에 중점을 두어 대사를 말하듯이 노래하는 창법이다, 주인공의 감정을 아름다운 선율에 담아 노래하는 아리아와 대조된다.

419 스위스의 종교개혁 신학자, 장 칼뱅의 절친한 벗이었으며 로마 가톨릭 집안에서 태어나 파리 대학에서 수학하던 중 신교로 개종했다.

420 프랑스의 성직자이자 역사가. 종교에 대한 볼테르의 풍자에 반박하여 열정적으로 종교를 옹호하는 글을 쓰며 논쟁했다. 특히 『새로운 철학자들의 신탁(L'Oracle des nouveaux philosophes)』이라는 저작은 볼테르를 겨냥한 것으로, 볼테르를 종교적 믿음의 기반을 전복시키려는 새로운 종파라며 비난했다.

생각──Idée

생각은 무엇인가? 생각은 머리에 그려지는 이미지다. 그렇다면 우리가 하는 생각이 모두 이미지인가?

물론이다. 가장 추상적인 생각도 우리가 눈으로 본 사물의 연속적인 이미지다. 내가 '존재'라는 단어를 사용하는 건 내가 특정 존재를 알기 때문이고 '무한'이라는 단어를 사용하는 건 내가 한계를 경험하고 내 이해력의 한계를 최대한 넓히려고 노력했기 때문이다. 나는 내 머릿속에 있는 이미지로 생각한다.

그렇다면 내 머리에 이미지를 그리는 화가는 누구인가? 나는 아니다. 나는 그림을 잘 못 그린다. 나를 창조한 사람이 나의 생각을 창조한다.

우리는 만물을 신 안에서 본다고 말한 말브랑슈[421]의 의견에

---

421 프랑스 철학자. 오라트리오 수도회의 사제로 신은 모든 사상의 작용자이며 피조물은 단지 신의 작용의 기회원인이라는 '기회원인론'을 주장했다. 주요저서로 『진리 탐구』, 『자연과 은혜에 대하여』가 있다.

많은 사람이 동의할 것이다.

나는 우리가 신 안에서 만물을 보지 못한다고 해도 적어도 신의 전지전능한 행위를 통해 볼 수 있다고 생각한다.

그렇다면 신의 행위는 어떻게 작용하는가?

나는 이미 수백 번도 넘게 나는 아무것도 모르며 신은 자신의 비밀을 아무에게도 말하지 않았다고 말한 바 있다. 나는 무엇이 내 심장을 뛰게 하고 무엇이 내 피를 혈관에서 달리게 하는지 모른다. 이렇게 내 행동의 원리조차 모르는 나에게 내가 어떻게 느끼고 어떻게 생각하는지 말해 주길 바라는 것은 옳지 않다.

그래도 우리는 최소한 생각하는 능력이 크기와 관련되어 있다는 것은 알고 있다.

하나도 모른다고 했지만 사실 아시리아인 타티아누스[422]는 그리스인들에게 한 연설에서 영혼에 육체가 있다고 말했다. 이레네오[423]는 두 번째 책 26장에 신께서 기억을 저장하도록 하기 위해 영혼이 우리 육체의 형상을 갖게 했다고 적었다. 테르툴리아누스도 두 번째 책 『영혼의 증명에 대하여』에서 영혼은 육체라고 주장했다. 다른 초대교회 교부 아르노비우스, 락탄티우스, 힐라리오, 그레고리우스, 암브로시우스도 같은 의견이다. 영혼에는 크기가 없다고 플라톤과 같은 주장을 한 교부들도 있다고 하

---

422 메소포타미아(아시리아) 출생. 로마에서 그리스도교 호교론자 유스티누스의 영향으로 그리스도교로 개종한 후 그리스 문화를 비판하는 책을 많이 썼다.

423 소아시아 스미르나 출신. 로마제국의 일부였던 갈리아 지방 루그두눔(현 프랑스 리옹)의 주교. 초기 그리스도교의 전승을 확립한 중요한 신학자로 영지주의의 허구를 폭로하는 「이단 반박」(165년 경)이 대표작이다.

는데 나는 사실이 아닐 것이라 생각한다. 어느 것이 맞는지 몰라도 어쨌든 둘 다 이해하지 못하겠다. 그 문제에 대해 평생 고민했지만 첫 날보다 한 발짝도 나가지 못했다.

그러니 생각할 필요가 없다.

생각하는 사람보다 즐기는 사람이 더 많이 안다. 적어도 더 잘 알고 더 행복하다. 원래 그런 것이다. 내 머리로 들어와서 내 골수 세포를 전장(戰場) 삼아 서로 싸우고 있는 생각을 받아들이거나 거부하는 것은 내게 달려 있지 않다. 싸우다 쓰러진 생각의 유해에서 내가 건지는 것은 불확실성밖에 없다.

생각이 이렇게 많은데 생각의 정확한 본질을 이해할 수 없다는 것이 안타깝다. 내가 이해하지 못한다는 것을 기꺼이 고백한다. 모르는 것을 안다고 생각하는 것은 안타까울 뿐 아니라 어리석은 짓이다.

성불능 —— Impuissance

교황령에 불감증(frigdi)이나 귀신 들린 자(maleficiati)라는 말로 규정된 애처로운 성 불능 남자들을 위로하는 마음으로 다음의 질문을 던지겠다. 의사나 경험 많은 산파가 아이가 없는 건강한 젊은 남자에게 아이를 낳게 해 줄 수 있을까? 자연은 답을 알겠지만 인간에게는 답이 없다. 결혼 생활에 육체적 관계가 있었는지 없었는지 판단하는 것이 불가능하다면 결혼을 파기하는 것이 낫지 않겠는가?

로마인들은 2년을 기다렸다고 한다. 유스티니아누스 법전[424]에는 3년을 기다리라고 적혀 있다. 그런데 3년 동안 자연적으로 개선되기를 기다려야 한다면 4년은 왜 안 되고 10년, 20년은 왜 안 되는가?

---

424 529년에서 534년까지 동로마제국의 유스티니아누스 1세 때 편찬된 법령. 로마 대법전이라고도 불린다.

10년 동안 남편의 품에서 잠이 들었으면서도 아무것도 느끼지 못하다가 갑자기 강한 충동을 느끼는 여자들이 있다는 것을 안다. 남자들 중에서도 그런 사람이 있을 것이다. 그런 예는 많다.

자연에서는 인간의 성교에서 볼 수 있는 기이한 현상들이 없다. 동물의 성교는 훨씬 더 일관적이다.

정신이 육체를 지배하고 타락시키는 것은 인간뿐이다. 인간의 성적 욕구와 취향의 다양성과 기이함은 경이로울 정도다. 만인에게 욕망을 불러일으키는 것도 어떤 사람에게는 혐오스러울 수 있다. 이러한 특이한 취향을 증명해 주는 사람이 지금 파리에도 몇 명 있다.

거대 왕국의 후계자인 어느 왕자는 발만 좋아했다고 한다. 이런 취향은 에스파냐에서는 꽤 흔한 것이어서 여자들은 일부러 발을 감춰 많은 남자들의 상상력을 발로 유도했다고 한다.

이 수동적인 상상력은 이해하기 쉽지 않은 특이한 현상을 발생시킨다. 너그럽지 못한 부인들은 남편의 취향을 거부하고 성적 본능을 피한다. 여기서 책임은 부인에게 있다. 원인이 자신에게 있기 때문에 남편을 성 불능이라고 비난할 수 없다. 남편은 부인에게 나를 사랑한다면 후손을 남기기 위해 필요한 애무를 해줘야 한다, 그리고 나를 사랑하지 않는다면 왜 결혼을 했느냐고 물어야 한다.

'귀신 들린 자'는 마귀에 홀렸다고 생각되는 사람이다. 주문(呪文)을 거는 것은 매우 오래된 관습이다. 정력을 제거하거나 강하게 하기 위해 남자에게 주문을 건다. 페트로니우스의 소설 「사티리콘」에서 크리시스는 폴리예노스가 키르케를 만족시킬 수 없는 이유는 마니카에라 불리는 마녀들의 주문에 걸렸기 때문이라고 생각했다. 그래서 어느 늙은 여자가 다른 주술을 걸어 고쳐 보려고 했다.

이 환상은 오랫동안 우리 속에 살아 있었는데, 주술을 푸는 대신 구마(驅魔) 의식을 행하고 그래도 성공하지 못하면 부부를 이혼시켰다.

귀신 들린 남자는 교회법에 중요한 문제를 발생시켰다. 마귀가 들어 부인과 육체 관계를 할 수 없었던 남자가 다른 여자와 결혼해서 아이를 낳아 버렸다. 이 경우, 두 번째 부인이 죽는다면 첫 번째 부인과 다시 결혼해도 되는 것일까? 명성 높은 교회법 전문가들은 안 된다고 말한다. 그렇게 말하는 학자들이 알렉상드르 드 네보, 앙드레 알베리, 튀레크레마타, 소토, 리카르, 앙리케즈, 로젤라……, 쉰 명도 넘는다.

우리의 교회법 전문가들이, 특히 나무랄 데 없는 도덕성을 갖춘 성직자들이 놀라운 통찰력을 가지고 쾌락의 신비를 연구했다는 것이 그저 경이로울 뿐이다. 이들은 뛰어난 상상력을 발휘해서 제대로 기능하는 상황과 제대로 기능하지 않는 상황 등 모든 상황에 대해 논의하고 성적 본능을 일으키는 상상 가능한 모든 경우를 연구했다. 교회가 허락하는 것과 허락하지 않는 것을 분명히할 의도로 한밤의 비밀로 남겨 두어야 할 것을 하나하나 매우 성실하게 밝혔다. 이들에게 들려주고 싶은 시편 한 구절이 떠오른다. '밤은 밤에게 지식을 전하니.'[425]

특히 토마스 산체스[426] 신부는 아무리 호탕한 여자라도, 아무

425 「시편」18장 3절.
426 에스파냐 예수회 신학자로 결혼 생활에 관한 저작 『혼인 성사론』으로 유명하다.

리 입이 무거운 산파에게 말한다고 하더라도 얼굴을 붉히지 않을 수 없는 성 문제에 관한 여러 사례를 책에 실었다. 그의 연구는 매우 심도 깊은 것이었다.

거기서 끝나는 것이 아니라 위의 문제로 인해 생겨난 부가적인 문제도 다루었다. 산체스 신부는 성녀 마리아가 어떻게 성령으로 잉태했는지에 대한 것까지 언급했다.

우리의 신학자들 말고 세상 어느 곳에서도 이런 놀라운 연구를 한 사람들은 없다. 성 불능에 대한 재판은 로마 황제 테오도시우스의 시대부터 시작되었다. 법정이 용감한 부인과 불명예스러운 남편 사이의 분쟁에 끼어드는 것은 기독교 국가에서나 볼 수 있다.

성서에는 이혼의 사유로 간통만 언급되어 있다.

유대법에는 남편은 부인이 마음에 들지 않을 경우 특별한 이유가 없어도 부인을 돌려보낼 수 있도록 되어 있다.[427] 남편의 눈에 부인이 아름답지 않으면 그것으로 충분했다. 강자의 법칙만 적용되는 가장 원초적이고 야만적인 형태의 인간 모습이다. 하지만 남편의 성 불능은 유대법에서는 아무런 문제가 되지 않았다. 어느 궤변가가 말하기를 바닷가의 모래알처럼 많은 후손을 퍼뜨려야 할 성스러운 민족에게, 나일 강에서 유프라테스 강까지 거대한 왕국을 약속 받고 언젠가 온 세상을 다스리게 될 성스러운 민족에게 하느님께서 성 불능을 허락하셨을 리가 없다는 것이다. 신과의 약속을 지키기 위해 훌륭한 유대인은 한시도 쉬지 않고 번식에 힘썼다. 성 불능은 저주나 마찬가지였다. 하느

---

427 「신명기」 24장 1절.

님의 나라를 위해 자신을 거세하는 시대는 아직 오지 않았다.

시간이 흐르면서 결혼은 성스럽고 비밀스러운 것이 되어 성직자들이 서서히 부부 사이에 일어나는 일이나 심지어 일어나지 않은 일에 대해 재판을 하기 시작했다.

부인들은 '바빠지기' 위해 재판을 요청할 수 있었다. '바빠지기' 위해……, 그것이 프랑스인들이 사용한 단어였다. 심리는 라틴어로 진행되었고 수도사가 변호하고 사제가 판결을 내렸다. 신부들은 잘 알지도 못하는 것에 대해 심리하고, 여자들은 입 밖에 내지 말아야 할 것에 대해 소송을 제기하고…….

심리하는 대상은 언제나 같았다. 남편이 남자로서 의무를 행하지 못하게 막는 주술사와 재혼을 원하는 여자, 두 가지였다.

놀라운 것은, 모든 교회법 학자들이 주술에 걸려 성 불능이 된 남편은 자신이 의식적으로 주술에서 벗어날 수도 없고 주술사에게 주술을 풀어 달라고 요구할 수도 없다는 데 동의했다는 것이다. 구마 의식으로만 주술을 풀 수 있었다. 마치 성 고스마회 소속 외과의사들만이 우리를 치료할 절대적인 특권을 가졌는데 이 의사들이 우리를 병들게 한 사람의 손에 의해 병이 낫게 되면 우리는 죽는다고 선언하는 것 같다. 여기서 중요한 것은 주술사가 남자의 성 기능을 제거하거나 다시 찾아 줄 수 있는지 확신을 갖는 것이다. 다른 문제도 관찰된다. 구마사에게 희망을 걸기보다 주술사에게 더 공포심을 느끼는 정신이 허약한 사람이 많다는 것이다. 주술사가 결혼 초야에 묶어 버린 밧줄을 성수(聖水)가 풀지 못했다. 구마 의식보다 악마가 더 강했던 것이다.

마귀가 관여하지 않은 성 불능 문제의 경우에도 세속 판사가 난처하기는 마찬가지다. 교황령의 그 유명한 '불감증과 귀신 들린 자' 조항은 매우 흥미롭지만 문제를 해결하지는 못했다.

양측이 두 사람 사이에 성 불능이 존재한다는 사실을 인정하면 이혼은 아무런 어려움 없이 성립된다.

교황 알렉산데르 3세는 더 민감한 문제에 관한 규정을 마련했다. 결혼한 여자가 병에 걸렸는데 병이 자연적으로 생긴 것이고 의사가 고칠 수 없으면 남편에게는 새 아내를 취할 권리가 부여된다. 어떻게 우리는 이 규정을 잘 몰랐을까? 어떻게 세상의 남편들이 이 규정을 몰랐을까?

교황 이노센트 3세는 아내가 남편을 받아들이기에 너무 좁다고 생각되면 산파가 검사해 보도록 검사를 명령했다. 아마도 이 때문인지 이 규정은 시행되지 않았다.

호노리오 3세는 부인이 남편을 성 불능이라고 고소하면 이혼하기까지 8년을 기다리도록 했다.

카스티야의 왕 엔리케 4세를 성 불능자로 선고할 때는 염치조차 없었다. 수많은 정부(情婦)를 거느리고 왕비에게서 왕위 계승권을 가진 딸까지 얻은 왕에게 성 불능 판정을 내렸다. 톨레도 대주교의 판결이었고 교황은 관여하지 않았다.

17세기 중반 포르투갈의 왕 알폰소도 비슷한 운명을 겪었다. 잔인하고 방탕하고 힘이 장사인 알폰소 왕은 어찌나 흉포했던지 반란이 일어날 정도였다. 그래서 왕비인 네무르 공주는 알폰소를 패위하고 어린 시동생 동 페드로와 결혼하려는 계획을 세웠다. 하지만 영국 왕 헨리 8세의 전례[428]에 겁을 먹고 있었기

---

428 헨리 8세는 형의 미망인인 아라곤의 캐서린과 결혼했다. 이 결혼의 승인과 나중의 이혼

때문에 두 형제와 잠자리를 같이하기가 무척이나 조심스러웠다. 그래서 왕비는 1667년 리스본 대성당의 참사회가 남편을 성불능으로 선언하도록 하는 해결책을 생각해 냈다. 왕비는 교황이 마치 결혼 무효를 선언하기도 전에 시동생과 결혼했다.

성 불능이라고 고소를 당한 사람들이 겪어야 했던 최대의 시련은 콩그레[429]의 조사를 받는 것이었다.

부르고뉴 고등법원 수석 판사이며 역사학자인 부이에는 방 안에서 벌어지는 혈투의 전통이 14세기에 도입되어 오직 프랑스에서만 실시되었다고 주장한다.

말도 많고 탈도 많은 콩그레 조사가 우리가 생각하는 것처럼 진행되는 것은 아니다. 부부가 의사, 외과의사, 산파들이 보는 앞에서 부부의 의무를 실행하는 것이 아니라 부부는 커튼이 쳐진 자신들의 침대에서 볼일을 보고 조사관들은 옆방에서 성공 여부를 기다린다. 사안을 판단할 수 있는 가장 적당한 순간에 부인이 확인만 하면 된다. 물론 남편이 강인한 사람이면 증인들 앞에서 싸워 승리하겠지만, 대부분의 남자들에게는 그런 용기가 없다.

남편이 승리해서 방에서 나오면 그의 성 기능은 검증된다. 하지만 실패한다고 해도 결정되는 것은 없다. 두 번째 전투에서는 승리할 수 있기 때문이다. 두 번째 전투에서 패배하면 세 번째, 네 번째, 백 번째 전투를 치른다.

(앤 볼린과 결혼하기 위한) 문제가 교황청과 영국 교회가 결별하는 계기가 되었다.

429 판사, 공직자, 전문가, 서기, 의사로 구성된 사법 기관으로 여자 측에서 남편의 성 불능을 이유로 결혼 무효나 이혼을 요청할 때 남편의 성 기능을 조사했다. 중세부터 18세기까지 존재했다.

1659년에 있었던 랑제 후작의 소송은 유명하다. (후작과 부인인 마리 드 셍시몽은 신교도이기 때문에 특별 법정[430]에서 재판을 받았다.) 후작은 콩그레의 조사를 요청했다. 하지만 부인의 무례한 태도 때문에 성공하지 못했다. 후작은 두 번째 결투를 신청했다. 하지만 비판과 불평과 조롱에 시달리던 판사는 후작의 당연한 권리인 두 번째 요청을 거부했다.

특별 법정은 후작의 성 불능을 선언하고 결혼을 무효화했다. 그리고 후작의 재혼도 금했다. 하지만 부인에게는 재혼을 허용했다.

한 여자에게 성적 흥분을 느끼지 못한다고 다른 여자에게서 성적 흥분을 느끼는 것을 막을 권리가 법정에 있을까? 만찬에 초대한 손님이 회색 자고새를 먹지 못한다고 빨간 다리 자고새도 먹지 못하게 해야 할까? 판결에도 불구하고 후작은 디안 드 나바유와 결혼해 일곱 자녀를 낳았다.

후작은 첫 부인이 죽자 성 불능 판결과 소송 비용 선고에 대해 고등법원에 특별 재심을 신청했다. 고등법원은 후작의 소송을 받아들여 1659년 판결이 터무니없다고 판단하고 후작과 디안 드 나바유의 결혼을 인정하고 소송 비용 지불 결정도 취소했다. 그리고 콩그레도 폐지했다.

그 결과, 남편의 성 불능을 판단하기 위한 방법으로 전문가들의 성기 검진이라는 아주 옛날 방식만 남게 되었다. 어느 면으로 보나 부정확한 그 방법 말이다. 처녀가 아니더라도 소위

---

430 신교도의 종교 활동을 인정한 낭트 칙령(1598년)의 조항 중 하나. 신교도와 관련한 문제를 심리하기 위해 신교와 구교 동수로 구성된 특별 법정을 파리 고등법원과 지방 고등법원에 설치했다.

말하는 처녀 표식이 그대로 있을 수 있고 처녀지만 처녀막이 없을 수도 있다. 법학자들은 1400년 동안 처녀막으로 처녀성을 판결했다. 아무것도 모르면서 주술을 비롯한 수많은 사건에 대해 판결한 것처럼.

부이에 수석판사는 콩그레 폐지 때 콩그레를 옹호하는 글을 발표했다. 랑제 후작이 두 번째 시도를 하지 못하게 한 것이 잘못이지 콩그레 자체가 나쁜 제도는 아니라는 것이 그의 주장이었다.

콩그레도 효과가 없고, 성기 검사로도 아무것도 증명할 수 없다면 성 불능 소송에서는 어떤 증거로 판단해야 한단 말인가? 꼭 판결을 내려야 하는가? 아테네에서처럼 100년 뒤에 다시 문제를 제기할 수는 없는가? 성 불능 소송은 부인에게는 수치스럽고 남편에게는 우스꽝스러우며 판사에게는 어울리지 않는 것이다. 가장 좋은 것은 누구도 고통받지 않는 것이다. 후사가 없는 결혼이 그렇게 불행한가? 유럽에는 30만 명의 수도사와 8만 명의 수녀가 있다.

카스티야의 엔리케 4세

종교재판 —— Inquisition

종교재판은 교황과 성직자들의 권한을 강화하고 위선의 왕국을 공고히하는, 매우 경이롭고 매우 기독교적인 발명품이다.

이 성스러운 제도를 처음 시작한 사람은 일반적으로 성 도미니코로 알려져 있다. 이 위대한 성인이 직접 한 말에서도 확인할 수 있다.

도미니코회의 수도사인 나는 여기 있는 로제를 교회의 품으로 다시 받아들이려 한다. 이를 위해 로제는 세 차례 일요일에 사제에게 채찍을 맞으며 마을 입구에서 교회까지 걸어야 하고 평생 허기 속에 살아야 한다. I년에 세 번 금식을 하고 술은 절대 마시면 안 되며 언제나 십자가를 지니고 죄수의 옷을 입고 생활해야 한다. 매일 성무일과를 암송하고, 주기도문은 하루에 열 번씩, 자정에는 스무 번을 암송해야 한다. 금욕적인 생활은 물론이고 매달 본당 사제와 면담해야 한다. 이는 하느님의 말씀을 어기고 회개하지 않은 이교도에 대한 벌이다.

성 도미니코가 종교재판의 진정한 창시자인지 아닌지는 모르겠지만, 종교재판소의 빛과 같은 명석한 재판관이자 존경받는 저술가였던 루이스 데 파라모 신부는 그의 두 번째 책에 하느님이 최초의 종교재판관으로서 아담에 대해 도미니코회 수도사가 행사한 것과 같은 권한을 행사했다고 적었다. 먼저, 아담을 재판소에 소환했다. 아담아, 어디 있느냐?(Adam, ubi es?) 아담이 없으면 재판은 무효가 되기 때문에 하느님은 아담을 찾아야 했다.

하느님이 아담과 이브에게 준 가죽 옷은 종교재판소가 이단자들에게 입힌 죄수복이다. 이 주장은 하느님이 최초의 재판관이었다는 것뿐 아니라 최초의 재단사였다는 것도 확실히 증명하고 있다.

아담은 지상의 천국에 가지고 있었던 모든 부동산을 빼앗겼다. 그래서 종교재판소가 죄인의 재산을 압류하는 것이다.

파라모 신부는 남색(sodomy)은 분명 이단이기 때문에 소돔의 주민들이 이단자들처럼 불에 타 죽었다고 주장하며 유대인들의 역사를 훑었다. 유대 역사에서 종교재판의 예는 차고 넘쳐났다.

예수그리스도는 새로운 율법의 최초의 재판관이었고 신을 대리하는 재판관인 교황은 그 권한을 성 도미니코에게 위임했다.

파라모 신부는 종교재판에서 화형당한 사람의 수도 조사했다. 10만이 넘는다.

신부의 책은 1589년 마드리드에서 왕의 승인을 받고 신학자들의 동의와 주교의 칭찬 속에 출간되었다.[431] 오늘날이라면 그처럼 기괴하고 가증스러운 책은 생각할 수도 없는 것이지만 당시에는 그보다 더 자연스럽고 모범적인 것이 없었다. 광신자가 되면 누구나 루이스 데 파라모가 된다.

파라모 신부는 우직하고 꼼꼼한 사람이었다. 모든 일에 정확한 날짜를 기재하고 흥미로운 사실은 하나도 빼놓지 않았다. 그리고 아무런 거리낌 없이 종교재판소에서 화형당한 희생자들의 수를 기입했다.

포르투갈 종교재판소가 어떻게 설치되었는지에 대해서도 매우 고지식하게 낱낱이 적었다. 파라모 신부는 다른 네 명의 역사가들 의견에 동의한다. 이것이 그들이 주장하는 포르투갈 종교재판소의 기원이다.

15세기 초 교황 보니파티우스 9세는 포르투갈에 가는 도미니코회 수도사들에게 마을을 돌아다니며 이단자, 무슬림, 유대인을 화형에 처하라는 임무를 맡겼다. 하지만 수도사들은 늘 돌아다녀야 했고 왕들조차도 그들에게 수모를 당하는 문제가 발생했다. 그래서 클레멘테 7세는 아라곤과 카스티야에 있는 것과 같은 상설 종교재판소를 포르투갈에도 설치하기로 했다. 하지만 바티칸과 포르투갈 왕 사이의 갈등이 생겨 제대로 진행되지 않았고, 한 번도 재판이 이루어지지 않았다.

그런데 1539년, 리스본에 교황 특사가 나타났다. 이 사람은 종교재판소를 설치하는 데 흔들리지 않은 단단한 초석을 놓기 위해 왔다고 말하고 교황 바오로 3세가 후안 3세와 궁정의 주

---

431 『종교재판의 기원(De origine et progressu officii sanctae inquisitionis ejusque dignitate et utilitate)』은 볼테르가 쓴 것과는 달리 1589년이 아니라 1598년에 출간되었다. 모를레 신부가 번역한 축약본 『종교재판 지침서(Manuel des Inquisiteurs)』가 1762년 나왔다.

요 인사들에게 보내는 서신들을 내보였다. 특사 위임장에는 공식 서명과 인장이 찍혀 있었다. 종교재판소 설치와 재판관 구성이라는 막강한 권한을 가진 이 특사는 실제로는 사베드라라는 이름을 가진 사기꾼이었다. 로마에서 배우고 세비야에서 완성한 완벽한 기술로 교황의 필체를 흉내 내고 허위 봉인과 인장을 만들었다. 하인을 120명이나 거느린 특사단의 행렬은 굉장했다. 사베드라는 대규모 특사단 비용을 대고자 세비야에서 바티칸 궁무처 이름으로 큰돈을 빌렸다. 그러니까 이 모든 것이 철저하게 계획된 사기극이었던 것이다.

포르투갈 왕은 처음에는 사전 논의도 없이 교황이 측근 특사[432]를 파견한 것을 이상하게 여겼다. 이에 대해 특사는 상설 종교재판소 설치가 너무 시급하기 때문에 교황 성하께서는 한시라도 지체할 수 없으셨다며 그 소식을 담은 첫 서신을 왕에게 보냈다는 점을 영광으로 생각해야 한다고 거만하게 대답했다. 왕은 입을 다물 수밖에 없었다. 특사는 그날 당장 거대한 재판소를 설치하고 사람들을 보내 성직세를 거두기 시작했다. 그리고 로마에서 답이 오기 전에 서둘러 200명을 화형시키고 20만 에퀴를 거둬들였다.

에스파냐 귀족인 빌라노바 후작이 세비야에서 특사의 가짜 증명서를 보고 큰돈을 빌려준 인물이다. 후작은 사기꾼에게 당했다는 걸 세상에 밝혀 명예를 더럽히느니 직접 찾아가서 돈을 받아 내는 편이 낫다고 생각했다. 이 소식을 입수한 가짜 특사는 무장 사병 50명을 이끌고 에스파냐 국경으로 갔고 후작을 잡

---

432 교황의 측근으로 구성된 외교 사절을 말한다.

스코틀랜드 종교개혁가 조지 위샤트는
종교재판으로 화형을 당했다.

17세기 마드리드 종교재판 장면

아 마드리드로 쫓아 버렸다.

하지만 리스본에서 저지른 사기 행각은 곧 들통이 나 마드리드 평의회는 사베드라에게 채찍형과 10년의 갤리선 노동을 선고했다. 하지만 여기서 놀라운 것은 교황 바오로 4세가 이 사기꾼이 한 모든 일을 그대로 인정했다는 것이다. 교황은 신이 부여한 권력으로 절차상의 작은 문제들을 손질해서 지극히 인간적인 것을 성스러운 것으로 만들었다.

하느님이 어떤 손을 사용하는 것이 무엇이 중요한가?[433]

이렇게 리스본에 상설 종교재판소가 설치되었고, 왕국 전체가 신을 찬양했다.

종교재판소의 재판 절차는 잘 알려져 있다. 세상에 있는 다른 모든 재판소의 거짓 공정성, 눈먼 이성과 다를 것이 전혀 없다는 걸 우리는 알고 있다. 고발만으로 사람을 잡아들였다. 아들이 아버지를 고발하고 부인이 남편을 고발했다. 고발인과 대질하는 것조차 허용되지 않았다. 그리고 압수한 재산은 재판관들의 주머니 속으로 들어갔다. 종교재판은 우리 시대에까지 이어지고 있다. 사람들이 어떻게 이런 박해를 견뎌 왔는지 이해할 수 없다. 신성함이 느껴질 정도다.

종교재판이라는 괴물의 발톱을 잘라내고 이빨을 뽑아낸 아란다 백작[434]은 전 유럽으로부터 축복을 받았다. 하지만 괴물은 아직도 숨을 쉬고 있다.

---

433 볼테르 자신의 희곡 「자이르」 1막 1장에 나온 대사이다.
434 1766년부터 1773까지 카스티야 평의회 의장을 지냈고 1767년 4월에는 예수회를 에스파냐에서 쫓아내고 종교재판의 영향력을 약화시켰다.

욥 ——— Job

친구, 안녕한가? 자네는 성서에 나온 인물들 중에서 가장 옛날 사람들 축에 속하지. 자네는 유대인도 아니고, 자네의 이름을 딴 「욥기」가 모세 5경보다 더 오래되었다는 것을 모두가 알고 있네. 히브리인들이 아랍어로 된 「욥기」를 히브리어로 번역했는데 신을 의미하는 말로 야훼라는 단어를 사용했네. 진정한 학자들은 '야훼'는 페니키아와 이집트에서 빌려온 말이라고 확신한다네. 사탄은 히브리어가 아니야. 바빌로니아 지방에서 쓰던 칼데아어에서 왔다는 것은 잘 알려진 사실이지.

그런데 자네가 살던 곳이 칼데아 지방 국경이 아닌가. 명망 있는 전문가들은 자네가 부활을 믿었다고 말하네. 「욥기」 19장에 자네가 궁핍하게 살면서 며칠 후에 '다시 일어날 것'이라고 말했기 때문이지. 아픈 사람이 병이 낫기를 바란다고 그것이 부활을 믿는 것이라고 할 수는 없지. 하지만 내가 자네에게 말하고 싶은 것은 다른 일이라네.

자네는 말이 많은 친구지. 그런데 자네 친구들은 더 말이 많더군. 자네에게 양 7000마리, 낙타 3000마리, 소 1000마리, 암나귀 500마리가 있다고 했네. 계산을 해 보겠네.

양 7000마리를 마리당 3리브르 10이라고 치면　　2만 2500리브르
낙타 3000마리는 마리당 50에퀴로 치면　　　　　45만 리브르
소 1000마리는 계산하기 어려운데 평균가로 치면　8만 리브르
암나귀 500마리는 마리당 20프랑으로 치면　　　　1만 리브르
그러면 총합이　　　　　　　　　　　　　56만 2500리브르

　가구, 반지, 보석은 셈에 포함시키지 않겠네.
　내가 자네보다 더 부자일 때가 있었지. 그 재산을 거의 다 잃고 자네처럼 병들었어도 나는 신을 원망하지 않았네. 자네처럼 말일세. 하지만 자네 친구라는 사람들은 신을 원망하지 않는 자네를 비난했지.
　그 못된 사탄은 하느님께 자네의 재산을 뺏고 온몸에 종기가 나게 해서 자네가 죄를 짓는지, 하느님을 원망하는지 보자고 했지. 그건 사탄이 세상을 잘 몰라서 그런 거야. 어려운 상황에 처하면 인간은 신을 더 찾는다네. 행복한 사람은 신을 찾지 않아. 하지만 사탄도 배운 것이 있어서 그 뒤로 누군가를 손에 넣고 싶으면 세금 징수원이나 그보다 더 나은 것으로 만들었네. 우리 친구 시인 포프도 기사 발람 이야기로 확실하게 보여 주었지 않은가.
　자네 부인은 어리석은 여자였지. 하지만 자네 친구들, 데만 사람 엘리바스, 수아 사람 빌닷, 나아마 사람 소발은 그보다 더

참을 수 없는 인사들이네. 그자들은 세상에서 가장 선한 사람도 못 참을 정도로 자네에게 참으라고 했지. V……라는 사람이 암스테르담에서 한 연설보다 더 길고 지루한 연설이었네.[435]

"신이시여! 내가 바다니이까, 바다 괴물이니이까. 주께서 어찌하여 나를 지키시나이까?"[436]라고 말했을 때 자네는 진심이었지. 그런데 자네 친구들은 아무것도 모르고 이렇게 대답했어. "왕골이 진펄 아닌데서 크게 자라겠으며 갈대가 물 없는 데서 크게 자라겠느냐."[437] 이보다 더 위로가 되지 않는 말이 있을까.

나아마 사람 소발은 자네가 말을 많이 한다고 나무랐지. 하지만 그 잘난 친구들 중에 자네에게 한 푼이라도 선뜻 내준 사람이 있었는가. 나라면 그렇게 하지 않았을 것이네. 조언을 하는 사람은 많지만 도와주는 사람은 적은 법이야. 친구가 셋이나 되는데 아플 때 죽 한 그릇 끓여 주는 사람이 없다는 것은 서글픈 일이지. 하느님이 자네에게 재산과 건강을 다시 돌려주었을 때 입만 산 그 친구들은 자네 앞에 나타나지도 못했을 것이라 생각하네. 어쨌든 이제 '욥의 친구들'은 모르는 사람이 없을 정도로 유명해졌지.

하느님께서는 자네 친구들을 매우 못마땅해하셨네. 「욥기」 42장을 보면 하느님께서 이들을 우매하고 분별이 없다고 꾸짖고 어리석은 말을 한 대가로 수소 일곱 마리와 숫양 일곱 마리를 내게 하셨지. 나라면 더 큰 벌로 대가를 치르게 했을 것이네.

---

435 볼테르 연구가이며 번역가인 시오도어 베스터만은 자신이 번역한 『철학 사전』에 V가 볼테르를 암시하는 것이 아니라고 설명했다.
436 「욥기」, 7장 12절.
437 「욥기」, 8장 11절.

큰 고난을 당한 후 자네가 140년을 살았다는 것이 사실인가? 선한 사람이 오래 사는 것을 나는 좋아한다네. 지금은 그렇게 오래 사는 사람이 없는 걸 보니 죄다 사기꾼인 모양일세!

[438]「욥기」는 가장 귀중한 고대의 글 중 하나다. 욥이 모세보다 앞서 살았던 아랍 사람이었다는 것은 알려진 사실이다. 욥의 세 친구도 마찬가지다. 엘리바스는 아라비아의 고대 도시인 데만 사람이고, 빌닷의 고향인 수아도 아라비아에 있고 소발의 고향 나마스도 더 동쪽에 있다.

「욥기」가 유대인의 이야기가 아니라는 것은 「욥기」에 지금도 우리가 이야기하는 큰곰자리, 오리온자리, 히아데스성단 세 개의 별자리가 언급되었다는 것으로도 알 수 있다. 유대인은 천문학에 대해 아는 것이 없었고 히브리어에는 천문학 용어가 존재하지 않았다. 학문은 그들에게 낯선 것이었고 수학도 마찬가지였다.

반면 아랍인들은 천막에 살면서 계속 별자리를 관찰했다. 아마도 하늘을 보고 처음으로 날짜를 계산한 사람들도 아랍인들이었을 것이다.

그리고 또 중요한 것은 「욥기」에 단 한 명의 신밖에 언급되지 않는다는 것이다. 유대인만이 유일신을 가졌다고 것은 터무니없다. 유일신 사상은 전 근동에 퍼져 있는 교리였다. 이것도 다른 것과 마찬가지로 유대인이 도용한 것이다.

「욥기」 38장에 하느님이 직접 폭풍우 가운데 나타나 욥에게

---

438 여기서부터는 1770년 출간 때 추가된 부분이다.

윌리엄 블레이크, 「욥과 그의 아내」.

말한 것이 창세기에 그대로 모방되어 있다. 구약 성서가 오래된 책이 아니라는 것은 몇 번을 강조해도 지나치지 않는다. 무지와 광신에 휩싸여 모세 5경이 세상에서 가장 오래된 책이라고 주장해도 베니게의 제사장 산쿠니아돈이 쓴 「고대사」, 그리고 그보다 800년 앞서 이집트에서 쓰인 「토트의 서(書)」, 자라투스트라교의 첫 경전인 「아베스타」, 인도의 베다, 중국의 오경 그리고 「욥기」는 그 어떤 유대 책보다 먼저였다. 이로써 유대 민족은 나라가 안정되었을 때에야 비로소 기록서를 남겼고, 자신들의 왕이 다스리고야 비로소 나라가 안정되었고, 페니키아어와 아랍어를 혼용한 단어를 이용해 기록했다는 것이 증명되었다. 페니키아인이 유대인보다 훨씬 전에 문자를 발전시켰다는 부정할 수 없는 증거가 많다. 약탈자와 거간꾼이었던 유대인은 우연히 작가가 되었을 뿐이다. 이집트 책, 페니키아 책, 중국 책, 브라만 경전, 자라투스트라교 경전은 사라졌지만 유대인은 자신들의 책을 잘 보존했기 때문이다. 이 책들은 모두 위대하다. 하지만 인간의 상상력이 만들어 낸 위대함이다. 물리적 진실이든, 역사적 진실이든 여기서 우리가 배울 수 있는 진실 한 가지가 있다. 고대의 모든 책보다 더 유용하지 않은 물리학 책은 없다.

옳고 그름 —— Juste et injuste

누가 우리에게 옳고 그름에 대한 가치를 알려 주었을까? 신께서 우리에게 뇌와 심장을 주셨다. 그렇다면 우리는 언제부터 선과 악이 존재한다는 것을 이성적으로 알게 되었을까? 이성이 우리에게 2 더하기 2는 4라는 것을 알려 주었을 때부터다. 땅에서 나오면서 나뭇잎과 과일을 달고 나오는 나무가 없듯이 나면서부터 지식을 가지고 태어나는 사람은 없다. 우리가 선천적이라고 부르는 것, 다시 말해 다 성장한 상태에서 태어나는 것은 없다는 것이다. 신께서 인간에게 준 신체 기관은 성장하면서 인류를 종속시키는 데 필요한 활동을 하게 된다.

이 신비로운 이치는 어떻게 작동하는가? 순다 열도[439]의 황인종이여, 아프리카의 흑인종과 캐나다의 원주민이여, 그리고 당신들. 플라톤, 키케로, 에픽테토스! 대답해 보시오. 가난한 사

---

439 말레이 반도에서 몰루카 제도까지 뻗어 있는 열도.

람이 먹을것을 공손하게 구걸할 때 그들을 죽이거나 눈을 찌르는 대신 남은 빵이나 쌀, 마니오크를 주는 것이 올바른 행동이라는 것은 누구나 안다. 호의가 모욕보다, 온화함이 분노보다 더 바람직하다는 것은 세상 어느 곳에서나 분명한 사실이다.

그런데 정당함과 부당함의 미묘한 차이를 구분하는 것은 우리의 이성만이 아니다. 선과 악은 자주 어깨동무를 하고 간다. 우리의 열정이 선과 악을 혼동시킨다. 이때 무엇이 우리를 정신 차리게 해 주는가? 바로 우리 자신이다. 평온한 상태의 나 자신이 열정을 진정시켜 준다. 어느 나라에서나 인간의 도리에 대해 쓴 글은 훌륭한 글이다. 오로지 이성으로 쓰였기 때문이다. 모두들 같은 이야기를 했다. 소크라테스, 에피쿠로스, 공자, 키케로, 마르쿠스 오렐리우스, 무라드 2세 모두 비슷한 도덕관을 가졌다.

날마다 사람들에게 말하자. "신은 도덕을 만들었고 우리는 교리를 만들었다!"

예수는 어떤 추상적 교리도 가르치지 않았고 어떤 신학서도 쓰지 않았다. 예수는 "나는 한 몸이다. 내 안에 두 개의 의지와 두 개의 본질이 공존한다."고 말하지 않았다. 그런데 1200년 후에 프란체스코회와 도미니코회는 예수의 어머니가 원죄로 수태했는지 그렇지 않았는지 열띠게 논쟁했다. 예수는 결혼이 보이지 않는 것의 보이는 징표라고 말한 적이 없다. 인간이 자유의지로 하는 행위를 돕는 신의 은총(concomitant grace)에 대해서도 한마디도 하지 않았다. 사제도 종교재판관도 만들지 않았다. 오늘날 우리가 보고 있는 것은 예수가 명한 것이 아니다.

신은 그리스도교 시대 이전부터 옳고 그름을 구분하는 능력을 우리에게 주었다. 신은 변하지 않았고 변할 수도 없다. 우리 영혼의 본질과 이성, 도덕적 원칙은 영원히 바뀌지 않을 것이다. 신학 이론을 만들고, 그 이론을 바탕으로 교리를 만들고, 그 교리를 바탕으로 인간을 박해하면 그것이 무슨 소용이란 말인가? 인간의 본성은 인간이 만들어 낸 야만적인 것에 반대해 모든 인간에게 소리 지른다. "정의로워져라. 궤변가들의 박해를 거부하라."

자라투스트라교의 경전에 현명한 금언이 하나 있다. "옳은 행동인지 아닌지 확신이 서지 않을 때는 하지 말라." 이보다 더 훌륭한 법칙을 가르쳐 준 사람이 있었는가? 이보다 더 훌륭한 말을 한 입법자가 있었는가? 예수회 수도사라고 불리는 사람들이 만든 개연론[440]과는 전혀 다른 것이다.

---

440 그리스도교에서, 도덕관에는 절대적 지식은 없고 개연성만이 신념이나 행동의 지침이 될 수 있다는 학설.

눈물 —— Larmes

눈물은 고통의 말없는 언어다. 왜일까? 눈가의 작은 눈물샘에서 걸러져 결막과 작은 눈물구멍을 적시고 눈물주머니라고 불리는 저장소와 관을 통해 코와 입으로 내려가는 투명하고 짭짤한 이 액체와 슬픔 사이에는 어떤 관계가 있을까?

왜 눈물은 강한 신체 기관을 가지고 있는 남자들에게서보다 약하고 섬세한 기관을 가진 여자들에게서 더 쉽게 촉발되는가?

왜 우리는 누군가 눈물을 흘리면 같이 슬퍼하고 도움의 손길을 내밀게 되는가? 미개한 여자도 궁정의 여인과 다를 바 없이 우는 아이를 보면 주저하지 않고 도움을 준다. 다른 오락거리나 열정이 덜하기 때문에 어쩌면 궁정의 여인보다 더 큰 동정심을 가지고 있을지도 모른다.

동물의 몸에 쓸모없이 존재하는 기관은 없다. 특히 눈과 햇빛의 관계는 경이로울 정도로 수학적이다. 그 역학 관계는 너무나 완전무결해서 미치지 않고서야 눈의 궁극적인 용도를 부정할 수 없을 것이다.

그렇다고 눈물의 용도가 대단히 중요하거나 경이롭지는 않다. 하지만 눈물이 연민을 자극하기 위해 흐르는 것이라면 너무나도 아름답지 않은가!

언제라도 울고 싶으면 울 수 있는 여자들이 있다. 하지만 그 재능이 놀라운 것은 아니다. 섬세하고 예민한, 그리고 활발한 상상력이 고통스러운 기억 같은 특정 대상에 고정되면 눈물이 쏟아진다. 대부분의 배우들, 특히 여배우들이 잘하는 일이다.

가끔 여자들은 집에서도 여배우를 흉내 내어 자그만 속임수를 쓴다. 남편 때문에 우는 척하나 실제는 정부(情夫)를 위해 우는 것이다. 눈물은 진정이지만 눈물의 대상은 허위다.

웃음과 달리 이유 없이 눈물을 흘리기는 쉽지 않다. 눈물샘을 자극해서 액체를 짜내고 안구로 흘러가게 하게 위해서는 큰 감동이 필요하다. 반면에 웃음은 원하면 언제나 웃을 수 있다.

그런데 눈물 한 방울 흘리지 않고 잔인한 사건을 목도하거나 냉혈한처럼 범죄를 저지르는 남자가 똑같은 사건과 범죄를 무대에서 연극으로 보고는 눈물을 흘리는 이유가 무엇일까? 같은 눈으로 보지 않기 때문이다. 연극을 보는 남자는 사건과 범죄 행각을 작가와 배우의 눈, 다시 말해 다른 사람의 눈으로 본다. 무고한 여인이 죽임 당하는 것을 볼 때나 친구의 피로 자신의 손을 더럽힐 때 남자는 끓어오르는 분노로 날뛰는 잔인한 짐승이었지만 극장에서는 다시 인간으로 돌아간다. 회오리치던 영혼은 평온해지고 본성이 다시 돌아와 고결한 사람이 되어 눈물을 흘린다. 이것이 바로 연극의 미덕이고 가치다. 돈을 받고 열정 없는 연설로 청중을 지루하게 하는 웅변가가 절대 할 수 없는 일이다.

　툴루즈의 시장 보디르그는 무고한 칼라스가 수레바퀴 위에서 죽어 가는 것을 눈썹 하나 까딱하지 않고 지켜보았다. 하지만 자신의 범죄를 잘 구성되고 훌륭히 낭송된 비극으로 본다면 눈물을 쏟을 것이다.

　앨릭잔더 포프[441]는 조지프 에디슨[442]의 비극「카토의 비극」[443] 서문에 이렇게 썼다.

　　악한이 감동받는 것은 놀랍다.
　　범죄자는 양심의 가책을 느끼고, 폭군은 눈물을 흘린다.

441　영국 시인. 비평가, 출판업자, 시인, 학자 등 자신이 경멸하는 사람들을 철저하게 조롱한 풍자시 『우인 열전(The Dunciad)』이 대표작이다.

442　친구 리처드 스틸과 함께 문학 잡지 《스펙테이터(The Spectator)》를 창간한 것으로 유명하다.

443　영국의 수필가, 시인, 정치인인 조지프 에디슨이 1712년에 쓴 비극. 고대 로마 공화정 말기 공화정 체제를 지키기 위해 카이사르에 맞서 싸우다가 비극적인 자살로 생을 마감한 마르쿠스 포르키우스 카토(소(小)카토)의 이야기가 소재다.

"악한이 감동받는 것은 놀랍다. 범죄자는 양심의 가책을 느끼고, 폭군은 눈물을 흘린다." 앨릭잰더 포프

문인 —— Lettres(Gens de)

프랑크인, 게르만인, 브르타뉴인, 롬바르디아인, 모사라베인[444]이 읽을 줄도 쓸 줄도 모르던 야만의 시대에도 학교와 대학은 있었다. 거의 성직자들로 채워진 학교와 대학에서는 성직자들이 아는 것만 가르쳤고 성직자들이 아는 것만 배우고 싶어 하는 학생들이 모여들었다. 아카데미[445]는 그 후 오랜 시간이 지난 후에 출현했다. 아카데미는 학교 교육의 어리석음을 경멸했지만 학교에 반대해서 들고 일어나지는 않았다. 어리석지만 존중받아 마땅한 것이라면 존중해야 했기 때문이다. 아카데미는 존중받아 마땅한 것을 존중하는 걸 중요하게 생각하는 곳이었다.

문인은 전 세계에 퍼져 있는 소수의 생각하는 사람들에게

---

444 8세기에서 15세기까지 이슬람 지배 하의 에스파냐에서 개종하지 않고 신앙을 지킨 기독교인으로, 언어적 문화적으로는 아랍화되었다.

445 르네상스 이후 새로운 학문 정신과 학문 분야의 발전에 발맞추어 중세적 대학 외에 새로운 학자 집단(문인, 사상가, 예술가)이 탄생했는데 이를 아카데미라 불렀다.

영향을 끼치는 사람으로, 대학에서 궤변을 늘어놓거나 아카데미에서 설익은 소리를 하지 않고 방에서 혼자 글을 쓰는 진정한 지식인이다. 이들은 거의 대부분 박해를 받았다. 인간이라는 불쌍한 종족은 편협한 정신을 가지고 있어, 잘 다져진 땅을 걷는 사람들은 새로운 길을 가리키는 사람들에게 돌을 던진다.

스키타이인은 노예들이 버터를 만들 때 딴짓하지 못하게 눈을 파냈다고 몽테스키외가 말했다. 그렇게 고문은 시작되었고 이 야만족이 지배한 곳의 사람들은 모두 장님이 되었다. 영국인은 100년 전에 두 눈을 온전히 떴다. 프랑스인은 이제야 눈 한쪽을 뜨기 시작했다. 하지만 높은 자리에 있는 사람들은 우리가 한쪽 눈을 뜨는 것조차 마뜩잖아한다.

이 불쌍한 사람들은 코메디아 델라르테[446]에 나오는 발로아르도 박사처럼 광대인 아를레키노에게만 시중 받기를 원한다. 시종이 너무 유식하면 골치 아프기 때문이다.

성스러운 파두스 추기경에게 찬양하는 시를 만들어 바치자. 그의 정부(情婦)에게 연애시를 헌정하자. 그의 문지기에게 지리서를 건네자. 환대를 받을 것이다. 하지만 깨우치려 하면 짓밟힌다.

데카르트[447]는 조국을 떠나야 했고, 가상디[448]는 중상모략을

---

446 16세기~18세기에 이탈리아에서 유행한 가벼운 즉흥극으로, 줄거리와 등장인물은 유형화되어 있다. 주요 인물 네 명은 판탈로네(욕심 많은 늙은이), 카피타노(허풍선이 겁쟁이 군인), 발로아르도(학자인 척하지만 무식한 박사), 잔니 혹은 아를레키노(어릿광대 하인)이다.

447 데카르트는 학교에서 배운 스콜라적 학문에 불만을 품고 세상을 통해 배울 것을 결심하고 네덜란드, 덴마크, 스웨덴 등 전 유럽을 여행하며 연구에 매진했다.

448 프랑스 수학자, 철학자, 천문학자. 에피쿠로스의 유물론을 부활시켜 원자론적 유물론을 주장했다. 그의 유물론은 체계적이지 못하고 종교 및 교회와 타협해서 신을 원자의 창조자로 인정했다.

당했고, 아르노[449]는 망명지에서 죽어야 했다. 철학자들은 모두 유대의 선지자들처럼 박해를 받았다.

I8세기 한 철학자[450]는 인간에게 손이 없으면 예술을 할 수 없다고 말했다는 이유로 세속 재판소에 끌려나와 재판관에게 불경한 자 취급을 당했다. 내가 이 말을 하면 믿을 사람이 있겠는가? 누군가 인간은 머리가 없으면 생각하지 못한다고 감히 말했다는 이유로 중노동형을 선고받았다고 해도 나는 놀라지 않을 것이다. 애송이 학자는 그 사람에게 이렇게 말할 것이다. "영혼은 순수한 정신이고 머리는 물질에 불과하다. 신께서는 영혼을 발꿈치에 있게 할 수도 있고 뇌에 있게 할 수도 있다. 당신을 불경죄로 고발한다."

문인에게 닥칠 수 있는 가장 큰 불행은 동료에게 질시당하고 음모의 희생자가 되고 권력자들로부터 멸시 받는 것이 아니라 바보들에게 평가를 받는 것이다. 맹신에 어리석음이 더해지고 어리석음에 복수심이 더해지면 바보들은 때로 도를 넘어 광기를 보인다. 문인의 더 큰 불행은 주위에 아무도 없다는 것이다. 부르주아가 직위를 매수하면 주위에 동료들이 생긴다. 누군가 그 부르주아에게 부당한 짓을 저지르면 금방 지지자들이 나타난다. 하지만 문인에게는 도움을 구할 사람이 없다. 문인은 날개 달린 물고기다. 물 위로 조금이라도 올라오면 새들에게 잡아먹히고 물속으로 들어가면 바로 물고기들에게 잡아먹힌다.

---

449 프랑스 성직자, 철학자, 수학자. 당시 주류였던 예수회를 비판하다가 이단 선고를 받고 포르로얄 수도원에 은둔했다. 말년에는 네덜란드와 벨기에로 망명해 브뤼셀에서 생을 마감했다.

450 엘베시우스를 말한다.

법 —— Lois

베스파시아누스 황제와 그의 아들 티투스 황제가 유대인들을 학살할 때[451] 고리대금으로 큰 재산을 모은 한 히브리인은 죽임당할 것이 두려워 모아둔 금을 챙겨 늙은 아내와 아들딸을 데리고 에시온가벨로 도망쳤다. 이들을 따라 거세된 두 명의 하인(한 명은 요리사고 다른 한 명은 밭일하고 포도주 만드는 농부)과 모세 5경을 전부 외우고 있는 신실한 에세네파[452] 사제가 함께 길을 나섰다. 에시온가벨 항구에 도착한 이들은 배를 타고 홍해라고 이름 붙여졌지만 전혀 붉지 않은 바다를 건너 페르시아 만으로 들어섰다. 위치가 불확실한 오빌[453]이라는 마을을 찾기 위해서

451 제1차 유대 독립 전쟁(66-73). 로마의 지배하에 있던 유대 지방에서 유대인들이 로마의 학정에 항거하여 봉기를 일으켰다. 70년에 베스파시아누스와 그의 아들 티투스가 이끄는 군대가 예루살렘을 함락시켜 반란을 진압했다.
452 그리스도 시대 유대교의 한 분파. 경건한 자들이라는 뜻으로 결혼과 사유재산을 엄격하게 금지했으며 공동체 생활을 했다.
453 「열왕기 상」과 「역대기 상」에 나오는 지명.

였다. 어렵지 않게 상상할 수 있듯이 이들이 탄 배는 험한 폭풍우를 만나 인도양 쪽으로 흘러가게 되었고 몰디브 군도 중 오늘날 페드라브랑카[454]라 불리는 무인도에서 침몰하고 말았다.

안타깝게도 늙은 부부는 폭풍우에 익사하고 아들과 딸, 두 하인과 사제만 살아남았다. 이들은 배에서 가져갈 수 있는 것은 다 가져다가 작은 오두막을 짓고 섬에서 살았다. 섬 생활은 어렵지 않았다. 적도 가까이에 있는 페드라브랑카 섬에는 세상에서 가장 큰 코코넛과 세상에서 가장 맛있는 파인애플이 넘쳐났다. 사랑하는 조국에서는 학살이 자행되고 있었지만 섬에서는 생활이 천국이었다. 에세네파 사제는 이 세상에 유대인은 자신들만 남게 될 것이고 그러면 아브라함 자손의 씨가 끊기게 될 것이라고 슬퍼했다. 그러자 아들이 사제에게 말했다.

"유대 민족을 부활시키는 것은 당신에게 달렸소. 내 누이와 결혼해 주시오."

"그러고 싶습니다만 법으로 금지되어 있습니다. 저는 에세네파 신도로 결혼을 하지 않을 것을 맹세했습니다. 법을 지키겠다고 맹세했습니다. 유대 민족의 대가 끊기는 것은 안타깝지만 저는 당신의 누이와 절대 결혼할 수 없습니다. 아무리 아름다운 여인이라고 해도 말입니다."

"하지만 두 하인은 거세되었기 때문에 아이를 낳을 수 없지 않소? 그렇다면 내가 여동생과 결혼하겠소. 이 결혼을 축복해 주시오."

454 포르투갈어로 '하얀 바위.' 말레이 반도 남동부 싱가포르 해협 입구에 위치한 화강암 섬의 이름이다.

"당신들이 근친상간을 저지르는 것을 보느니 차라리 로마 병사에게 수백 번 죽임을 당하는 것이 낫겠습니다. 당신의 누이가 어머니가 다른 형제라면 법이 허락하기 때문에 그래도 괜찮겠지만 당신과 누이는 어머니가 같지 않습니까? 상상도 할 수 없는 일입니다."

"무슨 말인지 알겠소만, 다른 여인을 찾을 수 있는 예루살렘에서라면 죄가 될지라도 보이는 것이라고는 코코넛과 파인애플, 굴밖에 없는 이 섬에서는 법도 허락하리라 생각하오."

유대인 청년은 이렇게 말하고 에세네파 사제의 반대를 무릅쓰고 여동생과 결혼해 딸 하나를 얻었다. 한 사람에게는 정당한 행위이고 다른 사람에게는 구역질 나는 행위인 누이와의 결혼에서 얻어진 유일한 결실이었다.

14년의 세월이 흘러 여자아이의 엄마는 죽고 아버지 혼자만 남았다. 아버지는 사제에게 물었다. "이제는 편견을 버리셨소? 내 딸과 혼인을 하시겠소?" 신께서 금한 일이라면서 사제는 끄떡도 하지 않았다. 아브라함의 씨를 헛되게 할 수 없다고 생각한 아버지는 사제가 어떻게 생각하든 자신은 딸과 혼인하겠다고 말했다. 남자의 말에 경악한 에세네파 사제는 법을 따르지 않는 이 끔찍한 작자와 더 이상 함께 있을 수 없어 섬에서 도망치기로 결심했다. 새신랑은 도망가는 사제를 보고 "가지 마시오, 친구여. 나는 자연법을 지키는 것이라오. 내 민족을 위해 봉사하는 것이란 말이오. 여기 친구들을 버리지 마시오."라고 소리 질렀다. 사제는 남자가 부르든 말든 상관하지 않고 법을 지키기 위해 헤엄을 쳐 옆 섬으로 도망갔다.

그가 도착한 곳은 거대한 환초 섬으로 사람이 많고 문명화된 곳이었다. 하지만 사제는 땅에 발을 디디자마자 노예가 되었다. 섬의 말을 몇 마디 할 정도가 되었을 때 사제는 섬 사람들이 무례하다고 불평을 했다. 그러자 섬 사람들은 그것이 자신들의 법이라고 대답했다. 이웃인 아다 섬 사람들이 불시에 공격할 수 있기 때문에 외국인을 노예로 삼는 현명한 법이 만들어졌다고 했다. 에세네파 사제가 모세 5경에 나온 것이 아니기 때문에 법이 될 수 없다고 반박했지만 섬 사람들은 섬의 판례집에 나와 있는 것이기 때문에 사제는 노예가 되어야 한다고 했다. 다행히 사제의 주인은 아주 좋은 사람이고 부자여서 그를 잘 대해 주었다. 그도 주인을 좋아했다.

　　그러던 어느 날 집에 도둑이 들어 주인을 죽이고 재산을 빼앗으려 했다. 그들은 노예들에게 주인이 집에 있는지, 돈은 많이 가지고 있는지 물었다. "맹세합니다만 주인은 집에 안 계십니다."라고 한 노예가 대답했다. 그러자 에세네파 사제가 "거짓말은 법으로 금지되어 있는 것이오. 맹세코 주인은 집에 계시고 돈도 아주 많소."라고 말했다. 주인은 재산을 뺏기고 죽임을 당했다. 이에 다른 노예들이 에세네파 사제를 재판관 앞으로 끌고 가 주인을 배신했다고 고발했다. 에세네파 사제는 세상의 그 무엇을 준다 해도 거짓말은 할 수 없다고 재판관에게 말했다. 사제는 교수형에 처해졌다.

　　나는 인도에서 프랑스로 돌아오는 도중 이와 비슷한 이야기들을 많이 들었다. 프랑스에 도착하자마자 해결해야 할 일이 있어 베르사유 궁으로 갔는데 거기서 아름다운 여인을 발견했다. 그녀 뒤에는 다른 아름다운 여인들이 따르고 있었다. "저 아름다운 여인은 누구란 말이오?" 내가 함께 있던 고등법원 변호사에게 물었다. 인도에서 제작한 옷과 관련해 파리 고등법원에 소송을 하나 제기했기에 항상 변호사와 함께 다니던 참이다.

"왕의 따님이지요. 어떤 경우에도 프랑스에서는 왕위를 물려받을 수 없으니 안타까운 일이오."

"뭐라고요? 왕과 왕비가 다 죽고 왕자들에게도 불행한 일이 생긴다 해도 왕위를 계승할 수 없단 말이오?"

"그렇소. 살리카 법전이 강력하게 금지하고 있소."

"살리카 법전은 누가 만든 것이오?"

"잘 모르겠지만 살리라 불리는 고대 부족이 만들었다고 하오. 읽을 줄도 쓸 줄도 모르는 족속인데 살리카의 땅에서는 한 뙈기의 땅도 절대로 여자에게 물려줘서는 안 된다고 되어 있소. 그런데 이 법은 살리족 땅 밖에서도 채택되었소."

"그 법을 파기해야 하오. 선생께서는 저 공주가 아름답고 선한 사람이라고 했소. 그러니 왕족의 피를 가진 사람이 그녀밖에 남지 않은 불행이 닥친다면 왕위를 물려받는 것이 당연한 권리요. 나의 어머니는 외할아버지의 유산을 물려받았소. 그러니 저 공주도 왕위를 물려받아야 한다고 생각하오."

다음 날, 내 소송에 대한 재판이 고등법원에서 있었다. 한 표 차이로 패소했다. 변호사가 다른 법정이었다면 한 표 차이로 이겼을 수도 있다고 했다.

"참으로 우스운 일이군요. 그렇다면 각 법정마다 다른 법을 가지고 있단 말이오?"

"파리 사람들의 풍습에 대해 스물다섯 가지의 해석이 있다

는 것은 파리 사람들의 풍습이 애매하다는 것이 스물다섯 번이
나 증명되었다는 뜻이오. 법정이 스물다섯 개가 있으면 스물다
섯 가지의 법 해석이 가능한 것이오. 파리에서 I5리 떨어진 노
르망디에서라면 여기와 다른 판결이 내려질 수도 있소."

　변호사의 말을 들으니 노르망디 지방을 둘러보고 싶은 마음
이 생겨 형님을 모시고 그곳으로 갔다. 첫날 머무른 여인숙에서
절망에 싸인 젊은이를 만났는데, 무슨 일이냐고 물었더니 형님
이 있는 것이 문제라는 것이었다.

　"형님이 있는 것이 문제라니? 저분은 내 형님이신데 우리는
잘 지내고 있다네."

　"아! 우리 지방에서는 법으로 장남이 모든 것을 갖도록 정
하고 있습니다. 동생들은 아무것도 가질 수가 없습니다."

　"젊은이가 화가 날 만도 하겠군. 내가 사는 곳에서는 형제끼
리 모두 똑같이 나눈다네. 그렇다고 형제들의 우애가 좋다는 뜻
은 아니야."

　이러저러한 경험을 통해 나는 법에 대해 심도 깊게 성찰하
게 되었다. 나는 법이 우리가 입는 옷과 같다는 생각을 했다. 콘
스탄티노폴리스에서는 투르크식 긴 망토를 입어야 하고 파리에
서는 딱 달라붙는 긴 바지를 입어야 하는 것처럼 말이다.

　인간이 만든 모든 법이 합의를 통해 만들어진 것이라면 거래
가 매우 중요하다. 인도 델리와 아그라의 부르주아는 티무르와 나
쁜 거래를 했고 런던의 부르주아는 영국 왕 오라녜 공[455]과 좋은

455　명예혁명(부르주아 시민 혁명, 1688년) 후 영국 의회는 네덜란드 총독 오라녜 공을 영국
　　국왕으로 추대했다.

거래를 했다. 런던의 한 시민이 "필요가 법을 만들고 힘이 그 법을 지키게 한다."라고 내게 말한 적이 있다. 그에게 나는 때로 힘이 법을 만들지 않았느냐고, 서자 왕이며 정복왕인 윌리엄 I세[456]가 런던 사람들과 거래하지 않고 무력으로 명령을 내리지 않았느냐고 물었다. 그는 당시 자신들은 소였다고 대답했다. "윌리엄 I세가 우리에게 멍에를 씌우고 막대기로 조종을 했소.[457] 그 후 우리는 사람으로 변했지만 뿔은 그대로 남아서 누구든 우리가 아닌 자신들을 위해서 일하라고 강요하는 사람이 있으면 들이받았지요."

오랜 사색 끝에 인간이 만들어 낸 법과 상관없는 자연법[458]이 존재한다는 것에 나는 기분이 좋아졌다. 내가 흘린 땀의 과실은 나의 몫이고 부모를 공경해야 하고, 내 자손의 삶에 대해 나는 아무런 권리가 없고 내 자손 역시 내 삶에 어떤 권리도 없다…… 하지만 엘람 왕 그돌라오멜[459]에서부터 경비 부대 대령인 멘첼[460]까지 모두 손에 살인 면허증을 들고 열심히 후손을 살인하고 유린했다. 애통하지 않을 수 없다.

도둑들 사이에도 법이 있고 전쟁에도 법이 있다고 한다. 나는 전쟁에서 법은 뭐냐고 물었다. 왕의 군대에 맞서 대포도 없

---

456 노르망디 공 로베르의 서자. 1066년 잉글랜드 에드워드 왕이 후사 없이 죽자 왕위 계승 전쟁을 일으켜 승리하여 윌리엄 1세가 되어 영국에 노르만 왕조를 건립했다.

457 노르만의 멍에(Norman yoke). 윌리엄 1세의 노르만 정복 이후 외세의 억압을 뜻한다.

458 인위적이 아닌 자연적 성질에 바탕을 둔 보편적이고 항구적인 법률 및 규범. 국가가 제정한 실정법은 민족이나 사회에 따라 내용이 다른 반면 자연법은 민족, 사회, 시대를 초월한 영구 불변의 보편타당성을 지닌다.

459 「창세기」 14장에 나오는 인물로 아브라함과 동시대인.

460 멘첼 남작. 1742년 오스트리아 왕위 계승 전쟁에서 이름을 떨쳤다. 오스트리아 편에 서서 2월 13일 군사 5000명을 이끌고 뮌헨을 함락시켰다.

이 자리를 지킨 용감한 장교를 교수형에 처하는 것, 적군이 우리 병사를 교수형에 처하면 우리도 적의 포로를 교수형에 처하는 것, 군주가 정한 날 식량을 가지고 오지 않으면 마을을 불사르고 주민들을 죽이는 것이라는 대답이다. 흐음, 이것이 '법의 정신'이라는 말이지…….

이렇게 많은 것을 배운 다음, 양에게 외국 소금을 먹였다는 이유로 목동에게 중노동형 9년을 선고한 매우 현명한 법이 있다는 것도 알게 되었다. 내 이웃은 참나무 두 그루를 베었다는 이유로 재판을 받고 빈털터리가 되었다. 자기 소유 나무를 베었지만 절차대로 하지 않았기 때문이다. 그의 부인은 가난 속에 죽었고 아들의 사정도 별반 나을 것이 없다. 법을 실행하는 데 가혹하기는 했지만, 나는 옳은 법이라고 생각한다. 하지만 10만 명의 사람에게 10만 명 이웃의 목을 베라고 허락한 사악한 법을 옹호할 수는 없다. 대부분의 인간은 법을 만들 수 있는 상식을 자연으로부터 받았다. 그렇다고 모두 훌륭한 법을 만들 만큼 공정한 것은 아니다.

소박하고 조용하게 살아가는 세상 모든 농부들에게 물어보자. 이들은 먹고 남은 밀을 이웃에 파는 것을 당연한 것으로 생각하고, 이를 금하는 법이 있다면 비인간적이고 터무니없는 것이라 말할 것이다. 그리고 곡물의 가격은 땅에서 나는 작물이 상하는 것처럼 변질되어서는 안 되며 아버지는 한 가정의 주인이라든가, 종교는 사람들을 통합시키는 것이라야지 광신자나 박해자가 되게 해서는 안 된다든가, 일하는 사람에게서 일의 결실을 빼앗아 미신이나 믿고 무위도식하게 해서는 안 된다는 것도 당연하게 생각할 것이다. 농부들은 한 시간도 안 돼 이런 종류의 법을 30가지 넘게 만들 수 있을 것이다. 사람에게 꼭 필요한 법 말이다.

티무르가 인도를 점령했을 때 나쁜 법을 많이 만들었다. 티무르 징세관의 배를 채우기 위해 한 지방 전체를 쥐어짜고, 힌두교 귀족의 시종의 정부(情婦)를 욕했다고 불경죄를 언도하고, 농부가 수확한 농작물의 절반을 강탈하는 그런 법이었다.

티무르의 백성이 되는 것이 나은가, 아니면 개가 되는 것이 나은가? 개로 살기가 훨씬 편할 것 같다.

양들은 사회를 이루어 잘 산다. 우리는 양을 매우 유순한 짐승이라고 생각하는데 양이 얼마나 많은 고기를 먹어치우는지 모르고 하는 소리다. 우리가 그 유명한 샤스나즈 치즈를 아무것도 모른 채 먹는 것처럼 양도 순진하게 아무것도 모르고 먹는다고 우리는 생각한다. 양 공화국은 황금시대를 그대로 재현하고 있다.

닭장은 가장 완벽한 왕정 체제다. 어떤 왕도 감히 수탉과 비교될 수 없다. 수탉이 자랑스럽게 백성들 사이를 걸어가는 것은 교만해서가 아니다. 적이 나타나면 수탉은 결코 권력을 내세워 신하들에게 대신 나가 싸우라고 명령하지 않는다. 암탉들을 보호하기 위해 직접 나서서 죽을 때까지 싸운다. 그리고 승리하면 자신이 직접 감사와 찬송의 노래를 부른다. 인간의 세계에서 이만큼 신사적이고, 올바르고, 공정한 사람을 본 적이 있는가? 수탉은 덕이 높은 왕이기도 하다. 그의 커다란 부리에 밀알 한 톨 벌레 하나 붙어 있는 것을 본 적이 없다. 수탉은 모두 암탉에게 준다. 하렘의 솔로몬 왕이 뒷마당에 있는 수탉보다 나을 것이 없다.

벌들의 세계에서 한 마리의 여왕벌이 지배하고 모든 신하가 여왕과 사랑을 나누는 것이 사실이라면, 벌의 나라가 더 완벽한 정부라고 할 수 있다.

개미가 사는 세계는 가장 민주적인 사회다. 모두가 평등하고 개인은 모두의 행복을 위해 일하는 이 사회는 세상의 어떤 국가보다 더 높은 곳에 존재한다.

비버 공화국은 개미 공화국보다 더 훌륭하다. 적어도 댐을 만드는 기술만으로 평가하면 그렇다.

원숭이는 문명화된 족속이라기보다는 어릿광대와 더 닮았다. 이들은 위에 언급한 동물들처럼 확고한 기본 법칙을 가지고 움직이는 것 같지는 않다. 모방 능력이 뛰어나고, 생각이 가볍고, 일관성 있고 지속 가능한 법을 갖는 것이 불가능할 정도로 변덕스럽다는 점에서 우리 인간은 그 어느 동물보다도 원숭이와 많이 닮았다.

자연이 인간을 만들 때 몇 가지 본성을 부여했다. 자신의 보존을 위한 자기애, 타인의 보존을 위한 자비심, 다른 동물에게서도 찾아볼 수 있는 사랑, 그리고 어떤 동물들보다도 많이 생각할 수 있는 재능이 그것이다. 자연은 우리에게 우리 몫을 준 다음 이렇게 말했다. "알아서 해!"

모든 나라에 맞는 법은 없다. 이유는 간단하다. 법은 시대와 장소, 필요에 따라 만들어지기 때문이다.

필요는 바뀌었는데 법이 그대로 있다면 그 법은 우스운 것이 된다. 법으로 돼지고기를 먹고 포도주를 마시는 것을 금한다면 아랍 국가에서는 합리적인 법이 될테지만 콘스탄티노폴리스에서는 터무니없는 법이 된다.

　장남에게 봉토를 모두 물려주는 법은 무법천지 약탈의 시대에는 매우 현명한 법이었다. 장남은 언젠가 쳐들어올 불한당들로부터 성을 지키는 대장이 되고 동생들은 장교, 농부들은 병사가 된다. 걱정할 것은 오로지 동생이 형을 살해하거나 독살해서 새로운 성주가 되는 것이다. 하지만 이 경우는 드물다. 자연이 우리의 본성과 열정을 어찌나 잘 배합해 놓았는지 장남의 자리를 차지하고 싶은 욕망보다 형제를 살해하는 것을 더 끔찍하게 생각하는 본성이 우선하기 때문이다. 장남에게 모든 유산을 상속하는 법은 프랑크 왕국의 힐페리히 왕 시대 성주들에게는 좋은 법이었겠지만 도시에서 유산을 나눌 때는 악법이 된다.

　세상 어디에서나 공정하고 확실하고 신성하게 적용되는 법이 오로지 게임의 법칙밖에 없다는 것은 인간에게 수치스러운 일이 아닐 수 없다. 인도 사람들이 만든 체스의 규칙은 세상 모든 사람이 지키는데 왜 교황의 칙령은 오늘날 비판 받고 경원시되는가? 체스 발명가는 체스를 두는 모든 사람이 만족할 수 있도록 공정하게 규칙을 만들었고, 교황들은 칙령을 통해 자신들이 득을 보게 했기 때문이다. 또 인도 사람들은 체스로 인간의 정신을 훈련하고 즐거움을 주고자 했다면 교황들은 인간을 바보로 만들려고 했다. 체스 게임의 규칙은 5000년 전부터 세상 모든 사람에게 동일하게 적용되었지만 교황의 칙령은 로마에 가까운 스폴레토와 오르비에토, 로레토 같은 도시에서만 인정받았다.

사치 —— Luxe

우리는 2000년 전부터 시와 산문으로 사치를 비판해 왔지만 여전히 사치하기를 좋아한다. 불한당 같은 로마인들이 남의 수확물을 유린하고 노략질할 때, 가난한 자신들의 마을을 부강하게 하자고 불쌍한 볼시족과 삼니움족의 마을을 파괴할 때 로마인들에 대해 뭐라고 했는가? 로마인들은 욕심이 없고 덕이 높은 사람들로 금도 은도 보석도 훔치지 않았다. 노략질한 마을에 아무것도 없었기 때문이다. 그들의 숲과 늪에서는 자고새도 꿩도 찾을 수 없는데 우리는 로마인들의 절제력을 찬양한다.

하지만 시간이 지나면서 로마인들이 아드리아 해로부터 유프라테스 강까지 닥치는 대로 노략질하고 훔치기 시작하자, 이제 꾀가 생겨 700~800년 동안 노략질해 온 전리품의 열매를 즐기고 예술을 권장하고 쾌락에 빠지고 패배자들에게도 먹을 것을 떼 주자 사람들은 로마인들은 더 이상 지혜롭고 선한 사람이 아니라고 말했다.

이러한 비난은 도둑이 결코 훔친 음식을 먹지 말아야 하고 훔친 옷을 입어서는 안 되며 훔친 반지를 끼지 말아야 한다는 것으로 요약할 수 있다. 정직하게 살기 위해서는 전부 강에 던져 버려야 한다고 사람들은 말한다. 아니, 훔치지 말아야 할 것이다. 하지만 노략질한 불한당은 처벌해야 하지만 노략질한 것을 즐긴다고 미친 사람 취급해서는 안 된다. 솔직히, 퐁디셰리나 아바나를 함락시킨 후 수많은 영국 선원들이 큰돈을 벌어 가지고 런던으로 돌아와 험한 아시아와 아메리카에서 고생한 대가를 즐기는 것이 잘못된 것일까?

웅변가들은 스파르타를 예로 들며 전쟁, 농업, 무역, 산업으로 얻은 부를 땅속에 묻어 두어야 한다고 말했다. 산마리노 공화국은 왜 예로 들지 않는가? 스파르타가 그리스에 어떤 좋은 일을 했는가? 스파르타에 데모스테네스,[461] 소포클레스, 아펠레스,[462] 페이디아스[463]가 있었는가? 아테네의 부(富)는 수많은 위인을 탄생시켰지만 스파르타에는 장군 몇 명이 있었을 뿐이다. 그것도 다른 도시에 비해 많은 수가 아니다. 스파르타처럼 작은 공화국이 가난한 것은 그리 나쁠 것은 없다.[464] 빈털터리로 죽음 앞에 설 수도 있고 안락한 인생을 최대한 즐긴 후에 죽음 앞에 설

---

461 고대 그리스 웅변가. 아테네 출신으로 아테네를 위협하는 신흥도시 마케도니아에 반대하는 운동에 앞장섰다.

462 기원전 4세기 후반에 활동한 고대 그리스의 전설적인 화가. 알렉산드로스 대왕의 궁정 화가로 대왕의 초상화를 많이 그렸고 파도 사이로 모습을 나타내는 아프로디테 그림은 유명하지만 현존하는 작품은 없다.

463 고대 그리스 조각가로 기원전 5세기 고전 전기의 숭고 양식을 대표하는 거장. 신상 제작으로 유명한데 제우스 신상과 파르테논 신전의 아테네 여신상이 그의 양대 걸작품이다.

464 스파르타는 공동 소유를 통해 공동체를 유지하기 위해 사치를 금지했다.

수도 있다. 캐나다의 원주민도, 수입이 5만 기니나 되는 영국 시민도 늙는다. 그렇다고 누가 이로쿼이족과 영국인을 비교할 수 있을까!

달마티아 지방의 라구사 공화국과 스위스의 추크 주(州)는 사치를 금하는 법을 만들었다. 그들이 옳았다. 가난한 사람들은 분에 넘치는 소비를 해서는 안 된다. 어디선가 이런 글을 읽은 기억이 난다.

> 사치는 거대한 국가를 부강하게 하지만, 작은 국가는 망친다.[465]

사치가 '과도한 것'을 의미한다면 어떤 형태든 과도하면 해로운 것은 당연한 이치다. 식탐만큼 절제도, 방종만큼 절약도 과도하면 좋을 것이 없다. 우리 지방의 땅은 척박하고 세금은 과중하고 우리가 심은 밀을 수출할 수 없는 말도 안 되는 일을 당하고 있는데도 어떻게 농부들이 좋은 옷을 입고, 좋은 신발을 신고, 배를 곯지 않는지 이해하기 힘들다. 어쨌든 농부가 밭에서 좋은 외투를 입고 높은 가발을 쓰고 일을 하는 것은 사치이고 격에 맞지 않은 행동이다. 반면 런던이나 파리의 부르주아가 농부처럼 입고 극장에 나타난다면 그것도 무례하고 어리석고 인색한 짓이다.

> 모든 것에는 정해진 한도와 범위가 있으니

---

465 볼테르, 「사교계를 위한 변명(Defénse du Mondain)」.

그 이상이나 이하에는 선(善)이 존재할 수 없다.[466]

아주 오래된 물건은 아니지만 가위가 발명된 후에 처음으로 손톱을 다듬고 코까지 내려온 머리를 잘랐던 사람을 우리는 무엇이라 비난했는가? 조물주의 작품을 망치려고 비싼 돈을 주고 미용 용품을 사는 겉멋 든 사람, 돈을 헤프게 쓰는 사람으로 취급했다. 신께서 우리의 손가락 끝에 달아 주신 각질을 자르다니 얼마나 죄스러운가! 신을 능욕하는 것이나 마찬가지다. 셔츠와 실내화가 처음 세상에 나왔을 때는 더 심했다. 셔츠와 실내화를 절대 입거나 신어 본 적이 없는 늙은 판사는 젊은 판사들이 재앙과 다름없는 사치에 빠진 것을 보고 격노해 호통을 쳤다.

---

466 호라티우스, 『풍자시』, 1권 제1시 106~107행.

결혼 ——— Mariage

말하기 좋아하는 어떤 사람이 내게 이렇게 말했다. "백성들을 가능한 한 빨리 결혼시키고 첫 해에 세금을 면제해 주시오. 대신 같은 나이의 독신들에게서 부족분을 거두시오."

"결혼한 남자들이 많으면 범죄도 줄어든다오. 그 끔찍한 범죄 기록을 한 번 들춰보시오. 교수형이나 차륜형에 처해진 사람들 중 독신남은 100명이나 되는데 유부남은 겨우 한 명이오."

"남자가 결혼을 하면 덕이 더 높아지고 지혜로워진다오. 범죄를 저지르려고 계획했더라도 종종 아내가 말려서 포기하지요. 아내들은 남편들보다 성격이 덜 급하고, 더 관대하답니다. 또 절도나 살인을 저지르는 것을 두려워하고 신앙심도 더 깊지요."

"한 가정의 가장은 아이들 앞에 부끄러운 모습을 보이기 싫어하지요. 아이들에게 불명예를 유산으로 물려주고 싶지 않기 때문입니다."

"병사들을 결혼시키시오. 탈영하지 않고, 가족이 있으니 조국을 버리지 않을 것이오. 독신인 병사는 나폴리의 왕을 섬기든 모로코의 왕을 섬기든 상관없기 때문에 떠돌이가 되는 경우가 많소."

"로마 전사들은 결혼했소. 그들은 부인과 아이들을 위해 싸우고 다른 나라의 여자들과 아이들을 노예로 삼았소."

내가 젊었을 때 동양 언어에 능한, 정치인에게서는 찾기 힘든 재능을 가진 한 이탈리아 거물 정치인이 이런 이야기를 한 적 있다. "여보게, 젊은이, 자네 유대 민족의 훌륭한 관습을 아는가? 유대인들은 동정(童貞)을 끔찍하게 생각했다네. 모두가 광적인 중매쟁이인 유대 민족이 결혼을 인간이 지켜야 할 첫 번째 법으로 여기지 않았다면, 그리고 수도원을 만들었다면, 유대 민족의 대는 돌이킬 수 없이 끊어졌을 것이네."

악인 —— Méchant

사람들은 인간의 본성은 기본적으로 사악하고, 인간은 악마의 자식으로 태어난 악인이라고 한탄한다. 하지만 잘못된 생각이다. "벗이여, 자네는 사람은 사악하게 태어나고 자네도 그렇게 태어났기 때문에 여우나 악어를 보듯 내가 자네를 조심해야 한다고 경고했지! 그런데 이제는 이렇게 말하는군. 아닐세! 나는 새로 태어났고 이단도 아니고 이교도도 아니네. 나를 경계하지 않아도 된다네. 나를 자랑스러워해도 된다네! 그렇다면 다른 사람들, 이단자들이나 자네가 이교도라고 부르는 이들은 괴물이어서 신교도나 투르크인과 말을 할 때는 혹시 물건을 훔치지는 않을까, 죽임을 당하지는 않을까 조심해야 하겠군. 이단자는 새로 태어나지 못했고, 이교도는 타락했기 때문에." 인간에게 "당신들은 모두 선하게 태어났다. 그래서 인간의 순수성을 해치는 끔찍한 일은 하지 말아야 한다."라고 말하는 것이 더 이성적이고 아름답지 않을까? 모든 사람에게 잘 대해야 하듯이 인류 전체에게도 잘 대해야 한다. 성당 참사원 회원이 추문을 일으키면 어떻게 참사원의 명예를 더럽힐 수 있느냐고 꾸짖으며 왕을 보좌하는 법복 입은 사람으로서 모범을 보여야 한다는 것을 상기시킨다. 병사들에게는 "상파뉴 연대 소속의 군인이라는 것을 잊지 말라."라고 말하며 사기를 높여 준다. 모든 인간에게도 "인간의 품위를 잊지 말라." 하고 말해야 하는 것이다.

하지만 그렇게 말해도 항상 제자리로 돌아온다. 모든 나라에서 공통적으로 자주 사용하는 '자신을 돌아보라.'라는 말은 무엇을 의미하는가? 만약 내가 악마의 자식으로 태어났고 본성이 범죄자고 피가 독으로 되어 있다면, 자신을 돌아보라는 말은 악마의 본성을 따르라, 사기꾼이 돼라, 도둑이 돼라. 아버지가 가르쳐 주신 대로 행하라는 것밖에 되지 않는다.

인간은 절대 사악하게 태어나지 않았다. 다만 사악해지는 것이다. 병에 걸리는 것처럼 말이다. 의사가 나타나서 당신은 아픈 채로 태어났다고 말한다고 가정해 보자. 의사가 뭐라고 하든, 무엇을 하든 타고난 병이라면 나을 수 없을 것이다. 아픈 사람은 바로 이렇게 생각하는 사람들이다.

세상의 모든 아이들을 한자리에 모아놓고 한번 보자. 아이들에게서 순수함, 선함, 두려움만을 보게 될 것이다. 만약 아이들이 나쁘고, 악하고, 잔인하게 태어났다면 표시가 났을 것이다. 물어뜯을 것을 찾는 새끼 뱀처럼, 할퀼 것을 찾는 새끼 호랑이처럼 말이다. 하지만 자연은 인간에게 비둘기나 토끼가 가지고 있는 만큼의 공격 무기도 주지 않았다.

인간은 애초에 악하게 태어나지 않았다. 그렇다면 왜 이렇게 많은 사람들이 악이라는 전염병에 감염된 것일까? 그것은 선두에 선 사람들이 병에 걸려 뒷사람들을 전염시켰기 때문이다. 마치 콜롬버스가 아메리카에서 가져온 병에 걸린 여자가 그 병을 유럽 전체로 퍼뜨린 것처럼 말이다. 최초의 야심가가 이 땅 전체를 더럽힌 것이다.

이 최초의 괴물은 모든 인간에게 내재해 있던 오만, 노략질, 사기, 잔혹성의 균을 싹트게 했을 뿐이라고 말할 수 있을 것이다. 많은 사람들이 이런 특성을 가지고 있다는 것을 인정한다. 하지만 균에 노출되었다고 해서 모든 사람이 열병과 결석에 걸리는가?

민족 전체가 선한 경우도 있다. 필라델피아 사람들과 인도의 바니안족은 살인을 한 적이 없다. 중국인, 통킹 만 사람들, 라오인, 시암인, 일본인조차 100년 동안 전쟁이라는 것을 모르고 살았다. 그런데 우리는 최근 10년 동안 모든 범죄의 어머니인 탐욕이 극에 도달한 로마, 베네치아, 파리, 런던, 암스테르담 같은 도시에서 인간 본성을 놀라게 하는 극악무도한 범죄를 보았다.

인간이 기본적으로 나쁜 성질을 가지고 있고, 고통을 준 세상에 복수하라고 분노를 심어 주는 사악하고 불쌍한 자들에게 굴복하도록 태어났다면 우리는 아침마다 아내에게 살해당한 남편, 아이들에게 살해당한 아버지를 보게 될 것이다. 새벽에 피를 빨아먹으러 온 담비에게 목이 졸린 암탉을 발견하게 되는 것처럼.

지구에 10억의 사람이 살고 있다. 그중 5억 명은 여자들로 바느질을 하고 실을 짜고 아이들을 먹이고 집을 청소하고 이웃들과 사이좋게 지낸다. 나는 일만 하는 이 아낙들이 나쁜 짓을 하는 것을 한 번도 보지 못했다. 지구에 사는 사람들 중 적어도 2억 명은 아이들일 것이다. 아이들은 누구를 죽이거나 약탈하지 않는다. 그리고 거의 같은 수의 노인들이나 아픈 사람들은 나쁜 짓을 할 기력도 없다. 그러면 남는 것은 범죄를 저지를 수 있는 1억 명의 건장하고 젊은 남자들이다. 이들 1억 명 중 9000만 명은 먹을 것과 입을 것을 얻기 위해 엄청난 양의 노동을 한다. 이 사람들은 나쁜 짓을 할 시간이 없다.

남은 1000만 명은 무위도식하는 사람들과 조용히 즐기고 싶어 하는 점잖은 사람들, 적어도 겉으로는 깨끗한 삶을 살고 있는 재판관과 성직자 직업을 가진 이들이다. 그렇다면 진짜 악인은 세상을 혼란에 빠뜨리는 정치인들과 이 정치인들에게 빌붙어 사는 몇천 명의 뜨내기들이다. 그런데 이 야수들이 한꺼번에 고용되지는 않는다. 여기에는 노상강도들도 있다. 그렇게 되면 천 명당 한 명이 악한이라고 할 수 있는데 그자들도 항상 나쁜 것은 아니다.

결과적으로 세상에는 우리가 말하고 생각하는 것보다 사악한 존재가 많지 않다. 물론 여전히 나쁜 사람이 많고, 여전히 불행한 일이 일어나고 끔찍한 범죄가 저질러진다. 하지만 사람들은 불평하고 과장하면서 얻는 기쁨이 너무 큰 나머지 자그만 상처에도 세상에 피가 넘쳐흐른다고 비명을 지른다. 배신을 당했는가? 그러면 세상 모든 사람이 배신자가 된다. 부당한 일을 당해 침울한 사람에게는 세상에 저주받은 사람밖에 없고, 오페라를 감상한 후 연인과 만찬을 즐기는 호색한은 세상에 불행한 사람이 있다는 것을 상상하지 못한다.

변신/윤회 —— Métamorphose/Métempsycose

　세상 모든 것이 변신한다. 그래서 상상하지 않은 것이라고는 없는 동양인들이 영혼이 하나의 육체에서 다른 육체로 옮겨 간다고 상상한 것은 당연하다. 눈에도 보이지 않는 점 하나가 애벌레가 되고 나비가 된다. 도토리는 참나무가 되고, 알은 새가 되고, 물은 구름과 천둥이 되고, 나무는 불과 재가 된다. 자연에서는 모든 것이 변한다. 그래서 사람들은 육중한 육체에서 보이는 훨씬 더 가벼운 형태의 것을 영혼이라 생각했다. 아마도 윤회는 우주에서 가장 오래된 교리일지도 모른다. 지금도 인도와 중국 사람들 다수가 윤회를 믿는다.

　우리가 세상에서 목격하는 모든 변신이 오비디우스가 훌륭한 작품[467]으로 엮은 이야기 속에 재탄생한 것 역시 극히 자연스러운 것이다. 유대인들에게도 변신 이야기가 있다. 니오베가 돌

467 『변신 이야기』를 말한다.

로 변한 것처럼[468] 롯의 처 에디트도 소금 기둥으로 변했다.[469] 오르페우스가 뒤를 돌아본 탓에 에우리디케가 지옥에 남았듯이[470] 롯의 처도 말을 듣지 않고 뒤를 돌아봤다가 인간 본성을 빼앗겼다. 바우키스와 필레몬이 살던 프리기아 지방의 마을이 물에 잠긴 것처럼[471] 소돔도 같은 운명을 맞았다. 아니오스의 딸들은 물을 기름으로 바꾸는 능력을 부여받았는데[472] 성서에도 이와 매우 유사한, 하지만 더 사실적이고 신성한 변신 이야기가 있다. 카드모스가 뱀으로 변한 것처럼[473] 아론의 지팡이 역시 뱀으로 변

468 그리스 신화. 테베의 왕비 니오베는 열네 명의 자녀를 둔 것을 매우 자랑스럽게 여기고 아폴론과 아르테미스 남매밖에 없는 여신 레토보다 자기가 더 낫다고 뻐겼다. 이에 분노한 레토는 남매를 시켜 니오베의 열네 자녀를 모두 죽였고 니오베는 아이들을 잃은 슬픔으로 돌로 변했다.

469 구약 성서 「창세기」. 하느님이 타락한 소돔과 고모라 성을 불과 유황으로 심판하려 하자 아브라함은 조카인 롯을 구해 달라고 청원한다. 소돔을 떠나던 중 롯의 아내는 경고를 어기고 남겨둔 재물에 미련을 가져 뒤를 돌아보았다가 소금 기둥으로 변하고 말았다.

470 그리스 신화. 최고의 시인이며 하프 연주자인 오르페우스는 님프 에우리디케와 결혼했는데, 에우리디케가 독사에 물려 죽는다. 이에 오르페우스는 저승으로 찾아가 하프 솜씨로 명부의 신 하데스를 감동시킴으로써 아내를 데려가도 좋다는 허락을 받는다. 단, 지상으로 올라갈 때까지 돌아보면 안 된다는 조건이었다. 하지만 아내가 궁금했던 오르페우스는 뒤를 돌아봐 에우리디케는 명계에 남고 오르페우스는 강물에 몸을 던진다.

471 그리스 신화. 제우스와 헤르메스가 사람의 모습으로 프리기아의 마을로 내려와 하룻밤 묵을 곳을 찾았지만 문을 열어주는 집이 없었다. 초라한 오두막에 사는 노부부만이 이들을 집으로 들이고 정성스럽게 준비한 음식을 내주었다. 다음 날 제우스와 헤르메스는 노부부를 산으로 올라가게 하고 마을을 물바다로 만들었다. 마을로 돌아온 노부부는 자신들의 초라한 오두막이 신전으로 변한 것을 발견한다.

472 그리스 신화. 아폴로의 아들이며 델로스 섬의 왕인 아니오스에게는 딸 셋과 아들 셋이 있었다. 디오니소스 신이 그 세 딸에게 무엇이든 원하는 것을 각각 포도주, 밀, 기름으로 바꿀 수 있는 능력을 주었다.

473 그리스 신화. 카드모스는 신탁대로 황소를 따라가다가 황소가 멈춘 곳에 테베를 세우고 제우스 신에게 감사하기 위해 신하들에게 정한수를 떠 오도록 했다. 숲속 동굴에서 샘을 발견하고 물을 뜨려고 한 순간 황금빛 뱀이 나타나 신하들을 죽이고, 이를 안 카드모스는 뱀을 죽여 복수한다. 그런데 그것은 아레스 신에게 봉헌된 뱀이었기에 분노한 아레스

했다.[474]

　신이 종종 인간으로 변하기도 한다. 유대인이 본 천사는 언제나 인간 모습을 하고 있었다. 천사들은 아브라함의 집에서 밥을 먹었고 바울은 「고린도전서」에 사탄이 자신의 뺨을 때렸다고 썼다.

　가 카드모스의 자식들을 모두 죽인다. 슬픔에 잠긴 카드모스는 신에게 자신도 뱀으로 변하게 해 달라고 빈다.

474　「출애굽기」에서 아론은 모세의 형으로 말이 어눌한 모세의 대변인 역할을 했다. 가지고 다니는 지팡이를 뱀으로 변신시킨 기적을 보였다.

피에르 찰스 좀버트, 「아폴론과 아르테미스의 복수」 1772

필요한 것 —— Nécessaire

오스멩 세상의 모든 것이 우리에게 필요한 것은 아니겠지요?

셀림 세상의 모든 것이 우리에게 필요한 것이 아니라면, 신께서 필요 없는 것을 만드셨다는 것인가?

오스멩 그렇다면 신께서 만드신 모든 것은 우리에게 필요한 것입니까?

셀림 그렇다네. 적어도 그렇지 않을까 생각하네. 다르게 생각하는 사람들도 있지. 그 사람들의 말을 이해하기 힘들지만 어쩌면 그 사람들이 옳을 수도 있어. 나는 이 주제에 대해 논쟁이 일어날까 염려스럽군.

오스멩 다른 필요성에 대해서도 말씀드리고 싶습니다.

셀림 뭔가? 정직한 사람이 살기 위해 필요한 것인가? 없으면 불행해지는 그런 것인가?

오스멩 아닙니다. 나한테 필요하다고 해서 다른 사람에게 꼭 필요한 것은 아니지 않습니까? 인도 사람은 쌀이 필요하고 영국 사람은 고기가 필요합니다. 러시아 사람은 모피가 필요하고 아프리카인은 얇은 천이면 충분합니다. 어떤 사람은 열두 마리 말이 끄는 마차가 필요하지만 어떤 사람은 신발 한 켤레로 족합니다. 맨발로도 얼마든지 잘 사는 사람이 있습니다. 제가 말하는 필요한 것이란 모든 사람에게 필요한 것입니다.

셀림   신은 인간이 필요로 한 모든 것을 인간에게 주셨다고 생각하네. 앞을 보기 위한 눈을, 걷기 위한 두 다리를, 먹기 위한 입을, 삼키기 위한 식도를, 소화시키기 위한 위를, 생각하기 위한 뇌를, 자손을 생산하기 위한 신체 기관을 주셨지.

오스멩   필요한 기관이 없이 태어난 사람은 어떻게 된 것입니까?

셀림   괴물이 태어나는 사고가 발생하는 것도 자연의 이치라네. 하지만 일반적으로 인간은 사회 속에서 살기 위해 필요한 모든 것을 가지고 태어나지.

오스멩   모든 인간이 사회를 이루며 살 수 있도록 하는 보편적인 가르침이 있습니까?

셀림   있다네. 내가 폴 뤼카와 함께 여행해 보니 거쳐 온 모든 곳에서 부모를 존경하고 약속을 지키고 무고하게 탄압 받는 사람을 동정하고 박해를 혐오하고 사고의 자유를 자연권으로 여기고 이 자유를 침해하는 적을 인간의 적으로 간주하더군. 달리 생각하는 사람은 체계가 없고 눈과 손이 없이 태어난 괴물과 같다고 나는 생각하네.

오스멩   필요한 것은 언제나 어느 곳에서나 필요한 것입니까?

셀림   그렇네. 그렇지 않았다면 인류에게 필요한 것이 되지 못하지.

오스멩   그러면 새로운 믿음은 인류에게 필요한 것이 아니었군요. 마호메트가 가브리엘 천사와 자주 이야기를 나눴다고 믿기 전에도 사회를 이루어 살면서 신에 대한 의무를 다할 수 있었습니다.

셀림 그보다 더 확실한 것은 없지. 마호메트가 세상에 오기 전에는 인간의 의무를 다할 수 없었다고 생각하는 것은 터무니없어. 『코란』의 말씀을 믿을 필요는 전혀 없었네. 세상은 마호메트가 오기 전에도 잘 돌아갔고 지금도 잘 돌아가고 있어. 마호메트가 세상에 필요했다면 세상이 만들어지면서 생겼을 테지. 그리고 세상 어느 곳에나 존재했을 거야. 신은 우리 모두에게 태양을 볼 수 있는 두 눈을 주셨으니 무슬림이라는 종교의 진실을 볼 수 있는 지능도 우리 모두에게 주셨을 것이네. 무슬림은 시간과 장소에 따라 변하는 실정법과 같은 것이지. 유행처럼, 학자들의 견해처럼 자주 바뀌지. 그러니 무슬림이라는 종교는 인간에게 근본적으로 필요한 것이라고는 할 수 없어.

오스멩 하지만 신께서 허락하셨기 때문에 이슬람이 존재하는 것 아닌가요?

셀림 그렇지. 하지만 신께서는 어리석음, 실수, 재앙도 허락하셨어. 그렇다고 인간이 기본적으로 모두 어리석고 불행하다는 뜻은 아니네. 사람들이 뱀에게 잡아먹힌다고 신께서 뱀에게 먹히라고 인간을 창조하신 것은 아닐세.

오스멩 '신께서 허락하신다.'라는 것은 무슨 뜻인가요? 신의 명령 없이는 아무 일도 일어나지 않는다는 것인가요? 신이 허락하신 것, 원하시는 것, 하시는 것은 같은 것이 아닌가요?

셀림 신은 죄를 허락하셨지만 신이 죄를 저지르지는 않지.

오스멩 죄를 저지르는 것은 신의 정의에 반대로 행동하는 것입니다.

신을 거역하는 것이지요. 하지만 신은 자신에게 불복종할 수 없기 때문에 죄를 저지를 수는 없습니다. 그래서 인간에게 많은 죄를 짓도록 했습니다. 왜 그렇지요?

셀림   그 이치를 아는 사람들도 있겠지만 나는 모른다네. 내가 아는 것은 『코란』이 터무니없다는 것이야. 좋은 말도 있지만 말야. 『코란』은 분명 인간에게 필요한 것이 아니야. 나는 확신하네. 『코란』에서 무엇이 거짓인지 확실히 알고, 진실은 별로 없다는 것도 잘 안다네.

오스멩   저에게 많은 것을 가르쳐 주시리라 생각했는데 아무것도 가르쳐 주지 않으시는군요.

셀림   자네를 속인 사람들이 누구인지, 또 그 사람들이 자네에게 어떤 무례하고 위험한 실수를 저지르는지 알려 주지 않았는가?

오스멩   해로운 약초만 알려 주고 좋은 약초는 알려 주지 않는 의사가 좋은 의사겠습니까?

셀림   나는 의사가 아니고 자네는 환자가 아니지만 좋은 처방전을 하나 써 주겠네. "돌팔이 의사들의 거짓을 경계하고, 신을 선망하고, 정직한 사람이 되고, 둘 더하기 둘은 넷이라는 것을 믿어라."

뉴턴과 데카르트 —— Newton et Descartes

아이작 뉴턴은 원래 성직자가 되려고 했다. 그래서 신학을 공부했는데, 신학은 그의 인생 전반에 영향을 미쳤다. 그는 아타나시우스[475]에 반대해 아리우스[476] 편에 섰을 뿐 아니라 아리우스의 이론과 소치니의 이론[477]에서 한 발짝 더 나갔다. 오늘날 유럽에는 소치니 이론에 동의하는 학자들이 많다. 하지만 이들의 주장은 견고하지 않고, 여러 갈래로 나뉘어 있다. 그리고 이들 중 많은 학자들이 순수 이신론으로 경도되어 있어 나는 이

---

475 알렉산드리아 총대주교. 325년 기독교 최초의 세계 공의회인 니케아 공의회에서 성부와 성자의 동일한 본질이라고 주장한 그의 주장이 받아들여져 정통 신앙의 아버지로 불린다. 아리우스파의 이론을 이단으로 규정하고 그 이론과 싸우는 데 평생을 바쳤다.

476 초기 그리스도교 시대에 활동했던 알렉산드리아 출신 성직자. '성자'인 예수는 영원한 존재가 아닌 인간이고 '성부'에 종속된 개념이라고 주장했다.

477 16세기 이탈리아 시에나 출신 신교도인 렐리오 소치니와 그의 조카 파우스토는 단일신론에 가까운 주장을 했다. 단일신론은 예수는 위대한 사람이고 하느님의 예언자이고 초자연적인 존재일 수 있지만 신은 아니라는 이론으로, 예수는 사람이 된 하느님이라는 성육신론과 성부, 성자, 성령은 하나라는 삼위일체론에 반하는 것이다.

이론에 대해 더는 이야기하지 않겠다. 뉴턴은 이들과 거리가 멀었다. 삼위일체설에만 의문을 가졌지 영국 국교회 교리의 다른 모든 것은 믿었다.

뉴턴이 신실한 신앙심을 가지고 있었다는 증거는 그의 「요한계시록」 해석으로 알 수 있다. 그는 「요한계시록」에서 교황은 분명 반그리스도적이라는 것을 확인했고, 「요한계시록」에는 모든 것이 뒤섞여 있다고 설명했다. 어쩌면 뉴턴은 그렇게 말함으로써 자신의 우월성으로 인류를 위로하고 싶었는지도 모른다.

뉴턴의 「자연철학의 수학적 원리(프린키피아)」를 읽어본 사람이라면 마지막 부분인 형이상학이 「요한계시록」처럼 암울하다는 것을 알 수 있다. 형이상학자들과 신학자들은 눈을 가리고 싸우는 검투사지만 뉴턴은 눈을 크게 뜨고 수학을 연구했고 그의 시선은 세상의 끝을 향했다.

뉴턴은 우리가 '무한대'라고 부르는 것의 계산법을 발견했다. 그리고 모든 자연 현상을 설명할 수 있는 새로운 법칙을 알아내고 증명했다. 뉴턴 전에 우리는 빛에 대해 아무것도 몰랐다. 막연하고 부정확한 생각만 가지고 있었는데 그가 나타나 "빛에 대해 알려 주겠다."라고 말했고, 우리는 빛에 대해 알게 되었다.

뉴턴은 오목거울을 이용한 반사 망원경을 발명했다. 그는 손수 만든 첫 망원경으로 일반 망원경으로는 왜 물체를 더 확대할 수 없는지 보여 주었다. 독일 예수회 수도사는 뉴턴을 안경 만드는 장인으로 생각했다고 자신의 책에 적었다. 그렇다고 프랑스가 뉴턴을 잘 대접해 준 것도 아니다. 우리는 뉴턴의 실험이 틀렸다고 생각했다. 마리오트 신부가 제대로 만들어지지 않은 프리즘으로 실험했기 때문이다. 이로 인해 프랑스는 뉴턴이 발견한 빛의 색 이론을 받아들이지 않았다.

영국인들은 뉴턴의 저서와 실험에 열광했다. 하지만 프랑스에서는 40년이라는 시간이 지나서야 제대로 알려졌다. 하지만 우리에게는 데카르트의 잠행성 물질 이론이 있었고 말브랑슈의 작은 탄성 소용돌이 이론, 포클랭 드 몰리에르[478]보다 더 훌륭하다고 할 수는 없는 프리바 드 몰리에르[479]의 행성 운동 이론이 있었다.

폴리냐 추기경을 조금이라도 아는 사람들이라면 추기경이 뉴턴이 아리스토텔레스 학파이고 뉴턴이 발견한 빛의 색깔이, 그리고 특히 만유인력이 무신론적이라고 한 말을 모두 들었을 것이다. 폴리냐 추기경은 자연이 자신에게 선물한 장점을 훌륭한 웅변 능력으로 표현했다. 그는 놀라울 정도로 쉽게 라틴어로 시를 지었다. 하지만 추기경은 데카르트의 철학밖에 몰랐고, 데카르트의 이론이라면 모르는 것이 없었다. 추기경은 수학자도 철학자도 아니다. 키케로의 연설인 「카틸리나 탄핵」이나 베르길리우스의 서사시 「아이네이스」는 비평할 수 있겠지만, 뉴턴이나 로크에 대해 비평할 자격은 없다.

뉴턴, 로크, 클라크, 라이프치히가 프랑스에서는 박해받고, 로마에서는 투옥되고 리스본에서는 화형당해야 한다면 인간 이

---

478 프랑스 희극 작가인 몰리에르의 본명이 장밥티스트 포클랭이다.
479 물리학자이자 수학자 조제프 프리바 드 몰리에르. 뉴턴의 만유인력을 프랑스에 열정적으로 소개했고 행성들이 움직이는 것이 아니라 유체에 떠다닌다는 데카르트의 주장에 반대했다.

영국인들은 뉴턴의 저서와 실험에 열광했다. 하지만 프랑스
에서는 40년이라는 시간이 지나서야 제대로 알려졌다.

성에 대해 우리는 어떻게 생각해야 할까? 인간 이성은 영국에서 위의 철학자들이 살았던 시대에 탄생했다. 메리 여왕 시대에는 그리스어를 발음하는 방식에 대해 강력하게 제재했다. 박해자들이 틀렸다. 갈릴레이에게 지동설을 포기하라고 강요한 자들은 더욱 틀렸다. 종교재판관들은 코페르니쿠스 앞에서 부끄러워해야 한다. 하지만 만약 뉴턴이 포르투갈에서 태어났다면, 그래서 어느 도미니코회 수도사가 역제곱법칙(만유인력)을 이단으로 규정했다면 기사 작위를 받은 뉴턴은 죄수복을 입고 화형을 당했을 것이다.

지혜롭고 관대해야 할 성직자들이 어쩌면 그렇게 무지하고 잔인할 수 있었는지 의문이 든다. 너무 오래전에 공부했기 때문에 무지하고, 학자들이 그들이 배운 것이 틀렸다고 경원시했기 때문에 잔인했다. 코페르니쿠스의 이론을 이단으로 규정하고 나아가 헛소리라고 비난한 후안무치한 종교재판관들은 코페르니쿠스의 이론에 위협을 느낄 필요가 전혀 없었다. 지구와 행성들이 태양의 주위를 돈다고 해도 자신들의 수입이 줄어들거나 명예가 추락한 것은 아니었기 때문이다. 철학자들의 논박에도 교리는 언제나 안전했다. 전 세계에 있는 아카데미가 힘을 합친다 해도 사람들의 믿음을 바꾸지 못한다. 그렇다면 소크라테스를 고발했던 아니투스의 분노는 어디에서 오는가? 아쩌면 아니투스의 마음속 저 깊은 곳에 "소크라테스가 나를 무시한다."라는 생각이 자리하고 있었기 때문인지도 모른다.

나는 젊었을 때 뉴턴이 큰 재산을 모은 것은 천재적인 재능 덕분이었고 영국 왕정과 런던 시가 만장일치로 그를 조폐국 장관으로 추대했다고 생각했다. 하지만 아니었다. 그건 사랑스러운 질녀 컨듀이트 부인이 있었기 때문이다. 핼리팩스 재무장관은 컨듀이트 부인을 아주 마음에 들어 했다. 예쁜 질녀가 없었다면 미적분법도 만유인력도 아무 소용이 없었을 것이다.

나체 —— Nudité

우리는 왜 옷을 벗고 거리를 활보하는 남자나 여자를 잡아 가두는 것일까? 그런데 왜 나체상이나 성당에 있는 막달레나와 예수의 벗은 몸을 보고는 충격을 받지 않는가?

인간은 아주 오랫동안 옷을 입지 않고 산 것이 분명하다.

멀리 있는 섬이나 아메리카 대륙 깊숙한 곳에는 여전히 옷이라는 것을 모르고 사는 사람들이 있다.

문명화된 사람들은 나뭇잎이나 나무줄기, 깃털로 생식기를 가렸다.

이런 부끄러움은 어디에서 온 것일까? 보고 싶어 하는 것을 가리면서 욕망을 자극하는 것이 인간의 본능이 아닐까?

좀 더 문명화된 유대인이나 반(半)유대인 중에 완전히 옷을 벗고 신을 숭배하는 종파가 있다고 한다. 아담파와 아벨파가 그들이다.

성 에피파니우스와 성 아우구스티노는 이들이 모두 나체로 모여서 찬송가를 불렀다고 말했다. 물론 그들은 지금 사람들이 아니고 고향에서 떨어져 먼 곳에서 살았다. 하지만 이 광기가 불가능한 것이 아니고 놀라운 것도 아니다. 세상을 휩쓸었던 다른 광기들보다 더 미친 것도 아니다.

오늘날에도 이슬람교에는 광인이 되어 원숭이처럼 나체로 돌아다니는 성자들이 있다. 이 광인들은 인간이 만든 옷을 입는 대신 신이 우리를 창조하실 때의 모습으로 신께 다가가야 한다고 생각할 수도 있다. 아니면 깊은 신앙심을 증명하기 위해 모든 것을 보여 주는 것일 수도 있다. 남자든 여자든 벗은 몸을 보고 욕망을 갖기보다 금욕적이 되거나 혐오감을 갖는 덕성 훌륭한 사람은 드물다.

아벨파 교도들은 결혼을 하지 않았다고 한다. 이들 중에 잘생긴 남자와 여자가 있었다면, 적어도 욕망을 이기기 위해 가장 아름다운 여인들과 한 침대에서 잠을 잤던 성 알델모[480]와 로베르 다르브리셀[481]과 비교할 수 있을 정도로 덕이 높은 사람들임에 분명하다.

백여 명의 헬레나와 파리스가 응답 송가를 부르고 서로 평화의 입맞춤을 나누고 애찬을 먹는 것이 보기에 나쁠 것 같지는 않다.

---

480 7세기 영국인 수도사. 어떤 유혹에도 넘어가지 않고 정절을 지킨 것으로 유명하고, 대표작으로 바킹 수도원의 수녀들을 위해 라틴어로 쓴 『동정론(De Laude Virginitatis)』이 있다.

481 중세 브르타뉴 출신 은자이며 수도사. 1099년경 남자와 여자가 함께 생활하는 퐁트브로 수도원을 세워 물의를 일으켰다. 스스로 여자들의 숙소에서 자기도 했는데, 성관계 없이 여자와 남자가 가까이 지내는 것은 고행의 일종으로 육욕을 이기는 방법이라고 설명했다.

이는 인간의 머리에서 나온 것이라면 그 어떤 것도 특이하거나 기괴하지 않고 또 미신이 아니라는 것을 말해 준다. 미신이 사회를 혼란시키거나 분열, 증오, 분노를 일으키는 것이 아니라면 문제될 것이 없다! 인간의 피로 제단과 광장을 더럽히는 것보다 신께 나체로 기도를 올리는 것이 훨씬 나은 것이다.

조국, 고향 ——— Patrie

1

여기서는 관행에 따라, 우리가 해결할 수 있는 몇 가지 질문만 제안하는 데 그치려 한다. 유대인에게 조국이라는 것이 있는가? 만약 그가 코임브라[482]에서 태어났다면 그곳은 그를 적대해왈가왈부할 부조리한 무식쟁이들 떼거리 한복판이다. 그리고그 무식쟁이들에게 그가 감히 대답한다 한들 그 대답 또한 이치에 닿지 않는 소리일 것이다. 그 유대인이 돼지기름을 전혀 먹지 않는다는 걸 알면 당장 화형에 처하려 할 종교재판관들이 그를 감시하며, 그의 전 재산은 그 재판관들 차지가 될 것이다. 그의 고향은 코임브라에 있는가? 그는 애틋한 마음으로 코임브라를 사랑할 수 있는가? 그는 피에르 코르네유가 쓴 희곡 「오라스」(1막 1장, 2막 3장)에서처럼 다음과 같이 말할 수 있는가?

---

482 포르투갈 중부의 도시.

알바, 내 사랑하는 고향, 내 첫사랑……

고향을 위해 죽는 것은 너무도 존엄한 운명이려니

떼지어 그토록 아름다운 죽음을 간절히 바라리니! ……에잇!

그의 고향은 예루살렘인가? 옛날 자기 조상들은 누구든(그들이 누구였든 간에) 이 돌투성이 황무지 땅, 끔찍한 사막으로 둘러싸인 곳에 살았다는 이야기를 그는 어렴풋이 들었다. 그리고 지금은 투르크인들이 이 작은 나라의 주인이며, 그들은 이 고장에서 거의 아무것도 얻어내지 못한다는 이야기도 들었다. 예루살렘은 그의 고향이 아니다. 그는 고향이 없다. 이 땅 위에 그에게 속하는 것이라고는 단 한 치도 없다.

투르크인이나 페르시아인이나 대(大)무굴제국의 노예인 유대인보다 더 연원이 오래고 백 배는 더 존경할 만한 자라투스트라교도, 그는 자신이 산 위에 몰래 세우는 몇몇 작은 사원을 자기 고향이라 믿고 의지할 수 있는가?

동방의 곳곳을 뛰어다니고 중개인으로 일하며 일생을 보내는 인도 상인들, 아르메니아인, 그들은 '나의 사랑하는 조국, 나의 사랑하는 조국'이라는 말을 할 수 있는가? 그들이 조국에서 가진 것이라고는 오직 지갑과 장부책뿐이다.

자신의 공헌을 자찬하면서 돈만 준다면 처음 보는 왕에게라도 기꺼이 피를 파는 이 모든 살인자들, 그들의 조국이 우리의 유럽 국가들 중에 있는가 ? 이들보다는 차라리 저녁마다 어미새가 둥지를 튼 바위 틈으로 날아 돌아오는 한 마리 맹금에게 조국이 있다 하리라.

수도자들에겐 고향이 있다고 감히 말할 수 있을까? 우리 고향은 하늘에 있다고 그들은 말할 것이다. 예전에는 그랬을지 몰라도 이 세상에서 나는 그들의 고향을 알 수가 없다.

고향이라는 이 말을 그리스인이 입에 담는 것이 합당할까? 그리스인은 옛날에 밀티아드가 있었는지 아게실라스가 있었는지도 모른다. 오직 아는 것이라고는 자신이 앞잡이 시종의 노예라는 것이며 앞잡이 시종은 아가[483]의 노예고 아가는 파샤의 노예고 파샤는 비지르의[484] 노예고 비지르는 파디샤[485](파리에서 투르크 대인(大人)이라 불리는)의 노예라는 것뿐이다.

그렇다면 조국이란 도대체 무엇인가? 기껏해야 그 소유자가 잘 손질된 제 집에 편히 들어앉아 "내가 가꾸는 이 밭, 내가 지은 이 집은 내 것이야. 나는 법의 보호를 받으며 여기에 살고 있으니 어떤 독재자도 이 법을 어길 수는 없어."라고 말할 만한, 그런 좋은 밭 정도일까? 나처럼 밭과 집을 소유한 사람들이 공동 이익을 위해 모일 때, 나는 그 모임에서 내 몫의 발언권을 지닌다. "나는 전체의 일원이고, 공동체의 일원이며, 주권을 갖는 일원이다."라는 목소리를 낸다. 이것이 내 조국이다. 이처럼 사람들의 거주 구역이 아닌 곳은 때로 마부가 제멋대로 말들에게 채찍을 휘두르는 마구간일까? 좋은 군주의 치하에는 조국이 있고, 폭군 치하에는 조국이 없다.

---

483 투르크의 궁정 장교.
484 투르크의 재상.
485 투르크의 황제.

2

예전에 중학교에 다닌 적이 있는 과자 굽는 제과점 청년, 아직 키케로 시 몇 구절을 기억하는 그가 어느날 조국을 사랑한다고 자랑스럽게 말했다. 이웃집 남자가 물었다. "네 조국이란 대체 뭘 뜻하지? 네가 과자 굽는 화덕? 네가 태어나고 다시는 가 보지 못한 고향 마을? 아니면 쫄딱 망해서 아들을 파이나 구워 먹고사는 신세로 만들어 버린 네 부모님이 살던 그 거리? 아니면 시청, 곧 네가 결코 구역 치안 책임자의 서기가 될 수 없을 그곳을 말하는 건가? 아니면 노트르담 성당, 곧 너는 결코 어린이 합창단원이 될 수 없었으나 말도 안 되는 인간이 대주교이자 금화 2만 루이 연금을 받는 공작이랍시고 버티고 앉아 있는 그 성당을 말하나?"

과자 굽는 청년은 뭐라 대답해야 할지 몰랐다. 이 대화를 유심히 듣고 있던 어느 사상가가 결론 내리기를, 어느 정도 넓이가 되는 조국 안에는 종종 조국 없는 사람들이 수백만 명이나 있다고 했다.

그대 쾌락을 즐기는 파리인이여, 신선한 해산물을 먹으러 디에프[486]에 가 본 것 말고 긴 여행이라고는 한 번도 해 본 적 없는 파리인이여, 반짝반짝 윤나게 칠한 시내의 집과 예쁜 별장이 있고, 여타 유럽 사람들이 굳이 찾아와 지루한 시간을 보내는 파리 오페라 극장에 전용석을 갖고 있으며, 다른 언어는 모르나 모국어인 프랑스어만은 꽤나 괜찮게 구사하는 파리인이여, 그대는 이 모든 것을 좋아하고, 그대가 만나는 여자들은 더욱 좋

---

486 프랑스 북부 노르망디의 해안 도시.

아하고, 랭스에서 보내오는 샴페인을 좋아하고, 시청에서 반년마다 지급되는 연금을 좋아하며, 그러면서 그대의 조국을 사랑한다 말하는구나!

양심껏 말해서, 금융가가 진심으로 그의 조국을 사랑할까?

마음대로 하게 내버려둔다면 겨울 주둔지를 약탈하여 끝내 초토화할 사관과 병사들, 그들은 자기 때문에 파멸하는 농부들에게 애틋한 사랑을 품고 있을까?

얼굴에 칼자국 난 기즈 공작의 조국은 어디에 있었던가? 낭시, 파리, 마드리드, 로마?

드라발뤼 추기경, 뒤프라 추기경, 로렌 추기경, 마자랭 추기경, 당신들의 조국은 어디였소?

아틸라, 그리고 비슷한 부류의 영웅 100인, 늘 달리면서도 결코 제 갈 길 벗어난 적 없는 그들의 조국은 어디였는가?

아브라함의 조국은 어디였는지 누가 내게 말해 주면 참 좋겠다.

사람이 마음 편히 거하는 곳이면 어디든 다 조국이라는 글을 최초로 쓴 사람은 내 생각에 에우리피데스인 것 같다(「파에톤」에서 한 말). 그러나 자기가 태어난 곳을 떠나 다른 곳에서 편안함을 찾으려 했던 최초의 인간이 에우리피데스보다 앞서 그 말을 이미 했다.

3

한 고장은 여러 가족으로 이루어져 있다. 그리고 누구 할 것 없이 자신의 이익과 배치되지 않는 한에서는 자존심 때문에 자기 가족을 옹호하듯이, 자기의 도시나 마을, 자기 고향이라 부르는 곳을 바로 그 자존심 때문에 옹호한다.

이 고향이라는 것의 범위가 커질수록 고향에 대한 사랑은 덜해진다. 왜냐하면 공유한 애정이 약해지기 때문이다. 너무 대가족이라서 서로 누가 누군지도 잘 모른다면 가족 간에 애틋한 애정을 갖는 것이 불가능하다.

시장, 호민관, 집정관, 영사, 독재자가 되고 싶은 야망이 질질 흐르는 사람은 자기 고향을 사랑한다고 외치지만 실제로는 자기 자신만을 사랑한다. 누구나 자기 집에 확실히 안심하고 발뻗고 누울 수 있기를 바라며, 그렇게 하더라도 다른 데 가서 자라고 명령할 권력을 부당하게 휘두르는 사람이 없기를 바란다. 누구나 자기 재산과 생명이 확실히 지켜지기를 바란다. 이렇게 모든 사람이 똑같은 소원을 품으니, 개별적 이익이 일반의 이익이 되는 것이다. 사람들은 오직 자기 자신만을 위해서 공화국을 만들면서 공화국에 대한 서약을 한다.

이 세상에, 처음에 공화국 형태로 통치되지 않는 나라란 있을 수 없다. 이는 인간 본성의 자연스러운 흐름이다. 우선 몇몇 가족이 곰이나 늑대에 대항하여 서로 똘똘 뭉친다. 곡식을 지닌 가족은 땔나무밖에 없는 가족에게 물물교환으로 곡식을 준다.

아메리카 대륙을 발견했을 때, 우리는 그 대륙의 모든 원주민들이 공화국으로 나뉘어 있는 것을 발견했다. 지구상의 이 부분에는 통틀어 두 왕국밖에 없었다. 수많은 국가 중에 왕권에 복속된 나라는 둘밖에 없었다.

옛날의 세계에서는 이러했다. 유럽에서는 약소국인 에트루리아 왕과 로마 왕 이전엔 대륙 전체가 공화국이었다. 아프리카에는 지금도 여전히 공화국들이 있다. 아프리카 북부의 트리폴리, 튀니스, 알제는 불한당의 공화국이다. 아프리카 중부의 호텐토트 족은 아직도 원시 시대처럼 자유롭고 서로 평등하게, 주인도 하인도 없이 돈도 없이 필요한 것도 거의 없이 살고 있다. 그들이 기르던 양의 고기가 식량이 되고 양의 가죽은 의복이 되고 나무와 흙으로 지은 오두막집이 몸을 의탁할 안식처였다. 그들은 모든 인간 중에 가장 냄새가 지독한 사람들이었지만 정작 자기들은 그 냄새를 느끼지 못한다. 그들은 우리보다 훨씬 더 부드럽게 살다 부드럽게 죽는다.

우리의 유럽에는 군주 없는 공화국이 여덟 나라 남아 있다. 베네치아, 네덜란드, 스위스, 제노아, 루카, 라구사, 제네바, 그리고 산마리노다. 폴란드, 스웨덴, 영국은 왕이 있는 공화국이라고 볼 수 있다. 그러나 이 중에서 공화국이라는 이름을 채택한 나라는 폴란드뿐이다.

그럼 이제, 당신의 조국이 왕정 국가인 것과 공화정 국가인 것 중 어느 쪽이 낫겠는가? 사람들은 4000년 전부터 이 질문으로 논란을 벌여 왔다. 해법을 부자들에게 물어보라. 그들은 모두 귀족 정치를 선호한다. 서민들에게 물어보라. 그들은 민주 정치를 원한다. 왕정을 선호하는 것은 왕들뿐이다. 그렇다면 지상의 거의 모든 곳이 군주들이 다스리는 나라라는 것은 어찌해 가능한 일일까? 그건 고양이 목에 방울을 달자고 제안하는 쥐들에게 물어보라. 그러나 사실상 그 진짜 이유는, 이미 사람들이 말한 바와 같이, 인간이 자치를 할 만한 그릇인 경우가 매우 드물기 때문이다.

종종 훌륭한 애국자가 되기 위해서는 인류의 나머지와 원수가 되곤 하는데 이건 슬픈 일이다. 훌륭한 시민이었던 옛 로마 사람 카토는 상원(上院)에서 항상 이렇게 자신의 의견을 말하곤 했다. "제 의견은 이러이러합니다. 그리고 카르타고를 쳐부숩시다." 훌륭한 애향인(愛鄕人)이 된다는 것, 그건 자기가 사는 도시가 장사를 잘 해 부유해지고 군대의 힘으로 강성해지기를 바라는 것이다. 그런데 어느 나라가 이기면 반드시 다른 어떤 나라는 질 수밖에 없고, 어느 곳이든 그곳이 함락되면 누군가 불행한 사람들이 생길 수밖에 없다.

그러니 이것이 인간의 조건이다. 자기 나라(고장)가 대단한 곳이기를 바란다는 것은 이웃 나라(고장)들이 안 좋게 되기를 바라는 일인 셈이다. 자기 조국이 지금보다 더 커지지도 작아지지도 않기를, 더 부유해지지도 가난해지지도 않기를 바라는 사람이 진정 우주의 시민이라 하겠다.

부모와 자식, 그들의 의무 ─

Pères, Mères, Enfants, Leur devoirs

프랑스에서는 『백과전서』에 대해 반대하는 소리가 많았다. 왜냐하면 『백과전서』가 프랑스에서 만들어졌고 프랑스를 영예롭게 한 책이었기 때문이다. 다른 나라에서는 그런 반대의 소리가 없었다. 반대하기는커녕 오히려 돈이 좀 된다는 이유로 부랴부랴 『백과전서』를 흉내낸 유사 서적을 만들거나 『백과전서』를 망쳐 놓기 일쑤였다.

파리의 백과전서파 사람들처럼 영광을 위해 일하는 것이 아닌 우리, 그들처럼 남들의 선망의 대상이 아닌 우리, 헤세, 뷔르템베르크, 스위스, 그리종, 크라파크 산 같은 곳에 숨어 작은 동아리를 만들어 활동하지 않으며, 코메디 이탈리엔의 박사나 소르본 대학교 박사와 논쟁한다 하여도 전혀 두려울 것 없는 우리, 절대로 서점에 잡문을 팔아넘기지 않는 우리, 자유로운 존재로서 백색 위에 검은색을 칠할 때도[487] 우리 안에 들어 있는 그 검은색이 인류에게 유용할지 여부를 검토해 보고야 행동에 옮기는 우리, 끝으로 미덕을 사랑하는 우리, 이러한 우리는 과감히 우리 생각을 발표할 것이다.

그대가 오래 살고 싶다면, 부모를 공경하라.

나는 감히 이런 말도 하련다. 당장 내일 죽는다 하더라도 부모를 공경하라.

그대를 뱃속에 품었던 어머니, 젖 먹여 키워 주었고 아기 때의 온갖 역겨운 짓들을 모두 참아 낸 어머니를 애틋한 마음으로 사랑하고 기꺼이 위해 드리라. 그대를 양육한 아버지에게도 이와 똑같은 의무를 다하라.

앞으로 다가올 여러 세기여, 루이 13세라는 이름의 프랑크족 남자를 판단해 보라. 그는 16세 나이에 자기 모친이 거처하는 독채의 출입문을 봉쇄하라고 명하기 시작하여, 급기야는 그 어머니를 아무 이유도 없이 단지 자기가 총애하는 자가 원한다는 이유만으로 유배 보낸 사람이다.

"하지만 선생님, 제가 털어놓지 않을 수 없는데, 술주정뱅이였던 제 아버지는 제가 생길 것이라고는 꿈에도 생각 못하다가 어느 날 우연히 저를 만든 것이랍니다. 날마다 취해서 집에 들어와 저를 때렸을 뿐 교육이라고는 전혀 시킨 적이 없습니다. 우리 어머니는 남자와 잘 생각밖에 없는, 교태 부리는 여인이었습니다. 저에게 각별히 정을 쏟았던 유모가 자기 아들이 죽은

---

487 백지에 검은 잉크로 글 쓰는 것을 말함.

앞으로 다가올 여러 세기여, 루이 13세라는 이름의 프랑크족 남자를 판단해 보라. 그는 16세 나이에 자기 모친이 거처하는 독채의 출입문을 봉쇄하라고 명하기 시작하여, 급기야는 그 어머니를 아무 이유도 없이 단지 자기가 총애하는 자가 원한다는 이유만으로 유배 보낸 사람이다.

뒤 자애로운 마음으로 저를 자기 집에 들여 길러 주지 않았더라면 저는 비참하게 죽었을 겁니다."

"그렇다면, 그대의 유모를 사랑하고, 부모는 어쩌다 만나게 되거든 인사하라. 라틴어역 성서[488]에도 나온다. '너의 아버지와 어머니를 공경하라.'라고. 공경이라고 했지, 사랑이라고는 하지 않았다."

"좋습니다. 아버지 어머니가 저에게 잘 해 준다면 그들을 사랑하겠습니다. 그분들이 제게 못해 준다면 그들을 공경하겠습니다. 생각이라는 걸 하게 된 이후로 저는 늘 생각했습니다. 그런데 당신은 저의 원칙을 재삼 확인해 주시는군요."

"잘 가요, 이 사람아. 그대가 잘될 거라는 게 보이는군. 그대 머릿속에는 철학 한 알이 들어 있으니 말이오."

"한 마디만 더 하죠, 선생님. 만약 제 아버지의 이름이 아브라함이고 제 이름이 이삭이라면, 그런데 아버지가 저에게 '아들아, 너는 몸집이 크고 힘도 세니 저 산꼭대기에 있는 네 몫의 땔나무를 지고 가려무나, 나중에 내가 네 목을 자를 때 장작으로 쓰게. 왜냐하면 오늘 아침 하느님이 나를 보러 오시어 그리 하라고 명령하셨기 때문이다.'라고 한다면, 이렇게 미묘한 기회를 어떻게 하라고 하시렵니까?"

"아닌 게 아니라 꽤나 미묘한 기회라고 할 수 있겠구나. 하지만 너라면 그럴 때 어떻게 하겠느냐? 내 보기엔 네가 머리깨나 좋아 보이는데 말이다."

"선생님, 고백컨대 저는 그 명령을 글로 써서 서면으로 내려

---

488 4세기말 성 히에로니무스가 번역하여 1546년 트리엔트 공의회에서 정식 채택된 성서.

달라고 요청하렵니다. 저는 그에게 이렇게 말할 것입니다. "아버지, 당신은 지금 적법하고 잘 관리된, 신의 명백한 허가 없이 자기 아들을 살해하는 짓을 허용치 않는 이방인들의 고장에 계십니다. 절반은 프랑스, 절반은 에스파냐인 이 툴루즈라는 도시에서 이 가여운 칼라스에게 무슨 일이 일어났는지 보십시오. 사람들은 그를 차륜형에 처했습니다. 검사 리케는 칼라스의 모친 칼라스 부인을 화형시키라는 최종 구형을 했습니다. 이 모든 것의 근거는 칼라스 부부가 아들 마르크 앙투안 칼라스를 목매달아 죽였다는 매우 악의적으로 꾸며진 단순한 의심입니다. 그가 선생님과 선생님의 누이 혹은 선생님의 조카딸 사라 부인(제 모친)에게 불리한 결론을 내지 않을지 걱정스럽습니다. 한 번 더 결정타를 내려서, 제게 신의 손으로 서명한 봉인된 편지, 제 목을 치라는 편지를 보여 주십시오. 신의 서명 아래쪽에는 대천사 라파엘 혹은 미카엘, 혹은 베엘제붑, 그게 아니라면 '섬기는 자' 라는 서명이 붙어 있는 편지 말입니다. 저는 이집트의 파라오에게로 아니면 게라르[489] 사막의 왕에게로 갑니다. 그 두 사람 모두 제 어머니를 사랑했고, 분명 저에 대해 선의를 갖고 있을 겁니다. 원하신다면 제 동생 이스마엘의 목을 자르십시오. 그러나 제 목은, 끝까지 못 자르실 거라고 대답하겠습니다."

"뭐라고! 그야말로 진짜 현자 같은 생각이군. 『백과전서』를 들춰 본다 해도 이보다 더 말을 잘 할 수는 없겠는걸. 내가 장담하지. 그대는 오래갈 거야. 그대가 아버지 아브라함에게 조금도 모욕적인 언사를 하지 않은 것, 그리고 아버지를 때릴 마음

---

489 팔레스타인 가자 지구에 있는 고대 도시.

을 먹지 않은 것이 감탄스럽군. 말해 보게. 만약 그대가 부친 클로테르(프랑크 왕국의 왕)에 의해 헛간에 갇혀 화형 당한 크람이라면, 혹은 여우 같은 펠리페 2세의 아들 돈 카를로스라면, 혹은 표트르 대제(大帝)의 아들인 가엾은 알렉세이, 절반은 영웅 절반은 호랑이인 그이라면?"

"아! 선생님. 그런 끔찍한 얘기는 더 이상 제게 하지 마십시오. 인간 본성 자체가 싫어질 것 같네요."

철학자 —— Philosophe

　지혜를 사랑하는 자, 즉 진리를 사랑하는 자, 철학자. 모든 철학자는 이 두 가지 특성을 지닌다. 고대의 철학자들 중에는 인류에게 덕성(德性)의 모범을 보이고 도덕적 진리의 교훈을 주지 않은 이가 없었다. 그들 모두가 물리학에 대해서는 어찌어찌 잘못 알 수도 있었으나, 물리학은 인생을 영위하는 데에 별 소용이 없는지라 철학자들에겐 필요치 않았다. 몇 세기 후에야 비로소 철학자들이 자연 법칙을 일부라도 알게 되었다. 현자가 인간의 의무들을 인지하는 데에는 단 하루면 충분했다.

　철학자는 무엇에 열렬히 빠져드는 사람이 아니며 예언자로 행세하지도 않는다. 신들로부터 영감을 받았노라고 자처하지도 않는다. 그러니 나는 옛사람 자라투스트라도, 헤르메스도, 옛 오르페우스도 또 칼데아, 페르시아, 시리아, 이집트, 그리스 같은 나라들이 자랑삼는 입법가들 그 누구도 철학자의 반열에 올리지 않겠다. 자신이 신들의 자식인 양 행세하는 사람들은 사실 사기(詐欺)의 아버지였다. 그리고 만약 그들이 진실을 가르친답시고 거짓말을 이용한 것이라면, 그들은 진실을 가르칠 만한 자가 못 된다. 그들은 철학자가 아니었다. 기껏해야 매우 신중한 거짓말쟁이였을 뿐이다.

서양인들은 도대체 어떤 부끄러운 운명을 타고났기에 허풍이나 사기를 치지도 않고 우리의 천박한 서력 기원이 시작되기보다도 600년이나 더 전에(북쪽 사람들은 아직 아무도 문자를 사용할 줄 몰랐고, 그리스인들이 겨우 지혜로 자아를 분간하기 시작하던 시대인데) 이미 행복하게 사는 법을 가르친 단순 소박한 현자를 찾으러 동양 중에서도 극동까지 가야 한단 말인가?

그 현자는 바로 공자다. 경세가(經世家)이면서 결코 남들을 속이려 하지 않았던 사람. 전 세계에서 공자 이래 이보다 더 훌륭한 행동 규범이 인류에게 제시된 적 있었던가?

가정을 다스리듯이 나라를 다스리라. 가정을 잘 다스리려면 모범을 보여야 한다.

농부에게나 군주에게나 미덕은 공통된 것이어야 한다.

잘못을 징벌하는 수고를 덜려면 그것을 예방하는 일에 전념하라.

성군 요 임금과 순 임금 치하에서는 중국 백성들도 착했다. 폭군 걸 임금과 주 임금 치하에서는 중국 백성들도 악했다.

내가 원치 않는 바를 남에게 하지 말라.

모든 사람들을 사랑하라. 그러나 선인(善人)들은 아끼라. 모욕은 잊되 은혜는 결코 잊지 말라.

나는 학문을 할 능력이 없는 사람들은 보았으나, 덕행을 할 능력이 없는 사람들은 결코 본 적이 없다.

인류에게 이보다 더 유용한 진리를 알려 준 경세가는 일찍이 없었다고 사실대로 이야기하자.

그 이후에는 수많은 그리스 철학자들이 공자만큼이나 순수한 도덕철학을 가르쳤다. 만약 그들이 가르친 내용이 자신들의 공허한 물리학 체계에 국한된 것이었다면, 지금 사람들의 입에는 그들의 이름이 아마도 조롱의 대상으로나 오르내리고 있을 터이다. 사람들이 지금도 여전히 그들을 존경하는 것은 그들이 정의로웠고, 사람들에게 정의롭게 사는 법을 알려 주었기 때문이다.

플라톤의 저작 중 어떤 부분, 특히 잘레우쿠스[490] 법의 경탄스러운 머릿말을 읽으면 마음 깊이 정직하고 관대한 행동에 대한 애정이 샘솟지 않을 수 없다. 로마인들에겐 키케로가 있었는데, 키케로 혼자만으로도 그리스 철학자 전체를 합친 것만큼의 가치가 있다. 키케로 다음에는 더욱 존경할 만한 인물들이 나오는데 그들은 본받으려 해도 도저히 그러기가 힘든 사람들이다. 노예 상태로 살았던 에픽테토스가 그렇고, 왕좌에 올랐던 안토니우스와 율리아누스가 그렇다.

우리 중 어떤 시민이 과연 율리아누스, 안토니우스, 마르쿠스 아우렐리우스처럼 말랑말랑하고 유약한 삶의 미묘한 별미를 일절 멀리하고 살 수 있겠는가? 이들처럼 딱딱한 맨바닥에 누워 잘 사람이 누구겠는가? 누가 그들처럼 소식(小食)을 하겠

---

490 고대 그리스 시대 남부 이탈리아의 입법가.

는가? 누가 그들처럼 군대의 선봉에 서서 때로는 땡볕을, 때로는 짙은 안개를 그대로 맞아 가며 맨머리로 걸어가겠는가? 누가 그들처럼 자신의 열정을 온통 억제하겠는가? 우리 중에 믿음이 독실한 사람들은 있다. 그러나 현자들은 어디에 있는가? 흔들림 없고 정의롭고 품이 넓은 영혼의 소유자들은 어디에 있는가?

프랑스에는 서재의 철학자들이 있어 왔다. 그리고 이들은 몽테뉴를 빼면 모두가 박해받고 처단되었다. 내 생각에는, 인간의 악의를 교정하고자 하는 이 철학자들을 없애고 싶어 하는 마음이 우리 인간 본성의 악의 중에서도 최종 단계의 악의인 것 같다.

어느 종파의 광신도들이 다른 종파의 열렬한 추종자들을 목 졸라 죽이고, 프란체스코회 수도사들이 도미니코회 수도사들을 미워하고, 돼먹지 못한 예술가가 자기보다 실력 좋은 예술가를 파멸시키려고 음모를 꾸미는 것까지야 충분히 예상할 수 있다. 그러나 현자 샤롱[491]이 생명의 위협을 받는 것, 박식하고 마음 넓은 라무스[492]가 살해된 것, 데카르트가 무지한 자들의 격분을 피해 네덜란드로 도피할 수밖에 없었던 것, 가상디가 파리에서 벌어지는 모략을 훌쩍 떠나 여러 차례 디뉴로 피신해야만 했던 것, 이런 것은 한 나라의 영원한 치욕이다.

가장 심한 박해를 받았던 철학자 중 하나가 불멸의 피에르

---

491 16세기 프랑스의 가톨릭 신학자이자 철학자로서 몽테뉴의 제자.
492 페트루스 라무스(프랑스에서 부르는 이름은 피에르 드 라 라메). 16세기 프랑스의 영향력 있는 휴머니스트이자 논리학자이자 교육 개혁가였으나 개신교로 개종하여 성 바르톨로메오 축일 학살에서 죽음을 당했다.

로마인에겐 키케로가 있었는데, 키케로 혼자만으로도 그리스
철학자 전체를 합친 것만큼의 가치가 있다.

벨이다. 인간 본성의 영예와도 같은 바로 그 사람이다. 솔직히 말하건대, 벨을 모략하고 박해했던 쥐리외라는 사람의 이름이 혐오스러운 이름이 되었다고 사람들은 내게 말할 것이다. 그건 솔직한 고백이다. 예수회 신부 르텔리에[493]의 이름도 혐오스러운 이름이 되었다. 아무리 그렇다 하더라도, 쥐리외나 르텔리에가 탄압했던 위대한 인물들 역시 유배지에서 궁핍하게 생을 마친 것은 엄연한 사실 아니던가?

사람들이 벨을 탄압하고 그를 가난 속으로 몰아넣으면서 핑계 댄 말 중 하나가 벨이 쓴 유용한 사전의 「다윗」항목이었다. 그 자체로 봐도 정의롭지 못하고 잔인하고, 끔찍하거나 선의에 위배되거나 점잖은 사람이 얼굴 붉힐 만한 그런 행동을 칭송하지 않았다고 사람들은 그를 비난했다.

사실인즉 벨은 다음과 같은 행동들 때문에 다윗을 칭송하지 않은 것이었다. 히브리의 전적(典籍)에 따르면 죄 짓고 빚 져서 갈 데 없게 된 부랑인 600명을 다윗이 거두어 준 것, 이 날강도 부랑인들의 선두에 서서 동향인들을 약탈한 것, 나발이 분담금을 내지 않으려 했기 때문에 나발과 그의 온 가족을 교살할 생각으로 온 것, 나라의 원수인 아키스 왕에게 돈 받고 도움 주러 갔던 것, 자신에게 잘해 준 아키스 왕을 속인 것, 이 아키스 왕 편이었던 마을들을 약탈한 것, 이 마을들에서 혹시라도 언젠가 자신의 약탈 행위를 알리는 사람이 나올까 두려워서 마치 젖먹이 아기가 자신의 범죄를 폭로할 수 있다는 듯이 유아들까지 모조리 학살한 것, 또 다른 몇몇 마을 주민들을 모조리 톱과

---

493 예수회 신부. 루이 14세의 고해 신부로 프로테스탄트와 얀센파를 탄압하는 데 앞장
섰다.

쇠스랑과 도끼로 찍어 죽이거나 벽돌 화덕 속에 밀어넣어 죽인 것, 배신 행위를 하여 사울 왕의 아들 이스보셋의 왕위를 찬탈한 것, 사울 왕의 손자이자 자기 친구 겸 보호자인 요나단의 아들 므비보셋에게서 가진 것을 다 뺏고 그를 죽게 한 것, 사울 왕의 다른 두 자녀와 다섯 손자들을 기브온 사람들에게 넘겨 교수형 당하게 한 것.

다윗의 놀랍도록 무절제한 생활, 그의 후궁들, 밧세바와 저지른 간통, 우리야를 죽인 것, 이런 것에 대해서는 얘기하지 않으련다.

뭐라고! 벨에 적대적인 사람들은 그렇다면 벨이 이 모든 잔인한 짓과 이 모든 범죄를 칭송해야 한다는 것인가? 벨이 이렇게 말했어야 한다는 건가? "지상의 왕자들이여, 신의 심장에 따라 만들어진 이 인물을 모방하시오. 당신에게 선행한 사람과 같은 편인 사람들을 가차 없이 학살하시오. 남자들의 피를 흩뿌리면서 그 아내들과 동침하시오. 그리 해도 「시편(詩篇)」을 지었다고 사람들이 말하면 그대들은 덕행의 모범이 될 것이오."

만약 다윗이 신의 심장에 따라 만들어진 사람이라면 그건 참회를 통해 그리 된 것이지 그가 지은 중죄 때문이 아니라고 벨이 말했는데, 그 말은 정말 맞는 소리 아닌가? 유대 역사 전체를 주재한 신이 이 이야기에 나오는 모든 범죄를 무턱대고 칭찬하지 않았다고 말한 벨은 인류에게 도움을 준 것 아니던가?

그런데도 벨은 박해받았다. 누가 그를 박해했던가? 다른 곳에서 박해받던 사람들, 자기들 나라에서라면 마땅히 화형에 처해졌을 도피자들이 그랬다. 이 도피자들은 또 다른 도피자들,

"만약 다윗이 신의 심장에 따라 만들어진 사람이라면 그건 참회를 통해 그리 된 것이지 그가 지은 중죄 때문이 아니라고 벨이 말했는데, 그 말은 정말 맞는 소리 아닌가?"

'얀센파'[494]라 불리는 사람들의 손에 처단되고 예수회 신부들에 의해 그 나라에서 쫓겨난 이들이었고 그 예수회 신부들도 나중에 거기서 쫓겨났다.

이처럼 모든 박해자들은 스스로에게 치명적인 전쟁을 선포했으며, 한편 그 모든 박해자들이 탄압하던 철학자는 그저 그들에게 하소연이나 하는 것이 고작이었다.

퐁트넬이 프랑스에서 20년 전 석학 반 달의 글을 토대로 『신탁론』을 썼는데, 광신주의를 경고한 내용 일체를 조심스럽게 빼버린 그 책[495] 때문에 1713년에 그가 연금과 지위와 자유를 모두 잃을 뻔했다는 것을 사람들은 자세히 모른다. 어느 예수회 신부가 퐁트넬에 반대하는 글을 썼는데, 그는 거기 굳이 대꾸하려 하지 않았다. 그것이 빌미가 되어 예수회 신부 르텔리에가 왕에게 퐁트넬을 무신론자로 고발하였다.

다르장송 씨[496]가 없으니 위폐 제조자의 정실 아들이며 비르의 검찰관이자 그 자신도 위폐 제조자라고 공인된 사람이 코르네유의 조카가 늙었다고 추방하는 일이 일어났다.

자신에게 고해하는 신도를 유혹하기란 너무도 쉬운 일인지라, 이 르텔리에가 더 나쁜 짓을 안 했다는 것에 대해 우리는 신에게 감사해야 한다. 세상에는 유혹과 모함을 도저히 이겨낼 수

---

494 네덜란드 신학자 얀센의 주장을 따라 17~18세기 프랑스의 종교, 정치, 사회에 큰 영향을 미친 종교 운동. 교황에 의해 단죄되었다.

495 302년 디오클레티아누스 대제의 명으로 불태워진 키케로의 책을 훗날 1683년 반 달이 연구하여 『이교도의 신탁에 대하여(De oraculis ethnicorum)』라는 책을 썼고, 퐁트넬이 이 책을 자료로 하여 『신탁론』(1687)을 썼다.

496 18세기 프랑스의 정치가이자 문인. 외무장관으로 루이 15세를 보필했고 문학, 역사 분야의 저술로 유명하다. 특히 회고록과 일기가 주목받았다.

없는 두 장소가 있다. 하나는 침대, 하나는 고해소이다.

광신도들에게 박해받는 철학자들을 우리는 여전히 보았다. 그러나 학식 많은 문인들도 여기에 한몫 끼어, 그들 모두를 하나하나 차례대로 찔러 대는 창끝을 제 손으로 뾰족하게 벼리어 그것으로 자기 형제들을 공격한다! 이것이 있을 수 있는 일인가?

한심한 지식인들! 밀고자가 되다니, 될 말인가? 일찍이 로마인들 중에는 가라스, 쇼메, 헤이어 형제들이 있어 루크레티우스, 포시도니우스, 바로니우스 형제, 플리니우스 형제 등을 고발했다.

위선적인 행동을 하다니, 이 얼마나 저열한가! 위선자이면서 심술궂기까지 하다니, 얼마나 끔찍한가! 우리 같은 사람들을 자기 휘하 중에서도 아주 작은 일부분으로 여겼던 고대 로마에는 결코 위선자가 없었다. 내가 고백컨대, 간교한 사람들은 있었지만 종교의 위선자들, 그 무엇보다도 가장 비겁하고 가장 잔인한 부류에 속하는 그런 자들은 없었다. 영국에는 어째서 그런 자들을 찾아볼 수 없는가? 그런데 프랑스에는 아직도 그런 자들이 있다는 것은 도대체 어찌 된 일인가? 철학자들이여, 이 문제를 푸는 것은 그대들에겐 쉬운 일이리라.

시인 —— Poète

　고등학교를 졸업한 젊은이는 변호사가 될지, 의사가 될지, 신학자가 될지, 시인이 될지 심사숙고한다. 사람의 재산, 건강, 영혼, 쾌락, 이 중 어느 것을 보살피는 일을 할지를 생각하는 것이다. 변호사와 의사에 대해서는 이미 얘기했고, 신학자가 때로 이룰 수 있는 대단한 재산에 대해서는 이제부터 얘기할 것이다.

　교황이 된 신학자에게는 신학자 하인, 요리사, 술 따라 주는 사람, 씻으러 갈 때 수건 받드는 사람, 의사, 외과의사, 청소부, '아뉴스 데이' 하는 사람,[497] 잼 만드는 사람, 설교자가 딸려 있고 전속 시인도 있다. 다윗이 한동안 사울의 전속 시인이었듯이. 교황 레오 10세의 전속 시인은 도대체 어떤 미친 사람이었는지 모르겠다.

　틀림없이 이건 대갓집에 둘 수 있는 모든 일자리 중 가장 쓸

---

497 '하느님의 어린 양'이라는 뜻으로 미사에서 이 말이 들어간 기도문을 외우는 순서를 말하며, '아뉴스 데이' 하는 사람이란 교황 휘하의 평신부들을 말한다.

데없는 일자리일 것이다. 유럽 대륙에서는 없어진 숱한 옛 직책을 그대로 존치한 섬나라 영국 왕들은 우리도 알다시피 전속 시인을 두고 있다. 왕 전속 시인은 해마다 성녀 체칠리아[498]를 찬양하는 송가를 지어야 한다. 성녀는 옛날에 하프시코드나 프살테리움[499]을 놀랄 만큼 멋지게 연주했던지라 한 천사가 그 소리를 좀 더 가까이서 들으려고 아홉 번째 하늘에서 내려왔다고 한다. 프살테리움의 화음이 지상에서 천사들이 사는 곳까지 다다를 때는 아주 작은 소리로 들리기 때문이었다.

우리가 아는 최초의 시인은 모세다. 모세 이전에도 이집트인, 칼데아인, 시리아인, 인도인들이 시라는 것을 알고 있었다는 건 믿을 만한 사실이다. 그들에겐 음악이 있었기 때문이다. 그러나 그가 홍해 깊은 곳에서 나오면서 누이 미리암과 함께 부르던 아름다운 찬가는 육각시(六脚詩)로 된 최초의 시적인 기념비다. 이 모든 것이 800년이 지나 기록되었을 뿐임을 입증하는, 그리고 히브리어는 페니키아어의 새 방언에 지나지 않고 모세는 페니키아어를 모르므로 히브리어로 글을 쓸 수는 없었다고 당돌하게 이야기하는 뉴턴, 르클레르 등의 무식하고 불경스러운 하찮은 인간들에게 나는 동의하지 않는다. 나는 석학 위에가 했듯이, 말더듬이에다 어눌하기까지 했던 모세가 어떻게 노래를 부를 수 있었는지 조사하는 짓 같은 건 절대 안 한다.

이 여러 선생님들의 말을 들어 볼라치면 모세는 오르페우스, 뮤즈, 호메로스, 헤시오도스보다 훨씬 요즘 사람인 듯하다. 이러한 의견이 얼마나 말이 안 되는지는 척 봐도 알 수 있다. 그

---

498 음악의 성녀.
499 키타라와 비슷한 현악기.

리스인이 유대인만큼이나 옛사람일 수 있는 방법은?

　나는 또 모세가 단지 상상일 뿐으로 고대 바쿠스 신의 우화를 그럴듯하게 모방해서 만들어 낸 인물이며, 바쿠스 이후 모세가 행한 것으로 여겨진 모든 이적(異蹟)을 질탕한 연회판에서 사람들이 노래로 불렀고 그러다 보니 세상에 유대인이라는 사람들도 있다는 걸 알게 된 것이라는 타당성 없는 추측을 하는 사람들에게도 대답하지 않으려 한다. 그런 생각은 저절로 논박이 된다. 상식 있는 사람이라면, 모세 이전에 바쿠스가 존재했다는 게 있을 수 없는 일임을 뻔히 알 수 있다.

　우리에겐 또 뛰어난 유대인 시인, 정말로 호라티우스 이전에 살았던 시인이 있으니 그건 다윗 왕이다. 그리고 「미제레레」가 「확고한 목적을 가진 올곧은 사람」(호라티우스)에 비할 수 없을 만큼 훨씬 윗길이라는 것을 우리는 잘 안다.

　그러나 놀라운 것은, 입법자들과 왕들이 우리의 최초의 시인들이라는 사실이다. 오늘날 왕의 전속 시인 노릇을 할 만큼 선한 사람들이 있다. 사실 베르길리우스는 아우구스투스 황제 전속 시인 소임을 맡고 있지 않았다. 루카노도 네로 황제의 전속 시인이 아니었다. 그러나 그들이 이 사람 저 사람에게 신(神)을 베풀어 주는 역할을 함으로써 시인이라는 직업을 조금 비굴하게 만든다는 것은 솔직히 사실이다.

　사람들은 묻는다. 시는 세상에 정말 별로 필요가 없는 것인데 어떻게 예술 중에 이리도 높은 반열을 차지하고 있느냐고. 음악에 대해서도 이와 똑같은 질문을 할 수 있다. 시는 영혼의 음악, 특히 위대하고 감수성 예민한 영혼의 음악인 것이다.

　많은 사람들이 믿어 의심치 않는 시의 미덕은, 시가 산문보다 적은 말로써 더 많은 것을 말해 준다는 점이다.

아래의 라틴어 운문을 시인의 머리에서 나온 그대로의 간명함으로 번역할 수 있는 자 누구이겠는가?

> 언제나 죽음을 유념하며 살라. 시간은 빨리 흐른다
> 내가 말하는 이 순간도 이미 내게서 멀리 가 있다.(Vive memor
> leti, fugit hora, hoc quod loquor inde est.)[500]

시가 지닌 다른 매력에 대해서는 말하지 않겠다. 이미 사람들은 그걸 충분히 알고 있으니까. 그러나 호라티우스의 훌륭한 금언은 강조하고 넘어가야겠다. "지혜는 제일가는 원칙이자 원천이다.(Sapere est et principium et fons.)" 그런데 이 지혜를 어떻게 열중(熱中)과 맞추어 조율할 것인가? 신중하게 전투 계획을 짜고, 전투에 임해서는 미친 듯 싸웠던 케사르처럼.

조금 미친 것 같은 시인들이 있었다. 그렇다. 그건 그런 시인들이 매우 나쁜 시인이었기 때문이다. 머릿속에 고전시의 장단단격(長短短格)과 장장격(長長格)과 각운밖에 없는 사람들은 상식인인 경우가 드물다. 그러나 베르길리우스는 우월한 이성의 소유자다.

루크레티우스는 형편없는 물리학자였으며, 이런 점은 고대 사람들이면 누구나 다 그랬다. 물리학은 정신으로 배우는 학문이 아니다. 그것은 도구들을 가지고만 실행할 수 있는 기술인데 당시엔 아직 그 도구들이 발명되지 않았던 것이다. 자연의 작동

---

500 페르시우스, 「풍자시」, 5절 153행.

에 대해 단초가 되는 생각을 가지려면 안경, 현미경, 배기 펌프, 기압계 등이 필요하다.

데카르트가 자신의 열쇠로 성소(聖所)의 닫힌 문을 열었을 때, 그가 결코 루크레티우스보다 자연에 대한 지식이 더 많았던 것이 아니다. 그리고 데카르트보다 나은 물리학자였던 갈릴레이 이후 오늘날까지 사람들이 만들어 온 길이 최초의 헤르메스 이후 루크레티우스 때까지, 그리고 루크레티우스 때부터 갈릴레이 때까지 낸 길보다 백 배는 더 많다.

고대 물리학 전체가 부조리한 초등생의 생각과 같다. 정신의 용기에 도움 받아 의심과 그럴법함에 정당하게 무게를 주는 영혼과 상식의 철학은 그렇지 않다. 루크레티우스의 대단한 미덕이 바로 이 점이다. 그의 제3송(頌)은 이성적 사유의 걸작이다. 그는 키케로처럼 이야기를 개진한다. 때로는 베르길리우스처럼 자기 생각을 표현하기도 한다. 우리의 유명한 폴리냑이 루크레티우스의 제3송에 반박할 때, 그가 단지 추기경으로서 그걸 반대하는 것일 뿐임을 나는 고백하지 않을 수 없다.

시인 루크레티우스가 이 제3송에서 뛰어난 물리학자로서 생각을 개진한다고 내가 말하기는 해도, 그의 생각이 맞다는 얘기는 아니다. 그것이 맞는지 여부는 열심히 판단하여 논의할 수 있으며, 계시에 의해 가르침을 받은 게 아닌 이상 틀릴 수도 있다. 루크레티우스는 결코 유대인이 아니었다. 그리고 유대인들은 알다시피 이 지상에서 키케로, 포시도니우스, 케사르, 카토 시대를 극복할 수 있는 유일한 사람들이었다. 그 다음에 티베리우스 치하에서는 유대인들이 더 이상 옳지 않았다. 그때는 상식을 가진 것은 그리스도교인들 뿐이었다.

그러니 루크레티우스, 키케로, 케사르가 유대인과 우리들에 비해서 어리석지 않았을 리가 없다. 하지만 인류의 나머지가 보기에는 그들이 매우 위대한 사람들이었다는 것은 인정해야 한다.

루크레티우스도 자살했고, 카토, 카시우스, 브루투스도 자살했다는 것을 솔직히 말하겠다. 그러나 일생 동안 총명한 정신의 소유자로 논리를 잘 구사하고 산 사람이라 해도 얼마든지 자살할 수 있는 것이다.

어떤 저자든 그 인간됨과 그 작품은 구분해야 한다. 라신은 베르길리우스처럼 글을 잘 썼지만 약점 때문에 얀센파가 되었고, 그보다 결코 작지 않은 어떤 약점 때문에 슬픔을 못 견디고 죽었다. 어떤 사람이 회랑을 지나가면서 자기에게 눈길도 주지 않았다 하여 그 일로 슬픔에 빠졌던 것이다. 그것은 참으로 유감스러운 일이지만, 그렇다 해도 그의 인물 페드르는 여전히 감탄스럽다.

편견 —— Préjudice

편견이란 판단도 안 해 보고 갖는 의견이다. 이처럼 어느 곳에서나 사람들은 아이들이 채 판단할 능력이 생기기도 전의 아이들에게 자기가 원하는 모든 의견을 불어넣는다.

보편적인 편견도 있다. 이것은 필요하며, 또 미덕 그 자체이기도 하다. 전국적으로[501] 사람들은 아이들에게, 상도 내리고 벌도 주는 신의 존재를 인정하라고 가르친다. 부모를 존경하고 사랑하라고, 도둑질은 죄로 여기라고, 이익을 얻기 위한 거짓말은 악덕으로 여기라고 가르친다. 어린이들이 무엇이 미덕이고 악덕인지 짐작할 능력을 채 갖추기도 전에 그렇게 한다.

그러니까 매우 좋은 편견이 있다. 그건 사람이 이성적으로 추론할 때 판단으로 인정되는 편견들이다.

감정은 단지 편견일 뿐 아니라 편견보다 훨씬 강한 그 무엇

---

501 볼테르의 나라인 프랑스를 말한다.

이다. 어머니가 아들을 사랑할 때, 누가 사랑해야 한다 하여 사랑하는 것이 아니다. 어머니는 자기도 모르게 행복한 마음으로 아들을 아낀다. 생판 모르는 아이가 막 절벽에서 떨어지려 하는 순간에, 아니면 맹수에게 잡아먹히기 직전에 사람들이 그 아이를 구하러 달려가는 것은 결코 편견 때문이 아니다.

하지만 옷을 이러저러하게 차려 입고 점잖게 걷고 점잖게 이야기하는 사람을 무턱대고 존경한다면, 그건 편견에 의한 것이다. 그런 사람 앞에서는 허리 굽혀 인사해야 한다고 당신의 부모는 말했다. 그가 정말 그런 존경을 받을 만한 사람인지 아닌지 채 알기도 전에 당신은 그를 존경한다. 당신은 점점 나이를 먹고 아는 것도 많아진다. 존경했던 그 사람이 실지로는 자만이 하늘을 찌르고 제 이익 챙길 생각만 하는, 술수 많은 사기꾼이라는 것을 알게 된다. 당신은 경의를 표하던 대상을 경멸하게 되고, 그러면 편견 대신 판단이 들어선다. 어린 시절 내내 귀에 못이 박히도록 듣던 우화를 당신은 편견 때문에 믿었다. 티탄[502]이 신들에게 전쟁을 선포했으며 베누스는 아도니스를 사랑했다는 이야기를 사람들이 해 주었다. 열두 살에는 이런 우화들이 실화인 줄 안다. 스무 살이 되면 이런 이야기들을 빼어난 알레고리라고 생각한다.

여러 부류의 편견들을 몇 마디로 검토하여 정리를 좀 해 보자. 우리는 어쩌면 존 로의 경제 체계가 유효하던 시절에 상상 속의 부를 이미 계산해 놓았음을 알아차린 사람들과 같을 것이다.

502 그리스 신화 속의 거인들.

감각의 편견

아주 잘 보고 있을 때조차도 눈은 항상 우리를 속인다는 사실, 반대로 귀는 우리를 속이지 않는다는 사실. 이건 기분 좋은 일 아닌가? 곧잘 순응하도록 길들여진 당신의 귀에 이 말이 들리기를…… "당신은 아름다워요. 당신을 사랑해요." 물론 누가 당신에게 "나는 당신이 싫어. 당신은 못생겼어."라고 한 것은 아니다. 그러나 당신은 하나로 합쳐진 거울을 본다. 당신이 틀렸다는 것이 증명되었다. 그 거울의 표면은 매우 울퉁불퉁한 면이다. 당신 눈에 보이는 태양은 지름이 약 60센티미터지만, 실제 태양은 지구보다 백만 배나 크다는 것이 증명되었다.

마치 신이 당신의 두 귀에 진실을, 당신의 두 눈에는 오류를 넣어 준 것 같다. 하지만 광학을 연구해 보라. 그러면 신이 당신을 속인 게 아님을, 그리고 사물의 현 상태에서는 물체들이 당신이 보는 것과 다르게 보이기란 불가능하다는 걸 알게 될 것이다.

물리적 편견

해가 뜨고, 달도 뜨고, 지구는 움직이지 않는다. 이것은 자연 물리학의 선입견이다. 그러나 가재를 삶아 놓으면 피처럼 빨간 색이라서 가재가 피에 좋다는 것, 뱀장어는 팔팔 뛰니까 마비 증세를 치유한다는 것, 달 모양이 이지러지는 기간에는 환자의 열이 심해진다는 것이 어쩌다 관찰되었으니 사람의 질환에 달이 영향을 끼친다는 것……. 이런 생각들, 그리고 숱하게 많은 이런 유의 다른 생각들은 제대로 생각해 보지도 않고 판단하는 케케묵은 약장수의 틀린 소리다. 그런 약장수는 자기도 속았고 남들까지 속인다.

역사적 편견

사람들은 역사라면 대부분 검토도 하지 않고 믿게 마련인데, 이 믿음이 바로 편견이다. 파비우스 픽토르[503]는 자기 시대보다 몇 세기 전에 알바 롱가[504]에서 베스타 여신을 섬기는 처녀 한 사람이 물동이를 이고 물 길러 갔다가 강간당하여 로물루스와 레무스를 낳았고, 암늑대가 그들에게 젖을 먹여 길렀다는 등등의 이야기를 한다. 로마인들은 이 우화를 믿었다. 그들은 이야기의 배경이 된 시대에 라티움[505]에 베스타 여신을 섬기는 처녀들이 과연 있었는지, 왕의 딸이 물동이를 들고 수녀원에 딸린 기숙학교에서 물 길러 나온다는 것이 있을 법한 일인지, 암늑대가 갓난아기 둘을 잡아먹지 않고 젖 먹여 기른다는 것이 있을 법한 얘기인지를 전혀 검토하지 않았다. 편견이 확립된 것이다.

클로비스가 톨비악 전투에서 큰 위험에 처하여, 만약 살아난다면 그리스도교 신자가 되겠다는 맹세를 했다고 어느 수도사는 쓰고 있다. 그렇지만 과연 이런 상황에서 이방인의 신에게 기도한다는 것이 자연스러운 일일까? 그렇다면 자기가 태어나 몸 담은 곳의 종교가 뭐니뭐니해도 가장 강력한 작용을 하지 않

---

503 초기 로마의 역사가.
504 고대 로마에서 현 로마 시의 남동쪽에 위치했다고 추정되는 지방의 명칭.
505 이탈리아 중부의 고대 로마 발상지. 라티움의 왕 누미토르의 딸인 레아 실비아는 왕위를 찬탈한 삼촌에 의해 베스타 여신의 제녀가 되지만 군신 마르스를 만나 훗날 로마를 건국하는 로물루스와 레무스 쌍둥이를 낳는다.

로물루스와 레무스 전설(15세기)

겠는가? 투르크 족에 맞서 싸우는 전투에서 마호메트보다는 성
모 마리아에게 기도하지 않을 그리스도교 신자가 어디 있겠는
가? 여기에 덧붙여, 비둘기 한 마리가 클로비스를 축성할 성유
가 든 작은 병을 부리에 물고 왔으며 한 천사가 그 비둘기를 이
끄는 깃발을 들고 왔다는 이야기가 있다. 편견은 이런 류의 자
잘구레한 이야기들을 모두 믿는다. 인간의 본성을 아는 사람들
이라면 왕위 찬탈자 클로비스, 그리고 왕위 찬탈자 롤론 혹은
롤이 자진해서 그리스도교 신자가 된 것은, 투르크 왕위 찬탈자
들이 이슬람교 신자들을 좀 더 확실히 통치하기 위해 이슬람교
신자가 된 것이나 마찬가지로, 그리스도교 신자들을 좀 더 확실
히 통치하기 위한 것이었음을 잘 안다.

종교적 편견

케레스가 밀을 총괄한다거나, 비슈누와 샤카가 여러 차례 사람이 되었다거나, 삼모노코돔이 와서 숲의 나무를 베어 버렸다거나, 오딘이 유틀란트 반도 부근의 자기 방에서 당신을 기다리고 있다거나, 마호메트나 다른 누군가가 하늘을 날아 여행했다는 등의 얘기를 만약 당신을 키운 유모가 했다면, 그리고 당신을 가르친 교사가 당신의 뇌 속에 일찍이 유모가 새겨 놓은 내용을 더욱 깊이 주입시켰다면, 당신은 일생 동안 그것을 간직하게 된다. 당신의 판단은 이런 편견들에 대항하여 우뚝 서고 싶어 하는데 당신의 이웃 특히 여자 이웃들은 그러면 불경죄라고 소리소리 질러 대어 당신을 겁먹게 한다. 이슬람 수도승은 자기 수입이 줄어드는 걸 보기가 두려워서 이슬람 재판관에게 당신을 고발하고, 그러면 재판관은 자기 능력으로 할 수만 있다면 당신의 몸에 말뚝을 박아 처형한다. 왜냐하면 그는 어리석은 자들을 다스리고 싶어 하고, 어리석은 자들은 다른 사람들보다더 잘 복종한다고 믿기 때문이다. 이런 식으로 이어져, 마침내당신의 이웃들과 이슬람 수도승과 이슬람 재판관이 바보짓은아무짝에도 쓸데없으며 처형은 끔찍한 일이라는 걸 깨닫기 시작할 때까지 계속된다.

기도 —— Prière

우리는 기도 없는 종교를 알지 못한다. 심지어 유대인에게도 몇 가지 기도가 있다. 비록 그 공적인 형태는 한참 뒤, 그들이 유대교 교당에서 찬송가를 부르게 된 때에야 생겨났지만 말이다.

인간은 모두 무엇을 바라거나 두려워할 때 신의 도움을 간청한다. 지고한 존재를 좀 더 존경하며 인간의 약점에 대해서는 덜 공감하는 몇몇 철학자들은 기도 대신에 오직 체념만을 하려 한다. 피조물과 조물주 사이에 체념이 정말 적절해 보이기는 한다. 그러나 철학은 세상을 다스리기 위해 만들어진 것이 아니다. 철학은 범속한 대중 머리 꼭대기 위에 붕 떠서 날아다니며 대중이 알아듣지 못하는 언어로 말한다. 마치 생선 파는 아낙네들에게 원뿔 곡선을 연구하라고 권하는 격이다.

심지어 철학자들 중에서도 막시무스 드 티르 말고는 아무도 이 문제를 다룬 사람이 없다고 나는 생각한다. 막시무스 사상의 골자는 다음과 같다.

영원한 신은 영원한 대로 나름의 의도가 있다. 만약 우리의 기도가 신의 흔들림 없는 의지에 들어맞는 내용이라면 신이 이미 하기로 결심한 것을 그에게 부탁한다는 건 참으로 쓸데없는 일이다. 만약 누가 신에게 신이 마음 먹은 바와 반대되는 것을 해 달라고 기도한다면 그건 신에게 약해지라고, 경박해지고 변덕스러워지라고 기도하는 셈이다. 그건 신이 그렇게 약하고 경박하고 변덕스럽다는 걸 믿는 셈이며, 신을 조롱하는 셈이다. 당신이 신에게 올바른 일을 이뤄 달라고 부탁하든가(이 경우 신은 그 일을 해 줘야만 하며 그 일은 굳이 당신이 기도하지 않더라도 이루어질 것이다. 신에게 간절히 빈다는 것은 심지어 신을 못 믿겠다는 얘기까지 되는 것이다.) 아니면 그 일이 올바르지 않든가 둘 중 하나다. 만약 후자라면 당신은 신을 모독하는 셈이다. 당신은 당신이 그리도 매달려 애원하는 대상인 신의 은총을 받을 만한 사람이거나 받을 만하지 못한 사람이거나 둘 중 하나다. 만약 은총을 받을 만한 사람이라면 신이 당신보다 그걸 더 잘 알고 있을 것이다. 만약 은총을 받을 만하지 못한 사람이라면, 당신은 받을 자격도 없는 것을 이뤄 달라고 기도하고 있으니 죄만 더 짓는 셈이다.

한 마디로, 우리가 신에게 기도하는 이유는 오로지 우리가 우리 모습대로 신을 만들어 놓았기 때문인 것이다. 우리는 신을 마치 도발하거나 달래거나 할 수 있는 무슨 파샤나 술탄인 양 취급한다.

요컨대, 모든 백성들은 신에게 기도한다. 현자들은 체념하고 신에게 복종한다.

백성들과 함께 기도하고, 현자들과 함께 체념하자.

종교 —— Religion

종교에 대한 질문들 첫 번째 질문

지금까지 세상에 나온 책들 중 가장 박식하다고 손꼽히는 책을 쓴 우스터[506] 주교 워버턴[507]은 그 책의 제1권 8쪽에서 이런 주장을 한다.

이 생 아닌 다른 생에 대한 믿음을 토대로 하지 않은 종교나 사회는 어떤 비범한 섭리에 의해 지탱되어야만 한다. 유대교는 다른 생에 대한 믿음을 토대로 한 종교가 아니다. 그러므로 유대교는 비범한 섭리에 의해 지탱되었다.

여러 신학자들이 그의 견해에 반대하여 들고일어났다. 추론

---

506 영국 잉글랜드의 웨스트 미들랜드 지방 우스터셔의 중심 도시.
507 영국의 작가, 문학비평가, 성직자. 1759년부터 사망 시까지 글루스터의 주교로 일했다. 여기서 볼테르는 워버턴이 우스터의 주교라고 기록하고 있다.

을 반박하려면 늘 그러하듯이 그들은 그의 추론을 반박하여 이렇게 말했다.

영혼의 불멸성, 그리고 영원한 고통과 보상이라는 교리에 토대를 두지 않은 종교는 오류일 수밖에 없다. 그런데 유대교는 이런 교리를 결코 인정하지 않는다. 그러므로 당신의 원칙에 따른다면 유대교는 신의 섭리에 의해 지탱되기는커녕 신의 섭리를 공격하는 그릇되고 야만적인 종교가 된다.

이 주교에게는 몇몇 다른 반대자들도 있었는데, 그들은 영혼의 불멸성을 심지어 이미 모세 시대에 유대인들도 알고 있었다고 주장했다. 그러나 주교는 십계명에도, 구약 성서의 「레위기」나 「신명기」에도 이런 믿음에 대해서는 단 한 마디도 언급된 바가 없으며 사람들이 규범으로 삼는 책에 전혀 언급되지 않은 진실을 다른 책에서 끌어내려고 그 책들의 몇몇 구절을 왜곡하고 그 내용을 손상시키려 하는 것은 우스꽝스러운 일임을 그들에게 매우 명확하게 입증했다.

주교님께서는 유대교의 교리가 사후(死後)에 고통이든 보상이든 있다고 얘기한 바 없음을 증명하고자 네 권의 책을 썼는데 그래도 반대자들에게는 결코 만족스러운 답변이 되지 못했다. 반대자들은 주교에게 이렇게 말했다.

혹시 모세가 이 교리를 알고 있었다면, 그는 그것을 겉으로 드러내지 않음으로써 유대인들을 속인 셈이다. 아니면 모세가 이 교리를 몰랐던 것이다. 그런데 몰랐던 경우라면 그는 훌륭한 종교를 창립할 만큼 충분한 지식을 갖추지 못했던 셈이다. 실제로 그 종교가 훌륭한 종교였다면 어째서 사람들이 그것을 철폐했겠는가? 진정한 종교란 어느 시대 어느 곳에나 걸맞은 종교여야 하며, 마치 태양 빛처럼 모든 민족과 모든 세대를 다 비춰 주는 종교여야 한다.

워버턴 주교가 제아무리 식견이 높다 한들 이 모든 어려운 반박을 다 피해 붙들리지 않고 빠져나가기란 무척이나 힘든 일이었다. 하지만 이런 공격에서 자유로울 수 있는 체계란 도대체 어떤 것이란 말인가?

두 번째 질문

그보다 훨씬 더 철학자다운 사람이며 오늘날 가장 심오한 형이상학자로 손꼽히는 또 다른 학자는 다신교가 인류 최초의 종교였다는 것, 그리고 사람들이 처음에는 여러 신을 믿다가 이성이 상당히 계몽되어 단 하나의 지고한 존재만을 인정하게 되었다는 것을 입증하기 위해 강력한 이유들을 댄다.

이와 반대로 나는 감히 이렇게 믿는다. 처음에는 사람들이 유일한 하느님을 인정하는 것으로 시작되었고, 그러다가 인간의 연약함이 여러 신을 불러들이게 된 것이라고. 이 일에 대한 내 생각은 다음과 같다.

사람들이 대도시를 세우기 전에 작은 마을들이 있었다는 것은 의심의 여지가 없는 일이다. 그리고 모든 사람들이 작은 공화국들로 나뉘어 살다가 합쳐져 커다란 제국들이 되었다는 것도 분명하다. 작은 마을 사람들은 천둥 치면 겁이 나고, 추수한 농작물이 유실되어 고통 받고, 이웃 마을 사람들에게 부당한 대우를 받고, 항상 자신이 약하다고 느끼고, 보이지 않는 힘을 사방에서 느끼다가 얼마 안 가 당연히 이렇게 말했을 것이다. "우리 위쪽 저곳에 어떤 존재가 있어서 우리를 잘되게도 하고 못되게도 한다."라고.

이 마을 사람들이 그런 힘이 두 개 있다고 말할 수는 없을 것 같다. 힘이 어째서 여럿이겠는가? 어떤 종류의 일이든 사람은 으레 처음에는 단순한 것부터 시작하고, 그 다음에 복합적인 것이 오고, 흔히 마지막에는 어떤 우월한 빛에 의해 도로 단순한 것으로 돌아가게 마련이다. 인간 정신의 발달은 이렇게 진행된다.

처음에 사람들이 모셔 놓고 가호(加護)를 빌었을 그 존재는 무엇인가? 태양인가? 달인가? 나는 아니라고 생각한다. 아이들의 경우는 어떤지 보자. 아이들이나 무지한 어른이나 엇비슷하다. 그들은 자연을 움직이는 천체의 아름다움이나 유용함에 감명 받지 않고, 달이 우리에게 베푸는 도움에도, 달이 규칙적으로 커졌다 작아졌다 하는 변화에도 놀라지 않는다. 그들은 그런 것을 굳이 생각하지 않고, 그런 것에 너무나 익숙해져 있다. 사람들은 자기가 두려워하는 대상만 경배하고 그런 대상에게 애원하고 그 마음을 달래고자 한다. 모든 아이들은 하늘을 무심하게 바라보지만 천둥이 울리면 벌벌 떨고 도망쳐 몸을 숨긴다. 태초의 인간들도 아마 그렇게 행동했을 것이다. 그중 천체의 운행을 유심히 보고, 남들에게도 천체를 감탄하는 마음으로 보게 하고 소중히 여기도록 한 사람들이라면 여러 부류의 철학자들밖에 없었을 것이다. 그러나 단순하고 아무런 계몽의 혜택도 못 받은 농부들은 그토록 고상한 오류를 이해할 만한 식견이 없었다.

그러니 마을 사람들은 기껏해야 이런 말이나 했을 것이다. "천둥소리를 내는 어떤 힘센 존재가 있어서 우리에게 우박도 내리고, 우리 아이들을 죽게 하기도 한다. 그를 살살 달래자. 그런데 어떻게 달래지? 기분 상한 사람들에게 소소한 선물을 주면 화를 풀지 않던가? 그러니 그 힘센 존재에게 작은 선물을 하자. 그 존재에게 이름도 붙여 주어야 한다. 처음 나온 이름은 '대장', '주재자', '주인님'이라는 이름이다. 그러니 그 힘 있는 존재는 몽세뉴에르라 불린다." 아마도 이런 이유로 옛날 최초의 이집트인들이 그들의 신을 크네프라 불렀고, 시리아인은 아도나이라고, 그 옆의 민족은 바알 또는 벨, 멜크 또는 몰로크라고, 스키타이인은 파페라고 불렀던 것이리라. 이 단어들은 모두 주인, 주재자를 의미한다.

이리하여 아메리카 대륙 거의 전체가 수많은 작은 부족 집단으로 나뉘게 되었고 그 집단들은 모두 제가끔 수호신을 갖고 있었다. 큰 나라였던 멕시코나 페루 사람들에게는 유일한 신밖에 없었다. 멕시코는 만코 카팍을, 페루는 전쟁의 신을 숭배했다. 멕시코 사람들은 자기들이 섬기는 전쟁의 신에 비츨리푸츨리라는 이름을 부여했다. 히브리 사람들이 자기들의 주님을 사바오트라고 부른 것처럼.

이 모든 민족들이 이렇게 하나의 신성(神性)을 인정하기 시작한 것은 결코 어떤 우월하고 교양 높은 이유가 있어서가 아니다. 만약 철학자들이었다면 모든 것을 포괄하는 자연 전체의 신을 경배하지 한 마을의 신을 경배하지는 않았을 것이다. 철학자들은 모든 존재의 이 무한한 관계를 살펴보건대 만물을 창조하고 지켜 주는 단 하나의 존재가 입증된다고 보았을 터이다. 그러나 사람들은 아무것도 검토하지 않았고, 단지 그냥 느꼈을 뿐이다. 바로 여기에 우리의 미약한 오성(悟性)의 진전이 있다. 마을들은 저마다 자신이 약하다는 것을 느끼고 강력한 보호자를 둘 필요성을 절감했다. 그들은 마을 옆 숲이나 산이나 구름 속에 사는, 보호자이면서도 무서운 그 존재를 상상했다. 단 하나의 그런 존재만을 상상했다. 왜냐하면 마을에 전쟁이 나면 대장은 단 한 사람뿐이니까. 그들은 그 존재를 몸을 가진 존재라고 상상했다. 왜냐하면 다른 방식으로 그 존재를 머릿속에 그려 보기란 불가능한 일이었으니까. 옆 마을에는 자기들처럼 그 마을만의 신이 있지 않다는 것을 그들은 믿을 수 없었다. 그래서 입다는 모압의 주민들에게 이렇게 말했던 것이다. "당신들은 당신들의 신 차모스(그모스)가 정복하게 해 준 것을 지금 합법적으로 소유하고 있소. 우리도 우리 신이 승리를 통해 우리에게 준 것을 즐길 뿐이니 상관 마시오."[508]

어느 이방인이 다른 이방인들에게 한 이 말은 매우 주목할 만한 얘기다. 유대인들과 모압 사람들은 자기 고장에서 자연스러운 것들을 박탈했다. 양쪽 다 힘의 권리 말고는 다른 권리를 갖지 못했다. 한쪽이 다른 쪽에게 말했다. "너희 신이 네가 땅을 뺏을 때 보호해 주지 않았느냐, 내 신이 내가 땅 뺏는 데 보호해 주는 건 당연하니 그냥 참아라."

예레미야와 아모스는 둘 다 물었다. "멜콤 신은 무슨 이유가 있었기에 가드 지방을 차지한 것이오?" 이 물음으로 볼 때 고대

---

508 구약 성서 「사사기」 10장 24절

에는 각 고장마다 보호하는 신이 하나씩 있다고 생각했음이 분명하다. 호메로스의 서사시를 보면 이런 신학의 자취를 아직도 찾을 수 있다.

인간의 상상력이 후끈 달아오르고 인간의 정신이 혼돈된 지식을 얻어 사람들이 곧 신의 숫자를 늘리고 원소들, 바다, 숲, 샘, 들판에다 보호자를 하나씩 할당한 것은 아주 당연한 일이다. 천체를 살펴보면 볼수록 더욱 더 경탄의 마음이 들지 않을 수 없었을 것이다. 시냇물의 신을 경배하는데 태양을 경배하지 않을 도리가 있는가? 첫 걸음을 내디디면 지구는 머지않아 신으로 가득 덮이게 된다. 그리고 사람은 마침내 천체에서 내려와 고양이와 양파에까지 내려간다.

한편, 이성이 완벽해져야만 한다. 시간은 마침내 양파도 고양이도 심지어 천체도 자연의 질서를 정연하게 정립하지 못했다고 보는 철학자들을 키워 냈다. 바빌로니아, 페르시아, 이집트, 스키타이, 그리스, 로마의 이 철학자들은 모두 지고한 신, 보상도 주고 복수도 하는 신을 인정한다.

그들은 처음엔 사람들에게 그런 말을 하지 않는다. 왜냐하면 노파들과 사제들 앞에서 양파와 고양이에 대해 잘못 말했다가는 누구라도 돌팔매를 맞을 테니까. 어떤 이집트인들에게 그들의 신을 먹어 버린 잘못을 비난한 사람이 있다면 누구라도 그 자신이 먹혀 버렸을 테니까. 실제로 로마 시인 유베날리스가 쓴 바에 따르면 어느 이집트인이 논쟁 중에 살해당해 산 채로 먹힌 일이 있다.

그러나 사람들은 어떻게 했던가? 오르페우스와 몇몇 사람들이 비의를 확립했고 그 비의에 입문한 자들은 이를 발설하지 않겠다는 무시무시한 서약을 했는데, 그 골자는 유일신을 섬긴다는 것이다. 이 커다란 진실은 지구의 절반에 스며든다. 이 진실에 입문한 사람의 숫자는 한없이 많아진다. 옛날의 종교가 여전히 존속한 것은 사실이지만 그 종교가 신은 단 하나라는 교리와 결코 배치되지 않으므로 그냥 둔다. 그렇다면 굳이 그 종교를 폐지할 이유가 무엇이겠는가? 로마인들은 '가장 위대하고 가장 선한 신'을 인정했다. 그리스인들에겐 그들의 지고한 신 제우스가 있었다. 다른 모든 신들은 중간에서 매개하는 존재일 따름이다. 사람들은 영웅과 황제들을 신의 반열, 즉 복된 존재의 반열에 올린다. 그러나 클라우디우스, 옥타비우스, 티베리우스, 칼리굴라 등의 황제가 천지의 창조자로 여겨지는 것은 아니다.

한마디로 아우구스투스 황제 때부터 종교를 가진 사람은 누구나 우월하고 영원불멸인 하나의 신을 인정했고 그 다음에 여러 위계의 부차적 신들을 인정했다는 것이 입증된 듯하며 그 후로 이 부차적 신들을 경배하는 것을 '우상숭배'라 불렀다.

유대인들의 율법은 절대로 우상숭배를 좋게 보지 않았다. 유대인들이 말라킴[509]을 인정했다 하더라도, 유대 율법에 결코 이런 부차적 신들까지 숭배하라고 명시한 것은 아니기 때문이다. 유대인들이 천사를 공경한 것은 사실이다. 즉 그들은 천사를 보면 조아려 경의를 표했지만 그런 일이 자주 있는 것은 아니기에 유대인에게 이렇다 할 천사 숭배 의식이나 합법적 종교 행위 같은 것은 없다. 노아 방주의 케루빔[510]은 결코 경의를 바칠 대상이 아니었다. 적어도 알렉산드로스 대왕 이후로 유대인들이

509 하늘에 있는 천사 중 하등한 천사
510 천사의 위계 중 하나.

공공연히 유일신을 숭배해 온 것은 변함없는 사실이다. 헤아릴 수 없이 많은 입문자들이 자기 나름의 비의 속에 은밀히 유일신에게 경배했듯이 말이다.

세 번째 질문

그리스도교는 지고한 신을 섬기는 행위가 아시아, 유럽, 아프리카의 모든 현자들에게 보편적으로 정착된 시대에 탄생했다.

그리스도교 교리의 지적인 측면에는 플라톤 철학이 많은 도움을 주었다. 플라톤에게서 지혜를 의미한 '로고스' 즉 지고한 존재의 이성은 그리스도교에 와서는 '말씀' 즉 신이 사람으로 성육신한 존재가 되었다. 인간 지성을 초월하는 심오한 형이상학은 감히 가닿을 수 없는 성소(聖所)였고, 종교는 그 안에 꼭꼭 싸여 있었다.

뒤이어 어떻게 마리아가 신의 모친으로 선포되었는지, 성부(聖父)와 '말씀'의 동체성(同體性)이며 신성한 로고스의 신성한 기관인 '프네우마'의 발현(위격(位格)에서 귀결된 두 본성과 두 의지) 같은 관념들이 어떻게 확립되었는지, 그리고 마지막으로 우월한 먹기 즉 눈으로 볼 수 있고 맛볼 수 있으면서도 무화(無化)된 빵의 형태로 우리가 먹고 경배하는 신인(神人)의 팔다리와 피를 통해 육체뿐 아니라 영혼에도 양식이 되게끔 하는 의식이 어떻게 정착되었는지, 그런 설명들을 여기서 되풀이하지는 않겠다. 모든 체계들은 숭고하였다.

2세기부터 사람들은 예수의 이름으로 악마를 내쫓기 시작했다. 그 전에는 여호와나 야훼의 이름으로 구마(驅魔)를 했다.

성 마테오(마태)에 따르면 예수에게 적대적인 자들이 예수를 가리켜 악마 우두머리의 이름으로 마귀를 내쫓는다고 말하니 예수가 그들에게 대답하기를 "만약 내가 베엘제붑에 의지하여 마귀를 내쫓는다면, 당신들의 자녀들은 누구를 의지하여 마귀를 내쫓는가?"라고 했다.

유대인들이 악마의 왕자로 이방의 신이었던 베엘제붑을 인정한 것이 언제인지는 아무도 모른다. 그러나 우리가 아는 것은 마귀 들린 사람(즉 이상한 병에 걸린 사람. 당시는 이 세상 대부분의 곳에서 이런 병을 악령의 장난으로 여겼다.)의 몸에서 마귀를 내쫓는 일을 하는 구마사들이 예루살렘에 있었다는 사실이다.

그러므로 이런 마귀들은 오늘날에는 상실된 신의 이름 '여호와'를 그야말로 정확히 발음하고 지금은 잊혀진 그 밖의 의식을 함으로써 쫓아내곤 했다.

이처럼 '여호와'나 그 외 신의 이름을 부름으로써 마귀를 쫓는 것은 초기 그리스도교회에서 예수 사후 몇 세기 동안 실제로 행해지던 일이다. 오리게네스[511]는 켈수스에 맞서 논쟁하다가 이렇게 말했다. "만약 신에게 애원하거나 신의 이름을 걸고 맹세를 하면서 신을 '아브라함과 이삭과 야곱의 하느님'이라 부른다면 이 이름에 의해 어떤 일들을 이루리라. 그 이름의 성격과 힘은 막강하여 마귀들이 그 이름을 부른 사람에게 굴복한다. 그러나 만약 다른 이름, 밀려드는 시끄러운 바다의 신 같은 이름을 부른다면 이런 이름들은 아무런 덕이 없을 것이다. 이스라엘이라는 이름을 그리스어로 번역해서 부르면 아무 효과도 없을

---

511 알렉산드리아파를 대표하는 교부. 매우 독창적인 신학 체계를 세운 탓에 이단과의 논쟁뿐 아니라 교회와도 적잖은 마찰을 일으켰다.

것이다. 아무 일도 이루어질 수 없을 것이다. 그러나 히브리어로 그 이름을 부르면서 필요한 다른 단어도 같이 말한다면 액을 막을 수 있을 것이다."

앞에 말한 그 오리게네스가 『원리에 관하여』19장에서 주목할 만한 이런 말을 한다.

당연히 미덕을 지니는 이름들이 있다. 이집트의 현자들, 페르시아의 승려들, 인도의 브라만 사제들이 사용하는 이름들이 그러하다. 우리가 마법이라 부르는 것은 스토아 철학자와 에피쿠로스학파가 말하듯이 헛되고 비현실적인 기술이 아니다. '사바오트'라는 이름도 '아도나이'라는 이름도 피조물을 위해 만들어진 이름은 아니다. 이 이름들은 창조주와 관련된 신비적 신학에 속한 이름들이다. 그렇기 때문에 우리가 규칙에 따라 그 이름들을 정연히 배열하고 발음할 때 이 이름들의 미덕이 발휘되는 것이다.

오리게네스는 이런 말을 하면서 자신의 특별한 감정은 전혀 내비치지 않는다. 그는 그저 보편적 의견을 보고할 따름이다. 당시 알려진 모든 종교들은 일종의 마법을 인정했다. 그리고 사람들은 천상의 마법과 지옥의 마법, 강신술(降神術)과 요술을 구분했다. 일체가 기적이요, 예지요, 신탁이었다. 페르시아인은 이집트인의 기적을 결코 부정하지 않았고, 이집트인도 페르시아인의 기적을 부인하지 않았다. 초기 그리스도교인들이 무녀들의 소임인 신탁을 듣고 그 신탁을 확신하도록 신은 허용했고, 그러면서도 신은 그 무녀들에게 별것 아닌 몇 가지 오류를 남겼는데 그건 종교의 근저를 결코 손상시키지 않는 잘못이었다.

상당히 괄목할 만한 일이 하나 더 있다. 서기 I, 2세기 그리스도교인들이 신전, 제단, 우상을 끔찍이 두려워했다는 사실이다. 오리게네스도 바로 그 사실을 『원리에 관하여』 374장에서 고백하고 있다. 그 뒤로 그리스도교회가 일정한 형태를 갖추면서 규율이 생기자 모든 것이 달라졌다.

네 번째 질문

일단 어느 종교가 법에 의해 한 나라에 정착되면, 법원은 그 종교가 공인받기 전에 그 지역에서 했던 일 대부분을 일반 사람들이 다시 못 하게 막는 일에 전념한다. 종교를 창립한 사람들은 당국에서 어떤 조치를 취하든 간에 몰래 모인다. 법의 감시 하에 공적으로 열리는 모임만 허용되며 법에 위배되는 모든 회합은 금지된다. 인간에게 복종하기보다 신에게 복종하는 것이 낫다는 옛 격언이 있다. 이제 이와 정반대되는 격언이 받아들여진다. 즉 "국가의 법에 따르는 것이 신에게 복종하는 것이다."라는 격언이다. 예전에는 '악마에 홀림'이나 '신들림' 같은 말만 여기저기서 들렸고, 사슬 풀린 악마가 세상에 나돌아다니고 있었다. 이제는 악마가 제 거처에서 더 이상 나오지 못한다. 옛날에는 기적과 예언이 필요했다. 이제는 그런 것을 사람들이 받아들이지 않는다. 만약 누가 공공장소에서 재앙을 예언한다면 그런 사람은 당장 투옥될 것이다. 예전에 종교를 창립한 자들은 은밀히 신도들의 돈을 받았다. 지금은 누가 법적 허가 없이 제멋대로 쓰려고 돈을 거둔다면 경찰에 잡혀갈 것이다. 이처럼, 건물 세울 때 쓰인 발판은 짓고 나면 더 이상 쓰지 않는 법이다.

다섯 번째 질문

우리의 거룩한 종교(아마도 유일하게 제대로 된 종교일 텐데)가 있은 후 가장 덜 나쁜 종교란 과연 어떤 종교일까?

가장 단순한 종교? 도덕은 많이 가르치며 독단적 교리는 거의 안 가르치는 종교? 인간을 부조리하게 만들지 않고 정의롭게 만들려 하는 종교? 불가능한 것, 모순적인 것, 신성(神性)을 모독하고 사람에게 해로운 것을 믿으라고 강요하지 않는 종교이자 상식을 지닌 보통 사람에게 영원한 고통을 들먹이며 위협할 배짱은 없는 종교? 남을 괴롭히는 사람들을 내세워 신앙을 유지하지 않으며, 난해한 궤변을 위해 세상을 피로 물들이지 않는 종교? 애매한 말이며 말장난, 혹시 반포될지도 모르는 두세 가지 헌장으로 인해 근친상간, 살인, 독살을 밥 먹듯 하는 사제를 군주나 신처럼 떠받드는 일이 없는 종교? 이런 사제에게 왕조차 머리를 조아리게 만들지 않는 종교? 신의 뜨거운 사랑, 정의, 인류의 관용, 이런 것만을 가르치는 종교? 이런 종교가 그래도 가장 덜 나쁜 종교 아닐까?

여섯 번째 질문

착한 사람들의 종교는 여러 점에서 부조리하고 모순되고 유해하다고 사람들은 말했다. 그러나 사람들은 그런 종교가 실제로 저지른 것보다 더 많은 해악을 그 종교 탓으로 돌리고, 그 종교가 설법한 것보다 더 많은 어리석은 소리를 그 종교 탓으로 돌린 것은 아닐까?

왜냐하면 황소 모습을 한

　아니면 뱀, 백조, 다른 모습을 한 유피테르를 보면 나는 그게
도무지 멋진 모습으로는 안 보이고

　때로 사람들이 그 얘기를 하더라도 놀라지 않으니까

— 몰리에르의 희곡 『앙피트리옹』의 프롤로그

　어쩌면 이건 매우 무례할지도 모른다. 그렇지만 고대를 통틀어 백조나 황소와 동침하는 레다에게 헌정된 신전을 누가 내게 보여 주었나? 아테네나 로마에서 처녀들에게 자기 집 뜰에 노는 백조들과 사통해 임신하라고 부추기는 설교가 있었던가? 오비디우스가 모으고 꾸며 쓴 우화들이 종교인가? 그 우화들은 우리 프랑스인의 『황금빛 전설』[512]이나 『성인들의 꽃』[513]에 가깝지 않은가? 만약 어느 브라만교 사제나 이슬람교 수도승이 우리에게 이집트의 성 마리아 이야기를 들이대어 반증한다면(이집트의 성 마리아는 자신을 이집트로 데려다준 선원들에게 대가로 지불할 돈이 없어서 돈 대신 이른바 '애정 표시'를 선원 각자에게 허락했다.) 우리는 그 브라만에게 말할 것이다. "존귀하신 사제님, 잘못 아셨습니다. 우리의 종교는 『황금빛 전설』이 아니거든요."라고.

　우리는 옛 사람의 신탁과 기적이 틀렸다고 비난한다. 만일 그들이 세상에 다시 와서 우리가 로레토의 성모의 기적들과 에페소의 성모의 기적들을 세어 볼 수 있다면,[514] 둘 중 어느 쪽에 후한 점수를 줄 것인가?

---

512 150여 명 성인과 순교자를 골라 그들의 생애를 기록한 책.
513 1년 365일 매일 그날의 성인 전기를 모은 성인전.
514 로레토와 에페소 양쪽에 모두 이적으로 옮겨왔다는 성모의 집 유적이 있다.

인신 공양은 거의 모든 민족에게서 관례로 확립되었다. 그러나 실제로 인간을 제물로 바쳤다는 예는 극히 드물다. 그런 예로는 유대인의 땅에서 제물로 희생당한 입다의 딸과 아각 왕밖에 없다. 왜냐하면 이삭과 요나단은 그런 꼴을 당하지 않았으니까. 이피게네이아의 이야기는 그리스인들에게서 사실로 입증되지 않았다. 고대 로마인들에게서 사람이 희생 제물이 된 경우는 매우 드물다. 한마디로 그리스도교 아닌 이교도의 종교는 거의 사람 피를 흘리지 않았는데 정작 우리의 종교는 세상을 피로 적시다시피 한 것이다. 우리 종교는 아마도 유일하게 훌륭한 종교이고 유일하게 진실한 종교일지도 모른다. 그러나 우리는 그 종교의 방편을 쓰면서 너무도 많은 악을 저질렀기에 다른 종교에 대해 얘기할 때는 겸손해야 한다.

일곱 번째 질문

만약 사람이 이방인에게든 자기 동족에게든 자기가 신봉하는 종교를 믿으라고 설득하고자 한다면 그런 시도는 지극히 환심 사는 부드러운 말씨와 더없이 상냥하고 온건한 태도로 이루어져야 하지 않을까? 시작부터 대뜸 자기가 하는 말이 이미 입증된 사실이라고 한다면 온통 못 믿겠다는 사람만 가득할 것이다. 만일 그가 감히 그들을 향해 "내 종교의 교리가 당신들의 정욕을 단죄하기에 당신들이 그 교리를 배격하는 것이오."라고 말한다면, 또 그들의 가슴이 그들의 정신을 타락시켰다고 하고 그들이 지닌 것은 오직 그릇되고 교만한 이성밖에 없다고 한다면 그들은 발끈할 것이며 요란하게 맞서 논쟁할 테니 그는 자기가 정착시키고 싶은 것을 스스로 망치는 셈이 될 것이다.

만약 그가 전하는 종교가 참된 종교라면, 그걸 전하면서 상대방에게 격하고 무례한 태도를 보인다고 그 종교가 더 참되어질까? 온유하고 잘 참고 친절하고 정의로워야 하며 사회의 모든 의무를 완수해야 한다고 당신이 말할 때 그 말을 화내면서 하겠는가? 아니다. 왜냐하면 그 말 듣는 누구라도 당신과 같은 생각일 테니까. 그러니 어째서 당신이 형제에게 알쏭달쏭한 형이상학을 설교하면서 모욕적 언사를 쓰는가? 그건 상대방의 지각이 당신의 자존심을 상하게 하기 때문이다. 당신은 오만하게도 형제에게 요구한다. 너의 지성이 나의 지성에 굴복해야 한다고. 자만심이 모욕당하면 화가 나게 마련이며, 화에 다른 원천은 전혀 없다. 전투에서 총알 스무 발을 맞은 사람은 결코 화를 내지 않는다. 그러나 상대방의 찬동을 구했다가 거절당해 상처 받은 박사는 격분하며 무자비해진다.

여덟 번째 질문

국교(國敎)와 신학적 종교를 조심스레 구분해야 하지 않겠는가? 국교의 요구사항은 이슬람 지도자라면 할례 받은 신자의 명부, 본당 신부나 담임목사라면 세례 받은 신자의 명부를 갖고 있어야 한다는 것이다. 사원이나 성당이나 교회당이 있어야 하며 예배와 안식에 할당된 날이 있어야 하고 법으로 정한 의식이 있어야 한다. 이런 의식을 집전하는 성직자는 권력은 없더라도 신망이 있어야 한다. 그들은 사람들에게 올바른 행실을 가르쳐야 하며 법의 집행자들은 종교 단체 교역자들의 행실을 감시해야 한다. 이러한 국교는 어떤 시대에든 아무런 말썽을 일으키지 않는다.

신학적 종교는 이렇지 않다. 신학적 종교는 모든 어리석음과 상상 가능한 모든 말썽의 근원이다. 광신과 민간 반목의 모태이자 인류의 적이다. 어느 승려가 '포'는 신이라고 주장한다. 이슬람 고행자들이 일찍이 그를 예언하였다 하며 그는 흰 코끼리에서 태어났다고 한다. 승려 한 사람 한 사람마다 얼굴을 찡그리면 포 하나씩을 만들 수 있다고 한다. 한편 태국 불교 승려는 말하기를 포는 성인인데 승려들이 그 교리를 망쳤다고 한다. 진짜 신은 삼모노코돔이라 한다. 100가지 추론을 하고 또 그 논증에 반하는 다른 100가지 추론을 한 다음 양쪽에 대한 판단일랑 달라이라마에게 믿고 맡기는 게 좋을 것이다. 달라이라마는 여기서 300리나 멀리 떨어진 곳에 있고, 불멸하는 존재이며 심지어 오류도 없는 존재이다. 양편은 그에게 엄숙한 사절단을 보낸다. 달라이라마는 그의 신성한 관례에 따라 우선 그들에게 의자형 변기로 받은 자신의 대변을 나누어 준다.

서로 경쟁하는 두 파는 우선 똑같이 공손히 그 대변을 받아서 햇볕에 말린 후 그들이 경건하게 입맞추는 작은 염주에 끼워 넣는다. 그러나 달라이라마와 그의 평의회가 포의 이름으로 말을 하게 되면 그 즉시 염주를 부신(副神)의 면전에 던지며 채찍으로 그를 백 번 때리려 하는 쪽이 단죄당한다. 반대편은 자신의 라마를 옹호한다. 그들은 그 라마로부터 좋은 봉토를 받은 바 있다. 양편 다 오래오래 서로 싸운다. 서로 몰살시키고 살해하고 독살하다가 지치면 그때까지도 여전히 서로 심한 욕설을 한다. 그리고 달라이라마는 그걸 듣고 웃는다. 그리고 그는 선하신 아버지 라마의 배설물을 기꺼이 받고자 하는 사람이라면 누구에게나 여전히 대변을 나누어 준다.

웃음 —— Rire

울음이 고통의 신호이듯 웃음이 기쁨의 신호라는 것, 이는 웃어 본 사람이라면 아무도 의심하지 않는 사실이다. 웃음의 형이상학적 원인을 찾는 사람들은 즐겁지 못하다. 웃음을 촉발하는 이런 유의 기쁨이 어째서 관골근(입에 딸린 열세 개 근육 중 하나)을 두 귀 쪽으로 끌어당기는지 그 이유를 아는 사람들은 정말 박식한 사람들이다. 짐승들에게도 사람처럼 이런 근육이 있다. 하지만 짐승들은 기뻐서 웃는 법이 없고 슬퍼서 펑펑 우는 적도 없다. 사슴이 울음소리를 낼 때 그 눈에서 체액이 흘러나올 수 있고 개의 경우도 혹 살아 있는 개를 해부한다면 그럴 수 있다. 그러나 짐승들은 사람들이 그러듯이 주인이나 친구를 위해 우는 법이 없다. 또 그들은 사람처럼 우스운 대상을 보고 웃음을 터뜨리는 일도 없다. 울고 웃는 유일한 동물은 인간이다.

우리는 괴로운 일을 당해야만 울듯이 기쁜 일에만 웃는다. 이치를 잘 따지는 사람들은 주장하기를 웃음이 자부심에서 나온다고 했다. 즉 사람은 자기를 웃게 만드는 대상보다 자신이 우월하다고 생각한다는 것이다. 사실 웃을 수 있는 동물인 인간은 자부심 강한 동물이기도 하다. 그러나 자부심 때문에 웃게 되는 것은 아니다. 아이가 진심으로 깔깔 웃을 때 그 아이는 자기를 웃기는 대상보다 자신이 우월한 위치라서 그 기쁨에 자신을 내맡긴 것이 아니다. 만약 누가 간지럼을 태워서 까르르 웃는다면, 그건 분명 아이가 자만심이라는 중죄에 홀딱 넘어가서 그런 것이 아니다. 내가 처음으로 혼자 독서를 한 것은 열한 살 때였는데 그때 읽은 책이 몰리에르의 『앙피트리옹』이었다. 그걸 읽고 나는 뒤로 넘어갈 만큼 웃었다. 그렇게 웃은 것이 과연 자부심 때문일까? 사람은 혼자 있을 때는 절대로 자부심을 느끼지 않는다. 황금 당나귀의 주인이 자기 수프를 먹는 당나귀의 모습을 보고 그렇게 깔깔 웃기 시작한 것은 과연 자부심 때문이었을까? 웃는 사람이라면 누구든 그 순간에는 쾌활한 기쁨을 느끼며, 기쁨 말고 다른 느낌은 들지 않는다.

기쁨이라고 다 사람을 웃게 만드는 것은 아니다. 정말 대단한 기쁨은 매우 심각하다. 사랑의 기쁨, 야망의 기쁨, 인색함의 기쁨, 이런 것은 아무도 웃게 만들지 않는다.

웃음은 때로 경련으로까지 발전할 때가 있다. 심지어 웃다가 죽은 사람들도 있다. 나는 그걸 믿기 힘들지만 말이다. 물론 웃다 죽은 사람들보다는 슬퍼서 죽은 사람들이 더 많다는 것은 분명하다.

때로 눈물을, 때로 웃음이라는 현상을 촉발하는 격렬한 기운이 실제로 입 근육에 연관된 경우도 있다. 그러나 이건 진정한 웃음이 아니라 경련이며, 고문이다. 이때 나오는 눈물은 진짜 눈물일 수 있다. 왜냐하면 고통스러우니까. 그러나 그건 진짜 웃음이 아니다. 그 웃음엔 다른 이름을 주어야 한다. 그래서 그런 웃음은 '경련하는 웃음'이라 부른다.

악의적인 웃음인 '사악한 웃음(perfidum ridens)'은 또 다른 문제다. 그건 남을 능욕하는 쾌락이다. 기막히게 좋은 일들을 약속해 놓고 실제로는 어리석은 짓만 하는 사람, 그런 사람을 우리는 폭풍 같은 조롱으로, 카치눔(cachinnum)[515]으로 뒤쫓는다. 프랑스어에는 없는 표현이다. 그때 우리의 자부심은 그 자부심을 키워 준 자의 자부심을 비웃는다. 우리는 「레코세즈」[516]를 보고 웃지만 거기 나오는 우리 친구 프레롱[517]에게는 웃음 이상의 야유를 보낸다. 그래도 나는 친구 프레롱에 대해 얘기하는 것이 좋다. 그러면 웃음이 나온다.

515 '웃음'이라는 뜻의 라틴어.
516 볼테르가 쓴 희곡으로 1760년 초연된 연극. 원제목은 「카페 혹은 레코세즈」이며 레코세즈란 스코틀랜드 여인을 뜻한다.
517 「레코세즈」에 등장하는 인물로, 볼테르는 작품 속에서 대놓고 이 실제 인물을 비웃었다.

분파——Secte

모든 분파는 어떤 유의 분파이건 의심과 오류의 집합이다. 스코투스 학파,[518] 토마스 학파,[519] 실재론자, 유명론자, 교황주의자, 칼뱅파,[520] 몰리나파,[521] 얀센파 이런 것은 그저 전쟁의 이름일 뿐이다.

기하학에는 분파가 없다. 유클리드파라든가 아르키메데스파 같은 말은 없다. 진실이 명백할 때는 진영과 파당이 설 자리가 없다. 정오가 낮이냐 아니냐를 갖고는 아무도 논쟁한 적이 없다.

천문학에서 천체의 운행과 일식 및 월식이 돌아오는 시기를

---

518 13세기 스코틀랜드의 프란치스코회 수사인 둔스 스코투스의 철학적 신학적 학설을 따르는 스콜라 학자들의 분파.

519 중세 그리스도교의 대표적 신학자이자 스콜라 철학자인 토마스 아퀴나스의 학설을 추종하는 파.

520 스위스의 신학자 장 칼뱅을 추종하는 파.

521 신의 은총을 받으려면 인간의 의지가 필요하다고 주장한 에스파냐 신학자 몰리나를 추종하는 파.

결정하는 분야가 어딘지가 일단 알려진 뒤엔 천문가들 사이에 더 이상 논쟁은 없다.

영국에서 "나는 뉴턴파다.", "나는 로크파다.", "핼리파다." 라고는 결코 말하지 않는다. 왜? 이 위대한 세 사람이 가르쳐 준 진실을 읽은 사람이라면 거기에 동의하지 않을 수가 없기 때문 이다. 뉴턴이 존경 받으면 받을수록 뉴턴파를 자칭하는 사람은 줄어든다. 뉴턴파라는 말 자체가 영국에 반(反)뉴턴파가 있다는 걸 전제로 하는 얘기니까. 아마 프랑스에는 아직도 데카르트파 가 좀 있을 것이다. 그건 단지 데카르트의 체계가 그릇되고 우 스꽝스러운 상상으로 짜여진 것이라서 그럴 뿐이다.

명백히 확인된 몇 안 되는 사실적 진실도 마찬가지다. 『런던 탑 기록 보고서』는 라이머[522]가 집대성했는데, 라이머파는 없다. 왜냐하면 이 기록집에 반박할 생각을 하는 사람은 아무도 없기 때문이다. 이 저작에서는 모순도, 부조리한 점도, 기적도 찾을 수 없다. 이성에 반대되는 요소도 전혀 없고, 따라서 광신적 당 파주의자들이 말도 안 되는 논리로 주장하거나 뒤집으려 할 만 한 것이 전혀 없다. 그러니까 라이머의 이 보고서가 믿을 만하 다는 것은 누구나 동의하는 일이다.

당신은 마호메트 신봉자이다. 그러니까 세상에는 마호메트 파가 아닌 사람들도 있다. 그러므로 당신 생각은 얼마든지 틀릴 수도 있다.

---

522 17~18세기, 영국의 역사 서지학자. 보고서의 원제는 라틴어로 Foedera, conventiones, litterae et cujuscumque generis acta publica inter reges Angliae et alios quovis imperatores, reges etc.라는 제목이고 전 17권으로 되어 있으며 1704년부터 1716년에 걸쳐 집필되었다.

만약 그리스도교가 존재하지 않는다면, 진정한 종교의 모습은 어떠할까? 분파가 전혀 없는 종교, 모든 정신이 필연적으로 조화를 이루는 그런 종교 아닐까?

그런데 모든 정신은 어떤 교리 안에서 합치하는가? 신을 흠숭한다는 점에서, 그리고 정직하다는 점에서 합치한다. 종교를 가진 세상 모든 철학자들은 어느 시대에나 이렇게 말한다. "신은 있다. 올바르게 살아야 한다." 모든 시대에 모든 사람들에게서 확립된 보편적 종교는 이런 형태다.

그러니 그들 모두가 동의하는 점은 참이다, 그리고 그들을 서로 다르게 만드는 체계들은 그러므로 틀리다.

"내 종파가 가장 훌륭한 종파다."라고 어느 브라만이 내게 말했다. 그렇지만, 친구여, 만약 그대의 종파가 좋은 종파라면, 그 종파는 필요하다. 왜냐하면 그 종파가 절대로 불필요하다면 그대는 내게 그 종파가 무용(無用)하다고 고백할 테니까. 만약 그 종파가 절대적으로 필요하다면, 그것은 누구에게나 필요하다. 그러니 모든 사람이 자기들에게 절대적으로 필요한 것을 갖지 못한다는 일이 어찌 있을 수 있는가? 나머지 세상 사람들이 그대와 그대의 브라만 신을 비웃는 일이 어떻게 있을 수 있는가?

자라투스트라, 헤르메스, 오르페우스, 미노스, 그리고 모든 위인들은 말한다. "신을 경배하고 정의롭게 살자."라고. 아무도 이 말을 듣고 웃지 않는다. 그러나 죽을 때 황소 꼬리를 꼭 붙들어야만 신의 마음에 들 수 있다고 주장하는 사람, 누구나 음경 끝부분의 포피를 조금 잘라내야만 한다는 사람, 악어와 양파를 신성하다고 떠받드는 사람, 죽은 사람 뼈를 셔츠 밑에 지니고 다니며 그 뼈에, 혹은 로마에서 동전 두세 푼 주고 산 전대사(全

大赦) 면죄부에 영원한 구원을 결부시키는 사람, 이런 사람은 온 세상이 비웃는다.

우주의 이쪽 끝에서 저쪽 끝까지 온 세상이 합심하여 비웃고 야유하는 것은 대체 어째서 그런가? 모든 사람이 비웃는 일은 명백한 진리가 아니어야만 한다. 페트로니우스에게 '시빌의 신탁, 사실이 입증한 그 진실'이라는 제목을 단, 과장된 문체로 쓰인 책을 헌정한 세이아누스[523]의 비서에 대해 우리는 무슨 말을 할 수 있을까?

이 비서가 독자에게 입증해 보이는 내용은 우선 신이 지상에 여러 명의 시빌 무녀(巫女)를 하나씩 하나씩 내려보낼 필요가 있었다는 것이다. 왜냐하면 신이 인간을 가르치기 위해서는 다른 방도가 없었기 때문이라고 한다. 신이 이 무녀들에게 말을 했다는 것도 분명하다. 왜냐하면 시빌이라는 말이 '신의 조언'이라는 뜻이기 때문이다. 무녀들은 틀림없이 장수했을 것이다. 왜냐하면 신이 친히 말을 거는 사람들이라면 최소한 이런 특권은 누려야 하기 때문이다. 무녀의 수는 12명이었는데 이는 12라는 숫자가 성스러운 숫자이기 때문이다. 무녀들은 틀림없이 세상에서 벌어지는 모든 사건을 예언했는데, 타르키누스가 이 무녀들의 신탁을 기록한 책을 구화(舊貨) 500프랑에 구입했기 때문이다. 그 책을 쓴 세이아누스의 비서는 덧붙인다. "온 세상 사람이 보는 가운데 한곳에서 일어난 이 명백한 사실들을 어떤 불신자가 감히 부정하겠는가?"라고. 무녀들의 예언이 실제로 성취되었다는 것을 누가 부정할 수 있으랴? 베르길리우스조차 시빌의 예언

---

523 로마 황제 티베리우스의 친구이자 측근으로 황실 근위대장이었으나 나중에 역모로 처형당했다.

을 인용하지 않았던가? 사람들이 읽을 줄도 쓸 줄도 모르던 시절에 쓰여진 시빌 무녀의 책들 초판본이 지금 우리 손에 있지 않다면, 그 내용 그대로 베낀 복사본은 없는가? 그런 증거물 앞에서 불경한 소리 하는 사람은 입 다물어야 한다. 후테빌루스[524]는 세이아누스에게 이렇게 말했다. 그는 연봉 5만 프랑을 받을 수 있는 점복관(占卜官) 자리를 탐냈지만, 아무것도 얻지 못했다.

어느 광신자는 이렇게 말했다. "내가 믿는 종파의 가르침은 솔직이 말해 모호합니다. 그런데 바로 이 모호성 때문에 그 가르침을 믿어야 하는 겁니다. 왜냐하면 그 종파는 스스로 말하거든요, 모호한 것투성이라고. 내 종파는 기상천외합니다. 그래서 이 종파가 신성한 겁니다. 그토록 광적으로 보이는 것에 신성한 점이 없다면 어떻게 그 많은 사람들이 호응할 수 있겠어요? 이는 정확히 『코란』과 같지요. 이슬람교 수니파 신도들은 알코란이 천사의 얼굴과 짐승의 얼굴을 함께 지녔다고 말합니다. 짐승이 내뿜는 콧김에 충격 받지 마시고 천사의 얼굴을 경배하세요." 이 몰상식한 사람은 이렇게 말한다. 그러나 다른 종파의 광신도가 이 광신도에게 이렇게 대답한다. "야수는 바로 너다. 그리고 천사는 나다."라고.

그런데 이 재판의 판결은 누가 내릴까? 마귀 들려 날뛰는 이 두 무뢰한 사이에서 누가 판정을 할까? 합리적이고 편향되지 않으며, 말뿐인 학문이 아니라 진정한 학문에 박식한 사람, 편견에 사로잡히지 않고, 진실과 정의를 사랑하는 사람, 요컨대 짐승이 아닌 사람이리라.

---

524 『사실에 의해 입증된 그리스도교』라는 책을 쓴 신부 우트빌의 이름을 농담 삼아 라틴어식으로 표기한 것.

상식 —— Sens commun

　흔히 쓰는 표현 속에 모든 인간의 마음 속 심층에서 일어나는 것의 이미지가 들어 있는 경우가 가끔 있다. 센수스 코무니스(Sensus communis)란 로마인들에게는 단지 '상식'이라는 의미만이 아니라 '인간성', '감수성'을 뜻하기도 한다. 우리는 로마인들만큼 선하지 않기에 우리에게 이 말이 뜻하는 바는 로마인 시대에 통용되던 의미의 절반밖에 안 된다. 우리에겐 이 말이 상식, 조야한 이성(理性), 막 발현한 이성, 일반 사물들의 제1개념, 어리석음과 재기(才氣)의 중간쯤 되는 상태를 뜻한다. "저 사람은 상식이 없어."라는 말은 모욕이기도 하다. 그 말은 그가 완전히 어리석지는 않은데 이른바 기지(機智)가 부족하다는 의미이다. 그런데 상식(sens commun)이라는 이 표현의 유래는 무엇일까? 만약 의미(sens)라는 것이 정녕 있다면 말이다. 사람들이 이 말을 지어냈을 때는 뭔가가 영혼 속에 들어올 때 반드시 의미를 거쳐 들어온다는 것을 고백한 셈이다. 만약 그렇지 않다면 '의미'라는 말을 일반적 추론이라는 뜻으로 쓴 것일까?

사람들은 때로 말한다. "진정한 상식이란 찾아보기 어렵다."라고. 이 말은 무슨 뜻인가? 많은 사람의 경우에, 막 발현되어 작동을 시작한 이성이 발전해 가다가 여러 가지 편견 때문에 그 발전을 멈춘다는 것이다. 어떤 일에서 매우 건전한 판단을 하는 사람이 다른 일에서는 대단히 거칠고 그릇되게 생각할 수도 있다는 뜻이다. 계산을 잘 하고 학식 높은 화학자에다 정확한 천문학자인 어느 아랍인이 마호메트가 소맷자락에 달의 반쪽을 집어넣었다는 것을 믿을 수도 있다는 뜻이다.

왜 그 아랍인은 방금 언급한 세 가지 학문(수학, 화학, 천문학)에서는 일반 상식을 훨씬 뛰어넘는 수준일까? 그리고 어째서 이 마호메트의 달 반쪽 얘기에서는 그 수준이 상식 이하일까? 전자의 경우는 그가 자기 눈으로 보았고 자기의 지성을 완벽하게 쌓은 것이지만, 후자의 경우는 남의 눈으로 보았고 자기 눈은 감았으며 자기 내면의 상식을 왜곡했기 때문이다.

이처럼 이상한 정신적 전도(顚倒)는 어떻게 일어날 수 있을까? 대부분의 대상에 대해서는 머릿속에서 그렇게도 규칙적으로 확고하게 떠오르던 생각들이 훨씬 더 구체적이고 이해하기도 쉬운 또 다른 대상에 대해서는 그렇게도 형편없이 비틀거릴 수가 있을까? 이 사람 내면의 지성의 원리들은 항상 똑같다. 그러니 때로 더없이 섬세한 미각의 소유자가 특정 종류의 음식에 대해서만은 입맛이 특이할 수 있듯이, 분명 그의 신체기관 어느 하나는 잘못된 것이 틀림없다.

달의 반쪽이 마호메트 소맷자락 안에 있다고 보는 이 아랍인의 신체기관은 어떻게 해서 잘못된 것일까? 공포 때문에 그렇게 된다. 사람들은 그에게 계속 말해 왔다. 만약 마호메트 소매 속의 달에 관한 이 얘기를 믿지 않는다면 그의 영혼은 죽어서 특별히 표시된 다리를 건널 때 영영 심연 속으로 떨어지고 말 것이라고. 심지어 더 나쁜 얘기도 했다. "만약 당신이 그 소매 이야기를 의심한다면 이슬람 수도승이 당신을 불경한 자로 취급할 것이다. 또 다른 수도승은 당신이 비정상이라는 걸 입증할 것이다. 믿을 만한 동기가 모두 갖추어져 있는데도 그 잘난 이성을 이 명백한 사실 앞에 굴복시키려 하지 않는 몰상식한 사람이라고 몰아세울 것이다. 세 번째 수도승은 시골 법정의 피고석에 당신을 앉힐 것이며 당신은 법에 따라 몸에 말뚝 박히는 형을 당할 것이다."

이 모든 것은 선한 아랍인과 그의 아내, 누이, 온 가족을 끔찍한 두려움에 빠뜨린다. 그들은 다른 모든 것에 대해서는 상식이 있지만, 이 문제에 대해서는 그들의 상상에 상처가 난 것이다. 자기의 안락의자 곁에 낭떠러지가 있는 것을 끊임없이 보았던 파스칼의 상상이 그랬듯이. 그러나 우리의 아랍인은 마호메트 소맷자락에 달의 반쪽이 들어 있다고 실제로 믿는가? 아니다. 그는 믿으려고 애쓰는 것이다. 그는 말한다. "그건 불가능한 일이지만, 진실입니다. 나는 내가 믿지 않는 것을 믿습니다."라고. 그의 머릿속에서는 마호메트 소매 문제에 대해 엄청나게 혼돈스러운 생각들이 생겨나고, 그 생각들을 잘 풀어 정리하는 것이 그는 두렵다. 이것이 진정 몰상식한 상황인 것이다.

유신론자 —— Théiste

유신론자는 전능하고 선한 지고의 존재를 확신하며, 이 지고의 존재가 퍼져 나가 자라나고 느끼고 생각하는 모든 존재들을 만들었고 그들 종이 영속되게끔 하며, 죄에는 잔인함 없이 벌을 내리고 선한 행위는 어질게 보상한다고 믿는 사람이다.

신이 어떻게 벌을 내리는지, 어떻게 은혜를 베푸는지, 어떻게 용서하는지 유신론자는 알지 못한다. 이는 그가 신이 어떻게 행하는지 알 수 있다고 여길 만큼 경솔하지 않은 까닭이다. 그는 그저 신이 행한다는 것을, 또한 신이 정의롭다는 것을 알 뿐이다. 신의 섭리와 상충하는 문제들이 있다 해도 그의 믿음은 흔들리지 않는다. 그것들은 큰 문제들에 불과할 뿐 증거가 될 수 없기 때문이다. 그가 섭리에서 감지할 수 있는 것은 섭리의 미미한 결과와 흔적뿐이지만 그럼에도 그는 섭리에 순종한다. 또한 그는 자신이 보는 바를 가지고 보지 못하는 바를 판단하여 이 섭리가 모든 곳 모든 시대에 미치고 있다고 여긴다.

이런 원칙 안에서 나머지 세상과 결부되어 있기 때문에, 그는 서로 반박하는 온갖 종파들 가운데 그 어떤 것도 선택하지 않는다. 그의 종교가 가장 오래되고 가장 널리 퍼진 종교이다. 신을 향한 단순한 숭앙이야말로 세상의 어떤 체제보다도 앞선 것이었으니까 말이다. 세상 모든 민족들이 서로를 이해 못 하는 가운데 그는 모두가 이해하는 언어를 말한다. 베이징으로부터 카옌에 이르기까지 그의 형제들이 있으니, 그는 세상 모든 현인들을 자신의 형제로 여긴다. 그가 믿기로 종교는 난해한 형이상학의 견해들이나 공허한 외관에 있는 것이 아니라 흠숭과 정의로움에 있다. 선을 행하는 것이 바로 그의 예배이고, 신에게 복종하는 것이 바로 그의 교리이다. 이슬람교도는 "메카 순례를 하지 않을 거면 몸을 조심해!"라고 외치고 성 프란체스코 원시 회칙파 수도사는 "로레토 대성당에 가지 않으면 화가 미칠진저!"라고 한다. 그는 로레토도 메카도 웃어넘긴다. 그는 그저 가난한 이를 돕고 눌린 자를 보호한다.

관용 ─── Tolérance

아타나시우스파와 아리우스파의 분열에서부터 앙리 대왕[525]
의 암살과 세벤 학살[526]에 이르기까지, 나는 끔찍한 광신의 예들
을 역사 속에서 너무나 많이 보아 왔다.

예수회였던 르텔리에의 폭정에서부터 얀센파 광신자들과
고해성사표 판매라는 미친 짓에 이르기까지, 이런 편협한 분노
와 극심한 광분이 만들어 낸 공적 사적 재앙들을 내 두 눈으로
너무나 많이 보아 왔기에 나는 종종 이렇게 자문하곤 했다. "관

---

525 앙리 4세. 신교도로 왕위에 올랐으나 정치적 필요에 의해 가톨릭으로 개종하였고,
1598년 낭트 칙령을 반포하여 제한적이나마 신앙의 자유를 승인하였다. 절대왕정의 기
틀을 확립하고 앙리 대왕이라고 불릴 만큼 칭송받았으나 1610년 가톨릭 교도에 의해
암살당했다.

526 구교와 신교 간의 갈등을 종식시키고 신앙의 자유를 가능케 했던 낭트 칙령이 1685년
루이 14세에 의해 폐지되고 프랑스의 신교도들은 다시 박해에 내몰린다. 세벤 지역에는
신교도들이 모여 극심한 박해에도 굴하지 않고 종교를 지켜나갔으며 왕의 군대와 치열
한 전투가 벌어지기도 했다.

용은 불관용만큼 거대한 악인가? 신앙의 자유는 종교재판의 화형대만큼 야만적인 재앙인가?"

관용이란 무엇인가? 인류의 속성이다. 우리는 너나없이 약점과 결함을 가진 존재들이다. 그러니 우리의 어리석음을 서로 용서하자, 이것이 첫 번째 자연법칙이다.

한 개인이 자신의 형제인 인간을 단지 의견이 다르다는 이유만으로 박해한다면 그게 누구라도 그는 분명 괴물이다. 여기에는 문제가 없다. 그런데 정부, 당국, 군주들, 그들은 자신들이 숭배하는 대상과 다른 대상을 숭배하는 사람들을 어떻게 대하는가? 상대가 강력한 힘을 가진 외국인이라면 군주는 그들과 동맹을 맺을 것이 분명하다. 프랑스 국왕 프랑수아 1세는 가톨릭 신자인 카를 5세에 맞서서 회교도와 연합한다. 프랑수아 1세는 독일의 루터교도들에게 자금을 대어 황제에 대항하는 그들의 항거를 지원하지만, 자국에서는 관례를 따라 루터교도들을 불태우기부터 한다. 그는 작센에서는 정치 때문에 루터파에 돈을 대고, 파리에서는 정치 때문에 루터파를 불태운다. 그래서 무슨 일이 벌어지는가? 탄압은 개종자를 만든다. 곧 프랑스는 새로운 신교도들로 가득 차게 된다. 처음에는 신교도들의 목이 매달리지만, 다음번에 그들 차례가 오면 그들이 목을 매단다. 내란이 일어나고 성 바르톨로메오 축일 대학살이 벌어진다. 그리하여 세상의 이 귀퉁이는 옛사람과 지금 사람들이 일찍이 이야기했던 그 어떤 지옥보다도 더 끔찍한 곳이 되고 만다.

당신들을 창조한 신에게 순수한 예배를 올릴 줄 몰랐던 광인들! 유대 율법의 계명도, 중국의 학자도, 파르시교도도, 세상 어떤 현인도 결코 교화할 수 없었던 가엾은 인간들! 까마귀의 밥통이 썩은 고기를 원하듯 미신을 필요로 하는 괴물들! 당신들의 나라에 두 개의 종교가 있다면 그 둘은 서로의 목을 벨 것이나, 서른 개의 종교가 있다면 그들은 평화롭게 공존하리라. 투르크 황제를 보라. 그는 자라투스트라교도와 바니안족과 그리스 그리스도교도들과 네스토리우스파 그리스도교도들과 로마 그리스도교도들을 모두 통치한다. 분란을 일으키고자 하는 최초의 사람은 말뚝에 박혀 처형되고, 그러고 나면 온 세상이 평온해진다.

이제까지 모든 사람들 가운데서 그리스도교 교도들이 가장 불관용적이기는 했지만, 그럼에도 그리스도교는 모든 종교 중에서 가장 관용을 고취시키는 종교임에 틀림없다. 그리스도교는 요람에서부터 분열되어 있었으니, 초기 황제들 통치 하에 같이 박해를 당할 때조차 그러했다. 순교자가 형제들에 의해 배교자로 낙인찍힌 경우도 많아서, 로마 형리의 칼날 아래 숨겨 간 카르포크라테스파 그리스도교도는 에비옹파 그리스도교도에 의해 파문당하고, 에비옹파는 시벨리우스파에게서 파문당하는 식이었다.

여러 세기 동안 계속되어 온 이 끔찍한 반목이야말로 우리가 서로의 잘못을 용서해야만 한다는 사실을 가장 인상적으로 가르쳐 준다. 반목은 인류의 가장 큰 병이며, 관용이 유일한 치료제이다.

자기 서재에 가만히 앉아 생각을 해 보거나 친구들과 모여 차분하게 모색해 본다면 이 진실에 동의하지 않을 사람은 없을 것이다. 그런데 어째서 한 개인으로서는 관대함과 선행과 정의로움을 받아들이는 바로 그 사람들이 공공의 입장이 되면 그토록 맹렬하게 그 미덕들에 반대하는 것인가? 대체 왜 그러한가?

그것은 자신들의 이익이 그들의 신이며, 그들이 숭배하는 그 괴물을 위해 모든 것을 희생하기 때문이다.

내게는 위세가 있고 무지와 맹신으로 만들어진 권력이 있다. 나는 발밑에 엎드린 자들의 머리 위를 걷는다. 엎드린 자들이 몸을 일으켜 나를 똑바로 바라보면 나는 쓰러진다. 그러니 쇠사슬로 그자들을 땅에 묶어 놓아야 한다.

광신의 세기들을 거치면서 권력을 쥐게 된 자들은 저렇게 생각했다. 그들 밑에는 다른 권력자들이 있고, 그 아래에는 또 다른 권력자가 있고, 그들 모두는 가난한 자들에게서 빼앗은 것으로 부유해지고 가난한 자들의 피로 살찌며 가난한 자들의 어리석음을 비웃는다. 국민을 등쳐서 부자가 된 징세 청부인이 내역을 밝히기를 겁내듯이, 폭군이 자유라는 말을 꺼리듯이, 그들 모두는 관용을 혐오한다. 그에 더해 마침내는 광신자들을 매수하여 이렇게 소리 높여 외치게 한다.

주인님의 그릇됨을 받들어라, 두려움에 떨고, 돈을 내고, 그리고 입을 다물어라.

세상 대부분의 지역에서 오랫동안 이런 일이 자행되었다. 그러나 숱한 종파들이 힘의 균형을 이루고 있는 오늘날, 이 종파들에 어떤 입장을 취해야 하는가? 알다시피 모든 종파는 다 오류의 장이다. 기호학자 종파, 대수학자 종파, 산술학자 종파 같은 것은 존재하지 않는다. 기하학과 대수학과 산술학의 명제들이 전부 참이기 때문이다. 다른 모든 학문들에서는 틀리는 게 가능하다. 어떤 토마스파 신학자가, 또 둔스 스코투스파 신학자가 자신의 사례를 확신한다고 함부로 단언할 수 있겠는가?

오늘날의 그리스도교가 예수가 실천했던 종교로부터 얼마나 많이 달라졌는가를 살펴보는 편이 더 수월할 것 같다. 예수는 유대인이었고 우리는 아니다. 예수는 부정하다는 이유로 돼지고기를 먹지 않았고 갈라진 발굽이 없는 반추동물이라고 토끼고기를 먹지 않았다. 우리가 보기에 돼지는 하등 더러울 것이 없으니 우리는 아무렇지 않게 돼지고기를 먹는다. 또한 우리는 토끼고기도 먹는데, 토끼는 갈라진 발이 있고 되새김질은 하지 않는다.[527]

예수는 할례를 받았고 우리는 포피를 그냥 둔다. 예수는 상추를 곁들인 유월절의 어린양을 먹었고 초막절[528]을 기념하였으나 우리는 그러지 않는다. 예수는 유대교의 안식일을 지켰으나 우리에 와서는 바뀌었다. 그는 희생하였으나 우리는 아무것도 희생하지 않는다.

예수는 자신의 강생과 존엄의 신비를 줄곧 감추었다. 예수는 한 번도 자신이 신과 동등하다고 말한 적이 없었다. 사도 바

---

527 『구약 성서』의 「레위기」에는 사람이 먹을 수 있는 짐승과 먹을 수 없는 짐승을 구분하여 일러두는 대목이 있다. 먹을 수 있는 것은 '발굽이 완전히 갈라져 그 틈이 벌어져 있고 되새김질을 하는' 짐승이다. 토끼를 금하는 이유에 대해 "토끼는 되새김질을 하지만 발굽이 갈라져 있지 않으니 너희에게 부정하다."라고 설명한다. 유대인과 유대교에 비판적인 볼테르는 여기에서 구약의 내용 자체가 틀린 것임을 조롱하고 있다.

528 이집트를 탈출한 이스라엘 사람들이 40년 동안 광야에서 장막 생활을 한 것을 기념하는 절기로 유월절, 오순절과 함께 유대인의 3대 명절이다. 포도를 수확한 다음 밭에 나뭇가지로 임시 초막을 지어 이스라엘의 광야 생활을 기억한다.

프랑수아 1세

울은 「히브리서」에서 신이 예수를 천사보다 낮게 만들었다고 분명하게 말했다.[529] 그러나 사도 바울의 그 모든 말에도 불구하고 니케아 공의회에서 예수는 신으로 인정되었다. 예수는 교황에게 안코나[530] 지방도, 스폴레토 공국령[531]도 주지 않았다. 그렇지만 교황은 신성한 권리로 그것들을 소유한다.

예수는 혼배성사도 부제성사도 하지 않았다. 그런데 우리에게는 부제와 결혼이 성사이다.

이런 사실들에 가만히 주의를 기울여 보면, 사도 전승의 로마 가톨릭 교회는 그 모든 예식과 교리에 있어서 예수의 종교와 정반대이다.

아니, 그렇다면! 예수가 평생토록 유대교를 믿었으니 우리들도 모두 유대교를 믿어야 한단 말인가?

종교에서 논리대로 따지는 게 허락된다면, 우리 모두는 유대교가 되는 것이 맞다. 우리의 구세주 예수그리스도가 유대인으로 태어났고, 유대인으로 살았고, 유대인으로 죽었고, 유대교를 실현하고 완수하고 있다고 분명하게 말했기 때문이다. 하지만 이보다 더 분명한 것은 우리가 서로를 허용해야 한다는 사실이다. 우리는 너나없이 약하고, 분별없고, 이랬다저랬다 하기 쉽

---

529 13개의 장으로 이루어진 편지 형식의 설교집인 동시에 권고문이다. 볼테르는 「히브리서」를 바울이 썼다고 말하고 있는데, 성서의 편지들 가운데 바울이 쓴 것이 많고 「히브리서」 역시 바울의 편지라는 설도 있기는 하나, 현재까지 저자 불명으로 분류하는 것이 정설이다.

530 아드리아 해에 면한 항구도시로 1532년부터 이탈리아의 영토가 된 1860년까지 교황의 직접적인 통치를 받았다.

531 교황 그레고리 7세의 봉토가 된 이후 오랫동안 교황청에 소속된 봉토였고 볼테르가 이 글을 쓴 당시에도 그러했으나 1860년 이후 이탈리아 통일군에 복속되었다.

고, 잘못을 저지르기도 쉽기 때문이다. 바람 때문에 진창에 누워 있던 갈대가, 옆에 있는 갈대가 반대쪽으로 누운 것을 보고 이렇게 말한다.

"나처럼 기란 말이다 이 한심한 놈아, 안 그러면 너를 뽑아서 불태우라고 청을 넣을 테니!"

Der Herzog Braun...

Der Admiral.

성 바르톨로메오 축일의 대학살

폭정 ——Tyrannie

자기의 변덕 말고는 다른 법을 알지 못하고, 자기 백성들의 재산을 빼앗고, 그런 다음에는 백성들을 징집하여 이웃 나라의 재산을 빼앗으러 가는 군주를 일컬어 폭군이라고 한다. 이런 의미에서의 폭군은 유럽에는 없다.

폭정은 한 사람에 의한 폭정과 다수에 의한 폭정으로 나뉜다. 다수에 의한 폭정이란 한 집단이 다른 집단들의 권리를 침해하고, 자기들이 망가트린 법률을 이용해 독재를 일삼는 통치이다. 이런 종류의 폭군 또한 유럽에는 없다.

당신이라면 어떤 폭정 하에 사는 편이 나을 것 같은가? 나은 것은 없다. 그래도 굳이 골라야 한다면 다수에 의한 폭정보다는 한 사람에 의한 폭정이 덜 끔찍할 것 같다. 한 명의 독재자라면 좋은 때가 가끔씩은 있기 마련이지만, 독재자들이 모여 있으면 절대 그럴 수가 없다. 폭군 하나가 내게 부당한 짓을 하면 그의 애인이나 고해 신부나 시종을 통해 그의 마음을 누그러뜨릴 수도 있겠으나, 근엄한 폭군들의 집단이라면 어떻게도 매수할 도리가 없다. 설사 폭군 집단이 부당하지 않다 해도 그들은 최소한 혹독하며 결코 자비를 베푸는 법이 없다.

독재자가 한 명일 때는 그가 지나가는 것을 보면 벽에 바짝 붙어 서든가 허리를 굽히든가 이마를 조아리든가, 나라의 관습에 따르기만 하면 별일이 없다. 하지만 백 명이나 되는 폭군의 무리라면 이 짓을 하루에 백 번 해야 할지도 모르는데, 무릎 관절이 유연하지 않고야 엄청 짜증 나는 일이다. 만일 우리의 영주들 중 한 사람 가까이에 소작지라도 가지고 있다면 나는 작살이 난다. 만일 우리의 영주님 중 한 사람의 아는 사람의 아는 사람과 재판이라도 하게 되면 나는 패가망신한다. 어찌해야 하는가? 때리는 망치가 되지 못하면 맞는 모루가 될 수밖에 없는 이런 세상이 두렵다. 이런 상황에 있지 않은 사람은 얼마나 행운인가!

흡혈귀 ——Vampires

흡혈귀란 밤이면 묘지에서 나와 살아 있는 사람들의 목이나 배에서 피를 빨아먹은 다음 다시 무덤으로 돌아가는 죽은 사람들이었다. 피를 빨린 산 사람들은 살이 빠지고 창백해지고 몸이 쇠약해졌다. 피를 빤 죽은 사람들은 살이 오르고 혈색이 붉어지고 무척 탐스럽게 변했다. 죽은 자들이 이런 미식을 즐겼던 지역은 폴란드, 헝가리, 슐레지엔, 모라비아, 오스트리아, 로렌이다. 런던과 파리에서는 흡혈귀 이야기를 들을 수 없었다. 이 두 도시에는 대낮에 서민의 고혈을 빨아먹는 주식 투기꾼, 세리, 사업가들이 있었음을 인정한다. 그러나 이들은 부패하긴 했으나 죽은 사람들은 아니었다. 이 진정한 흡혈귀들은 묘지가 아니라 대단히 안락한 궁궐에 살고 있었다.

흡혈귀 유행이 그리스에서 온 것이라고 말한다면 누가 믿을까? 이때의 그리스는 알렉산드로스와 아리스토텔레스와 플라톤과 에피쿠로스와 데모스테네스의 그리스가 아니라 불행히도 분리되어 버린 그리스도교의 그리스이다.

고래로 그리스 전례[532]를 따르는 그리스도교도들은 라틴 전례를 따르는 그리스도교도가 그리스 땅에 묻히면 시신이 썩지 않는다고 여긴다. 파문자이기 때문이다. 이런 생각은 우리들 라틴 전례를 따르는 그리스도교도들의 믿음과는 정반대된다. 우리는 부패하지 않는 시신을 영원한 천국의 지복이 약속된 표시라고 여긴다. 그래서 누군가 로마에 10만 에퀴를 내고 그 시신들에 성자 증명서를 받아 오면 우리는 즉시 그들을 경배하며 우러른다.

그리스 사람들은 이렇게 죽은 사람들을 마귀라 여기고 브루콜라카스라고 부른다. 이 그리스식 망자들은 아무 집이나 들어가서 어린아이들의 피를 빨고, 아비와 어미들의 저녁거리를 먹고, 포도주를 마시고, 집안을 들부순다. 이들을 붙잡아서 불에 태워야만 원래대로 돌려놓을 수가 있다. 불태우기 전에 주의할 점은 심장을 먼저 도려내서 따로 태워야 한다는 것이다.

남의 욕 다음으로 빠르게 퍼지는 게 미신, 광신, 마법, 귀신 얘기들이다. 발라키아에, 몰다비아에, 그리고 곧 이어 로마 전례를 따르는 폴란드 사람들의 집에 브루콜라카스가 나타났다. 이 지역에는 이런 미신이 없었다. 미신은 독일의 동쪽으로 나아갔다. 1730년부터 1735년 사이는 온통 흡혈귀에 관한 이야기뿐이

---

532 초기 로마를 중심으로 발전하던 그리스도교는 로마제국이 콘스탄티노폴리스로 수도를 옮긴 이후 교회의 세력 역시 그곳을 중심으로 커져 가면서 로마를 중심으로 한 서로마교회와 콘스탄티노폴리스를 중심으로 한 동로마교회로 분열된다. 볼테르가 말하는 그리스 전례의 그리스도교란 동로마교회의 전통을 따르다 '그리스 정교'로 독립된 비잔티움 지역의 교회고, 라틴 전례의 그리스도교는 로마 가톨릭에서 이어져 내려온 가톨릭 교회를 말한다.

었다. 사람들은 흡혈귀를 망보고 심장을 도려내고 불태웠다. 흡혈귀들은 고대의 순교자들과 닮은 데가 있었다. 불태우면 태울수록 점점 더 그 수가 늘었다.

마침내 칼메가 흡혈귀의 사료 편찬관이 되어 구약 성서와 신약 성서를 다루었던 방식으로 자기 이전에 있었던 모든 이야기들을 충실하게 기록하기에 이르렀다.

내가 보기에는 참으로 기이하지만, 무덤에서 나와 주위에 있는 어린 소년 소녀들을 찾아가 피를 빨아 먹는 망자들에 대해 합법적인 조사 보고서가 만들어졌다. 칼메는 황제 카를 6세가 헝가리에 파견한 두 관리가 재판관과 형리를 대동하고 어느 흡혈귀를 조사하러 갔던 일을 기술하고 있다. 이자는 6주 전에 사망하였고 인근 일대에서 사람들의 피를 빨고 있었다. 관 속에서 발견된 그 흡혈귀는 싱싱하고 건장했으며, 눈을 뜬 채 먹을 것을 찾고 있었다. 재판관이 선고를 내렸다. 형리가 그 흡혈귀의 심장을 도려낸 다음 불에 태웠다. 그렇게 하고 나서야 흡혈귀는 먹기를 멈추었다.

이런 판국이니 우리의 오래된 전설들을 가득 채우고 있으며, 볼란두스[533]와 진지하고 존귀한 동 뤼나르[534]가 이야기한 그 모든 기적들에 등장하는 되살아난 망자들을 어찌 감히 의심하겠는가!

당시에는 이런 망자들이 자신의 미덕으로 인해 되살아난 것인지, 아니면 신의 힘으로나 혹 악마의 힘으로 되살아난 것인지

---

533 예수회 수도사이자 저명한 성인 작가로 『라틴 성인집』 5권을 집필했고 사후에 이 성인집은 다른 작가들에 의해 계속 이어졌다.
534 프랑스 베네딕트회 수도자이자 학자.

알아보는 것만이 중요했다. 로렌과 모라비아와 헝가리의 몇몇 위대한 신학자들이 각자 견해와 학식을 피력했다. 사람들은 성 아우구스티누스와 성 암브로시우스를 비롯한 다른 많은 성인들이 산 자와 죽은 자들에 관해 이야기했던 난해한 일화들을 끄집어냈다. 또한 성 아우구스티누스의 7번째 책에 나오는 성 에티엔의 모든 기적들을 인용했다. 이 이야기가 가장 기이한 이야기들 중 하나다.

아프리카의 옵잘이라는 마을에서 한 젊은이가 무너지는 성벽에 깔려 몸이 으스러졌다. 혼자된 아내는 즉시 평소 독실하게 믿던 성 에티엔에게 간청하러 갔다. 그리하여 성 에티엔은 그 청년을 다시 살려 냈다. 사람들은 젊은이에게 저세상에 가서 무엇을 보았느냐고 물었다. 그는 이렇게 말했다.

여러분, 제 영혼이 몸을 떠났을 때, 제 영혼은 무한히 많은 다른 영혼들을 만났습니다. 그 영혼들은 지금 여러분이 저세상에 대해 묻는 것보다 훨씬 더 많이 이 세상에 대해 물어 왔지요. 어딘지 알 수 없는 곳을 가다가 성 에티엔님을 만났고, 그분이 저에게 "네가 받은 것을 돌려다오."라고 말씀하셨습니다. 저는 "무엇을 돌려달란 말씀입니까? 저는 아무 받은 것이 없습니다."라고 대답했습니다. 그분이 제게 "네가 받은 것을 돌려다오." 하고 세 번 되풀이해 말씀하셨습니다. 그제서야 그분이 「사도신경」을 말씀하고 계시다는 걸 알았습니다. 저는 그분 앞에서 「사도신경」을 암송했고, 갑자기 그분이 저를 다시 살리셨습니다.

사람들은 특히 성 마르티누스[535]의 생애에 대해서 술피키우스 세베루스[536]가 기술했던 이야기들을 예로 들었다. 사람들은 그중에서도 성 마르티누스가 지옥에 떨어진 자를 되살려 낸 적이 있다는 것을 입증했다.

그러나 일부 사실일지도 모르는 이 모든 이야기들은 주위 사람들 피를 빨아 먹고 다시 무덤으로 돌아간다는 흡혈귀와는 아무 공통점이 없었다. 사람들은 구약 성서나 신화 속에서 전례가 될 만한 흡혈귀들을 발견할 수 있지 않을까 찾아보았지만 그런 경우는 하나도 없었다. 그래도 죽은 사람들이 먹고 마시고 했다는 사실만은 입증이 되었는데, 이는 많은 고대 국가에서 살아 있는 사람들을 무덤에 넣었기 때문이다.

자신의 사후에 음식을 차려놓게끔 한 시초는 프러시아의 왕들이라고 한다. 오늘날에는 거의 모든 왕들이 그들을 따라한다. 하지만 정작 그들을 위해 차려진 저녁 식사와 야식을 먹고 포도주를 마시는 것은 수도사들이다. 그러니 엄밀하게 말하자면 이 왕들은 흡혈귀가 아니다. 진짜 흡혈귀는 왕들과 백성들을 이용하여 배를 불리는 수도사들이다.

우리는 종종 '파문당한 채 죽은 흡혈귀의 죄를 사할 수 있는가?'라는 중대한 문제를 논의한다. 그것이 훨씬 더 본질적인 문

---

535 지금의 헝가리인 판노니아 태생으로 처음에는 군인이었으나, 걸인을 통해 예수를 만나는 신비체험을 한 후 사제가 되었다. 프랑스 투르에서 주교직을 수행하며 이단을 격퇴하는 데 공을 세웠으나 주교보다는 수도자로서의 삶을 살았고 계시와 환시, 예언으로도 유명하다. 순교자가 아니면서도 성인이 된 최초의 인물로 프랑스의 수호성인 중 한 명으로 존경받는다.

536 로마 제국 지배하의 갈리아 역사에 정통한 권위자이며 작가이다. 스승인 마르티누스의 생애를 저술한 『성 마르티누스의 생애』로 유명하다.

제이다.

나는 이 문제에 대해 내 의견을 피력할 만큼 신학에 조예가
깊지 않다. 그러나 나는 기꺼이 사면 쪽에 설 것이다. 왜냐하면
긴가민가 하는 사안에서는 언제나 가장 온건한 입장을 취해야
하기 때문이다.

증오는 적게, 호의는 크게.

이 모든 이야기의 결론은 유럽의 상당 지역에 오륙 년간 흡
혈귀가 창궐했으나 이제는 없다는 것, 프랑스에 20년 이상 얀센
파 광신도들이 있었으나 이제는 없다는 것, 1700년 동안 악령
들린 자들이 있었으나 이제는 없다는 것, 히폴리토스[537] 이후로
줄곧 죽은 자들을 되살려 왔으나 이제는 그러지 않는다는 것,
에스파냐에, 포르투갈에, 프랑스에, 시칠리아 왕국에 예수회가
있었으나 이제는 없다는 사실이다.

---

537 3세기에 대립교황을 지낸 사제이자 성인. 최초의 대립교황이다. 교의 면에서 기존 교회
    에 반대하며 로마 교회에서 떨어져나와 반대파의 교황이 되었고, 교황이 두 명이던 히폴
    리토스의 재위기 동안 교회는 계속 분열되어 있었다. 말년에 황제 막시미누스로부터 폰
    시아노 교황과 함께 박해를 받게 되면서 유배지에서 화해하고 순교하였다.

진리 —— Vérité

빌라도가 가로되 그러면 네가 왕이 아니냐. 예수께서 대답하시되 네 말과 같이 내가 왕이니라. 내가 이를 위하여 났으며 이를 위하여 세상에 왔나니 곧 진리에 대하여 증거하려 함이로라. 무릇 진리에 속한 자는 내 소리를 듣느니라 하신대 빌라도가 가로되 진리가 무엇이냐 하더라. 이 말을 하고 다시 유대인들에게 나가서……

—「요한복음」 18장

빌라도가 대답을 기다리지 않고 나가 버린 것은 인류에게는 안타까운 일이다. 그러지 않았더라면 진리가 무엇인지 알 수 있었을 테니 말이다. 빌라도는 호기심이 부족했다. 자기 앞에 끌려온 죄인이 자신이 왕이며 왕이 되기 위해 태어났다고 말하는데도 그는 어떻게 그런다는 것인지 알아보지 않는다. 빌라도는 카이사르의 이름으로 권한을 부여받은 최고 재판관으로서 생사여

탈의 권한을 가지고 있다. 그가 할 일은 예수가 한 말의 의미를 파고드는 것이었다. 그는 이렇게 말했어야 했다.

왕이 된다는 게 무슨 뜻인지 말하라. 어떻게 왕이 되기 위해 났다는 것이며 어떻게 진리에 대해 증거한다는 것이냐? 사람들이 말하기를 진실은 왕의 귀에 도달하기 어렵다고 한다. 나로 말하자면 재판관이니 진실을 발견하기 극히 어렵다. 너의 적들이 저 바깥에서 너에 반대하여 외치고 있는 동안 너는 나에게 설명을 하라. 이는 일찍이 어느 재판관도 누려 보지 못한 가장 훌륭한 섬김이 될 것이다. 나는 너의 목을 매달기를 바라는 유대인들의 시끄러운 요구에 응하기보다는 진실이 무엇인지 알고자 한다.

분명히 말하건대, 모든 진리의 창조자께서 빌라도에게 무어라 말할 수 있었을지 우리가 감히 추측해 보겠다는 것은 아니다. 그는 이런 말을 했을지도 모른다.

진리란 대부분의 사람들이 자신들의 책이나 판결문에서 그릇됨과 거짓말을 대신하여 아무렇게나 사용하는 추상적인 단어가 아니오?

이런 정의는 모든 체제의 입안자들에게 기가 막히게 들어맞는 정의였을 것이다. 비슷한 경우로는 종종 '어리석음'이라고 써야 할 곳에 쓰는 '지혜'라는 말과 '우둔함' 대신 쓰는 '기지'가 있다.

인간의 입장에서, 더 나은 정의가 나오기를 기다리는 동안 우선 진리를 '있는 그대로 말해진 바'라고 정의하기로 하자.

내 생각에는, 누군가 빌라도에게 6개월만 논리학의 진리들을 가르쳤더라면 분명 빌라도는 이런 결정적인 삼단논법을 만들어 냈을 것이다.

선한 도덕을 설파했다는 이유만으로 한 사람의 목숨을 빼앗아서는 안 된다. 그런데 내 앞에 소환된 이자는 다름 아닌 그의 적들이 하는 말에 따르면 훌륭한 도덕을 자주 설파했다. 따라서 이자를 사형에 처할 수는 없다.

더 나아가 이런 다른 논법을 끌어냈을지도 모른다.

내가 할 일은 근거도 법률적 절차도 없이 한 사람의 처형을 주장하는 불온한 군중집회를 해산하는 것이다. 그런데 이 사건에서는 유대인들이 바로 그러하다. 따라서 나는 그들을 돌려보내고 집회를 해산해야 마땅하다.

빌라도가 산술학에는 조예가 있었을 것으로 추정되니 이 분야의 진리들에 관해서는 생략하도록 하자.

수학적 진리로 말하자면, 빌라도가 초월기하학을 익히기까지 최소 3년은 필요했을 것이다. 기하학의 진리와 관련되어 있는 물리학의 진리들로 말하자면 4년 이상이 필요했을 것이다. 우리가 신학을 공부하는 데는 보통 6년이 걸린다. 빌라도가 이교도인 점을 고려하면 그에게는 12년은 필요하다. 그의 구악(舊惡)을 근절하는 데만도 6년으로는 충분하다 할 수 없고, 박사모를 쓸 수 있는 상태가 되려면 다시 6년은 더 필요하다.

빌라도가 균형 잡힌 머리의 소유자였다면 형이상학의 진리를 가르치는 데에는 2년이면 족하다. 그런데 형이상학의 진리들은 필연적으로 도덕의 진리들과 결부되어 있으므로, 9년 안에는 빌라도가 진정한 학자이자 완벽한 교양인이 될 수 있었을 것이라고 나는 자신한다.

그런 다음에 나는 빌라도에게 이렇게 말했을 것 같다.

역사적 진실이란 가능성에 불과합니다. 당신이 빌립보 전투에 참가하여 싸웠다면 당신에게 그 전투는 당신의 직관과 지각으로 분명히 알고 있는 진실입니다. 하지만 시리아 사막 옆에 사는 우리에게 빌립보 전투란 소문을 들어서 알고 있을 뿐인, 상당히 그럴 법한 어떤 일에 지나지 않습니다. 어떤 것을 직접 보았기 때문에 확실하다고 자신할 수 있는 사람의 확실성에 맞먹으려면 대체 얼마만큼의 소문이 필요합니까?

1만 2000명의 목격자가 전하는 이야기를 들은 사람은 1만 2000개의 개연성을 가진 것에 불과하며, 1만 2000개의 개연성은 하나의 강력한 개연성과 같고, 하나의 강력한 개연성은 확실성과 같지 않습니다.

만일 당신이 쥐고 있는 사실이 단 한 사람의 목격자로부터 온 것이라면 당신은 아무것도 모르는 것과 같습니다. 당신은 당연히 의심해야 합니다. 만일 그 목격자가 죽은 사람이라면 당신은 진실을 밝힐 방법이 없으므로 더욱 의심을 해야 합니다. 여러 명의 죽은 사람들에게서 들은 것이라고 해도 상황은 마찬가지입니다.

세대가 거듭될수록 의심은 커지고 개연성은 줄어듭니다. 그러다 보면 곧 개연성이 0으로 줄어들게 됩니다.

누구나 행위나 말 때문에 법정에 서게 될 수 있다.

행위를 처벌하는 경우라면, 그 행위는 당신이 피고에게 선고하려 하는 형벌만큼이나 분명해야 한다. 예를 들어서 당신이 피고에게 불리한 스무 개의 개연성을 가지고 있다 치자. 그 스무 개의 개연성은 피고의 죽음의 확실성과 등가일 수 없다. 무고한 피를 흘리는 게 아니라고 확신할 수 있을 만큼의 개연성을 갖고자 한다면 그 개연성들은 증언하는 행위와 아무런 이해관계가 없는 증인들로부터, 만장일치의 판단으로 나와야 한다. 이렇게 개연성을 모으는 데서 당신의 판단을 정당화할 만한 매우 강력한 한 의견이 만들어질 것이다. 그러나 당신은 결코 완전한 확실성은 가질 수 없을 것이므로, 진실을 완벽하게 알고 있다고 자신할 수는 없을 것이다. 결론적으로 당신은 언제나 엄정함보다는 너그러움 쪽으로 기울어야 한다.

그 행위로 인해서 사람이 죽거나 다친 경우가 아니라면 피고를 죽이거나 다치게 해서는 안 된다는 것은 명백하다.

말[言]을 처벌하는 경우라면, 당신의 동포인 사람을, 고작 혀를 움직인 방법 때문에 목매달아선 안 된다는 게 한층 더 명백하다. 이 세상의 말이라는 것은 모두 공기의 진동에 불과할 뿐이고, 그 말로 인해 살인이 벌어진 것이 아닌 이상 공기를 쳤다는 이유로 사람에게 사형을 선고하는 것은 터무니없다. 저울의 한쪽에 누군가가 이제까지 했던 쓸데없는 말들을 모두 올려놓고 다른 한쪽에 한 사람의 피를 올려놓으면 피 쪽으로 기울 것이다.

그런데 당신 앞에 소환되어 서 있는 사람은 그의 적들이 어떠한 의미로 받아들인 무슨 말을 했다고 해서 고발되었을 뿐이다. 당신이 할 수 있는 일이라고는 그 사람에 대해서도 똑같이 그 사람이 자기 마음대로 받아들일 말들을 하게 하는 것뿐이다. 그의 적들이 이해하지 못하는 말들 때문에 무고한 사람을 가장 잔인하고 치욕스러운 형벌에 내맡긴다면 그것은 너무 야만적이다. 당신은 도마뱀의 목숨보다 사람의 목숨을 더 중하게 여기지 않는 것이고, 그리고 너무나 많은 재판관들이 당신을 닮았다.

예수와 빌라도

미덕 ——Vertu

마르쿠스 브루투스는 스스로 목숨을 끊기 전에 이런 말을 했다고 한다.

> 오 미덕이여! 내 너를 대단한 것으로 여겼건만 너는 한낱 헛된 환상일 뿐이로다!

브루투스여, 일파의 우두머리가 되고 은인이자 아버지인 율리우스 카이사르의 암살자가 되는 것을 미덕이라 여겼다면 너의 말은 옳다. 그러나 미덕이란 너를 믿는 사람들에게 오로지 선을 행하는 데 있는 것으로 보았다면 너는 그것을 환상이라 부르지도, 절망 속에 자살하지도 않았을 것이다.

미덕이란 무엇인가? 이웃을 향한 선행이다. 나에게 좋은 일을 남에게 해 주는 것, 이것 말고 다른 무엇을 미덕이라고 부를 수 있을까? 내가 곤궁한데 당신이 베푼다. 내가 위험한데 당신이 도와준다. 내가 틀렸을 때 당신이 사실을 말해 준다. 내가 무시를 당할 때 당신이 위로해 준다. 내가 무지하면 당신이 깨우쳐 준다. 이러면 나는 문제없이 당신을 덕 있는 사람이라 칭할 것이다. 그런데 4대 기본 덕목[538]과 3대 신덕[539]이라 함은 무엇인가? 이 덕목들 중 몇몇은 학교에나 남아 있게 될 것이다.

당신이 절제를 안다고 한들 그게 나와 무슨 상관인가? 그것은 당신이 건강에 필요한 규칙을 지킨다는 뜻이다. 그러면 당신은 더 건강해질 테고 나는 그 점을 칭송한다. 당신이 믿음과 소망을 가지고 있다면 나는 더욱 칭송하겠다. 믿음과 소망이 당신에게 영원한 생명을 가져다줄 테니 말이다. 당신이 가진 신성한 덕목들은 하늘의 선물이고, 당신이 가진 기본 덕목들은 당신을 인도하는 데 소용되는 뛰어난 자질들이다. 하지만 그것들은 당신의 이웃 입장에서 보자면 요만큼도 미덕이 아니다. 절제하는 사람은 스스로에게 선을 행하고, 덕이 있는 사람은 다른 이에게 선을 행한다. 사도 바울이 사랑이 믿음이나 희망보다 중요하다고 말한 것은 옳았다.

그렇다면 이웃에게 도움이 되는 것들만을 미덕이라고 인정할 것인가? 다른 것들은 어떻게 인정할 수 있을까? 우리는 사회 속에서 살아간다. 그렇기 때문에 사회에 이로운 것만이 우리에게도 진정으로 좋은 것이다. 어떤 은둔자가 검소하고 독실하며 거친 피륙으로 옷을 해 입는다. 어쩌면 그는 성인일지도 모른다. 그러나 나는 그 사람이 어떤 선한 행위를 해서 다른 사람들이 그로 인해 혜택을 입게 되기 전까지는 그를 선하다고 부르지 않

538 플라톤이 『국가』에서 말한 4대 덕목인 지혜, 용기, 절제, 정의.
539 믿음, 소망, 사랑.

을 것이다. 혼자 있는 한, 그는 선하지도 악하지도 않다. 그는 우리에게 있어서 아무것도 아니다. 성 브루노[540]가 가문에 평화를 가져오고 가난을 구제했다면 그는 덕이 있었다. 그가 고독 속에 단식하며 기도를 했다면 그는 성인이었다. 사람들 속에서의 미덕이란 선행의 교환이다. 이 교환에서 아무런 역할을 하지 않는 사람은 아무런 평가를 받을 수 없다. 만일 이 성자가 세상에 나와 있었다면 그는 필경 선을 행했을 것이다. 하지만 그가 세상 속에 있는 것이 아니라면 세상은 그에게 덕이라는 이름을 주지 않는 것이 옳다. 그는 자신에게는 선하지만, 우리에게는 아니다.

하지만 당신은 먹는 것을 밝히고 술주정뱅이에 남몰래 방탕한 짓을 일삼는 은둔자가 있다면 그런 자는 못됐다고 할 수 있지 않겠느냐고 반문할 것이다. 그러니 이와 정반대의 자질을 가진 사람이라면 덕이 있다고 할 수 있지 않느냐고 말이다. 나는 그 말에 동의할 수 없다. 당신이 말한 그런 결함들을 가진 사람은 아주 불쾌한 놈팡이가 맞다. 하지만 사회와의 관계에서 보자면, 그자의 파렴치함이 사회에 아무런 해도 끼치지 않는 한 그를 못됐다거나, 악하다거나, 벌 받아 마땅한 인간이라고는 할 수 없다. 혹여 그가 세상으로 돌아온다면 사회 안에서 악행을 저지르고 아주 못된 짓을 할 거라고 추정할 수는 있다. 그자가 악인이 되리라는 것은 절도 있고 고결한 다른 은둔자가 선인이 되리라는 것 이상으로 훨씬 더 가능성 있는 일이다. 사회에 악은 커지고 선한 자질들은 줄어들고 있으니 말이다.

훨씬 더 강력한 항변도 있다. 네로 황제, 교황 알렉산데르 6세,

---

540 가톨릭 교회 성인이자 수도 사제로 카르투시오 수도회의 창설자이다.

그리고 이들과 같은 유의 다른 괴물들도 선행을 베풀었다고 말이다. 나는 분명하게 대답하겠다. 그건 그날만 그랬던 거라고.

일부 신학자들은 신격화된 안토니우스 황제를 가리켜 덕이 있는 사람은 아니었다고 이야기한다. 그는 백성들을 다스리는 것만으로 만족하지 못하고 백성들로부터 존경받기마저 바란 고집 센 금욕주의자였으며, 사람들에게 베푼 선행을 자신의 공덕으로 돌렸으며, 평생 동안 정의롭고 부지런하고 자비로웠던 것은 허영심에서 그런 것이며, 자신의 미덕으로 사람들을 속게 했을 뿐이라고 말이다. 그렇다면 나는 이렇게 외치겠다.

오 하느님, 그런 사기꾼을 저희에게 종종 내려 주소서!

저자 연보

1694년 —— 11월 21일 프랑스 파리에서 프 랑수아 아루에와 마리 마그리트 도마르의 넷째 아이로 태어났다. 본명은 프랑수아 마리 아루에 (Francois-Marie Arouet)이다.

1701년 —— 일곱 살의 어린 나이에 어머니를 여의었다.

1704년 —— 예수회 소속의 루이르그랑 중학 교에 입학하였다.

1710년 —— 첫 작품 「성녀 주느비에브에 관 한 R. P 르제의 서정시 모방 (Imitation de l'ode du R. P Lejay sur Sainte Genevieve)」을 발표하였다.

청년 볼테르의 초상

1711년 —— 루이르그랑을 졸업하고, 법학 공부를 시작하였다.

1713년 —— 노르망디 캉 지역과 네덜란드 헤이그에서 학업을 계속하다가 대부인 네 덜란드 주재 프랑스 대사 샤토뇌프 후작의 비서로 일하게 된다.

1715년 —— 9월 1일 루이 14세가 세상을 떠났다.

네덜란드에서 팽페트라는 여성을 사모하여 물의를 일으킨 후 파리로 송 환되었다.

1716년 —— 루이 15세의 섭정 오를레앙 공에 대해 쓴 풍자시가 문제가 되어 튈로, 이 어서 쉴리로 추방되었다.

1717년 —— 5월 또다시 오를레앙 공에 대한 풍자시를 써 11개월간 바스티유 감옥에 투옥되었다.

1718년 —— 옥중에서 완성한 첫 비극 「오이디푸스(Œdipe)」를 무대에 올려 대성공을 거두었다. 이 작품이 마음에 든 오를레앙 공은 볼테르를 용서하고 연금 까지 수여했으나 볼테르는 "제 거처에 대해 더 이상 신경 쓰지 말아 주시

면 감사하겠습니다."라고 답하
였다. 볼테르(Arouet de Voltaire)
라는 필명을 쓰기 시작했다.

『앙리아드』의 앙리 4세(1553-1610)

1722년 —— 아버지를 여읜다. 「우라니아에게
보내는 편지(l'Épître àUranie)」와
「갑론을박(Le Pour et le Contre)」
을 집필했다.

1723년 —— 16세기 종교전쟁을 끝나게 한
앙리 4세를 찬양하는 서사시 『앙
리아드(La Henriade)』의 초안을
출판했다.

1724년 —— 두 번째 희곡 작품인 비극 「마리
암네(Mariamne)」를 완성했다.

1726년 —— 지체 높은 귀족이었던 로앙 샤보
(Rohan-Chabot) 기사의 심기를 건드리는 말을 내뱉었다가 하인들에게 얻어
맞았다. 이후 로앙 샤보 기사에게 무엄하게도 결투 신청을 했다가 바스티
유 감옥에 두 번째로 투옥되었다. 국외 망명을 조건으로 석방되고, 영국을
망명지로 선택해 출국했다. 그곳의 자유로운 공기를 마시면서 타고난 비
판 정신을 더욱 굳건히 하였다. 금세 언어를 배워 영국의 제도를 연구했다.

1728년 —— 2년간의 체류를 마치고 프랑스로 귀국했다.

1730년 —— 비극 「브루투스(Brutus)」를 초연했다.

1731년 —— 스웨덴 국왕 카를 12세의 전기 『카를 12세의 역사(Histoire de Charles XII)』
를 출간하였다.

1732년 —— 「햄릿」의 모작인 「에리필(Éryphile)」을 상연했다. 또한 셰익스피어극의 영
향을 받은 사상극 「자이르(Zaïre)」를 무대에 올려 큰 성공을 거두었다.

1733년 —— 17세기 문학계 거장들을 비판한 장시 「취향의 사원(Le Temple du Goût)」
을 출간해 문학계에서 거센 항의를 받았다. 이 해 여름 샤틀레 후작부인
과 연인 관계가 되었다.

1734년 —— 『영국인들에 대한 편지 혹은 철학 편지(Lettres sur les Anglais ou Lettres
philosophiques)』를 출간하였다. 영국을 이상화하고 프랑스 사회를 비판
한 탓에 정부의 노여움을 사 체포 영장이 발부됐고, 로렌으로 피신했다.
다시 샹파뉴 지방에 있는 샤틀레 후작 부인의 영지 시레이로 가 은둔 생

활을 시작하여 이후 십여 년간 그곳에 머물렀다.

1735년 —— 비극 「카이사르의 죽음(La Mort de César)」을 상연하였다.

1736년 —— 에스파냐 페루 정복기를 그린 비극 「알지르(Alzire)」를 상연하였다. 쾌락주의적 시 「속인(Le Mondain)」이 문제가 되어 벨기에 브뤼셀로 잠시 피신했다.

1737년 —— 암스테르담에 체류했다. 주 저 중 하나인 『뉴턴 철학 개요 (Eléments de la philosophie de Newton)』를 출간했다.

「뉴턴 철학 개요」

1739년 —— 샤틀레 부인과 함께 벨기에에 체류했다. 이 시기에 이들은 벨기에, 시레이, 파리 사이를 오가며 집필 활동에 전념했다.

1740년 —— 프로이센의 국왕 프리드리히 2세를 클레브에서 처음 만났다.

1741년 —— 이슬람교의 창시자 마호메트를 협잡꾼으로 묘사한 연극 「마호메트 (Mahomet)」를 초연하고 큰 성공을 거두었다. 파리로 귀환했다.

1742년 —— 「마호메트」를 파리에서 상연했다. 이는 대성공을 거두지만 종교인들의 반발로 상연이 중단되었다.

1743년 —— 비극 「메로페(Mérope)」를 초연했다. 외교 업무로 독일의 베를린과 바바로이트에 파견되었다. 프리드리히 2세로부터 프로이센 거주를 제안 받는다. 이에 샤틀레 부인은 볼테르를 잃을까 걱정하였다.

1744년 —— 파리로 돌아왔다.

1745년 —— 프랑스 루이 15세가 퐁트누아 전투에서 승리하고 퐁파두르 부인을 첩으로 삼았다. 볼테르는 왕세자 결혼식을 기념해 「나바르의 공주(La princesse de Navarre)」를 베르사유 궁정 극장에서 초연하였다. 퐁파두르 부인이 왕을 설득하여, 볼테르가 왕실 역사 편찬관으로 임명되었다. 퐁트누아 전투 승리를 기념해 「퐁트누아에 관한 시(Poème sur Fontenoy)」를 발표하였다.

1746년 —— 아카데미프랑세즈의 회원으로 선출되었다.

1747년 —— 자서전 겸 철학 이야기인 『자디
그(Zadig)』를 출간하였다. 소에
있는 맹(Maine) 공작 부인의 저
택으로 달아났다. 샤틀레 부인이
왕비와 함께 도박을 하다가 큰돈
을 잃은 것을 두고 볼테르가 샤
틀레 부인에게 영어로 "왕비는
카드놀이의 사기꾼이오."라고
말한 것이 들통 나 위험해졌기
때문이다.

루이 15세

1748년 —— 폴란드의 스타니스와프 왕 궁정
에서 체류하였다. 샤틀레 부인이
생랑베르와 바람을 피웠다.

1749년 —— 새뮤얼 리처드슨의 소설을 각색한 비극 「나닌(Nanine)」을 쓰고 무대에 올
렸다. 샤틀레 부인이 출산 후유증으로 세상을 떠났다. 슬픔을 이기지 못
한 볼테르는 샤틀레 부인과 함께 살던 파리의 집에 돌아가 애도의 시간
을 가졌다.

1750년 —— 그의 벼락출세를 시기하는 사람들이 많아지자 분개한 볼테르는 프리드
리히 2세의 초청을 받아들여 베를린에 갔다. 프리드리히 2세는 그를 시
종으로 임명하고 환대하였다.

1751년 —— 볼테르가 집필에 참여한 디드로와 달랑베르의 『백과전서(Encyclopédie)』
1권이 출간되어 대중들의 환호를 받았다. 볼테르는 이후 30여 년간 『백
과전서』의 편찬에 관여한다. 또한 역사서 『루이 14세의 세기(Le Siècle de
Louis XIV)』를 출간했다.

1753년 —— 프로이센 국왕과의 관계가 악화되어 베를린을 떠났다. 그러나 루이 15세
가 파리 귀환을 금지했기에 프랑스로 돌아가지 못하고 스위스 제네바에
머물렀다.

1755년 —— 제네바 근교에 델리스라는 집을 사서 정착했다. 「중국 고아(L'Orphelin de
la Chine)」를 파리에서 초연하였다. 그해 리스본에서 대지진이 일어나자
「리스본 재난에 관한 시(Poème sur le désastre de Lisbonne)」를 발표했다.

1756년 —— 7년 전쟁이 발발했다. 달랑베르가 델리스에 체류하며 『백과전서』의 「제
네바」 항목 집필을 준비했고 볼테르 또한 이를 도와 작업에 집중했다. 한

편 영국의 빙 제독 구명 운동이 실패로 돌아갔다.

1757년 ── 빙 제독이 처형당했다. 달랑베르가 집필한 「제네바」 항목이 제네바에서 물의를 일으키자, 그에 관여했다는 이유로 볼테르도 비난을 받았다.

1758년 ── 제네바에 거주하는 것이 불편해지자, 볼테르는 제네바와 프랑스 국경 근처의 페르네이와 투르네에 영지를 매입했다. 특히 페르네이에서는 20여 년간 농사를 지으며 살아 '페르네이의 영주'라는 별명을 얻었다. 그는 프랑스와 스위스의 국경 지역에 집을 여러 채 두어 양국 가운데 어느 한쪽과 마찰을 빚을 경우에 언제든지 신속하게 도피할 수 있게 했다. "뒤쫓아 오는 개들을 피하기 위해 철학자라면 땅 속에 굴 두세 개는 파 놓아야 한다."

1759년 ── 볼테르의 역작 중 하나인 철학소설 『캉디드(Candide)』를 출간했다. 파리 고등법원에서 『백과전서』와 함께 볼테르의 『자연법(Les Droits Naturels)』을 금서 목록에 추가했다.

1760년 ── 비극 「탕크레드(Tancrède)」를 파리에서 상연하였다.

1762년 ── 인권 문제에도 관심이 많던 볼테르는 장 칼라스가 처형되는 사건을 계기로 '칼라스 사건'에 개입하기 시작했다. 개신교도 칼라스는 개종하려는 아들을 교살했다는 누명을 쓰고 차륜형을 받았다.

러시아의 예카테리나 2세와 서신을 주고받기 시작했다.

1763년 ── 프랑스가 캐나다와 캐리비안 지역을 포함한 해외 식민지 모두를 잃어버리게 됨으로써 7년 전쟁이 종식되었다.

볼테르가 『관용론(Traitésur la tolérance)』을 출간했다. 여기서 칼라스 사건을 언급하면서 가톨릭 교회의 광신을 고발하고 종교적 관용을 주장했다.

1764년 ── 제네바에서 『백과전서』의 형식에서 힌트를 얻어 유사한 방식의 『불온한 철학사전(Dictionnaire philosophique portatif)』을 출간했다. "세상에는 양서가 많음에도 책을 읽는 사람들은 적다. 만약 어떤 이가 유익한 독서를 한다면, 얼마나 많은 사람들이 비참

프리드리히 2세

한 실수를 범하며 사는지 알 수 있을 것이다." 『철학사전』의 한 구절이다.

영어판 『캉디드』(1762)

1765년 —— 볼테르의 구명 운동으로 장 칼라스가 복권되었다.

볼테르는 『역사철학(Philosophie de l'histoire)』을 출간했다. 『백과전서』 마지막 권의 발행이 허가되었다.

1766년 —— 종교 행렬을 모욕했다는 불경죄로 라 바르(La Barre) 기사가 참수되었다. 『철학사전』이 기사의 시체와 함께 불태워지자, 볼테르는 스위스로 도망갔다. 『라 바르 기사의 죽음에 관한 진술(Relation de la mort du chevalier de La Barre)』을 출간하였다.

1767년 —— 철학 콩트 『엥제뉘(L'Ingénu)』를 출간하였다. '시르뱅 사건'에 적극적으로 개입했다.

1769년 —— 『철학사전』의 개정판이 출간되었다.

1770년 —— 아홉 권 분량의 『백과전서에 대한 질문(Questions sur Encyclopédie)』을 집필하기 시작했다.

1771년 —— 시르뱅의 무죄 판결이 확정되었다. 일련의 인권 운동에 관여한 덕분에 볼테르는 프랑스 정부의 눈엣가시가 되어, 이후 줄곧 스위스에 머물렀다. "인간이라는 불쌍한 종족은 편협한 정신을 가지고 있어 잘 다져진 땅을 걷는 사람들은 새로운 길을 가리키는 사람들에게 돌을 던진다."

1772년 —— 시선집 『호라티우스에게 보내는 편지(Épître àHorace)』를 출간하였다.

1774년 —— 비극 「소포니스바(Sophonisbe)」를 파리에서 초연하였다.

1775년 —— 크라메르 출판사에서 『볼테르 전집(Œuvres complètes de Voltaire)』을 출간했다.

1776년 —— 『마침내 설명된 성경(La Bible enfin expliquée)』이 출간되었다.

1778년 —— 루이 15세가 서거하고 루이 16세가 즉위하게 되자, 볼테르는 파리로 돌아와 열광적인 환영을 받았다. 마지막 비극 작품 「이렌(Irène)」의 초연이 엄청난 성공을 거두었다.

흥분 속에서 무리한 활동을 이어 가던 그는 5월 30일 84세로 다사다난했던 생을 마감했다.

옮긴이

사이에

영어, 불어 번역가들을 중심으로 2003년 결성된 출판 기획·번역 네트워크로, 해외 도서를 소개하고 번역해 온 모임이다.

윤진

아주대학교와 서울대학교 대학원에서 불문학을 공부했으며 프랑스 파리 3대학에서 박사 학위를 취득했다. 옮긴 책으로 비톨트 곰브로비치의 『페르디두르케』, 에밀 졸라의 『목로주점』, 쇼데를로 드 라클로의 『위험한 관계』, 피에르 마슈레의 『문학생산의 이론을 위하여』 등이 있다.

정혜용

서울대학교 불어불문학과와 동 대학원을 졸업하고 프랑스 파리 3대학 통번역대학원 E.S.I.T에서 번역학 박사 학위를 받았다. 저서로 『번역 논쟁』을 썼고, 옮긴 책으로 기 드 모파상의 『삐에르와 장』, 레몽 크노의 『지하철 소녀 쟈지』, 아니 에르노의 『한 여자』 등이 있다.

임미경

서울대학교 불어불문학과를 졸업하고 동 대학원에서 박사 학위를 받았다. 옮긴 책으로 비톨트 곰브로비치의 『포르노그라피아』, 스탕달의 『적과 흑』, 르 클레지오의 『열병』, 질 르루아의 『앨라배마 송』 등이 있다.

김희진

성균관대학교 불어불문학과를 졸업하고, 현재 동 대학원 박사 과정에서 번역학을 공부 중이다. 옮긴 책으로 프란시스코 산체스의 『체르노빌』, 슬라보예 지젝의 『폭력이란 무엇인가』(공역)와 『실재의 사막에 오신 것을 환영합니다』(공역) 등 영어와 불어로 된 책들이 있다.

임명주

한국외국어대학교 프랑스어과와 동 대학원 통번역대학원을 졸업했다. 옮긴 책으로 미셸 뷔시의 『그림자 소녀』, 샤를 단치의 『왜 책을 읽는가』와 『걸작에 관하여』 등이 있다.

임희근

서울대학교 불어불문학과를 졸업하고, 프랑스 파리 3대학에서 불문학 석사, 박사 과정을 마쳤다. 옮긴 책으로 스테판 에셀의

『분노하라』, 오노레 드 발자크의 『고리오
영감』, 앙드레 고르의 『D에게 보낸 편지』,
알렉상드르 졸리앵의 『인간이라는 직업』
등이 있다.

이은주

성균관대학교와 프랑스 리모쥬대학교, 고려
대학교 박사 과정을 마쳤다. 옮긴 책으로 미
셸 투르니에의 『흡혈귀의 비상』, 장마리 니
콜의 『필수교양 주유소』(공역) 등이 있다.

**불온한
철학사전**

1판 1쇄 펴냄 2015년 9월 21일
1판 2쇄 펴냄 2019년 11월 8일

지은이 볼테르
옮긴이 사이에
발행인 박근섭, 박상준
편집인 양희정
펴낸곳 (주)민음사

출판등록 1966. 5. 19 (제16-490호)
(우편번호 06027) 서울시 강남구 도산대로 1길 62(신사동)
강남출판문화센터 대표전화 02-515-2000
팩시밀리 02-515-2007 www.minumsa.com